"十四五"职业教育国家规划教材　　i教育·融合创新一体化教材

高职高专学前教育专业系列教材

学前儿童艺术教育与活动指导（第二版）

微课版

主编 程 英　　副主编 叶圣军

配有
29个视频资源
23个音乐资源

华东师范大学出版社
·上海·

图书在版编目(CIP)数据

学前儿童艺术教育与活动指导:第二版/程英主编.—2版.—上海:华东师范大学出版社,2021
ISBN 978-7-5760-1640-6

Ⅰ.①学… Ⅱ.①程… Ⅲ.①学前教育-艺术教育-高等职业教育-教材 Ⅳ.①G613

中国版本图书馆CIP数据核字(2021)第107764号

学前儿童艺术教育与活动指导(第二版)

主　　编　程　英
责任编辑　刘　雪　罗　彦
责任校对　张　筝
装帧设计　庄玉侠

出版发行　华东师范大学出版社
社　　址　上海市中山北路3663号　邮编 200062
网　　址　www.ecnupress.com.cn
电　　话　021-60821666　行政传真 021-62572105
客服电话　021-62865537　门市(邮购)电话 021-62869887
地　　址　上海市中山北路3663号华东师范大学校内先锋路口
网　　店　http://hdsdcbs.tmall.com

印 刷 者　上海四维数字图文有限公司
开　　本　890毫米×1240毫米　1/16
印　　张　22.75
字　　数　666千字
版　　次　2021年9月第2版
印　　次　2025年6月第11次
书　　号　ISBN 978-7-5760-1640-6
定　　价　55.00元

出 版 人　王　焰

(如发现本版图书有印订质量问题,请寄回本社客服中心调换或电话021-62865537联系)

主　编 程　英

副主编 叶圣军

编　委（按姓氏笔画排序）

　　　叶圣军　范铭芝　林　珍　金檬檬　黄剑峰　董双红
　　　程　英　游万玲

前言

每位儿童的心里都有一颗美的种子,热爱艺术是学前儿童的天性。对儿童而言,艺术教育是成就一生、幸福一生、完美一生的奠基石,对他们的身心全面发展与和谐成长发挥着十分重要且不可替代的作用。2001年颁布的《幼儿园教育指导纲要(试行)》提出了审美感受与创造表现并重的艺术教育观,强调艺术教育对幼儿健全人格的促进作用,强调幼儿在艺术活动过程中的情感体验和态度倾向。2012年颁布的《3—6岁儿童学习与发展指南》明确指出,幼儿艺术领域学习的关键在于为其充分创造条件和机会,在大自然和社会文化生活中萌发幼儿对美的感受和体验,丰富其想象力和创造力,引导幼儿学会用心灵去感受美和发现美,用自己的方式去表现美和创造美。2016年颁布的《幼儿园工作规程》明确提出了"培养幼儿初步感受美与表现美的情趣与能力"的幼儿园保教目标。2020年颁布的《关于全面加强和改进新时代学校美育工作的意见》明确指出,美育是审美教育、情操教育、心灵教育,也是丰富想象力和培养创新意识的教育,能提升审美素养、陶冶情操、温润心灵、激发创新活力。2022年,习近平同志在中国共产党第二十次全国代表大会上报告中指出,要"全面贯彻党的教育方针,落实立德树人根本任务,培养德智体美劳全面发展的社会主义建设者和接班人",并强调"坚守中华文化立场"。但在实际生活中,很多教师只是在教幼儿如何唱歌、跳舞、画画,也忽视了"立德树人"的有机渗透,使得很多幼儿对自然、生活与艺术的美视而不见、充耳不闻,不少幼儿虽然唱得动听、画得逼真,却缺少应有的童真童趣,也不会表达自己的思想情感……我国学前儿童艺术教育的开展并不尽如人意。因此,培养具有现代学前儿童艺术教育先进理念、掌握科学有效的艺术教育指导方法与技能就成了新时期幼教师资培养、培训的重要内容与迫切任务,立足于培养新型幼教师资的实训实践的本教材也就应运而生。

本教材是基于上述政策文本的精神,遵循《教师教育课程标准(试行)》《学前教育专业认证标准》《普通高等学校师范类专业认证标准与解读》《学前教育专业师范生教师职业能力标准(试行)》等要求,充分体现国内外早期艺术教育改革的最新动态,广泛借鉴学前艺术教育前辈、同行的研究成果,并基于编写团队十几年的教学研究心得编写而成。此外,本教材注重理论与实践的有机融合,把幼儿园教师的问题与困惑作为切入点,把幼儿园教师岗位胜任能力与师范生教学内容紧密结合,力求深入浅出、通俗易懂又生动有趣,凸显先进性、时代性、应用性与可操作性,努力实现职前学习与未来岗位工作的无缝对接。

本教材分为概述、学前儿童音乐教育、学前儿童美术教育与学前儿童综合艺术教育四个块面,共十三章。本教材的教学时长为一学年,各院校可根据实际情况自行安排第一部分学前儿童音乐教育与第二部分学前儿童美术教育的教学顺序;可将第三部分学前儿童综合艺术教育灵活安排为课内教程或课外拓展材料,亦可作为专业限选、兴趣小组或社团活动的学习材料。

本教材的创新之处具体体现在以下几个方面:

(1) 立德树人，以美培元。本教材以习近平新时代中国特色社会主义思想为指导，以立德树人为根本，以社会主义核心价值观为引领，注重以美育人、以美培元。本教材的内容坚守中华文化立场，编入大量以传承中华优秀传统文化为题材的教育案例，并有机融入民族情感、师德师风、教育情怀、专业责任等思政元素，有助于学生在知识学习、能力培养与审美欣赏中陶冶情操、培根铸魂，成长为德智体美劳全面发展的社会主义建设者与接班人。

(2) 学生中心，产出导向。本教材立足于师范生这一特定学习主体的需求，在注重前沿教育理念渗透与基础知识介绍的同时，补充了大量教育教学实践技能，帮助学生在学习中不仅能够汲取先进的教育观念，提升角色责任意识，也能够在未来岗位上将所学知识转化为有效的教学策略。

(3) 问题导向，探微知本。本教材每章的开篇都采用一个与本章内容密切相关的生动情境，然后对该情境中的现象提出问题。开篇生动有趣，问题入木三分，从现象的提出到揭示问题的本质，生动呈现了本章的学习内容与要求，促使理论变成解决现实问题的钥匙，有效吸引学生带着问题自主学习、探究对策。

(4) 实践取向，能力为本。本教材旨在培养高素质的应用型幼教师资，非常注重学生实践能力的培养。教材编写队伍"专兼结合"，除了长期从事学前艺术教育教学、研究与实践指导的高校教师外，还有长期耕耘一线的幼儿园专家型教师，他们都是在艺术教育方向很有建树的省级幼教名师、艺术学科教学带头人。本教材提供的大量典型案例与素材，经过了实践的检验，具有较强的借鉴价值。每章所附的"思考与讨论""案例与分析""实践与训练"等栏目内容，可以有效训练学生运用理论分析解决实际问题的能力与实践应用能力。

(5) 资源丰富，手段先进。本教材依托现代科技手段，以扫描二维码学习的方式拓展学习资源，具体包含微课视频、音乐资源与拓展阅读等三类资源。本教材还配有课件、专题论文等丰富的课程资源，以满足教师多样化教学活动的需求，同时也为学生自主学习、实践训练和自我提升提供了渠道和保障。

本教材由福建幼儿师范高等专科学校教科所所长程英教授担任主编，主要负责设计教材思路、拟定提纲框架、组织协调编写人员、参与编写部分章节及全书审稿、统稿、定稿等事宜。福建幼儿师范高等专科学校叶圣军副教授担任副主编，负责学前儿童美术教育部分的提纲拟定，并参与编写部分章节。参与编写的老师还有：福建省实验幼儿园林珍、董双红老师；福建幼儿师范高等专科附属第二幼儿园游万玲老师；联勤保障部队第900医院幼儿园黄剑峰老师；福建省南平市实验幼儿园范铭芝老师；福建幼儿师范高等专科学校金檬檬老师。具体分工如下：前言、概述、第一章、第二章、第十二章、第十三章由程英撰写，第三章由游万玲撰写，第四章由范铭芝撰写、金檬檬修订，第五章由林珍撰写，第六章、第七章、第九章、第十一章由叶圣军撰写，第八章由董双红撰写，第十章由黄剑峰撰写。

本教材的出版得到南京师范大学唐淑教授、虞永平教授、许卓娅教授以及一些同行老师的悉心帮助与指导，在此表示衷心感谢！此外，本教材在编写过程中还参阅了大量同行的文献，采集了许多一线教师的活动案例与幼儿作品，在此一并表示感谢！由于版面所限，有些参考文献还不能尽数列出，未尽事宜敬请谅解！

"实践没有止境，理论创新也没有止境。"长期以来，我们一直在努力探索，力求寻找通过科学、有效的方式促进学前儿童的艺术能力不断地得到最自然、最奇妙、最愉快地发展。让我们共同努力，不断探索出让学前儿童艺术教育过程更有意义的、更丰富的策略与方法，为孩子们提供丰富的艺术"养料"，让更多的儿童感受艺术的魅力，真正实现"提升儿童生活质量，引导儿童幸福成长"的教育价值。当然，本教材的实用性与创新成果还需要通过各位老师、同学们的实践检验，不足之处恳请斧正，先表谢意！

本教材附有丰富的学习资源，希望为各位老师、同学们提供学习支持，其中引用的歌曲，我们竭尽所能联系原作者获取版权，在此表示感谢！若有疏漏，还请联系我们。

编 者
2022年11月

目 录

概述 1

第一节　认识艺术 2

第二节　世界艺术教育的发展趋势 4

第三节　《幼儿园教育指导纲要(试行)》对艺术教育的要求 7

第四节　《3—6岁儿童学习与发展指南》对艺术教育的要求 10

电子资源说明：
扫码观看 📽 微课视频
扫码聆听 🎵 音乐资源
扫码学习 📖 拓展阅读

第一部分　学前儿童音乐教育

第一章　音乐与学前儿童音乐教育　19

第一节　音乐的起源、本质与特征　20

第二节　学前儿童音乐教育的意义与特点　23

第三节　学前儿童音乐教育的目标与原则　25

第四节　学前儿童音乐教育的内容、途径与方法　32

📽 微课视频
浸润式的音乐教育：听着音乐入园　34
户外体育活动中渗透音乐教育　34
"相亲相爱一家人"教师的教学策略　37
"相亲相爱一家人"幼儿的学习过程　37

🎵 音乐资源
《相亲相爱一家人》　37

📖 拓展阅读
音乐的起源　20
音乐的形式要素　22
音乐的意义　23

第二章　学前儿童音乐欣赏活动的设计与指导　41

第一节　学前儿童音乐欣赏能力的发展与材料选择　42

第二节　学前儿童音乐欣赏活动的目标　48

第三节　多样化音乐欣赏活动的设计与组织　51

第四节　学前儿童音乐欣赏活动的指导要点与障碍消解　65

📽 微课视频
"种子托比的故事"教师随乐绘画　54
"种子托比的故事"指导幼儿随乐表现　54
音乐动画欣赏：《种子托比的故事》　54
沙画：春江花月夜　60

🎵 音乐资源
《狮王进行曲》　35
《熊跳舞》　43
《幽默曲》　46

《种子托比的故事》　50
《夜空中最亮的星》　55
《夜空中最亮的星》配乐故事　56
《小鸟和大象》　57
《春江花月夜》　60
《春之芽》　60

📖 拓展阅读
《狮王进行曲》歌曲乐谱　35
感受和欣赏音乐　52
《小海军》歌曲乐谱　58

🎬 微课视频
大班歌唱活动：春夜喜雨 83
随乐范唱《春夜喜雨》84
歌唱区活动 92

🎵 音乐资源
《老鼠画猫》 79
《小老鼠上灯台》 82
《手指变变变》 92
《爸爸去哪儿》（剪辑版）97

📖 拓展阅读
《郁金香和小星星》歌曲乐谱 77
《小娃娃跌倒了》歌曲乐谱 79

《小小雨点》歌曲乐谱 79
《老鼠画猫》歌曲乐谱 79
《小老鼠上灯台》歌曲乐谱 82
《春夜喜雨》歌曲乐谱 84
《春天里来》歌曲乐谱 85
《迎春花》歌曲乐谱 86
《小老鼠打电话》歌曲乐谱 87
《打蚊子》歌曲乐谱 88
《我们的节日》歌曲乐谱 89
《快乐的"六一"》歌曲乐谱 94
《懒惰虫》歌曲乐谱 97

71　第三章　学前儿童歌唱活动的设计与指导

72　第一节　学前儿童歌唱能力的发展与材料选择

77　第二节　学前儿童歌唱活动的目标

80　第三节　多样化歌唱活动的设计与组织

95　第四节　学前儿童歌唱活动的指导要点与障碍消解

第四章　学前儿童韵律活动的设计与指导

第一节　学前儿童随乐动作能力的发展与材料选择　102

第二节　学前儿童韵律活动的目标　105

第三节　多模式、多样化韵律活动的设计与组织　108

第四节　学前儿童韵律活动的指导要点与障碍消解　121

🎬 微课视频
韵律活动 116
活动：小瓢虫飞 117
教师集体舞示范讲解 119

🎵 音乐资源
《在山魔的宫中》 109

《小瓢虫飞》伴奏 117

📖 拓展阅读
《圈圈》歌曲乐谱 113
《小瓢虫飞》歌曲乐谱 118
《快乐舞会》歌曲乐谱 118

127　第五章　学前儿童演奏活动的设计与指导

128　第一节　学前儿童常用的演奏材料

132　第二节　学前儿童演奏能力的发展及演奏活动的选材与配器

138　第三节　学前儿童演奏活动的目标

140　第四节　多样化演奏活动的设计与组织

155　第五节　学前儿童演奏活动的指导要点及障碍消解

🎵 音乐资源
《瑶族舞曲》 131
《墨西哥草帽舞》 131
《木瓜恰恰恰》 136
《花好月圆》 143
《土耳其进行曲》 144
《锯木头》 147
《凤阳花鼓》 152

📖 拓展阅读
《土耳其进行曲》歌曲乐谱 144
《小星星》歌曲乐谱 146
《锯木头》歌曲乐谱 147
《福州小吃》歌曲乐谱 152
《迎春花》歌曲乐谱 152
教师的支持与适时引导 154

第二部分　学前儿童美术教育

第六章　美术与学前儿童美术教育

第一节　认识美术　166

第二节　学前儿童美术的含义、本质与意义　168

第三节　学前儿童美术教育的指导思想和基本原则　171

第四节　学前儿童美术教育的目标　175

第五节　学前儿童美术教育内容选择的原则　180

📖 拓展阅读
美术的分类 166
美术的起源 166
浸润式艺术作品展 166
美术作品的审美价值 169
学前儿童美术教育的本质 169

🎬 微课视频
美术区活动 187

📖 拓展阅读
美术环境的创设 189
幼儿作品欣赏 196

185　第七章　学前儿童美术教育的组织与实施

186　第一节　学前儿童美术教育的实施途径

190　第二节　学前儿童美术教育的设计与组织

196　第三节　学前儿童美术教育的方法

第八章　学前儿童美术欣赏活动的设计与指导

第一节　学前儿童美术欣赏能力的发展　204

第二节　学前儿童美术欣赏教育的目标　206

第三节　学前儿童美术欣赏活动的内容与设计　210

第四节　学前儿童美术欣赏活动的指导　220

203

🎬 微课视频
活动：春如线 216
美术欣赏活动"川剧变脸" 218

📖 拓展阅读
随机性欣赏 220
专题性欣赏 220

233　第九章　学前儿童绘画活动的设计与指导

234　第一节　学前儿童绘画发展的阶段与特点

242　第二节　学前儿童绘画教育的目标

246　第三节　学前儿童绘画活动的设计与指导

259　第四节　幼儿绘画教育活动与其他领域教育的整合

🎬 微课视频
大班手工区域活动：京剧花旦 253
大班绘画活动：嬉墨画春 257

📖 拓展阅读
涂鸦 236
绘画教育存在的问题 246
幼儿园绘画活动设计范例二则 258

第十章　学前儿童手工活动的设计与指导

第一节　学前儿童手工的本质及其内涵　270

第二节　学前儿童手工发展的阶段与特点　271

第三节　学前儿童手工教育的目标　273

第四节　学前儿童手工活动的设计与实施　275

269

🎬 微课视频
大班手工区域活动：扎染 275
大班手工区域活动：黏土青花瓷瓶 275
童印制作 281
大班手工区域活动：编织 281

📖 拓展阅读
学前儿童手工制作 270
教师的指导要点 284
手工活动与游戏结合的形式 286
大班手工活动：超级大眼镜 290
中班亲子手工活动：创意便当 290

291　第十一章　学前儿童美术教育的评价

292　第一节　学前儿童美术教育评价概述

294　第二节　学前儿童美术教育活动的评价

301　第三节　学前儿童美术能力发展评价

📖 拓展阅读
教师的评价行为存在的问题 298
对学前儿童美术作品的评价 303
谈幼儿园绘画活动的评价策略 306

第三部分　学前儿童综合艺术教育

第十二章　学前儿童综合艺术教育活动探索　309

第一节　学前儿童综合艺术教育概述　310

第二节　学前儿童综合艺术教育活动的实施　314

▷ 微课视频
大班综合艺术活动：春之声　315

▷ 拓展阅读
综合艺术教育的价值　313
《戏说脸谱》歌曲乐谱　317
《跳房子》歌曲乐谱　318

第十三章　学前儿童创造性戏剧活动探索　331

第一节　儿童戏剧教育概述　332

第二节　学前儿童创造性戏剧活动的实施　341

▷ 微课视频
小班创意戏剧游戏：萝卜的故事　333
创意戏剧区域活动：小老鼠出行记　336
大班创意影戏：老鼠嫁女、十二生肖（上）　337
大班创意影戏：老鼠嫁女、十二生肖（下）　337
区域创意皮影游戏：老鼠嫁女　338

▷ 拓展阅读
戏剧　332
手指游戏　347

拓展学习资源　352

▷ 拓展阅读
相关论文　352

主要参考文献　353

概 述

学习目标

1. 认同艺术的本质及其对学前儿童全面发展的价值,学习领会党的二十大精神,关心世界艺术教育改革动态与发展趋势。
2. 举例说明《幼儿园教育指导纲要(试行)》(以下简称《纲要》)与《3—6岁儿童学习与发展指南》(以下简称《指南》)中艺术领域的相关要求,明确学前儿童艺术教育的重点。
3. 注重以美育人、以美化人、以美培元,初步树立科学的学前儿童艺术教育观。

内容概览

艺术教育是学前教育的重要组成部分,对学前儿童身心的全面和谐发展具有重要的、不可替代的价值。本部分简要介绍了世界艺术教育的改革动态与发展趋势,从《纲要》与《指南》这两个幼教法规入手,阐述了当前学前儿童艺术领域教育的相关要求,解读了学前儿童艺术教育改革的基本精神,强调了学前儿童艺术教育对于儿童的艺术兴趣、审美感受、艺术表现与创造能力等的重视,从而初步树立学前儿童艺术教育的科学理念。

[问题情境]

大千世界,美无处不在。每个孩子心里都有一颗美的种子,可是在现实生活中,却存在着这样的现象:不少孩子对自然与生活中各种美妙的声音、斑斓的色彩造型以及名曲名画等都"视而不见";家长经常带着孩子去学习各种艺术,但常常是老师或者父母教孩子什么,孩子就不喜欢什么;在老师的示范与教导下,孩子学会了一些艺术表现技能,所完成的艺术作品似乎也比较完美,但一旦脱离老师的"教",孩子就常常无从下手……为什么会出现这些教育的负效应呢?很多老师与家长感到非常困惑。

第一节 认识艺术

一、艺术的本质

对于艺术,通常可以从三个层面来认识。第一是从精神层面来认识艺术,把艺术看作是文化的一个领域或文化价值的一种形态,把艺术与宗教、哲学、伦理等并列。第二是从活动过程的层面来认识艺术,认为艺术就是艺术家的自我表现、创造活动,或者是对现实的模仿活动。第三是从活动结果层面来认识艺术,认为艺术就是艺术品,强调艺术的客观存在。

马克思主义的艺术理论认为,艺术是人类社会生活在艺术家头脑中反映的结果,无论怎样特殊的艺术现象,归根到底都可以从现实存在中找到其根源。因此,艺术是人们把握现实世界的一种方式,艺术活动是人们以直觉的、整体的方式把握客观对象,并在此基础上以象征性符号的形式来创造某种形象的精神性实践活动,最终以艺术品的形式出现。

二、艺术的类型

艺术的种类繁多,根据不同的分类标准,可将艺术分为以下几个类型:一是依据艺术形象的存在方式,将艺术分为时间艺术、空间艺术和时空艺术。其中,音乐是一种时间艺术,美术是一种空间艺术。二是依据艺术形象的审美方式,将艺术分为听觉艺术、视觉艺术和视听艺术。其中,音乐是一种听觉艺术,美术是一种视觉艺术。三是依据艺术的物化形式,将艺术分为动态艺术和静态艺术。其中,音乐、舞蹈、戏剧等主要是一种动态艺术,而美术主要是一种静态艺术。四是依据艺术分类的美学原则,将艺术分为实用艺术、造型艺术、表演艺术、语言艺术和综合艺术。其中,音乐是一种表演艺术,美术是一种造型艺术。五是依据艺术形象的表现方式,将艺术分为表现艺术和再现艺术。音乐、美术、文学、戏曲等各种艺术既有表现性的,也有再现性的。

三、艺术的价值

艺术与其他意识形态的区别在于其审美价值,这是艺术最主要、最基本的特征。艺术家通过艺术创作来表现和传达自己的审美感受和审美理想,欣赏者通过艺术欣赏来获得美感,并满足自己的审美需要。

除审美价值外,艺术还具有其他的价值,如认知价值、教育和陶冶价值、娱乐价值等。其中艺术的认知价值,是指人们通过艺术活动来认识自然、认识社会、认识历史、了解人生,它不同于科学的认识功能。艺术的教育和陶冶价值,是指人们通过艺术活动,受到真、善、美的熏陶和感染,潜移默化地发生思想感情、人生态度、价值观念等方面的深刻变化。艺术的娱乐价值,是指人们通过艺术活动而满足审美需要,获得精神享受和审美愉悦,它不同于生理快感。

四、艺术对学前儿童发展的价值

（一）增强儿童的审美情趣，培养审美能力

审美是艺术最重要的本体价值。每个儿童心里都有一颗美的种子，艺术是儿童感受美、表现美和创造美的重要形式，能有效提升儿童的审美情趣，培养儿童对自然界、生活与艺术美的感受、表现与创造能力。如到郊外春游听到潺潺的流水声、虫鸣鸟叫声，儿童会特别感兴趣，喜欢认真倾听、分辨各种声音，并对父母与同伴讲述"青蛙与知了"的故事（对自然美的情趣与感受）；面对齐白石的《墨虾》，儿童能够感受国画作品中虾的活泼与灵动，并结合自己的生活经验大胆想象，讲述虾们在水中嬉戏的故事（对艺术美的想象与理解）；手里拿着一条彩带，儿童就会伴随音乐边唱边跳（对艺术美的表现）；儿童看完绘本《拔萝卜》，会结合自己的生活经历，自编自演故事，并为表演选择和搭配简单的服饰、道具或布景（对艺术美的创造）……

（二）帮助儿童向善益智，促进全面发展

艺术不仅是审美教育，也是情操教育和心灵教育，它不仅能提升儿童的审美素养，还能潜移默化地发展儿童的认知，温润儿童的心灵，增进儿童的健康。通过艺术活动，可使儿童获得其他领域发展所需的态度、能力和知识技能等，从而获得全面发展。如多种多样的艺术活动，不仅能增长儿童对世界的认识，启迪儿童的智慧，还能潜移默化地影响儿童的情感、趣味、气质、胸襟，激励儿童对真、善、美的积极情感。伴随音乐进行歌唱与有节奏的运动，可使儿童的肺部与身体得到积极的锻炼。在语言教学中，借助于图画、表演、动漫等艺术形式，可以帮助儿童更加生动、形象地理解文学作品的意义与情感。在日常生活中，借助于歌唱、演奏、手工、环境布置等方式，可帮助儿童潜移默化地养成许多良好的学习习惯、生活习惯与合作能力。

（三）表达儿童的独特认识，满足成长需求

学前儿童对事物的感受和理解不同于成人，他们表达自己认识和情感的方式也有别于成人，他们独特的动作和语言往往蕴含着丰富而独特的想象和情感。学前儿童在艺术活动中所呈现的是一种对世界感性的把握，主要包括直觉、灵感、想象、幻想、猜测等方法，其特点是非逻辑的，没有固定的秩序与操作步骤。因此，对学前儿童而言，艺术活动就是一种游戏，是一种让儿童感到快乐与满足的审美性游戏，能够使儿童在游戏中通过自得其乐的自我表达而很好地满足其成长的精神需求。

一个5岁的儿童无意中听到《春节序曲》，自言自语地说："这么欢快的音乐，好开心呀！一定是要过年了，我要去跟爷爷奶奶拜年啦！"另一个儿童听了这首音乐后，则画了一家人围在一起包饺子的场景，还画上了红灯笼，表示非常热闹、喜庆。一个4岁的儿童听到《解放军进行曲》，就跟着音乐，雄赳赳、气昂昂地迈步走，还边走边做握枪、开枪等动作。一个5岁多的儿童在画小朋友刷牙的情景时，把人的嘴巴与牙齿画得很大很大，而脸上的其他器官却画得很小很小……可见，无论是艺术感受还是艺术表现，学前儿童经常是凭借着直觉或第一印象，直接以强烈、活跃的感觉做出解释与判断，并以独特的方式进行表达与表现。在上述艺术活动中，学前儿童会全神贯注地投入其中，或兴奋，或安静，或活泼，但无论活动结果怎样，他们都会感到快乐与满足。

[思考与讨论]

1. 为什么对于学前儿童而言，艺术是一种审美性游戏，也是一种表达他们对世界认识的独特语言？
2. 请结合自己收集的相关资料，举例说明艺术对于学前儿童发展的价值。

[案例与分析]

1. 春天到了,在幼儿园的天台上,孩子们拿着各色粉笔,在地板上自由地画春天。有的幼儿把太阳和人画得很大,把花草树木画得很小;有的幼儿把花和蝴蝶画得很大,把人画得很小。

2. 在幼儿园的表演区里,老师为幼儿提供了纱巾和音乐。有的小女孩用纱巾当翅膀,扮演蝴蝶翩翩起舞;有的小女孩用纱巾当水袖,模仿戏曲中的小姐走路;有的小女孩把纱巾盖在头上,扮演美丽的公主和天使。她们随着音乐尽情地表现,开心极了!

请结合本节内容,分析上述艺术活动对于学前儿童发展的价值。

[实践与训练]

到幼儿园中搜集一些学前儿童的美术作品,再观察学前儿童在音乐活动中的行为表现,尝试分析、比较学前儿童艺术表现的不同特点,并在课堂和小组中交流、分享。

第二节 世界艺术教育的发展趋势

作为人类精神家园中的一朵奇葩,艺术是人类完全摆脱了生存目的而进行的一种基本的和高尚的精神活动。在艺术的感召下,人们不仅更容易发现自然万物中蕴含的美,而且更容易发现人类广阔心灵世界的美,从而肯定自身的人格价值,成为具有更高文化品位的人。

一、艺术教育受到空前的重视

为了保护人类的精神家园,人类开始空前地保护艺术,重视艺术教育。日本有一个获得国际大奖的音乐演出的广告词是这样写的:"没有音乐,人类就会干出战争这样愚蠢的事情。"美国1994年出台的《美国艺术教育国家标准》在绪论中写道:"一个没有艺术的社会和民族是不可想象的,正如没有空气便没有呼吸,没有艺术的社会和民族无法生存。"该标准明确规定了每一个年轻美国人最起码应该掌握的艺术知识和创造力,这标志着世界艺术教育进入一个新的时代。更重要的是,该标准还确定了今后的艺术教育绝不是像过去那样,仅仅是学习画画和唱歌的技能,还应该包括从文化、美学、历史的角度,分析、欣赏、评价作品的能力和智慧。目前全球教育日益重视艺术课程的建设,不同国家之间达成了"没有艺术教育就是不完整的教育"的普遍共识。

我国近年来高度重视艺术教育,积极推动以艺术课程为主体、各学科相互渗透融合"五育并举"的美育课程建设。为进一步强化美育育人功能,推进学校美育改革发展,培养德智体美劳全面发展的社会主义建设者和接班人,我国于2020年印发了《关于全面加强和改进新时代学校美育工作的意见》,明确了当前和今后一个时期加强和改进学校美育工作的指导思想、工作原则、主要目标和政策措施,强调要"以提高学生审美和人文素养为目标,弘扬中华美育精神,以美育人、以美化人、以美培元,把美育纳入各级各类学校人才培养全过程,贯穿学校教育各学段";提出了目标:"到2035年,基本形成全覆盖、多样化、高质量的具有中国特色的现代化学校美育体系。"2022年10月16日,习近平同志在中国共产党第二十次全国代表大会上的报告中强调要"办好人民满意的教育",指出"教育是国之大计、党之大计。培养什么人、怎样培养人、为谁培养人是教育的根本问题。育人的根本在于立德。全面贯彻党的教育方针,落实立德树人根本任务,培养德智体美劳全面发展的社会主义建设者和接班人。"他还提出"要以社会主义核心价值观为引领,发展社会主义先进文化,弘扬革命文化,传承中华优秀传统文化""发展面向现代化、面向世界、面向未来的,民族的科学的大众的社会主义文化,激发全民族文化创新创造活力,增强实现中华民族伟大复兴的精神力量",这为学校艺术教育工作指明了方向,意义深远。

二、世界艺术教育的发展趋势

世界各国的艺术教育呈现出不同的特点,但总体发展趋势比较一致,即:艺术教育必须面向全体学生,必须关注人文内涵;强调艺术教育的综合性,更注重艺术与文化及社会的联系;强调以情境学习取代机械式的艺术学习等。这些发展趋势主要体现在以下几个方面:

(一)关注教育公平,关注人文内涵

艺术教育必须面向全体学生,要为每个学生的成长发展提供平等的学习机会,包括边远农村、智力或身体残疾儿童在内的所有学生都有接受艺术教育的权利。

现代艺术教育更加关注人文内涵。艺术教育已经不再把重点放在技能目标及其实现上,而是转向关注在动态的过程中个体所获得的身心发展。艺术教育更重视以学生发展为本,体现对学生发展的关怀,即:理想的文化心理素质的关怀与理想的"人"的教育,不仅要使人的精神高尚,而且还要全面发展人的身体、心理或知觉、情感、潜能等。在《关于全面加强和改进新时代学校美育工作的意见》中,我国明确提出了各级各类学校美育课程目标,如学前教育阶段重在培养幼儿拥有美好、善良心灵和懂得珍惜美好事物;义务教育阶段注重激发学生艺术兴趣和创新意识,培养学生健康向上的审美趣味、审美格调;高中阶段重在丰富学生的审美体验,开阔人文视野,引导学生树立正确的审美观、文化观;高等教育阶段重在培养具有崇高审美追求、高尚人格修养的高素质人才。

(二)构建综合课程

现代艺术教育更加强调各种艺术学科之间,以及艺术与其他学科之间的联系。随着艺术教育的发展,各国艺术教育都在努力克服儿童早期艺术教育的单一性,丰富和扩展艺术教育的内容,使艺术教育的内容具有一种多样性的组合特征,并且在考虑教育内容时还应注意艺术与其他学科的横向联系,以便更完美地实现艺术教育内容与艺术教育目标的互动关系。

人类知识是统一的整体,文理之间、学科之间都有一定的联系。因此,不同学科间的交叉和融合是当代教育科学发展的主要趋势。为了与之相适应,艺术学科与其他学科之间的交叉和融合也已成为当代世界艺术教育发展的重要趋势。这一趋势将各种学科在知识背景、思维方式、学习能力、技能操作等方面的教育相互补充、配合和贯通,不断消除学科知识相互隔绝的现象,以促进学生思维方式的多元化、掌握知识的综合化,培养学生的创新意识、创造精神和实践能力。

(三)视艺术教育为文化教育

在不同教育阶段的音乐与美术教学过程中,艺术教育努力营造出多样性的生态优势:一方面创设多样性的文化情境,增加文化含量,使学生通过艺术活动加深对文化和历史的认识以及对艺术的社会作用的认识;另一方面树立正确的文化价值观,并进一步引导学生积极探索艺术与其他学科、艺术与社会生活相结合的方法,进行跨学科的学习活动。

世界上很多国家都认为艺术文化的学习已是21世纪艺术教育的一大特点。通过艺术文化的学习,可以使学生较全面地了解艺术与人类、艺术与生活、艺术与情感、艺术与政治、艺术与历史等方面的关系。

(四)体现以学生发展为本的思想

以学生发展为本的艺术教育,体现了对人的素质要求的全方位观念,体现出对人的知识与能力、身体与心理、学业与品格等全方位的要求,即现代社会迫切要求艺术教育能够培养和造就健全发展的人。

艺术教育以学生发展为本的思想具体体现在:一是全民艺术教育,确立全民教育目标在于满足全体儿

童、青年和成人的基本学习需要;二是艺术教育是素质教育而不是专业教育,艺术素质教育是以关注"学生"的可持续发展为中心。那些片面强调学科教育、重视学科技能、忽视人文精神的教育,都是偏离"以人为本"的体现。改变这种偏离"以人为本"的状况,是实现艺术教育的可持续发展、培养具有可持续发展人才的重要方面,也是艺术教育改革和发展的重要趋势。

目前各国的艺术教育改革都在摒弃以往那种对艺术教育狭隘偏颇的、功利性的理解,并且认识到艺术教育不仅可以建构人的健全的审美心理结构,而且能够培养人的艺术欣赏和创造能力。艺术教育的最终目的是造就个性完美的人,以及由此产生的整个社会的稳定、协调和进步。

(五) 艺术教育重在开启人的心灵

在艺术教育领域进行了成功探索的中外教育工作者一致认为,学校作为儿童接受教育的最主要场所,其主要的职责不仅仅是传授知识,更是开启人的心灵,从而使儿童拥有健全的人格、健康的心理和身体,为他们能够充实地、快乐地拥有自己的人生打下良好的基础。艺术教育所具有的既能培养儿童的审美感受力、形象思维能力、创造表现能力又可以启迪智慧、陶冶情操、发展个性和提高修养的独特功能,这是任何学科教育所不能取代的。

(六) 注重教育过程的生成性与教育形式的开放性

现代艺术教育应该是教师与学生双主体协同活动的过程,教师和学生都是教育的有机组成部分。艺术教育应该是在教学实践中,通过师生合作、体会、体验、共同探寻而进行的。艺术教育的教学过程是生成性的,而不是预设的知识与技艺的传授。

现代艺术教育是开放的、动态的、过程性的;其目标是一般性的、形成性的、创造性的、转变性的。现代艺术教育重视学生快乐与体验的学习,是精神、经验、观念、能力的生成过程,是动态的、发展变化的。

现代艺术教育主动把社会艺术教育和家庭艺术教育纳入视野,把艺术教育与学生的日常生活有机联系在一起,使学校、社会与家庭三者形成合力;同时加强艺术教育的横向联系,使之密切配合、相互渗透、共同发展。现代艺术教育改变了传统的教师单向讲授和定时间、定地点分科教学的封闭式教学模式,采用学生的探究式、交互式学习方式和多种美术形式交叉融合的开放式教学模式。

(七) 防止"功利化"和"技能化"

随着素质教育的不断深入,人们越来越重视艺术教育对提升生命质量与启迪心灵的价值,以往"功利化"与"技能化"的艺术教育遭到广泛的批评。儿童早期艺术教育不同于成人的专业艺术教育,它面向的是全体儿童,而不是少数艺术天才;它的主要任务不在于传授多少艺术技能,而是要着重培养艺术教育所特有的、能对儿童今后一生产生影响的稳定素质和能力,最终提高儿童的生存质量和发展水平。许多艺术教育工作者已形成这样的共识:在未来的社会中,儿童中的大多数不可能成为艺术家、歌唱家、画家,但是他们会成为一个个能够欣赏艺术的合格观众,他们会拥有健康高尚的审美观和良好的道德情操。

(八) 重视本土文化,尊重多元文化

重视、传承与发展本土优秀文化艺术已成为国内外众多学者的普遍共识。2003 年联合国教科文组织通过的《保护非物质文化遗产公约》,更是助推了全球对非物质文化遗产传承与保护的热潮。2015 年我国在《关于全面加强和改进学校美育工作的意见》中明确提出,学校美育要"根植中华优秀传统文化深厚土壤,汲取人类文明优秀成果,引领学生树立正确的审美观念、陶冶高尚的道德情操,培育深厚的民族情感"等。

艺术教育在保存、发展本土优秀文化的同时,还把文化多元化作为财富的源泉,一方面尊重和赞赏其他文化,以开放的态度对待外来文化,倡导各种文化都应作为教育关注的对象;另一方面注重文化与价值的多

元性,养成对文化的积极态度,消除性别歧视与种族歧视等,从而了解他人、尊重他人,最后才能了解世界、尊重世界。因此,加强多元文化的跨文化教育是致力于民族间的相互理解、避免狭隘的民族主义倾向、促进世界和平的重要途径。

[思考与讨论]

1. 认真学习党的二十大精神及《关于全面加强和改进新时代学校美育工作的意见》,结合本节内容,上网收集相关文章,领会新时代"办好人民满意的教育"以及学校艺术教育的改革精神与具体举措。

2. 你喜欢中华艺术吗?请你结合自身经验与体会,谈谈对艺术教育中"以社会主义核心价值观为引领,发展社会主义先进文化,弘扬革命文化,传承中华优秀传统文化"的理解与认识。

3. 请结合你所在学校、幼儿园艺术教育或者周围生活中儿童艺术教育的实例,谈谈为何在艺术教育中要防止"功利化"与"技能化"?要怎样在幼儿园艺术教育中培养幼儿拥有美好、善良心灵和懂得珍惜美好事物?

第三节 《幼儿园教育指导纲要(试行)》对艺术教育的要求

我国高度重视幼儿园艺术教育,在2001年颁布的《幼儿园教育指导纲要(试行)》(以下简称《纲要》)中,将幼儿园的教育内容相对划分为健康、语言、社会、科学、艺术等五个领域,并对幼儿园艺术领域的教育提出明确要求。

一、《纲要》中艺术领域教育的规定

(一)目标

(1)能初步感受并喜爱环境、生活和艺术中的美。
(2)喜欢参加艺术活动,并能大胆表现自己的情感和体验。
(3)能用自己喜欢的方式进行艺术表现活动。

(二)内容与要求

(1)引导幼儿接触周围环境和生活中美好的人、事、物,丰富他们的感性经验和审美情趣,激发他们表现美、创造美的情趣。

(2)在艺术活动中面向全体幼儿,要针对他们的不同特点和需要,让每个幼儿都得到美的熏陶和培养。对有艺术天赋的幼儿要注意发展他们的艺术潜能。

(3)提供自由表现的机会,鼓励幼儿用不同艺术形式大胆地表达自己的情感、理解和想象,尊重每个幼儿的想法和创造,肯定和接纳他们独特的审美感受和表现方式,分享他们创造的快乐。

(4)在支持、鼓励幼儿积极参加各种艺术活动并大胆表现的同时,帮助他们提高表现的技能和能力。

(5)指导幼儿利用身边的物品或废旧材料制作玩具、手工艺品等来美化自己的生活或开展其他活动。

(6)为幼儿创设展示自己作品的条件,引导幼儿相互交流、相互欣赏、共同提高。

(三)指导要点

(1)艺术是实施美育的主要途径,应充分发挥艺术的情感教育功能,促进幼儿健全人格的形成。要避免仅仅重视表现技能或艺术活动的结果,而忽视幼儿在活动过程中的情感体验和态度的倾向。

(2) 幼儿的创作过程和作品是他们表达自己的认识和情感的重要方式,应支持幼儿富有个性和创造性的表达,克服过分强调技能技巧和标准化要求的偏向。

(3) 幼儿艺术活动的能力是在大胆表现的过程中逐渐发展起来的,教师的作用应主要在于激发幼儿感受美、表现美的情趣,丰富他们的审美经验,使之体验自由表达和创造的快乐。在此基础上,教师根据幼儿的发展状况和需要,对表现方式和技能技巧给予适时、适当的指导。

二、理解《纲要》中艺术领域教育规定的指导思想

从上述表述可以清晰地看出,《纲要》从幼儿园艺术教育的目标、内容与要求、指导要点三方面,宏观地提出了幼儿园艺术教育领域的要求与基本原则,给教师指导幼儿艺术教育活动提供了方向性的指导。

(一)《纲要》所倡导的艺术教育的价值导向

依据《纲要》的精神,艺术不再是一种文明的摆设,更不是单纯的技艺,幼儿园艺术教育不应停留在简单的艺术知识与技艺的教育上。艺术就像内装生命之泉的杯子,而艺术教育如同将富有生命活力的艺术甘泉从中倒出,供幼儿品尝。因此,艺术教育是一种真正塑造人的教育,幼儿园艺术教育是以塑造幼儿和谐完美人格作为教育的终极目标。

《纲要》在强调幼儿园艺术教育的幼儿化、整体化、生活化的同时,敏锐地抓住了艺术的审美与独创等特点,提出了"审美感受与创造表现"并重的幼儿艺术教育观。这种教育观强调幼儿园艺术教育要给予幼儿审美的享受,要把尊重幼儿的情感、个性放在首位,强调幼儿在艺术活动中获得愉悦与满足的同时,培养其对艺术美的独特感受与创造性表现能力。所以,《纲要》既充分考虑了幼儿现实的年龄特点,又考虑了幼儿将来的可持续发展;既将艺术教育放置于幼儿教育这一宏观的背景下,又充分考虑了艺术以及艺术教育本身的特点,呈现出一种科学合理的幼儿艺术教育的价值导向。

(二)《纲要》中艺术教育的基本思想与原则要求

艺术是情感启迪、情感交流、情感表达的良好手段,是对幼儿进行情感教育的最佳工具。《纲要》中多次强调:激发情趣,体验审美愉悦和创造的快乐,体现自我表达与创造的成就感。

1. 通过艺术活动激发幼儿参与艺术活动的兴趣

幼儿天性喜爱艺术,很容易对艺术活动表现出自发的热情和兴趣,但往往带有情绪色彩,仅仅停留在"好玩""我喜欢"的水平上,并且这种兴趣既易于转移,也易于波动。为此,教师需要通过"动机呼唤"的方式,将幼儿在艺术活动中的浅层兴趣提高到有一定深度的动机水平上,使幼儿成为积极主动的参加者。

因此,在幼儿园艺术活动的开始阶段,教师要对幼儿进行"动机呼唤",主要目的在于激发幼儿参加艺术活动的积极性和自信心;在艺术活动进行过程中,教师要对幼儿进行兴趣激励,旨在着眼于激活思路、启迪智慧、触发创新活动;在艺术活动结束阶段,教师要把幼儿的兴趣引向自我欣赏和获得满足感,从而把幼儿的兴趣延伸为对新的艺术活动的需求和期待。

2. 通过艺术活动培养幼儿的审美情趣与初步审美能力

幼儿园艺术教育是培养幼儿审美情趣与能力的启蒙教育,幼儿的审美情趣与能力包括感受美、发现美和创造性地表现美的情趣与能力。

(1) 感受美:幼儿的美感多处于直观感受水平,具有形象性和功能性的特点,他们喜欢贴近自己生活情趣、色彩鲜艳、画面清晰、生动活泼的艺术品,以及节奏协调、旋律动感的音乐和舞蹈,这些都会使幼儿感到强烈的审美享受。

(2) 发现美:大千世界,美无处不在。幼儿对美的发现更多依赖于事物本身鲜明的特征的吸引,如鲜艳

的色彩、可爱的形象、悦耳的声音、动感的节奏等,多属于自发地发现,而缺乏自觉性。教师应有意识地培养幼儿通过探索和学习自觉地发现美的能力。如,发现不同季节自然界的色彩变化,发现各种鸟鸣叫声的不同音色、节奏等。

(3) 创造性地表现美:通过艺术活动表现自然美、心灵美,创造美的形象。幼儿是天生的艺术家,他们的绘画、歌唱、表演都充满着童趣、童稚之美,不拘一格的绘画犹如艺术大师,兴高采烈的歌舞充满着个性与创意。幼儿这些稚嫩而新颖的艺术表现,需要教师发现、接纳、欣赏,并富有艺术地引导幼儿不断创新。

3. 通过艺术活动赋予幼儿自我表达的满足感和成就感

人活着就要有自己的价值,有价值就要表达于公众面前,幼儿同样具有强烈的自我表达欲望,而艺术便成为幼儿自我表达的重要方式。幼儿喜欢展示自己的成果,以体现自我价值,获得真正的满足。教师的接纳、同伴的分享与赞许是对他们最大的鼓舞,所以,教师应为幼儿的艺术表现提供自由表达与展示的舞台。

《纲要》反复指出,艺术是幼儿"表达自己情感和认识的重要方式",要使幼儿"大胆地表达自己的情感、理解和想象",并指出这种表达是"自由表达""创造性表达"等。

艺术赋予幼儿的自我表达,主要有如下含义:①尊重幼儿的个人意愿,给他们自己选择表达内容和方式的自由;反对教师强加的内容和表现形式。②给幼儿提供宽松的环境条件,营造自由、和谐的精神氛围和鼓励创造性表现的环境;反对教师限制太多或强加精神压力。③尊重幼儿的个别差异,接纳不同水平;强调教师不要把幼儿进行横向比较。④根据幼儿的困难和需要,教师"审时度势"地为他们提供必要的帮助和适宜的引导。

4. 通过艺术活动鼓励幼儿大胆创新

创造是人的潜能,幼儿有着强烈的创造欲望,而艺术活动是发挥幼儿创造潜能的最佳载体。幼儿的艺术创新具有其特有的童稚性和浪漫性,具体表现在以下几方面:

(1) 注重创新的过程。幼儿的艺术创新注重活动的过程,并不指向活动的结果。

(2) 不拘一格的新奇创意。幼儿期是最具有创新精神的阶段,他们大胆、浪漫、无拘无束地表现自己特有的童心、童趣,可以不受任何形式的束缚。

(3) 强烈的自主性。自主性是幼儿艺术创新的灵魂,教师的鼓舞性激励和引导性启发是培养幼儿自主创新精神的重要途径。与此相对立的是纠偏法,这种方式在幼儿绘画的自主创新中干扰最为明显,如教师发现并指出幼儿艺术创造中的偏差,并要求幼儿按照教师的意图加以修改,或是教师直接动手帮助幼儿纠正等,都会干扰幼儿的自主创新。

[思考与讨论]

1. 《纲要》对幼儿园艺术教育提出了哪些目标?
2. 幼儿在艺术活动中的自我表达主要有哪些含义?
3. 认真学习《纲要》,到图书馆阅读《幼儿园教育指导纲要(试行)解读》,并结合本节内容,上网收集相关文章,写读书报告《如何通过艺术活动培养幼儿健康的审美情趣与初步的审美能力》。

参考书目:
教育部基础教育司.幼儿园教育指导纲要(试行)解读[M].南京:江苏教育出版社,2002.

[实践与训练]

到幼儿园中观察幼儿的艺术活动(音乐、美术活动或创意戏剧活动),结合本节内容,辩证地分析该幼儿园艺术教育的具体做法,并在课堂上交流。

第四节 《3—6岁儿童学习与发展指南》对艺术教育的要求

为深入贯彻《国家中长期教育改革和发展规划纲要(2010—2020年)》和《国务院关于当前发展学前教育的若干意见》,指导幼儿园和家庭实施科学的保育和教育,促进幼儿身心全面和谐发展,教育部于2012年10月正式印发了《3—6岁儿童学习与发展指南》(以下简称《指南》)。

《指南》以为幼儿后继学习和终身发展奠定良好素质基础为目标,以促进幼儿体、智、德、美全面和谐发展为核心,通过提出3—6岁幼儿学习与发展的目标和相应的教育建议,帮助幼儿园教师和家长了解3—6岁幼儿学习与发展的基本规律和特点,并实施科学的保育和教育。

《指南》从健康、语言、社会、科学、艺术五个领域描述幼儿的学习与发展。每个领域按照幼儿学习与发展最基本、最重要的内容划分为若干方面,每个方面由学习与发展目标和教育建议两部分组成。其中,《指南》对艺术领域的教育作了如下规定。

一、《指南》中艺术领域教育的目标与建议

艺术是人类感受美、表现美和创造美的重要形式,也是表达自己对周围世界的认识和情绪态度的独特方式。

每个幼儿心里都有一颗美的种子。幼儿艺术领域学习的关键在于充分创造条件和机会,在大自然和社会文化生活中萌发幼儿对美的感受和体验,丰富其想象力和创造力,引导幼儿学会用心灵去感受和发现美,用自己的方式去表现和创造美。

幼儿对事物的感受和理解不同于成人,他们表达自己认识和情感的方式也有别于成人。幼儿独特的笔触、动作和语言往往蕴含着丰富的想象和情感,成人应对幼儿的艺术表现给予充分的理解和尊重,不能用自己的审美标准去评判幼儿,更不能为追求结果的"完美"而对幼儿进行千篇一律的训练,以免扼杀其想象与创造的萌芽。

(一)感受与欣赏

目标1 喜欢自然界与生活中美的事物

▲ 表1-1 喜欢自然界与生活中美的事物

3—4岁	4—5岁	5—6岁
• 喜欢观看花草树木、日月星空等大自然中美的事物 • 容易被自然界中的鸟鸣、风声、雨声等好听的声音所吸引	• 在欣赏自然界和生活环境中美的事物时,关注其色彩、形态等特征 • 喜欢倾听各种好听的声音,感知声音的高低、长短、强弱等变化	• 乐于收集美的物品或向别人介绍所发现的美的事物 • 乐于模仿自然界和生活环境中有特点的声音,并产生相应的联想

教育建议:

(1)和幼儿一起感受、发现和欣赏自然环境和人文景观中美的事物。如:

■ 让幼儿多接触大自然,感受和欣赏美丽的景色和好听的声音。

■ 经常带幼儿参观园林、名胜古迹等人文景观,讲讲有关的历史故事、传说,与幼儿一起讨论和交流对美的感受。

(2)和幼儿一起发现美的事物的特征,感受和欣赏美。如:

- 让幼儿观察常见动植物以及其他物体,引导幼儿用自己的语言、动作等描述它们美的方面,如颜色、形状、形态等。
- 让幼儿倾听和分辨各种声响,引导幼儿用自己的方式来表达他对音色、强弱、快慢的感受。
- 支持幼儿收集喜欢的物品并和他一起欣赏。

目标2　喜欢欣赏多种多样的艺术形式和作品

▲ 表1-2　喜欢欣赏多种多样的艺术形式和作品

3—4岁	4—5岁	5—6岁
• 喜欢听音乐或观看舞蹈、戏剧等表演 • 乐于观看绘画、泥塑或其他艺术形式的作品	• 能够专心地观看自己喜欢的文艺演出或艺术品,有模仿和参与的愿望 • 欣赏艺术作品时会产生相应的联想和情绪反应	• 艺术欣赏时常常用表情、动作、语言等方式表达自己的理解 • 愿意和别人分享、交流自己喜爱的艺术作品和美感体验

教育建议:

(1) 创造条件让幼儿接触多种艺术形式和作品。如:
- 经常让幼儿接触适宜的、各种形式的音乐作品,丰富幼儿对音乐的感受和体验。
- 和幼儿一起用图画、手工制品等装饰和美化环境。
- 带幼儿观看或共同参与传统民间艺术和地方民俗文化活动,如皮影戏、剪纸和捏面人等。
- 有条件的情况下,带幼儿去剧院、美术馆、博物馆等欣赏文艺表演和艺术作品。

(2) 尊重幼儿的兴趣和独特感受,理解他们欣赏时的行为。如:
- 理解和尊重幼儿在欣赏艺术作品时的手舞足蹈、即兴模仿等行为。
- 当幼儿主动介绍自己喜爱的舞蹈、戏曲、绘画或工艺品时,要耐心倾听并给予积极回应和鼓励。

(二) 表现与创造

目标1　喜欢进行艺术活动并大胆表现

▲ 表1-3　喜欢进行艺术活动并大胆表现

3—4岁	4—5岁	5—6岁
• 经常自哼自唱或模仿有趣的动作、表情和声调 • 经常涂涂画画、粘粘贴贴并乐在其中	• 经常唱唱跳跳,愿意参加歌唱、律动、舞蹈、表演等活动 • 经常用绘画、捏泥、手工制作等多种方式表现自己的所见所想	• 积极参与艺术活动,有自己比较喜欢的活动形式 • 能用多种工具、材料或不同的表现手法表达自己的感受和想象 • 艺术活动中能与他人相互配合,也能独立表现

教育建议:

(1) 创造机会和条件,支持幼儿自发的艺术表现和创造。
- 提供丰富的便于幼儿取放的材料、工具或物品,支持幼儿进行自主绘画、手工、歌唱、表演等艺术活动。
- 经常和幼儿一起唱歌、表演、绘画、制作,共同分享艺术活动的乐趣。

(2) 营造安全的心理氛围,让幼儿敢于并乐于表达表现。如:
- 欣赏和回应幼儿的哼哼唱唱、模仿表演等自发的艺术活动,赞赏他独特的表现方式。

- 在幼儿自主表达创作过程中,不做过多干预或把自己的意愿强加给幼儿,在幼儿需要时再给予具体的帮助。
- 了解并倾听幼儿艺术表现的想法或感受,领会并尊重幼儿的创作意图,不简单用"像不像""好不好"等成人标准来评价。
- 展示幼儿的作品,鼓励幼儿用自己的作品或艺术品布置环境。

目标2　具有初步的艺术表现与创造能力

▲ 表1-4　具有初步的艺术表现与创造能力

3—4岁	4—5岁	5—6岁
• 能模仿学唱短小歌曲 • 能跟随熟悉的音乐做身体动作 • 能用声音、动作、姿态模拟自然界的事物和生活情景 • 能用简单的线条和色彩大体画出自己想画的人或事物	• 能用自然的、音量适中的声音基本准确地唱歌 • 能通过即兴哼唱、即兴表演或给熟悉的歌曲编词来表达自己的心情 • 能用拍手、踏脚等身体动作或可敲击的物品敲打节拍和基本节奏 • 能运用绘画、手工制作等表现自己观察到或想象的事物	• 能用基本准确的节奏和音调唱歌 • 能用律动或简单的舞蹈动作表现自己的情绪或自然界的情景 • 能自编自演故事,并为表演选择和搭配简单的服饰、道具或布景 • 能用自己制作的美术作品布置环境、美化生活

教育建议:

尊重幼儿自发的表现和创造,并给予适当的指导。如:

- 鼓励幼儿在生活中细心观察、体验,为艺术活动积累经验与素材。如,观察不同树种的形态、色彩等。
- 提供丰富的材料,如图书、照片、绘画或音乐作品等,让幼儿自主选择,用自己喜欢的方式去模仿或创作,成人不做过多要求。
- 根据幼儿的生活经验,与幼儿共同确定艺术表达、表现的主题,引导幼儿围绕主题展开想象,进行艺术表现。
- 幼儿绘画时,不宜提供范画,特别不应要求幼儿完全按照范画来画。
- 肯定幼儿作品的优点,用表达自己感受的方式引导其提高。如,"你的画用了这么多红颜色,感觉就像过年一样喜庆""你扮演的大灰狼声音真像,要是表情再凶一点就更好了"等。

二、理解与思考《指南》中艺术领域教育的规定

《指南》在艺术领域的前言部分明确指出,艺术是人类感受美、表现美和创造美的重要形式,幼儿艺术领域学习的关键在于充分创造条件和机会,在大自然和社会文化生活中萌发幼儿对美的感受和体验,丰富其想象力和创造力,引导幼儿学会用心灵去感受和发现美,用自己的方式去表现和创造美,而幼儿对事物的感受理解与表达的方式有别于成人,成人应给予充分的理解和尊重。以下我们将从内容结构、核心教育理念、尊重幼儿能力发展特点、如何支持与引导幼儿审美感受与表现等四个方面及其相关问题,来理解与思考《指南》精神。

(一) 关于艺术领域的内容结构及其相关问题的理解与思考

《指南》中的艺术领域将3—6岁幼儿艺术学习和发展划分为感受与欣赏、表现与创造两个子领域。具体地以幼儿对艺术的积极态度即艺术兴趣,和幼儿艺术能力即感受能力和表现、创造能力两方面为发展目标。

问题1:怎样认识"感受与欣赏"与"表现与创造"两个子领域之间的逻辑结构?

解答:"感受与欣赏"和"表现与创造"这两个子领域之间的逻辑结构,主要就在于"感受"与"表现"的关

系上。因为欣赏也是一种感受,是更深入的感受,而创造也是一种表现,是更独特的表现。"感受与欣赏"是"表现与创造"的前提,艺术教育就应该从"感受和欣赏"入手,并在此基础上进行"表现和创造"。

(二)关于艺术教育的核心理念及其相关问题的理解与思考

《指南》中关于幼儿艺术教育的核心理念主要体现在以下几方面:

1. 高度重视幼儿的艺术兴趣

问题2:《指南》中艺术领域有三个目标的表述都用了"喜欢"二字,为什么需要如此强调幼儿的艺术兴趣呢?

解答: 艺术兴趣是指幼儿积极的艺术学习与参与态度。幼儿艺术兴趣的养成是幼儿园艺术活动开展的内在动力,是艺术感受能力与表现能力的前提保证,而艺术感受能力与表现能力的提高又进一步加强了幼儿对艺术的兴趣,从而为艺术的发展奠定基础。因此,《指南》十分强调对幼儿艺术的情感、态度的培养。幼儿园艺术教育的重点就是要培养幼儿的艺术兴趣,而所列出各年龄段幼儿的典型表现,正是教师用以观察幼儿是否具有艺术兴趣的一些表现特征。

长期以来,幼儿园的艺术教育看似重视幼儿的艺术兴趣,教师在设计音乐、美术、创意戏剧等艺术活动时,都不会漏写激发兴趣这一目标,而事实上,一旦在教学和评价过程中强调技能的时候,幼儿的"兴趣"常常就已经丧失了。教孩子什么,孩子就不喜欢什么,这就是教育的负效应。很多教师只是在"教孩子如何唱歌、如何跳舞、如何画画,但没有教孩子喜欢唱歌、跳舞、画画"。这些现象在周围生活中比比皆是,这就是《指南》为什么用了三个"喜欢"来表述目标,将兴趣作为艺术领域目标的重点。

2. 美感与表现是早期艺术教育的核心价值所在

《指南》明确指出:"艺术是人类感受美、表现美和创造美的重要形式,也是表达自己对周围世界的认识和情绪态度的特有方式。"美感是一种高级情感,也是艺术教育的目的。表现是指将内在的思想情感外显出来,而艺术正是幼儿表现自我的手段。因此,美感与表现是幼儿园艺术教育的价值所在。

人们在艺术审美过程中,时常会激起一种具体的感受和体验,这就是美感。儿童早期艺术教育过程中的美感是指儿童被周围环境和生活中美的事物或艺术作品所吸引,从感知出发、以想象为主要方式、以情感的激发为主要特征的一种艺术能力,这是学前儿童艺术学习与发展的核心与关键。儿童早期艺术教育要注重培养儿童感官的敏锐性,培养他们有善于发现美的眼睛与耳朵,进而让心灵更加敏感,容易产生移情,容易被感动。

问题3:《指南》中艺术领域的第一个目标就是"喜欢自然界与生活中美的事物",从各年龄段幼儿的表现来看,似乎陈述的内容都是幼儿的一种天性。因为幼儿本来就喜欢自然,容易被自然界的声音形态所吸引,并且喜欢模仿。《指南》制定这些目标的用意何在呢?

解答: 确实,这与儿童的天性有关,而这一目标就是告诉我们,幼儿教育是一种顺应儿童天性的教育,否则天性会被不科学的教育泯灭。

幼儿是用感官和双手探索世界的,是通过颜色、声音和形状来认识事物并激发情感的,艺术教育就是要充分利用幼儿的这一天性,通过引导幼儿对美好事物的感受和体验,培养幼儿感官的敏锐与心灵的敏感。对于生活周围同样的美景,为什么有的人会特别敏感,并有强烈的情感体验,而有的人则视而不见或者无动于衷,这与他从小是否接受审美熏陶即"感受美"的能力培养有关。为什么同样要求画一幅意愿画,有的幼儿能够立即挥笔成就,有的幼儿却抓耳挠腮,什么也画不出来,这就与幼儿的感知经验和头脑中的表象丰富与否有关。感受和欣赏是一种审美修养,需要从小培养。而长期以来,我国学前儿童艺术教育的最大问题就是教了很多的知识技能,却很少去大自然、去剧院和美术馆进行审美体验。所以对幼儿而言,艺术教育首先是感受美,只有在真实的情景中感知真实的事物,并由此积累起丰富的感知经验,才有助于幼儿进行艺术创作,从而提高艺术表现能力。

3. 建立在艺术感受基础上的艺术表现

幼儿的艺术感受是建立在感知的基础上,是直觉的、想象的、情感的,是不同于成人且富有个性的;幼儿的艺术表现是在自身感受基础上由内而外产生的所思所想。艺术感受为幼儿积累了内在的审美意向,使幼儿的艺术表现更富有童趣,同时也让幼儿体验到用艺术方式进行表达交流的愉悦。幼儿没有看过真实的小鸡就画小鸡,所以画出来的小鸡就是两个圈加一个三角,这仅是模仿复制而不是表现。所以,只有当幼儿通过感受积累了真实事物的感性经验,才会有更多的表现基础,才能产生富有灵性的艺术作品。

问题4:《指南》中最后一个目标提出"具有初步的艺术表现与创造能力",这里的表现能力是否就是艺术技能呢?

解答: 虽然艺术表现中含有艺术技能的要素,但是艺术能力不等于艺术技能,二者不能画等号。

在生活中,有的人虽然唱歌技能很高,但却不能打动人;有的人演唱技能虽然一般,但却声情并茂让人感动。因为前者只是炫技却没有融入真情实感,只是为了唱给别人听而唱歌;而后者对歌曲却有自己的深刻理解,是在表达自己内心的真情。又如幼儿的绘画,一个幼儿从来没有见过小鸡,但老师让他画小鸡,于是他就按照老师教的方法:先画一个圆做小鸡的头,再画一个大点的圆做小鸡的身体,最后添一个三角形做小鸡的嘴巴。这个幼儿没见过真正的小鸡,他画的是老师告诉他的小鸡,所以,虽然画得很圆,但画里只有技能却没有真情实感与自己的想法。而另一幼儿看到妈妈在剁饺子馅,就自发地画了一个圆,然后在里面画了许多密密麻麻的小点,他说这是妈妈在砧板上剁饺子馅。显然,这幅画虽然简单,没有多少绘画技能但却很有表现力,因为它融入了幼儿自己的亲身见闻,妈妈剁饺子馅时菜刀雨点般地落在砧板上的动态被幼儿表现得淋漓尽致。

所以,《指南》艺术领域的这个目标下所陈述的各年龄阶段幼儿的典型表现,只是将一些基本的艺术表现形式,作为幼儿表达自己的一种手段列出来,比如"能通过哼唱、即兴表演或给熟悉的歌曲编词来表达心情""能用自己制作的美术作品布置环境、美化生活"。至于幼儿表演得怎样、制作的水平如何,基本没有从技能水平上表述。那么,教师的指导就是对幼儿自发表现的支持,即当幼儿在表现中遇到困难与问题时,教师应当帮助幼儿满足他们自我表现的需要即可。

(三) 关于尊重幼儿艺术表现能力发展的年龄特点及相关问题的理解与思考

《指南》艺术领域前言部分明确指出,"幼儿对事物的感受和理解不同于成人,他们表达自己认识和情感的方式也有别于成人"。教师只有理解幼儿艺术表现的特点,才能宽容地悦纳和对待幼儿的任何一个表现性行为。

问题5: 为什么幼儿常常画出来的画没人看得懂,这是否说明幼儿缺乏必备的绘画技能?教师是否需要教给幼儿美术技能呢?

解答: 我们先要反思一下,幼儿的画看不懂这意味着什么?有两点我们必须要理解:

一是,幼儿的画看不懂,正表明幼儿是用自己独特的方式来表达自己对世界的认识和理解,表达自己的思想情感。这里的独特方式就反映了幼儿的年龄特点。以幼儿的绘画能力发展来看,1—4岁的幼儿处于涂鸦期,画画时是从无控制的乱线涂鸦到有控制的命名涂鸦;3—6岁的幼儿正处于象征期,他们开始用简单的线条和简单图形的组合来表达自己所感知的事物,受限于手部精细动作发展水平和对事物的认知水平,幼儿画的画是非常不像的;而儿童5—7岁时进入写实性早期,所画的画开始有点像了。当然,学前期这三个阶段在年龄上存在重叠,表明幼儿发展速度的差异性。可见,3—6岁的幼儿处于象征期,幼儿只是通过图形符号来表征世界,就像角色游戏中幼儿用一根木棍表示为一匹马一样,尽管不像,但幼儿满足了自己表达的意愿。

二是，幼儿的画看不懂，意味着他们的画"形"不似，但只要听他解释自己的作品，立即会让人感觉到一种"神"似，就像上面提到的"剁饺子馅"的画那样，这里的"神"就是幼儿内心世界的一种"灵性"。如果为了幼儿画得像而教技能，可能会削弱幼儿的艺术表现力和创造力，变得"形似而神不似"，因为大家都画得差不多了。

问题6： 在早期艺术教育中，表现能力与表现技能是否同样重要？除了通过对美好事物的感受和体验来提高外，通过教学来训练艺术技能，是不是也能同样提高他们的艺术表现能力呢？

解答： 至少在学前阶段，幼儿的表现能力比表现技能更加重要，这是幼儿的年龄特点所决定的。对于幼儿而言，艺术就是游戏，艺术的材料和工具是他们游戏的玩具，他们用把玩这些材料、工具时的肢体动作、声音和图形等进行想象，表现不在眼前的事物，反映他们的所见、所闻、所感，象征性地实现在现实生活中不能实现的愿望。可见，他们感兴趣的不是结果而是过程。幼儿的艺术创造力就是在大量游戏化的表现机会中发展起来的。呵护幼儿最纯真的天性，培养他们艺术感受和表现的兴趣，才是早期艺术教育的重点。

（四）支持与引导幼儿审美感受与表现及相关问题的理解与思考

《指南》在艺术领域的教育建议中给出以下几条原则："和幼儿一起感受、发现和欣赏自然环境和人文景观中美的事物""和幼儿一起发现美的事物的特征，感受和欣赏美""创造条件让幼儿接触多种艺术形式和作品""尊重幼儿的兴趣和独特感受，理解他们欣赏时的行为""创造机会和条件，支持幼儿自发的艺术表现和创造""营造安全的心理氛围，让幼儿敢于并乐于表达表现""尊重幼儿自发的表现和创造，并给予适当的指导"等。上述原则对教师支持和引导幼儿的审美感受和表现做了具体的规定。

问题7： 根据《指南》精神，幼儿艺术教育应强调"感受与表现"，而不再"为了教而教"地注重"技能训练"，要从习惯于音乐、美术活动中纯粹教幼儿技能，转变为用各种途径去引导幼儿感受与表现。那么，对于教师如何引导幼儿去感受和表现美，《指南》的核心要点是什么？

解答： 对于如何引导幼儿对美的感受和体验，《指南》的核心教育建议有三方面：第一，为幼儿提供审美感受的机会，比如，让幼儿接触大自然、社会生活和艺术场馆，创设美的环境，让幼儿有更多的机会去体验和欣赏美的事物和艺术作品；第二，在审美体验中尊重幼儿的独特感受，不将成人的审美标准强加给幼儿；第三，支持幼儿的审美情趣和爱好，如对幼儿收集的糖纸、贝壳、小石头、树叶等给予鼓励。

对于引导幼儿对美的表达和表现，《指南》的核心要点也有三方面：第一，尊重幼儿自发的表达和表现，如对幼儿的自发唱跳、自由涂画的行为予以认同；第二，创设让幼儿自主表达与表现的机会和条件，如提供时间、空间、材料和艺术作品等，让幼儿有机会自发模仿、自由涂画和随意唱跳；第三，营造宽松的心理环境，使之敢于表达和表现，如在幼儿自由表现时，教师不轻易予以否定的评价。

问题8：《指南》中指出，"不能为追求结果的完美而对幼儿进行千篇一律的训练""不做过多干预或把自己的意愿强加给幼儿"。这是否意味着在幼儿园不能对幼儿开展集体性的艺术教育活动？教师不能对幼儿过多干预，那么，教师在艺术活动中的组织指导该如何体现呢？

解答： 反对千篇一律的训练是要倡导个性化的表现，但同时并没有否认集体性的艺术教育活动。这要求我们一方面应多给幼儿个性化的自由表现机会，另一方面在集体活动中要鼓励幼儿的个性化表现。不做过多的干预，并不是不要教师的指导，而是要适当地、有效地指导，即"在幼儿需要时再给予具体的帮助"，也就是顺应幼儿需要的指导。所以，教师对幼儿艺术活动的组织指导可以从以下几方面入手：

第一，提供真实、丰富的审美环境。教师要提供真实的物体让幼儿感受和欣赏，并在此基础上引导幼儿表现和创造。如要让幼儿画小兔、表演小兔的动作，不是直接教幼儿怎么画、怎么学小兔跳，而是提供小兔的实物，让幼儿经常观察、饲养，看着小兔画画，并让幼儿在积累丰富的感性经验与动作图式的基础上，随着音乐表现小兔的各种律动。

第二，创设丰富有趣的活动区环境。创设美工区、表演区等活动区，投放丰富的材料和道具，让幼儿有充分的自由表现的机会，教师则"尊重幼儿自发的表现和创造，并给予适当的指导"。

第三，将艺术活动与其他领域教育有机结合。教师可让幼儿在故事欣赏、科学探索、社会活动、图书阅读、远足郊游等其他领域学习的基础上，通过艺术手段将幼儿感知的对象和体验自由地表现出来。

第四，组织幼儿体验各种艺术形式和艺术作品。教师提供给幼儿容易理解的图画、照片、图书等，组织幼儿观赏各种形式的表演或者画展等，引导幼儿自发模仿。如某大学幼教系学生成立了音乐剧团，定期为幼儿的艺术欣赏而表演音乐剧、幼儿剧等，幼儿常常会在游戏中模仿教师的表演。

第五，对幼儿自发的表演与自制的美术作品等，要进行及时的展示与陈列。在陈列前，教师要先让幼儿对自己的作品进行介绍或解释，尽量不以成人的标准来做选择性的陈列。

[思考与讨论]

1. 《指南》在幼儿艺术教育领域提出了哪些目标？
2. 早期艺术教育为什么需要特别强调幼儿的艺术兴趣？
3. 早期艺术教育为什么要重视引导幼儿对自然界与生活中美的事物的感受与表现？
4. 教师在幼儿艺术活动中应该怎样进行科学的组织指导？
5. 认真学习理解《3—6岁儿童学习与发展指南》，到图书馆阅读《〈3—6岁儿童学习与发展指南〉(解读)》，结合本节内容，通过上网、查阅文献等方式进行学习与思考，并撰写读书报告。

参考书目：
(1) 李季湄、冯晓霞.《3—6岁儿童学习与发展指南》解读[M].北京：人民教育出版社，2013.
(2) 滕守尧.艺术与创生[M].西安：陕西师范大学出版社，2002.
(3) 让-罗尔·布约克沃尔德.本能的缪斯：激活潜在的艺术灵性[M].王毅，等，译.上海：上海人民出版社，1997.

[案例与分析]

1. 新年到了，江老师布置小朋友创作"快乐的新年"的主题画，要求小朋友必须用上红色、黄色等鲜艳的色彩，并要求画上灯笼、气球和鲜花，画里的人的嘴巴要往上翘。

2. 某幼儿园非常重视幼儿审美经验的积累，在幼儿园里布置画廊时，经常张贴各种名画范本及孩子们的美术作品，经常引导家长带孩子观看儿童剧、音乐剧及社区的艺术活动，每次艺术活动前都尽量带幼儿观察相关的实物。

请结合《指南》的相关要求，分析上述案例中幼儿园教师艺术教育的科学性与有效性。

[实践与训练]

1. 到幼儿园观察幼儿的艺术活动(音乐或者美术活动)，结合本节内容，尝试评析该幼儿园在艺术领域教育方面的具体做法，并在课堂上交流。

2. 认真学习本节中理解与思考《指南》时的问题及解答，通过实地调查及上网等方式，搜集幼儿园一线教师在艺术领域教育中贯彻《指南》精神时所存在的其他问题与困惑，并尝试进行分析。

01

第一部分

学前儿童音乐教育

内容导览

第一章 音乐与学前儿童音乐教育　19

41　**第二章** 学前儿童音乐欣赏活动的设计与指导

第三章 学前儿童歌唱活动的设计与指导　71

101　**第四章** 学前儿童韵律活动的设计与指导

第五章 学前儿童演奏活动的设计与指导　127

第一章

音乐与学前儿童音乐教育

学习目标

1. 能正确认识音乐的起源与本质,理解音乐的基本特征,举例说明学前儿童音乐教育的目标、意义与特点。
2. 知道学前儿童音乐教育的内容与途径,能结合幼儿园音乐教育实际反思与分析学前儿童音乐教育的基本原则与方法。
3. 初步确立学前儿童音乐教育的科学理念,增强开展幼儿园音乐教育的兴趣与信心。

内容概览

音乐是艺术花园中一朵奇葩,音乐教育是学前儿童艺术教育的重要组成部分,对学前儿童身心的全面和谐发展具有重要的价值。本章简要介绍了音乐的起源、本质与特征,结合《纲要》与《指南》的精神,分析了学前儿童音乐教育的意义与特点,阐述了学前儿童音乐教育的定位、目标与基本原则,介绍了学前儿童音乐教育的主要内容、途径与方法,从而初步树立了学前儿童音乐教育的科学理念。

[问题情境]

美国脑科学家曾经对爱因斯坦的脑细胞组织进行切片观察,发现其脑细胞之间的突触明显多于普通人,这与爱因斯坦一生不断学习、思考、研究以及从事音乐活动有关,为此,"爱因斯坦音乐脑"的说法广为流传,音乐作为儿童素质教育重要手段的做法开始风靡全球。音乐对于学前儿童的生活与发展有何重要意义?学前儿童的音乐教育又有哪些独特之处?

作为艺术花园中一朵奇葩,音乐是以声音作为物质材料,在时间中组织、展现,用以表达人们思想感情、反映社会现实生活的一门艺术。

人类是为了自身的生活与发展,不断创造、发展音乐的;个体也是为了能更健康幸福地生活而学习、创造音乐。无论社会如何发展,音乐始终是人类幸福生活的精神家园,是人们表达感情与交流思想的重要工具。对于学前儿童而言,音乐是激发他们生命与智慧活力的甘泉,是他们全面健康与和谐发展不可或缺的精神食粮。

第一节 音乐的起源、本质与特征

音乐不仅是艺术门类的一脉,而且作为一种社会现象,是伴随着人类的出现而产生的。或者更确切地说,音乐是人类社会发展到一定阶段的产物。那么,在人类社会发展的历史上,音乐是怎样产生与发展的?

一、音乐的起源与发展

对于音乐的起源这一问题,古今中外的哲学家、美学家、艺术理论家们进行了大量的探求,其中影响较大的有模拟自然说、情感表达说、巫术起源说、劳动起源说、游戏说等几种学说。

以上这些学说都从某一角度、某一侧面探讨了音乐的产生,具有一定的合理性,有助于揭示音乐起源的奥秘,对当代音乐教育也有一定的启示与借鉴意义。但是这些学说将音乐的起源简单归结为巫术、表现、狭义的劳动等单一因素,却忽略了音乐产生的最根本原因。音乐产生的原因归根结底离不开人类社会的实践活动,人类在自身的社会实践中发展了自己,也发展了人类的文化。人类的社会实践本身就是一个不断发展、不断分化、不断融合的统一体,音乐是人类文化发展进程中的必然产物,其起源必然是一个多元起因、不断分化与融合的漫长历史发展过程。

音乐的起源过程本身就是一个发展的过程,该过程经历了一个由实用到审美、以社会劳动为前提的漫长历史发展过程。原始时期的音乐是从人类社会生活的各个非审美领域中萌发并逐步分化、再综合起来,是一种集歌、舞、乐三位一体的"乐舞"综合音乐形式。古代的音乐则在原始"乐舞"中逐步分化出了歌曲、器乐音乐、舞蹈以及最初的戏剧和诗歌。近代音乐在上述音乐形式高度分化、发展的基础上,诞生了一些如歌剧、芭蕾舞剧、音乐剧等更复杂的综合音乐形式,同时出现了古典乐派、浪漫乐派、民族乐派等各具特色的音乐流派。现代音乐的发展既遵循着不断分化、不断融合的规律,同时又不断汲取外部新的生命动力,展现出更为广泛的发展天地,出现了印象派音乐、新古典主义音乐、表现派音乐等更繁多复杂的音乐流派以及爵士乐、摇滚乐、电子音乐等综合性的音乐艺术,推动了音乐艺术与音乐文化的进一步发展与繁荣。

二、音乐的本质与特征

马克思主义的艺术理论认为,艺术是人类社会生活在人脑中主观反映的结果,因此,音乐也只能是人类对现实存在的一种特殊形式的主观反映。无论怎样特殊形式的音乐现象，都能在现实存在中找到其根源，但音乐并非对现实生活的直接模仿，更非照搬照录，而是经过了音乐家的加工改造与艺术概括。即使是幼小儿童对现实生活的游戏性的模仿，也充满了他们对该模仿事物独特的认识与情感。音乐作为人类特有的文化现象与艺术形式，是人类在社会实践中自身不断发展的产物。音乐反映社会生活，但不是对社会生活的直接描绘，而是音乐家把其个人对社会生活的理想、态度、体验等高度概括后再运用有组织、有意识的具体音响形式表现出来的结果。因此，从本质上讲，音乐是一种社会生活审美性的主观反映。与文学、绘画、雕塑等其他艺术形式相比，音乐是由声音的运动与静止共同构建而成的艺术。作为一门独立的艺术，音乐具有以下几方面的特征。

（一）音乐是声音的艺术

音乐是通过有机组合的声音材料塑造艺术形象，反映现实生活，表达人们思想感情的艺术。高低、长短、强弱、音色不同的声音构成音乐的节奏、旋律、速度、力度、音色、和声、调式、曲式等音乐表现手段（也称音乐语言）。音乐不是杂乱无章地将各种声音进行堆砌，而是根据一定的审美情感、审美理想、审美需要等，创造性地选择、组合各种声音，以最终达到恰当地、富有美感地表现特定内容的艺术。因为音乐艺术具有不确定性的特点，所以对听觉有一定的要求。敏锐的音乐听觉的获得既需要先天的条件，又需要后天的训练，而音乐教育是培养音乐听觉的最便捷的途径。

（二）音乐是听觉的艺术

音乐是以音响为物质手段的艺术，而音响的感知只能诉诸听觉，因此，音乐是以听觉感知为主要感知手段的听觉艺术。感受音乐就是要通过听辨出声音的高低、长短、强弱、音色的不同所构成的音乐表现手段，借助于这些表现手段，体会音乐所表达的思想与情感。欣赏者对音乐的感知、体验与造型艺术、语言艺术等艺术形式不同，音乐只能通过声音形象引起欣赏者的主观联想和想象，但是倾听音乐的听觉刺激却能唤起欣赏者多方面的兴奋，如肌肉的运动，思维、想象、联想的产生，以及各种相应的情绪、情感的体验等。

（三）音乐是时间的艺术

音乐形象是以流动的音响展现在一定的时间之中的。音乐作为听觉的艺术，具有需要在时间的流动过程中展开和完成其艺术形象塑造、完善其组织结构的特征，故而音乐不像视觉艺术那样，可以较长时间地保存在那里供人欣赏，一旦演奏、演唱结束，音乐就不复存在了。由于音乐的这一特征，要求人们在欣赏音乐时必须具备优秀的注意品质、良好的听觉和听觉记忆等。所以，音乐较强的时间性，既是音乐的特点，又是它的局限。从作曲来看，作曲家为了加深人们对音乐旋律的记忆，在乐句、乐段中常常使用重复、反复、变奏、回旋等手段，这些都是因为音乐有较强的时间性的特点，这样能够使欣赏者的某种情感体验在时间流动中不断得到积累和强化，使其能够长久地沉浸在审美享受的状态。

（四）音乐是情感的艺术

造型艺术是以直接再现外部现实生活为基本特征，而音乐艺术恰恰相反，音乐所擅长的是内心的表现，表现人的感情与意志。声音与人的感情直接相关，特别是人声。如《乐记》中所描述的："人心之动，物使之然。感于物而动，故形于声"，所以声音最具有传达人的情感的功能。音乐这种流动的音响，最擅长的是通过情感的直接抒发和体验来达到审美活动的目的，具有以情动人、以情感人的艺术魅力，故而被人们公认为情感的艺术，正如俄国作曲家斯特拉文斯基所说的："音乐就是情感，没有情感就没有音乐。"如倾听《国际歌》《义勇军进行曲》等音乐，就能激发起悲壮、激动之情。倾听歌曲《歌唱祖国》，庄严和自豪之情也会油然而生。由于情感本身具有微妙性、模糊性与不可描述性，所以音乐能让欣赏者获得比其他艺术更多更加自由地利用个人体验的机会。

（五）音乐是表演的艺术

文学、绘画等艺术只要一经作者创作完成，就可供欣赏者直接欣赏。音乐虽然是人类社会生活的反映，但这种反映不是再现性的，而是表现性的。由于音乐所用的材料和结构具有非语义性，只有通过表演这一中间环节，才能把作品的意象、意境表达出来，所以无论是哪位音乐家、剧作家写下的曲谱、剧本等，都只有通过表演这个途径才能展现其艺术美，才能为听众与观众所欣赏与感受。

三、音乐的审美特性

音乐世界是一个审美的世界，而音乐艺术的声音，主要是由人们根据审美原则加工创造出来的一种乐音。这种乐音不是单个独立的音，而是由一系列根据不同音高排列有序发展出来的有机的整体，即音乐学中所讲的乐音体系。在这个乐音体系中，音乐又有着各自律动美的法则，如旋律法、和声对位法，还有调式、调性、节奏等规则。这些法则，就像我们说话、写文章的语法规则一样，构成了音乐艺术语言美的形式。

因此，音乐的审美特性主要是指音乐艺术美中符合美的规律、能引起主体审美反应或美感体验的那些形象化的特征，主要体现在音乐的形式美和音乐的内涵美两个方面。

音乐的形式美，是指音乐中声音的高低、力度的强弱、节奏的快慢、旋律的张弛等要素所表现的音响美，以及曲式结构的重复、变化所造成的矛盾、冲突和有机统一的美等方面。音乐的内涵美，则主要体现在音乐作品中内在蕴含的真、善、美的意蕴和思想情感。不同年龄人群适合的音乐作品中所蕴含的审美内涵各有特色，如学前儿童音乐语言的内涵美则更多地体现出直观、稚拙、幻想等特性。

音乐的审美是形式美和内涵美的高度统一。音乐的结构美、音色美等形式美，只有与适当的情感内容结合起来，也就是与内涵美结合起来，才能形成一种风格美和意境美。没有内涵的音响形式是没有生命的，即使有一些形式美（如和谐、悦耳），那也只是单调机械的东西。只有充溢着内涵美的音乐，才能像鲜艳开放的花朵那样生机盎然。

[案例与分析]

1. 李乐同学在毕业实习时，非常重视音乐教育。在幼儿午睡起床、玩建构游戏等环节时，她会给孩子们播放轻音乐；在幼儿到户外体育锻炼时，她会给孩子们播放快节奏的音乐。但她每次播放音乐的音量都是固定的。幼儿园指导老师周老师表扬了李乐重视音乐教育的做法，但同时建议她在不同情境中要对音乐的音量进行调整。

2. 莉莉小朋友听到乐曲《洋娃娃的葬礼》时，说："我奶奶死的时候也是这样"，并伤心地哭了。

请结合本节内容，分析上述案例所反映的音乐的特征。

[实践与训练]

1. 认真倾听挪威作曲家格里格的管弦乐组曲中的第四乐章《培尔·金特》的《在山魔的宫中》，尝试根据该音乐形式要素的变化，分析该乐曲，想象并尝试用语言等方式描述音乐所呈现的意境，并在课堂和小组中交流、分享。

2. 找几首音乐性质对比较为明显的中外名曲，如小提琴协奏曲《梁山伯与祝英台》、中国民乐合奏《喜洋洋》、管弦乐《野蜂飞舞》与《惊愕交响曲》等音乐作品，认真倾听并尝试分析其形式美与内涵美等审美特性。

第二节 学前儿童音乐教育的意义与特点

音乐,原本是儿童离开母体最早表现出来的"本能的缪斯",音乐对学前儿童来说,就是天性的表现与本能的歌唱,可以说热爱音乐是学前儿童的天性。挪威奥斯陆大学著名音乐学家让-罗尔·布约克沃尔德教授认为,"本能的缪斯"是人类每一个成员与生俱来的一种以韵律、节奏和运动为表征的生存性力量和创造性力量。儿童生下来的第一声啼哭,就表现出强烈的缪斯式的冲动,也就是音乐的冲动。

一、音乐对于学前儿童生活与成长的意义

每个儿童心中都有一颗音乐美的种子,音乐和游戏一样对学前儿童有着无穷的诱惑力,成为他们生活中不可缺少的组成部分。因此,对于学前儿童的生活与成长而言,音乐是他们幸福生活的精神食粮,是他们表达思想、交流情感与共同交往的工具,是激发他们生命与智慧活力的甘泉。

拓展阅读
音乐的意义

因此,音乐对儿童的情感、认知以及个性、社会性等各方面全面和谐的成长都有着极其重要的意义。第一,音乐能丰富儿童的心灵,促进情感与人格的健康成长。第二,音乐能促进儿童的大脑发育,开发大脑潜能。研究表明,早期良好的音乐活动可以同时促进儿童大脑左、右半球机能的发展,进而优化整个大脑整体工作的能力。另外,丰富而全面的早期音乐实践能促使儿童大脑各中枢经常处于积极的活动状态,从而促进儿童大脑潜能的全面开发。第三,音乐能促进儿童认知能力的发展,激发智慧活力,包括促进感知能力、注意力与记忆力,解决问题能力、想象能力、思维与创造能力等的发展。第四,音乐能有效促进儿童学习习惯、个性与社会性的健康发展。

此外,音乐活动对于学前儿童的身体发育、动作发展也有着积极的促进作用。边唱边跳是学前儿童音乐活动的重要特征,音乐活动为儿童提供了大量身体运动的机会,能有效地锻炼儿童的身体,发展他们的大、小肌肉动作,促进其动作的协调发展,从而有效地促进儿童身体的健康成长。

二、学前儿童音乐教育的主要特点

(一)学前儿童音乐教育是源于审美的情感教育

学前儿童心中潜存着一些人类永恒的情感,诸如感激、同情、关爱、友谊、亲情、爱恋等,这些需要通过教育尤其充满情感特质的音乐教育去开发、唤醒与提升。

学前儿童音乐教育的过程首先是一种审美感染的过程,在教育过程中充分挖掘音乐中的审美因素与美的力量,将学前儿童音乐审美情感与能力的培养作为音乐教育的核心,引导学前儿童对音乐进行审美式的体验、探究、表现和创造。而学前儿童音乐教育的认知与教育功能,则是在审美功能的基础上获得发展。

学前儿童天性喜爱音乐,丰富多样的音乐活动对学前儿童有着天然的亲和力,是学前儿童满足情感需要、自由表达真实情感的最佳方式。因此,学前儿童音乐教育要选择美好的音乐,用美好的音乐去感染学前儿童,使学前儿童体验到人类蕴含于音乐中丰富多彩的情感体验。同时,学前儿童音乐教育要善于运用多种音乐与非音乐的形式,感染与打动学前儿童的情感,满足学前儿童情感交流与沟通的需要,丰富与陶冶学前儿童的情感世界,满足学前儿童审美的情感需求,帮助学前儿童获得更高级的审美快乐与享受。

教师在把握音乐教育这一特点时,尤其关键的是要正确处理音乐教育中审美能力的培养与知识技能教育之间的关系。教师既要在音乐教育中克服那种"过分强调技能技巧和标准化要求"的偏向,摒弃单一的灌输式的教学方式,同时也不要片面排斥音乐知识技能的学习。教师应善于激发学前儿童感受美、表现美的

情趣,丰富他们的审美经验,使他们体验自由表达和创造的快乐,在儿童大胆表现的过程中逐渐发展他们音乐活动的能力。在此基础上,根据学前儿童的发展状况和需要,教师再对其音乐表现方式和技能技巧给予适时、适当的指导。

(二) 学前儿童音乐教育是以游戏为主要方式的快乐教育

心理学研究表明,人有一种先天性的行为趋避倾向——趋向积极的情感体验而回避消极的情感体验,学前儿童尤其如此,对于那些能带给他们快乐并使之获得成功体验的活动,儿童总是乐此不疲,并能表现出不凡的创造性。因此,音乐活动应始终让儿童感到轻松、快乐。快乐的音乐活动是学前儿童音乐兴趣培养的基础,是音乐的审美功能以及认知、教育功能发挥作用的前提。

游戏是学前儿童的重要生活方式,是他们认识与把握世界的主要手段。苏霍姆林斯基曾经说过:"孩子只有生活在游戏、童话、音乐、幻想、创作世界中时,他的精神生活才有充分价值。没有了这些,他就是一朵枯萎的花朵。"游戏既是学前儿童音乐教育的重要内容,同时也是开展音乐教育的手段和形式。学前儿童音乐教育是以游戏为主要方式的愉快教育,主要包含两层意思:一是将学前儿童音乐活动与游戏的方式紧密相连,让儿童在教师有组织的游戏中愉快进行;二是在学前儿童音乐教育活动中渗透自由、愉悦、非功利、创造、平等的游戏精神,使儿童在进行音乐艺术活动时,其精神状态应是自由自主、无拘无束的,是愉悦并且充满审美的幻想与创造的,这种本真的精神状态其实就是游戏的内在品质——游戏精神的彰显。

因此,学前儿童音乐教育应是轻松愉快的,是儿童愿意参与的,是儿童在快乐的游戏与轻松愉快的活动中不知不觉地感受音乐的美、享受大胆参与和自由表现的乐趣并学习一些粗浅的音乐知识和技能技巧。正如著名日本音乐教育家铃木先生在《爱的才能启发》一书中说的"儿童的音乐教育应该从游戏般的快乐心情开始,再以游戏般的快乐心情引导到正确的方向"。的确,学前儿童还不能把音乐活动当作一种有意识、有目的的审美创造活动,他们只是为了满足活动的需要或者因为自己喜欢才去进行音乐活动。游戏是学前儿童一种特殊形式的审美活动,学前儿童热衷于追求游戏过程中的快乐,所以,只有以游戏为手段的音乐教育才能真正满足他们的心灵需要。

(三) 学前儿童音乐教育是以儿童为主体的创造教育

学前儿童的生命应在主动与自由中获得充分发展,学前儿童音乐教育强调儿童在音乐活动中的主体性,反对那种偏重音乐知识技能学习与训练的"标准化"教育,要求在教育过程中充分尊重、发扬与完善儿童的主体性,着力发展儿童在音乐活动过程中的创造性。音乐家舒曼曾将音乐称之为"一种最崇高的心灵语言"。学前儿童音乐教育就是要努力创造一个发展儿童"心灵语言"的音乐情境,创设让儿童敢唱、想唱、有机会唱并积极应答的音乐环境,让儿童在音乐活动中自由表现、相互交流,大胆抒发自己的心声,提高参与音乐活动的兴趣与能力。

因此,在学前儿童音乐教育过程中,教师应努力成为学前儿童音乐活动的支持者、合作者与引导者,尊重儿童的个体经验与音乐偏好,尊重儿童对音乐的独特理解与创造性的表现,努力创设各种条件引导儿童自主探索并运用自己喜爱的方式大胆地表达自己的情感、理解和想象,肯定和接纳儿童个性化的审美感受和表现方式,分享儿童创造的快乐。

(四) 学前儿童音乐教育是丰富儿童生活的生活化教育

音乐起源于生活,生活是教育的根,是音乐的源泉。学前音乐是一种源于儿童生活的艺术,它所表现的是儿童经常接触到的生活,所要表达的是儿童真实的思想与情感,而并不是单纯的机械化的技能与技巧。让音乐成为儿童的一种生活方式,是学前儿童音乐教育者应努力实现的理想与目标。

因此,教师在选择学前音乐教育内容时,应尽量与儿童的生活密切相连,并将音乐渗透到儿童的生活中,让音乐丰富儿童的生活,让音乐滋养儿童的心灵。正如柯达伊所说的,音乐教育的根本任务,正在于使更多的人"拥有打开好音乐的钥匙,并且同时有对抗坏音乐的护身符"。

[思考与讨论]

1. 简述学前儿童音乐教育的主要特点。
2. 学前儿童音乐教育为什么要以游戏为主要方式?怎样让儿童享受音乐活动的快乐?

[案例与分析]

幼儿园音乐教育中常常有"请你跟我这样做,我跟老师这样做"这类的音乐活动,教师做一律动动作,幼儿则原样模仿。幼儿园音乐教育过程中还常出现这样的现象,几乎所有幼儿在表现小兔跳、小鸭子走路、小鱼游、花开等动作时都是千篇一律、如出一辙。

请结合本节内容,分析你对这些现象的认识。

[实践与训练]

到幼儿园中观摩一次音乐活动,分析该活动是否符合学前儿童音乐教育的特点,并在课堂和小组中交流、分享。

第三节　学前儿童音乐教育的目标与原则

学前儿童音乐教育应以什么为核心?什么样的音乐教育能有效激发学前儿童的学习兴趣与生活热情,真正促进他们情感、态度、能力、技能以及个性与社会性等方面全面和谐地发展?这是学前儿童音乐教育的出发点与立足点。

根据《纲要》与《指南》的精神,学前儿童音乐教育的目的并不是为了培养未来的专门音乐人才,也不在于教会儿童一些简单的唱唱跳跳,其价值追求是为了让儿童在音乐教育中受到美的熏陶,在音乐活动中满足他们活动与交往的心理需求和情感需要,美化和丰富儿童的心灵,让音乐真正走进儿童的生活,在音乐活动中焕发儿童生命和智慧的活力,最终促进儿童全面和谐、健康快乐地成长。

一、学前儿童音乐教育的目标

学前儿童音乐教育目标的制定主要依据以下三方面的因素:社会发展对学前儿童音乐教育的要求、学前儿童音乐能力发展的特点以及音乐艺术本身的特点。

（一）总目标

根据《纲要》与《指南》的精神,结合学前儿童音乐活动的特点与学前儿童音乐能力发展的水平,学前儿童音乐教育应着重体现以下方面的教育目标:

第一,感受自然界、生活环境和音乐中蕴含的美,体验不同音乐形式所具有的独特表现力,插上想象的翅膀,进入音乐美妙的境界。

第二,喜欢参与和经历听、唱、动、奏等各种音乐实践活动,喜爱并乐于用音乐表现手段表达自己对环境、生活、艺术美的感受与体验,能大胆、自由、富有个性地表现与交流自己的思想和情感。

第三，愿意参与音乐活动，在快乐的游戏中自主探索音乐的奥秘，在喜爱的音乐活动中激发智慧与灵感，满足活动与交往的需要，提升生活质量。

（二）具体实施目标

依据《纲要》中"教育内容与要求"部分中"各领域的内容相互渗透，从不同的角度促进幼儿情感、态度、能力、知识、技能等方面的发展"的要求，再结合《指南》中强调的"重视幼儿的学习品质"的精神，我们主要从审美情感、审美能力和全面发展三个方面来制定学前儿童音乐教育活动的具体实施目标。

1. 审美情感发展目标

学前儿童对自然界、生活中各种好听的声音以及音乐感到好奇与兴趣；愿意主动参加各种音乐实践活动，喜欢倾听音乐、观看表演，能用自己喜欢的方式进行音乐表现与表达，并在活动中感到满足与愉悦；能够体验并努力追求在音乐活动中大胆表现、合作交流的快乐。

2. 审美能力发展目标

学前儿童能感受自然界、生活环境和音乐中蕴含的美，初步感受与认识音乐的基本表现形式与表现手段，体验不同音乐形式所具有的独特表现力；逐步积累各种形式音乐作品的相关感性经验，学习与掌握一些必要的、粗浅的音乐知识与表现技能；能逐步感受与认识环境、生活与艺术中的美，并在音乐活动中逐步发展其审美感知、审美理解、审美记忆、审美想象以及审美创造等方面的能力。

3. 全面发展目标

学前儿童能够认真专注地倾听音乐、观看表演，积极回应教师的问题与要求；愿意主动去探索音乐的奥秘，收获相关的知识经验与情感陶冶，逐步养成热爱生活、活泼开朗、积极向上、团结合作的良好个性；能有始有终地完成学习任务，遇到困难不轻易放弃；养成良好的生活习惯，如表演结束后能主动将道具摆放归位，演奏完乐器能收好并摆放整齐等。全面发展目标是渗透在音乐活动的审美过程中潜移默化地发展的。

综上所述，在学前儿童音乐教育活动中，儿童与音乐之间的交流，体现着儿童对世界的理解与感悟。而这种交流与感悟应是符合学前儿童的身心特点，在儿童快乐的参与以及快乐的游戏中获得应有的审美享受与发展。同时，教师应通过音乐活动丰富儿童的情感，培养儿童初步的审美能力，提升他们的生命质量，帮助他们不断走向自我完善，促进其全面健康快乐地成长。

二、学前儿童音乐教育活动的目标设计

（一）概述

目标设计是对教育活动预期所要达到的结果的规划，它是活动设计的重要环节。学前儿童音乐教育活动的目标表述提倡以幼儿行为为主体，强调幼儿在教育影响下发生的变化，促使教师的注意力向幼儿转移，克服以往教育中教师较多注意自己"教"的行为而忽视幼儿的"学"与"学的效果"的倾向，即要基于幼儿的"学"来思考教师的"教"。教师在具体设计目标时，应注意以下要求：

（1）一次音乐活动的目标一般设定在3个以内。目标指向具有针对性，能反映幼儿的年龄特点及实际需要。

（2）目标要明确，要结合教学内容凸显本领域的核心目标。即目标制定具有可操作性，清晰、可检测，避免过于笼统、概括和抽象，并能帮助教师自身明确活动的重、难点。

（3）尽可能兼顾审美情感、审美感知与表现能力、全面发展等方面，也可自然整合多领域的目标，但不一定每次都有兴趣、态度和学习品质的养成要求。

（4）活动目标的行为主体要落到幼儿上，目标表述具有统一性。即目标的表述统一从幼儿"学"的角度

出发,不能用活动过程或方法取代目标。

案例 1-1

活动目标的设计

小班韵律活动"小瓢虫飞",其教学活动目标可以陈述如下:

(1) 乐意参与韵律活动,在随乐游戏中体验音乐的美好与快乐。

(2) 感受音乐优美的旋律,尝试随乐有节奏地用简单的身体动作表现音乐。

小班歌唱活动"我爱我的幼儿园",其教学活动目标可以陈述如下:

(1) 感受歌曲的活泼欢快,愿意跟随教师随乐演唱歌曲。

(2) 萌发对幼儿园的喜爱之情,并尝试用歌声初步表达。

中班演奏活动"瑶族舞曲",其教学活动目标可以陈述如下:

(1) 感受瑶族音乐的优美与欢快,体验瑶族舞曲富有韵味的鼓点节奏。

(2) 能认真观察并理解演奏图谱中各种图形符号的意思,并随乐自主地用身体各部位进行演奏。

(3) 初步根据节奏图谱设计配器方案,并随乐演奏打击乐器,体验合作演奏的乐趣。

大班音乐欣赏活动"赛马",其教学活动目标可以陈述如下:

(1) 认真倾听音乐,感受音乐的热烈与奔放,体验蒙古人民赛马时欢腾的竞赛场面与喜悦心情。

(2) 能随乐大胆想象人们赛马时的各种情景,尝试运用语言、动作、打击乐器等进行随乐创意表现。

(二) 不同结构化程度音乐教育活动的目标设计

学前儿童音乐教育活动的目标,是学前儿童音乐教育活动预期结果的标准与期盼,目标陈述的是教育者期盼通过每一次音乐教育活动所达到的成效。音乐教育活动的结构化程度,是反映学前儿童音乐教育活动性质的重要指标。

从理论上讲,在从无结构化的"自发性音乐活动"到完全结构化的"集体性音乐教学活动"的连续体上,可以有无数种陈述音乐教育活动目标的方式。大致地说,除了连续体上的两个极端外,低结构化音乐教育活动的目标表述,以强调过程、比较宽泛的生成性目标为主;高结构化音乐教育活动的目标表述,以强调结果、比较具体的行为目标为主;而在生成性目标与行为目标之间的是强调儿童个性化音乐表现的表现性目标(如图1-1)。

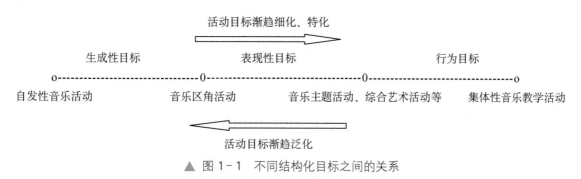

▲ 图 1-1 不同结构化目标之间的关系

1. 生成性目标

生成性目标是指在音乐教育活动过程中生成的,目标关注的是儿童音乐活动的过程。在儿童自发开展的音乐活动以及音乐区角活动等结构化程度较低的音乐教育活动中,教师应根据儿童的兴趣、需要以及活动开展的具体情况,在儿童、教师与教育情景的交互作用中产生目标,并在活动过程中随时调整目标。

例如,自发性音乐活动完全是由儿童自主自发产生的音乐活动,属于无结构的音乐教育活动。此类音乐活动的产生是教师无法预先估计的,故而不适宜事先制定可操作的方式去界定活动目标。音乐区角活动是由儿童发起的探索性活动或表现性音乐活动,属于结构化程度极低的音乐教育活动,其活动目标极为泛化。这些目标是隐藏在教师心中,通过提供材料、共同游戏或引导、分享等过程中潜移默化地体现出来。为此,音乐区角活动目标应重点体现在引导儿童愿意主动积极地参与音乐区角活动,喜欢自由探索与自主表现,能与同伴合作交流等方面。

案例 1-2

生成性目标举例

以中班幼儿午睡起床时的音乐欣赏为例,其目标可定位为:

愿意积极参与音乐欣赏活动,享受欣赏音乐可放松身心的乐趣。

如果教师发现幼儿在该环节音乐欣赏活动中存在着动作表现与音乐作品情绪脱节,甚至听音乐时四处跑动等现象,那么,就需要调整目标,在目标中加入以下内容:

能专注倾听音乐,尝试运用身体动作、语言等方式表达与交流听音乐的感受。

2. 行为目标

行为目标是以儿童具体的、可被观察的音乐活动行为作为表述对象的教育目标,目标指向的是儿童在音乐教育活动实施以后在其身上所发生的行为变化。在陈述音乐教育活动的行为目标时,其行为动词应是能清晰描述儿童音乐以及其他行为的动词,而该行为是预期儿童通过音乐活动能形成的、可观察的、可测量的具体行为,例如"演唱""用身体动作表现""演奏""知道"等。

在为高结构化的教学活动设置活动目标时,教师心目中必须有很强的"目标意识",应以教育目的和课程目标为中心,将高层次的课程目标层层分解,让总体目标落实到每一个具体的教育活动中去。

案例 1-3

行为目标举例

以小班歌唱活动"迎春花"为例,该活动的目标之一可以陈述如下:

初步学唱歌曲,学习用轻快的歌声表现小蜜蜂可爱的形象。

在这个教育活动的行为目标中,"儿童"是主体,"学唱""学习"是行为动词,"初步"以及"用轻快的歌声表现小蜜蜂可爱的形象"是行为的达成程度。

3. 表现性目标

表现性目标强调的是儿童个性化的音乐表现,目标指向的是培养儿童创造性的音乐能力。表现性目标不规定儿童在完成音乐活动后必须获得的音乐知识与技能或应获得的音乐行为,而是指向每个儿童在音乐教育情景中的种种个性化表现。儿童已有的音乐知识技能是这种活动得以进行的条件。表现性目标是鼓励儿童运用已有的音乐知识技能,创造性地进行个性化的表现。因此,表现性目标是唤起性的,而非规定性的,具有不可预测与不可控制性。

> **案例 1-4**
>
> 表现性目标举例
>
> 以大班创造性韵律活动"跷跷板"为例,该活动的目标之一可以陈述如下:
>
> 在生活经验与熟悉乐曲的基础上,尝试运用身体各部位创编以及幼儿间两两合作创编表现跷跷板"一上一下"的动作。
>
> 在这个教育活动的表现性目标中,强调的是幼儿运用已有的生活与动作经验,用身体各部位(手臂、肩膀、头部、脚等部位)创造性地表现跷跷板"一上一下"的动作特点,以及幼儿两两之间的合作表现。在这里,幼儿已有的关于跷跷板的生活经验以及耸肩、跷脚、互相合作跷跷板等动作经验是本活动开展的基础条件。幼儿的创造性表现是唤起的,无法事先预测可达到的水平,它与幼儿的动作能力及教师的引导、启发密切相关。

三、学前儿童音乐教育的基本原则

学前儿童音乐教育强调以富有艺术美感的环境、生活与音乐为载体,以快乐的游戏为手段,提倡各教育内容的有机整合,重视儿童对音乐的自主感受、欣赏与体验,鼓励儿童富有个性和创造性的音乐表现。为此,学前儿童音乐教育应遵循以下基本原则,努力做到"以美感人、以乐施教、以情动人"。

(一) 审美性原则

审美是音乐教育的核心,学前儿童音乐教育中的"美",主要包括音乐美、动作美、环境美、氛围美等。教师首先应尽量选择优秀、经典的、适合学前儿童兴趣与能力水平的音乐作品。经典的音乐作品之所以能够流传久远、富有生命力,是因为它们是艺术美的精华,具有鲜明生动的艺术形象、优美动听的节奏与旋律、健康丰富的审美情趣等,能很快打动儿童,引发儿童的心灵共鸣。其次,教师的表演、体态、声音等也要富有美感,所创设的教学环境要有利于渲染音乐的氛围,能带给儿童一个整体的美感。在具体操作过程中,教师应尽量做到以下几点:

1. 引导儿童调动多种感官充分体验环境、生活与音乐中的美

有关感知觉的研究发现,人在感知一个特定事物时,开放的感知觉通道越多,对特定对象的把握就越全面、越丰富、越深刻。尽管音乐体验以听觉为主,美术体验以视觉为主,但是在音乐教育中教师应尽可能调动儿童多通道参与体验,有效增强儿童的音乐感受力。

2. 重视儿童在音乐活动过程中的情感体验与审美态度的培养

教师应克服音乐教育中重视结果而忽视音乐活动过程以及儿童情感与态度的倾向,鼓励儿童大胆参与,敢于自主地、创造性地进行各种音乐感受与表现活动,并在音乐活动过程中逐步培养儿童健康向上的审美态度与审美情趣。

3. 将儿童的感受与体验作为一切音乐活动的基础

审美是以体验的方式存在的,只有儿童的情感体验与音乐产生共鸣,才能进入音乐的世界理解和感悟音乐的美，从而自主地、创造性地表现音乐，最终实现音乐的审美教育价值。因此，教师应打破仅在音乐欣赏中重视音乐体验的误区，在其他形式的音乐活动中，教师都应创造机会让儿童充分感受与体验，在此基础上轻松自然地学习和探索音乐。

（二）游戏化原则

喜爱游戏是学前儿童的天性，儿童还不能把音乐活动当作一种有意识、有目的的审美创造活动，他们只是为了满足活动的需要，因为自己喜欢才去从事音乐活动。游戏是学前儿童一种特殊形式的审美活动，儿童热衷于追求游戏过程中的快乐，以游戏为手段的幼儿园音乐教育才能真正满足儿童的心灵需要。因此，教师必须做到以下几点：

1. 选择游戏性的教育内容，自然而然地激发儿童的审美愉悦感

如果音乐内容活泼有趣，充满情节性与活动性，很快就能吸引儿童的注意并积极参与，让儿童在与音乐一起玩的游戏过程中体验快乐，并获得情感共鸣，从而激发其对音乐的兴趣。

2. 以趣味化的游戏方式焕发儿童的活动快感

学前儿童热爱游戏，热衷于追求游戏过程中的快乐，当音乐活动能像游戏一样对学前儿童充满吸引力时，儿童的音乐兴趣与音乐灵性将被极大地焕发。因此，音乐教育一定要摆脱"我教你学"的灌输式教学与训练，尽量以游戏化的方式使儿童觉得自己是在与音乐做游戏。如在欣赏音乐《拨弦》时，为了帮助儿童感受乐句中的1—i等的音程跳跃，教师可以与儿童玩一个"熊和石头人"的游戏，在游戏中感受和表现音乐曲调的这一变化，这样，儿童就在扣人心弦的游戏中体验到音乐活动的快乐。

3. 创设宽松、自由和充满激励的教育氛围，激发儿童的快乐体验与成就感

游戏化策略不仅体现在内容与组织形式上，还应体现在游戏的精神上。游戏精神是一种自由、愉悦、超功利、创造、平等的精神，儿童在进行音乐艺术活动时，其精神状态应是自在自由并且充满审美的幻想与创造的愉悦感。教师应注重创设轻松愉快的音乐活动气氛，让儿童在音乐活动中积极参与并大胆、自信地活动，并应鼓励儿童在音乐活动中自由驰骋他们的思维，让其在宽松的音乐环境中，怀着愉悦的心情与音乐进行交流。同时，在音乐活动过程中，教师应始终饱含激情，不断发现儿童的闪光点并予以鼓励，使其获得成就感。

（三）生活化原则

学前儿童音乐教育应与儿童的生活紧密联系，通过营造音乐化的生态环境，促使儿童在生活中进行音乐实践。教师在操作过程中，应努力做到以下几点：

1. 在生活中积累与丰富儿童的音乐经验

在儿童生活的周围，充满着丰富多彩的原生态自然音乐资源、民间音乐资源以及现代化的视听音乐资源，这些都是幼儿园音乐教育的宝贵素材。我们要利用一切机会，自然地、有意识地引导儿童体验周围生活的音乐美，让儿童从小对自然界以及周围生活中的声音、形象、色彩等有敏锐的感觉、细微的辨别能力，并使这种经验成为他们理解音乐的基础。同时，教师应有意识地在生活中引导儿童观察、有选择地积累与丰富儿童的音乐经验。

2. 为儿童创设一个音乐浸润的环境

儿童音乐素养的提高有赖于良好音乐环境的"浸润"，我们应努力为儿童创设一个充满音乐的生态环境，让他们在其中快乐地生活和成长，在"润物细无声"中唤醒儿童的音乐意识，激发儿童音乐表现的积极性。如可在儿童来离园、户外活动、进餐、点心、午睡前、起床后等一日生活各环节播放相适宜的不同类型的音乐，使儿童生活在一个舒适、愉快的音乐环境中，潜移默化地受到音乐的熏陶与浸润；在幼儿园的走廊、过道等地因地制宜地设置"音乐区"或"音乐小舞台"等,将儿童自制的音乐图谱、服饰道具、音乐画以及音乐家的画像张贴在墙上,供儿童随时欣赏与表演……儿童生活其中,就像习得母语一样自然而然地积累音乐经验,学习用音乐思考、用音乐表达,让音乐成为儿童生活中不可缺少的一部分。

3. 选择贴近儿童生活的内容进行音乐教育

幼儿园音乐活动的内容应尽可能多地选择与儿童游戏、生活、学习、劳动等密切相关的音乐作品,激发儿童的音乐学习和音乐表现的动机,通过感知于生活、体验于生活、发现于生活、探索于生活、表现于生活,引发儿童外在的音乐兴趣向内在音乐兴趣转化。教师还可充分挖掘丰富的乡土音乐资源,选择儿童生活其中、经常耳濡目染的乡土化、本土化的音乐,构建反映儿童周围生活的园本音乐课程或地方音乐课程,使儿童逐步了解并热爱本地区、本民族的音乐文化。

4. 鼓励并引导儿童运用多种艺术方式表现生活

教师应积极创设条件,鼓励并引导儿童在日常生活中用音乐、美术等艺术方式表达情感、相互交流思想。教师还可以尽可能地利用儿童熟悉的物品或废旧材料制作玩具、打击乐器等来丰富儿童的生活环境,使得音乐真正成为儿童生活中不可缺少的重要内容。

(四) 个性化原则

音乐是一门个性很强的艺术,由于每个儿童的生活经验、家庭背景、性别、性格不同,他们对音乐的兴趣、经验、偏好、理解、感受及表达方式都会有所差异。幼儿园音乐教育要针对他们的不同特点和需要,让每个儿童都得到美的熏陶和培养。在音乐教育中,教师应允许并鼓励儿童对音乐的独特理解与自我表达。教师在引导儿童欣赏音乐的过程中,应注意采用以下原则——开放性、宽容性与低控制性。

1. 开放音乐活动的内容与材料,使不同性别、兴趣与偏好的儿童都有适合自己的选择

教师应尽可能地为儿童提供多样化的材料供其选择,在选择教学内容时还应充分考虑儿童的性别与性格差异,适当提供不同性别的音乐素材与道具。

2. 尊重儿童对音乐的个人理解与表现,注重让儿童用自己特有的童心和纯真去感悟音乐

每个儿童对音乐都有独特的感悟与体会,"有一千个观众,就有一千个哈姆雷特",教师不要用成人的眼光去标准化地理解音乐,不要自以为是地给儿童太多的思维限制,而应给儿童更多的感悟空间,让儿童最鲜活、最真实的童真童趣得到张扬、获得发展。

3. 运用发展性的评价,有针对性地发展儿童的强项

每个儿童都有自己的音乐偏好与表演风格,尽管水平各异,但都是相互平等和有价值的。教师应用发展的、动态的眼光看待儿童的音乐表现,针对每个儿童的音乐优势和进步,及时给予肯定与激励;善于发现儿童的优势,提供适时、适当的支持,促进每个儿童在原有水平上进行提升;对有音乐天赋的儿童,还要注意发展他们的音乐潜能。

[思考与讨论]

1. 简述学前儿童音乐教育的主要目标。
2. 学前儿童音乐教育应该遵循哪些原则?

[案例与分析]

在欣赏小提琴协奏曲《梁祝》片段时,不少教师喜欢开展"蝴蝶找花"的游戏,以帮助幼儿感受音乐的情绪与乐句。该游戏的玩法是:一部分幼儿扮演花,蹲在地上做花开的动作,其余幼儿扮演蝴蝶,听音乐在花丛中飞来飞去,在每一乐句结束的最后一个音时,蝴蝶就停在一朵花上做一造型。从整个设计来看,该游戏情节、角色、玩法、规则等诸要素兼备,无疑是十分合乎游戏的基本要求。但在实际游戏过程中,幼儿并没有感受到游戏的快乐,尤其是蹲在地上扮演"花"的幼儿,一直单调地蹲在地上,双手做开花状。一次游戏下来,再也没有幼儿愿意扮演"花"来开展游戏。

请随乐与同伴一起玩一下上面的游戏,然后思考:上述游戏化的音乐活动存在什么问题?该游戏应如何改造才能真正发挥其教育功效?

[实践与训练]

去幼儿园观摩一次音乐活动,分析该活动中贯彻学前儿童音乐教育基本原则的情况,并在课堂和小组中交流、分享。

第四节　学前儿童音乐教育的内容、途径与方法

一、学前儿童音乐教育的主要内容

目前,学前儿童音乐教育的内容主要包括音乐欣赏、歌唱活动、韵律活动(包括音乐游戏)以及演奏活动等方面。

(一) 音乐欣赏

音乐欣赏主要是通过聆听周围环境的各种乐音、倾听音乐作品、观赏音乐表演等途径来获得审美享受的音乐活动,是幼儿感知理解音乐、体验音乐情感、探索音乐世界的一种重要的音乐教育实践活动。开展音乐欣赏活动,可以使幼儿从小接触更多的音乐艺术作品,开阔幼儿的音乐视野,丰富幼儿听音乐的经验,培养幼儿对音乐的艺术美有更敏锐的感受力与创造力,美化和丰富幼儿的音乐心灵,陶冶幼儿的情操。

(二) 歌唱活动

歌唱是指用嗓音来演唱有旋律、有歌词的歌曲以及进行节奏朗诵、唱名游戏等。幼儿歌唱活动的内容主要包括歌曲(含幼儿歌曲、节奏朗诵、歌曲说唱等)、歌唱的表演形式以及歌唱的简单知识技能等。歌唱活动能全面提高幼儿运用歌声表达思想、交流情感的能力与正确发声及歌唱的技能,促进幼儿舒适地、有理解力地和有感情地歌唱。

(三) 韵律活动

韵律活动是指伴随音乐进行的,用协调、有节奏的身体动作来表现音乐的活动。节奏是音乐的骨骼与灵魂,对节奏的感受与表现是音乐教育的重要内容。在幼儿的音乐活动中,音乐与身体动作常常是不可分离的,随音乐进行身体动作是幼儿体验与表达情感的最自然的方式之一。幼儿园韵律活动主要包括律动、舞蹈和音乐游戏,它不仅能有效发展幼儿身体运动的节奏感、协调性,提升幼儿借助身体动作感受和表现音乐的能力,还能发展幼儿的身体探究能力及对音乐的探究能力,促进幼儿的想象、联想与创造性表达能力的发展,满足幼儿活动与交往的需要。总之,韵律活动为幼儿的身心健康发展提供了必要的外部条件。

(四) 演奏活动

幼儿的身体就是一个天然的乐器,幼儿从小就十分喜欢探索自己身体,并尝试用自己的身体发出各种

节奏。同时,在人类乐器演奏的历史中,打击乐器是起源最早的乐器种类之一,又是幼儿最容易掌握、最易从中获得音乐享受的乐器种类。开展集体性的身体乐器与打击乐器演奏活动,能使幼儿在丰富多彩、富有动感的演奏活动中获得生理上的快感与心理上的满足,可以有效发展幼儿听辨节奏与音色的能力,发展幼儿的合作意识与协调能力,发展幼儿的探索精神与创造能力。

二、学前儿童音乐教育的基本途径

学前儿童音乐教育的途径是指实施音乐教育的具体组织形式。学前儿童的年龄特点以及学前教育机构的工作特点决定了音乐教育的途径必然是灵活、多样化的,有通过早教中心、托儿所、幼儿园等教育机构进行的,也有在家庭音乐教育与社会中各种教育机构进行的。就幼儿园一日活动而言,幼儿接触音乐的途径以及教师进行音乐教育的途径也是多种多样的,但分类的标准各不相同:从组织者的角度来分,有教师组织的音乐教育活动,也有幼儿自发进行的音乐活动;从音乐活动引发方式的直接性来分,可分为显性的音乐教育课程与隐性的音乐教育课程等。下面,我们分别从集体性音乐教学活动、音乐区角游戏、渗透性的音乐教育、节日庆祝活动中的音乐教育及自发性的音乐活动等幼儿园音乐教育实践中常见的几种形式进行介绍。

(一)集体性音乐教学活动

集体性音乐教学活动是指由教师有目的、有意识地设计与组织,全体幼儿共同参与的专门性的音乐教育活动。在这种教育活动中,活动的内容、时间、方式等主要是由教师来决定的。这类活动的教育价值主要在于:向幼儿提供比较系统的音乐教育教学,并对幼儿日常生活中自发的音乐活动进行提升。

集体性音乐教学活动的目标比较明确,但在组织活动时,教师应根据幼儿的年龄特点、兴趣、经验等选择适宜的音乐教育内容,以多样化的教学模式,促进幼儿主动地感受、理解、学习音乐并大胆、创造性地表达个人的思想,促进幼儿音乐能力与技能的协调发展。同时,教师还要随机引导幼儿在音乐教育活动中学会学习、学会与人沟通与合作、学会以适合的方式表现自己等,真正促进幼儿身心的和谐发展。

受幼儿的注意力以及自我控制力等方面的发展水平所限,一次集体性音乐教学活动的时间不宜过长。一般而言,2—3岁幼儿集体性音乐教学活动的时间宜控制在10分钟以内;3—4岁幼儿集体性音乐教学活动的时间宜控制在15分钟左右;4—5岁幼儿集体性音乐教学活动的时间宜控制在20分钟左右;5—6岁幼儿集体性音乐教学活动的时间宜控制在30分钟左右。

(二)音乐区角游戏

活动区指的是教师将幼儿园活动室划分成若干活动区域,通过让幼儿自主选择,并与材料和人互动的方式,组织和实施幼儿园的教育活动。其中,音乐区是指为幼儿设置一个供幼儿自主选择、独立探索、自由操作与摆弄音乐材料或展示表演才能的一个区域,支持幼儿在该区域中能够按照自己的兴趣、能力以及自己确定的学习进度去自由使用、操作这些丰富多彩的音乐材料,让每个幼儿都有机会在音乐方面有充分练习与表现的机会。

相对于集体性的音乐教学活动,音乐区角游戏的组织方式比较自由,教师可以灵活采用小组合作或个人自由表现的组织方式。在现实中,一般以幼儿自选的方式为宜,让幼儿根据自己的个人喜好与能力,选择自己喜好的音乐材料与活动方式,自主、创造性地开展音乐活动。

为了长久地保持幼儿对音乐区角游戏的兴趣,教师应尽可能提供新鲜有趣的活动材料,为幼儿建立一个进行声音探索和其他音乐表现与创造活动的实践场所。音乐区是一个音响丰富、相对比较热闹的区角,最好设在一个单独的小房间、独立走廊、或是活动室中一个比较独立的角落,要尽量与其他活动区隔开,以避免相互干扰。幼儿园的音乐区角主要有演奏区、表演区、歌唱区等。

微课视频
浸润式的音乐教育：听着音乐入园

微课视频
户外体育活动中渗透音乐教育

（三）渗透性的音乐教育

这里所说的渗透性的音乐教育，是指除专门的音乐活动（集体性音乐教学活动或区角音乐游戏）外，随机、灵活地渗透在幼儿一日生活中的丰富多彩的"隐性"的音乐教育活动。大致可分为以下几类：

1. 日常生活中的音乐教育

正如在幼儿园音乐教育生活化原则中所述，幼儿音乐素养的提高有赖于良好音乐环境的"浸润"，我们应努力为幼儿创设一个充满美好音乐的环境，让幼儿在其中快乐地生活和成长。

在幼儿园一日生活的各个环节中，教师可以随机组织与安排一些和音乐有关的内容。如可在幼儿来离园、用餐、点心、户外体育活动、午睡前后、散步、阅读时穿插一些优美动听的音乐，让幼儿欣赏与感受，使幼儿生活在一个舒适、愉快的音乐环境中，潜移默化地受到了音乐的熏陶与浸润；在幼儿自由活动、散步等时间中鼓励与支持幼儿开展自发的音乐活动等，教师也可随机组织一些有趣的音乐游戏或节奏活动。

2. 有机整合在主题活动中的音乐教育

目前，幼儿园开展了很多的主题活动，其中，音乐活动作为其中的一个重要内容，与语言、科学、社会、美术等领域等常常有机渗透、统整在同一个主题活动之中。此时，音乐的呈现是以主题内容为线索，以与其他领域的有机融合为特点的。

3. 渗透在游戏中的音乐教育

在幼儿园丰富多样的各类游戏中有机渗透音乐教育，可以丰富游戏的趣味性与审美性。

在角色游戏中，幼儿可在"小剧场"游戏中复习学过的音乐内容，也可以进行即兴的自我音乐表现。教师可在扮演客人去串门、扮演顾客买东西时，用歌唱的方式表达自己的意愿，并引导幼儿也用歌声来响应……幼儿就在游戏中不知不觉地发展了用歌唱的方式进行表达与交流情感的能力。

幼儿园的很多表演游戏，如"拔萝卜""小兔乖乖"等都包含着音乐的成分，孩子们在游戏中边唱边表演，使得表演游戏的开展更为丰富、生动。

音乐教育也可有机融入建构游戏中。如幼儿"建造"了富有民族特色的建筑——蒙古包，可以把自己装扮成蒙古人，在门口迎接客人，为客人表演蒙古舞蹈、演唱蒙古歌曲等。

此外，音乐还可与传统民间游戏有机融合，如幼儿在玩跳绳、踢毽子、炒豆子等游戏中边唱边玩，既丰富了游戏活动的内容，又增添了幼儿对民间游戏的兴趣。

（四）节日庆祝活动中的音乐教育

音乐活动作为幼儿节日活动中的重要内容，深受幼儿的喜爱。在组织节庆音乐活动时，教师应注意尽量让更多的幼儿参与其中。同时，用于庆祝幼儿节日的音乐内容，教师宜尽量选择幼儿平时学习过的歌曲、舞蹈、打击乐等音乐内容，再进行适当的加工。节日音乐活动应以抒发幼儿的快乐情感为主要目的，不要片面追求艺术效果而搞突击训练，增加幼儿的负担。节日音乐活动的形式应尽可能丰富多彩，以营造节日的欢乐气氛，增强幼儿对音乐活动的兴趣。

（五）自发性的音乐活动

在幼儿参加的各种活动中，都有可能随机生成自发性的音乐活动。如在午餐后的散步活动中，教师带领幼儿在幼儿园或公园散步，当个别幼儿看到花盆里的蝴蝶花时，就自发哼唱起刚学过的歌曲《蝴蝶花》，接着有几个幼儿跟着唱起来，紧接着多数幼儿开始整齐地合唱起来了。大家围着蝴蝶花，边走边唱，还四处寻找会飞的蝴蝶，有时还变化着音色进行演唱。最后教师和幼儿在一遍又一遍乐此不疲的歌声与笑声中，回到教室。

为了随机生成幼儿有意义的自发性音乐活动,教师应积极创设能激发幼儿主动学习的良好的音乐环境,营造宽松愉悦的氛围,鼓励幼儿自主、自由地开展随机性的音乐活动。在幼儿自发性音乐活动中,教师是否需要参与应根据具体情况而定,如果教师的参与会让幼儿感到不安全,甚至会阻断幼儿自发性音乐活动中的自我享受行为时,教师就不应当参与进来。

三、学前儿童音乐教育的主要方法

（一）示范表演法

音乐是一门表演的艺术,在幼儿园音乐教育中,教师是最重要的表演者。教师需要通过示范表演,准确、生动、有表现力地演绎音乐作品,既能为幼儿的音乐感受与体验提供审美的艺术形象,也可为幼儿的音乐学习提供示范性的榜样。教育实践表明,教师的示范对幼儿参与的兴趣、学习的效果起着十分重要的作用。一般来说,教师的示范应注意以下两方面的要求:

第一,教师的示范要准确、规范。教师的示范是幼儿模仿的榜样,故而,教师对音乐作品的表演一定要准确,示范表演要符合音乐表演的规范。如教师示范歌唱时音准、节奏、歌词等都要正确,唱歌时的姿势、口型、发音、吐字等也要正确。又如教师示范演奏,不仅演奏的节奏要正确、合拍,持放、演奏乐器的手势、动作也要符合规范。

第二,教师的示范要有感染力。陶行知曾经说过:"教育是心心相印的活动,唯独从心里发出来的,才能达到心的深处。"音乐是一门情感的艺术,具有强烈的感染力,而幼儿又十分容易受到感染,因此,在幼儿园音乐教学活动的示范过程中,教师一定要全情投入,充分运用嗓音、表情、动作、体态等方面的示范,增强示范表演的艺术感染力,以"己"情动"幼"情、以情激情、以情激趣,通过富有感染力的示范表演带给幼儿音乐的审美享受,激发幼儿参与音乐实践的热情。

（二）语言指导法

在幼儿园音乐活动中,教师运用语言指导幼儿的方法主要有讲解、提问、讲故事等。

1. 讲解

讲解是教师运用口头语言向幼儿说明、解释某种事物或者某件事情。教师的语言讲解要求生动、形象、清晰、准确,富有感情,简明扼要,能帮助幼儿理解音乐与动作要点,可激发幼儿学习与探索的愿望。

在幼儿感受音乐、学习技能的过程中,教师都需要进行讲解。而在具体的讲解中,教师很少孤立使用讲解,常常是将其与以下方法结合使用:

（1）讲解与操作相结合。如教师在指导幼儿学习"踵趾小跑步"时,可以边示范边讲解,并配以简单好记的顺口溜"脚跟脚尖跑跑跑",幼儿就比较容易学会这个动作了。又如幼儿在感受《狮王进行曲》雄壮有力的主旋律后,开始用动作表现狮王威猛的形象,这时,教师随乐加入讲解"我就是那森林之王,没有人能比我强;我就是那森林之王,没有人能比我壮",幼儿很快就领会并较生动地表现出狮王威风凛凛的样子。

（2）讲解与设疑相结合。教师可以先设疑再讲解,或者是先讲解后设疑。如在中班韵律活动"小老鼠泡泡糖"教学过程中,教师发现幼儿在随 A 段音乐模仿小老鼠走路时,虽然也能按照教师的提示做"东张西望"的动作,但是动作一直无法与音乐合拍。教师就再次放慢速度为幼儿进行示范,并在每一乐句的前一小节边用双手学小老鼠走路边念"小老鼠",后三小节边按节奏转头做东张西望的动作边念"东瞧瞧,西望望——"然后着重提问幼儿"我们念到哪个字的时候转头?"这样,幼儿便带着问题主动观察和思考,很快就掌握了表演的要领。

2. 提问

在幼儿感受音乐的过程中,教师经常要通过提问的方法帮助幼儿带着问题感受音乐、观察教师示范,并主动思考。西方学者德加默提出这样一个观点"提问得好即教得好",这种看法不无道理。教师准确、恰当的提问能激发幼儿的学习兴趣,使其思维进入积极状态。音乐教学中的每一个问题,都应是教师精心设计、合理规划的,好的提问体现了教师对教学内容的深入研究与幼儿的知识经验、智力水平的了解与把握,既有助于实现教学目标,富有启发性,又能激发幼儿学习的兴趣,并能促进幼儿自我反省。

教师在音乐活动中的提问类型主要有回忆性提问、理解性提问、分析性提问、综合性提问、评价性提问、运用性提问等几种类型。下面以欣赏歌曲《小乌鸦爱妈妈》为例,逐一加以说明。

(1) 回忆性提问。通过提问了解幼儿对作品内容的印象,达到了解幼儿的目的。教师常见的提问内容是:"这首歌(舞蹈)里唱(跳)了些什么?"

(2) 理解性提问。通过提问帮助幼儿理解作品内容,达到整体感知的目的。如听完《小乌鸦爱妈妈》后,教师提问:"小乌鸦在干什么?它的妈妈怎么样了?是谁把小乌鸦养育大的?"

(3) 分析性提问。通过提问找出作品中蕴含的因果关系,并通过分析,帮助幼儿理解作品。例如,听完《小乌鸦爱妈妈》后,教师提问:"小乌鸦为什么不出去玩?它的妈妈为什么不自己出去找虫子吃?"

(4) 综合性提问。主要指向引导幼儿综合理解作品的提问。如听完《小乌鸦爱妈妈》后,教师提问:"请你说说小乌鸦是怎样爱妈妈的?"

(5) 评价性提问。评价是一种综合能力,其核心是思维尤其是辩证思维的能力,通过评价可以引导幼儿理解作品的核心价值。如学习《小乌鸦爱妈妈》后,教师提问:"这是只什么样的小乌鸦?你喜欢它吗?为什么?"

(6) 运用性提问。目的是促使幼儿将音乐作品中的经验,或者本次音乐学习的知识、方法、思路用于解决他们生活中的其他问题,帮助幼儿触类旁通、举一反三,促进经验与知识间的迁移。如学习《小乌鸦爱妈妈》后,教师提问:"你会怎样爱你的爸爸妈妈?"

3. 讲故事

故事以其生动性、形象性深受幼儿喜爱,而音乐又是比较抽象的听觉艺术,教师若将故事与音乐有机结合,可寓抽象于形象之中,有助于幼儿更形象地感受、理解、表现音乐,增强音乐教学的情境性、趣味性。

> **案例 1-5**
>
> **运用故事开展音乐游戏**
>
> 在组织音乐游戏"聪明孩子和笨老狼"时,教师在引导幼儿欣赏音乐《拨弦》之前,先讲述了以下故事:
>
> 从前,有一座黑森林。那里面很黑很黑,路也很难走,人很容易迷路。黑森林里住着一只笨老狼,因为他整天都待在黑森林里,所以对那里的路很熟,就是闭着眼睛也能在森林里走来走去而不会迷路。住在黑森林两边的人们想出了一个聪明的办法,那就是跟在老狼的后面走,让老狼把他们带进和带出黑森林。啊哈,不用担心老狼会伤害你,因为他的眼睛很不好,不过他在听到很重的声音响起时就会转头,他回头时你要马上站住不动,老狼就根本看不到你了。聪明的朋友们,你们敢不敢跟着这只笨老狼到黑森林里去玩一玩呢?
>
> 这样,幼儿有了故事的情境与线索,欣赏与感受音乐的目的性以及游戏的情境性、趣味性显著增强,幼儿认真倾听音乐,并很快听出了音乐中的重音,游戏时也玩得十分开心。

在创造性律动活动中,故事是教学启发的一个重要核心。故事能够有效地提升幼儿表现的热情,提升幼儿随乐展开想象的丰富性、逻辑性。

案例 1-6

运用故事开展韵律活动

在大班创造性韵律活动"美丽之门"的活动中,教师通过如下故事启发幼儿:

有两个好朋友被巫师施加魔法,变成了雕塑,他们非常向往自由。小呼啦圈知道了他们的愿望后,就变成了一扇有魔力的"美丽之门",当优美、动听的音乐响起之后,用"美丽之门"就能传递爱的能量,破解魔法,使得其中的一位好朋友复活。而当这位复活的朋友用"美丽之门"传递爱的能量给另一位朋友时,他就会因为失去魔力重新变成雕塑,被"美丽之门"套上的雕塑就会因此获得爱的能量而复活,这位复活的朋友又再一次把"爱的能量"传递给朋友……

在上述故事启发下,幼儿在充满温暖爱意的音乐声中进行着富有创意的人际肢体互动,仔细领悟着爱尔兰风笛舒缓的旋律与流畅的乐句,获得审美享受与审美感动。

(三)直观法

音乐教学中的直观法指的是教师通过向幼儿展示各种实物、图片、图谱、视频以及其他的一些直观演示材料(如棍子、牛皮筋、彩带等),以帮助幼儿直观形象地感受与理解音乐情境、歌词内容、动作表现以及演奏方案等。下面,我们重点介绍图谱的使用。

图谱是近年来幼儿园音乐教学中十分常用的直观材料,是以图片、象征性的符号等来表现音乐作品的形象、情节、结构、歌词或者情绪等细节的辅助教学材料。与图谱有所不同的是,图片是将整首歌曲或者乐曲的内容画在一幅图画中,难以进行分解的操作与演示。而图谱则更多的是根据歌词的顺序将音乐分解成许多若干幅小的图片,可以进行分解操作与演示。教师科学合理地运用图谱可以很好地吸引幼儿的注意力、降低记忆歌词的难度、加深幼儿对音乐的理解等,对音乐教学起到促进作用。

案例 1-7

歌唱活动中图谱的运用

在学习新歌《相亲相爱一家人》中,教师辅以图谱,幼儿很快就能理解记忆歌词的顺序,并通过张贴"小嘴巴"的方式,直观记忆说普通话与说方言(此案例中使用的是福州方言)的地方,很快就掌握了说唱的歌词。

| ××× ×××× · | × × × — |
|亲亲地 叫声爸爸,|依巴 依巴;|

| ××× ×××× · | × × × 0 |
|亲亲地 叫声妈妈,|依妈 依妈,|

| × · × × × | × · × × × |
|爷爷, 依公|奶奶 依妈,|

| × × × — | × × × — |
|外 公 外 婆,|外 公 外 婆,|

| × ×· 0 0 | 3 3 2 2 1 — |
|哈 哈 |还有 一 个 我。|

音乐资源
《相亲相爱一家人》

微课视频
"相亲相爱一家人"教师的教学策略

微课视频
"相亲相爱一家人"幼儿的学习过程

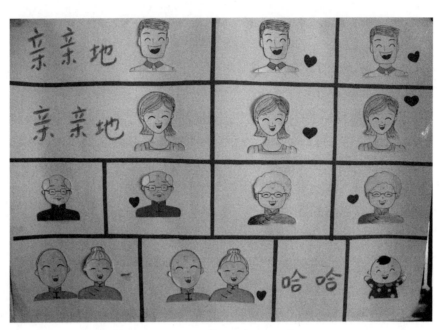

▲ 图1-2 "相亲相爱一家人"图谱

教师除了在歌唱活动中广泛使用图谱外，也在韵律活动中尝试使用图谱，以帮助幼儿理解、记忆韵律活动的动作内容与顺序。

案例1-8

韵律活动中图谱的运用

如韵律活动"娃哈哈"，通过以下图谱，幼儿就能很快理解、学习相应的动作：

我们的祖国是花园　　　　花园里花朵真鲜艳

和暖的阳光照耀着我们　　每个人脸上都笑开颜

娃哈哈,娃哈哈　　　　　每个人脸上都笑开颜

▲ 图1-3 "娃哈哈"图谱

此外,在幼儿园的演奏活动中,图谱也十分广泛地被使用着,幼儿在直观形象的演奏图谱的帮助下,能够很快地理解教师的演奏方案并进行随乐演奏。除了图谱外,在幼儿园音乐活动中,教师还常常借助于幻灯片、视频等富有动感的直观手段,丰富幼儿与音乐主题相关的感性经验;借助于手腕花、牛皮筋等道具,帮助幼儿分清扮演的角色,提示动作表演的方向;借助于棍子、绸带、丝巾、圈圈等,增强动作的表现力,提高幼儿表演的兴趣。

(四) 练习法

练习法是指幼儿在教师的指导下,通过多次的实践练习巩固和掌握某些音乐技能的方法。如,幼儿练习歌唱,练习随乐身体动作,练习演奏乐器等。教师在运用练习法时,应注意以下问题:

第一,明确练习的目的与要求,循序渐进地进行练习。教师在幼儿开始练习之前,必须运用简要明确的语言指导幼儿,帮助幼儿明确练习的目的、要求与方法,引导幼儿有目的地练习,从而达到巩固技能的目的。在幼儿练习的过程中,教师可借助于简单、直接、易操作的预令提示幼儿,如在指挥幼儿演奏活动时,教师可提前一拍用眼神、动作、语言提示幼儿下一组要演奏的乐器组做好准备,增强练习的效果。一般来说,在一次音乐活动中幼儿需要多次的练习才能初步巩固所学的技能,为此,教师应注意循序渐进,每次练习的形式要有些变化,每次练习的难度要不断提高,保证幼儿既能达到教师的要求,又能保持学习的兴趣。

第二,以幼儿感兴趣的方式进行练习。在幼儿练习时,教师切忌让幼儿一遍遍机械地重复练习,而应以游戏等幼儿感兴趣的方式引导其进行练习,提高练习的效益。如在欣赏《狮王进行曲》后,教师就带着幼儿以小动物、狮子大王的角色听音乐玩游戏,在游戏中反复加深对音乐形象与节奏的感受,激发对音乐的想象与创造。

第三,观察幼儿的练习情况,及时作出反馈。在幼儿练习时,教师要认真倾听、观察,发现幼儿的进步要及时用表情、手势、语言等进行表扬与鼓励,发现幼儿的问题要及时采取措施进行阻断,防止幼儿在反复错误的练习中形成错误的动力定型。

案例1-9

教师对幼儿的及时反馈

如在大班集体舞"快乐舞会"的活动中,有一个双人合作舞蹈的动作:前一乐句两个幼儿伸出有花环的右手挽起来,正反面肩并肩,以肩为圆心前进绕圈走;第二乐句时两人同时换只手挽起来,前进绕圈走。班上有三对幼儿一直没绕对。这时候，教师发现了这个问题，并悄悄问其中一名幼儿："你知道你们绕不起来的原因吗？"该幼儿呆呆地看着教师，希望得到教师的帮助。教师就请一对跳正确的幼儿给这三对幼儿示范表演一遍，并通过语言提示，引导他们找到观察的重点："在转圈的时候他们是面对同一个方向还是相反的方向？""当他们肩并肩时，两个人都朝什么方向走？"在这些语言引导下，有两对幼儿通过观察同伴、比较异同的方法，得到启发，发现自己的问题，从而主动改进。但是，还有一对幼儿通过上述引导，仍然还不能绕好。于是，教师就对全班幼儿说："×××小朋友有困难了，大家一起来帮帮他们。"在这对幼儿表演后，教师组织全班幼儿通过讨论来解决问题，可以说："刚才×××小朋友和你一样跳不好，现在他们跳对了。你们先看看他们跳，等会儿去问问他们，刚才哪里出问题了？现在怎么改过来了？"这样，教师不仅通过观察发现问题，还可以选择幼儿比较普遍的、有价值的问题在集体中讨论。教师这样做不仅让幼儿知道了当自己遇到困难时，可以从多种角度去解决问题，更重要的是可以养成幼儿喜欢思考的习惯，形成互相帮助的良好品质，最关键的是还能不断提高幼儿解决问题的能力。

[思考与讨论]

1. 简述学前儿童音乐教育的主要内容。
2. 简述学前儿童音乐教育的基本途径。

[实践与训练]

1. 观摩一次音乐教学活动或者观看音乐活动视频，分析该活动中教师主要运用了哪些教学方法及其方法运用的适宜性，并在课堂和小组中交流、分享。
2. 选择一首形象性强的乐曲，尝试设计几种引导幼儿欣赏该乐曲时拟采用的方法，并在课堂交流。
3. 去幼儿园进行见习，记录该幼儿园在一日活动过程中所开展的音乐教育的时间、内容与形式，并在课堂和小组中交流、分享。

第二章

学前儿童音乐欣赏活动的设计与指导

学习目标

1. 知道不同阶段儿童音乐欣赏能力的发展水平及作品选择与处理的基本要求,能为各阶段儿童选择适合的音乐欣赏内容。

2. 举例分析学前儿童音乐欣赏教育的目标,明确多样化幼儿园音乐欣赏活动设计与组织的基本思路与要求,并能结合实际设计、分析与反思。

3. 阐述学前儿童音乐欣赏活动的指导要点,能初步运用音乐欣赏教育中常见障碍消解的基本方法开展教育实践,具有开展幼儿园音乐欣赏教育的兴趣与信心。

内容概览

审美是音乐教育的核心,音乐欣赏是培养学前儿童音乐审美能力的重要途径。本章着重介绍了各阶段儿童音乐欣赏能力的发展特点以及选择与组织音乐欣赏作品的基本要求,阐述了集体性、区域性及渗透于幼儿园一日活动的各类型音乐欣赏活动多样化的设计与组织要求,分析了幼儿园音乐欣赏活动的指导要点以及常见的障碍与消解策略,从而初步树立学前儿童音乐欣赏教育的科学理念,初步培养设计、组织幼儿园音乐欣赏活动的教育教学能力。

> [问题情境]
>
> 有些教师在开展音乐欣赏活动时,较偏重引导幼儿对音乐的节奏、速度、力度、曲式结构等音乐表现手段这类认知性审美因素的感知与表现,在一定程度上忽视了音乐审美情感的感受与体验,有时在整个音乐活动中,缺少了音乐应当激起幼儿的审美感动。在教师的引导下,幼儿感知与探索音乐的节奏、速度、力度、曲式结构等表现手段,冷静地思考采取各种策略记忆歌词的内容与顺序,探索节奏与乐器的演奏方案……在一首首充满情感魅力的音乐面前,幼儿更多地进行着客观冷静的分析与学习,却缺乏应有的情感共鸣甚至起码的审美感动。究竟该怎样发挥音乐欣赏的价值,让幼儿的情感与心灵真正受到音乐美的感染和熏陶?

审美是音乐教育的核心,音乐欣赏是培养儿童音乐审美能力的重要途径。美国著名儿童音乐教育心理学家詹姆斯·默塞尔在其音乐教育心理学名著《学校音乐教学心理学》一书中反复强调:在普通学校中,音乐教育就是欣赏教育,就是为欣赏而进行的教育。在这里,欣赏被定义为:怀着由衷的欣喜与热爱的情绪情感,去主动追求从美好的声音以及优秀音乐作品中获取自我满足与自我发展。

音乐欣赏是幼儿园一切音乐活动的基础,幼儿园任何一种音乐教育活动都包含着音乐欣赏的成分。幼儿园音乐欣赏活动主要是幼儿通过聆听自然界、生活的各种音响和各种类型的音乐作品以及观赏舞蹈、戏剧、音乐剧、木偶剧等各种形式的艺术表演所获得审美享受的音乐活动,它是幼儿感知、理解音乐美并体验音乐情感的一种重要的音乐教育实践活动。

第一节 学前儿童音乐欣赏能力的发展与材料选择

一、学前儿童音乐欣赏能力的发展

由于音乐形象存在着不确定性与多义性,又受到儿童身心发展水平、音乐教育环境以及对音乐的兴趣与爱好等因素的影响,儿童对音乐形象的倾听、感受、理解、想象创造以及审美能力的发展有着较大的差异。一般来说,他们的音乐欣赏能力发展主要表现在以下几个方面:

(一) 倾听与感知能力

"倾听"与一般的"听听"不同,倾听是一种有意识的听,它不仅需要听者注意的参与,还需要其情感的参与。倾听的态度、情感与能力,是音乐欣赏的重要基础。

一个听力正常的儿童,在3岁前所获得的倾听经验是很丰富的。在儿童很小的时候,他们就对"倾听"表现出浓厚的兴趣,随着年龄的增长、活动范围的扩大,周围可以听到的声音以及音乐越来越多。但如果教育不利,有些儿童反而会对周围世界中的美好音响听而不闻,也就较难形成良好的倾听态度、习惯和技能。而在良好教育的影响下成长起来的儿童常常能够比一般儿童听到更多的东西。

在良好的教育培养下,3—4岁的儿童会更多地自发倾听环境中的各种声音并主动地分辨与描绘这些声音。如下大雨与下小雨有什么不同,不同的动物、交通工具发出的声音有哪些不一样等。在音乐活动中,儿童会按教师的要求更仔细地倾听各种音响,逐步养成注意倾听教师、同伴的歌声和琴声伴奏的习惯,能区别性质明显不同的音乐作品,并对不同情绪的乐曲有了初步的感受。

在良好的教育培养下,4岁以后的儿童倾听的主动性、自觉性以及听辨能力可以获得更好的发展。除了按要求认真倾听和进行描述、分辨外,儿童还能较主动地倾听环境中的声音与音乐,听辨与描述能力进一步提高。在专门组织的音乐活动中,4—5岁的儿童开始能分辨出同一声音中速度、力度、音色的明显变化,欣赏内容较为广泛、性质多样的音乐作品，不仅能区分音乐中明显的速度、力度、节拍和节奏型的变化，还能听出乐段、乐句之间的明显的重复与变化。如作曲家卡尔·海笛所作的乐曲《熊跳舞》，该乐曲分为ABA三段，A段音乐主要在低音区演奏，节奏较缓慢；B段音乐在高音区演奏，节奏轻快。A、B两段音乐在音高、节奏、速度等方面形成明显的对比，5岁初期的儿童可以较容易地进行听辨。

《熊跳舞》

在良好的教育培养下，5—6岁的儿童听觉分辨能力更加精细，开始能感知音乐作品中的细节部分，还能初步感受、辨别较为复杂的器乐曲结构、音色以及在情绪风格上的细微区别。如5岁中期的儿童可以感受并初步分辨出《狮王进行曲》中狮子走路、吼叫部分音乐的明显变化，但是狮子走路旋律的变奏部分与主旋律的区别就比较细微，一般要5岁末期及6岁后的儿童才能听辨出来。

（二）理解与想象能力

"理解"是倾听音乐后进入"欣赏"境界的重要基础。音乐欣赏中的理解主要包括：对倾听音乐所引起的情绪、情感的理解；对音乐所引起的想象、联想内容的理解；对音乐所传达的思想内容的理解；对音乐的形式结构本身的理解等。

3岁前的儿童对音乐的理解十分有限，他们一般易对节奏鲜明、旋律优美、音响柔和的音乐产生积极反应。2—3岁的儿童能在教育者的直观启发下初步理解十分明显的音乐情绪，如在反复欣赏《学做解放军》与《宝宝要睡觉》的基础上，提供给儿童两幅有关的形象图片，大部分儿童都能匹配正确。

3岁的儿童已有了初步的理解音乐所表达的思想、情感的能力，并产生了初步的想象与联想。在良好的教育培养下，3—4岁的儿童逐步学会理解他们所熟悉歌曲的歌词内容与思想，学会理解简单的、性质鲜明的器乐曲的音乐情绪，如听到《进行曲》，儿童会理解这是解放军叔叔在很有精神地走路；听到《摇篮曲》，儿童会理解这是妈妈在哄宝宝睡觉等。3岁末期，儿童的联想与想象能力也逐渐发展起来了，如他们能根据所听音乐的沉重、缓慢的性质，联想到大象、狗熊等巨大而笨重的动物形象；能根据所听音乐的轻快、跳跃的性质，联想到小兔、松鼠、青蛙等动作灵巧的小动物等。

在良好的教育培养下，4—5岁的儿童能借助于歌词以及生活经验、音乐经验，基本能理解形象鲜明的乐曲所表达的艺术形象以及音乐大部分变化，如他们能理解《摇篮曲》最后结束句的渐弱渐慢，是表示小宝宝慢慢地睡着了；他们还学会初步理解音乐中变化较为明显的形式结构，如他们听了《瑶族舞曲》，对于基本相同的头尾两段，他们将第一段理解为一群瑶族哥哥姐姐迈着优美的步伐准备参加舞会，将第三段理解为夜深了，瑶族的哥哥姐姐准备回家了，对于节奏特别强烈的第二段，他们认为是瑶族哥哥姐姐在热情奔放地跳舞。

5—6岁的儿童对纯器乐曲的理解能力进一步增强，能在清楚辨别音乐的速度、力度、音色、结构等较为细微变化的基础上，展开大胆的联想与想象，如他们开始能初步理解，同样是进行曲的《解放军进行曲》《运动员进行曲》《拉德斯基进行曲》听起来有很多不同的感受，对每个音乐作品都能形成自己独特的理解。

对于3—6岁的儿童来说，他们对音乐的理解与想象，需要更多地借助于歌曲的歌词、乐曲的标题、乐曲的故事情节。而不同的儿童倾向于用不同的方式对音乐的不同方面做出反应，有的儿童倾向于反应音乐的形式本身，有的儿童倾向于反应音乐所引起的情感，有的儿童倾向于反应音乐所引起的想象联想，还有的儿童倾向于反应音乐引起的理性思考。也有研究指出，即使是同一感知者也会在不同情境中出于不同的需要而选用不同的方式对音乐的不同方面进行反应。而相对于成人的音乐欣赏来说，学前儿童由于其心理发展水平的限制，他们对音乐的理解还处于浅表层次，有更多的直觉因素参与其中，理性成分不如成人明显，所以，教育者要尽量将理性的音乐诉诸感性。

(三) 创造性表现能力

儿童早期的音乐欣赏与创造性表现活动尚处于不分化的状态之中,因此学前儿童在音乐欣赏活动时总是伴随着创造性表现活动。

3岁前的儿童逐步学会运用动作、嗓音和脸部表情对音乐作出某种直觉的反应,创造性表现的意识尚未萌芽。

3岁的儿童已能初步运用动作、嗓音以及脸部表情对音乐作出一些直觉的反应。在良好的教育影响下,3—4岁儿童逐步了解了一些可以用来表达音乐感受的手段,并逐步学会在自己能力水平上比较自如地运用这些表现手段。3—4岁儿童最容易掌握与最经常运用的创造性音乐表现手段就是身体动作,到了4岁末期,他们已能学会运用较为精确的简单动作表达自己的音乐感受,并初步意识到应尽量使自己的动作与他人不同。3—4岁儿童运用语言进行创造性音乐表达时显得相对困难,喜欢运用一些简单的类比性描述,如听到一首关于小鸟的音乐,第一部分音乐声音清脆,第二部分音乐声音更加多样,儿童就会说"这是小鸟,那是它的爸爸妈妈,它们一起出去玩"等。

4—6岁的儿童,在音乐欣赏过程中的创造性表现能力进一步增强,在良好的教育影响下,儿童逐步学会运用各种手段创造性地表现自己对音乐的感受与理解,与前一阶段相比,儿童的创造性表现的意识更为主动、积极;表现手段、形式更多样,有身体动作、嗓音表达、语言描绘、绘画表现等;表现得也更细致、完美、更具艺术情趣。

(四) 审美注意力

心理学研究表明,学前儿童的认知活动由不随意性、不自觉性向随意性、自觉性发展,认识水平从具体形象为主要形式向抽象概括过渡。一般而言,让学前儿童较长时间积极、主动地沉浸于音乐欣赏与探究活动是比较困难的。据测查统计,将学前儿童"能长时间沉浸于音乐之中"定义为:能集中注意聆听陌生音乐达到5分钟的时间。因此,幼儿园音乐欣赏活动选择的音乐作品长度要适宜,为3—4岁儿童选择的音乐作品长度可尽量控制在1分钟以内,以后可逐步增长一些,为6岁儿童欣赏的音乐尽量不超过2分钟。

为了提高学前儿童聆听音乐的注意力,教师有时可以组织一种与成人高雅的欣赏活动类似的审美性的欣赏活动,但更多的时候适宜组织类似"听赏游戏"的活动,以一种游戏式的欣赏与全身心的享受,让儿童在与音乐的互动与游戏中获得对音乐的理解、想象以及对音乐表现手段的认识。实践证明,学前儿童的注意力会在这类活动中明显增强。

(五) 审美心理能力

一般来说,学前儿童的音乐审美心理发展大体表现出以下发展特点:

"前审美阶段"。3岁左右是儿童审美心理发生的敏感期,其标志是对美好事物特征产生审美感性、审美体验,并有初步的审美偏好和选择美好事物的审美标准。这是儿童最初审美心理结构的雏形,此阶段可称为"前审美阶段"。3岁左右的儿童可能发生最初始的审美心理活动,该阶段的大部分儿童喜欢具有典型形式美的艺术作品,如优美动听的歌曲、欢快活泼的舞蹈、色彩鲜艳的图画和令人愉悦的儿歌故事等。他们愿意学习唱歌、舞蹈,喜欢模仿艺术作品的语言、动作、表情等,从中获得快乐与美感。

"审美心理萌芽阶段"。整个学前期,儿童的审美感受力在迅速地发展,有了初步的审美偏好与审美评价活动,也有了模糊的审美标准,此阶段可称为"审美心理萌芽阶段"。在获得审美体验的同时,儿童开始有了审美偏好。一般来说,女孩比较偏爱优美的舞蹈与音乐,喜欢参加艺术表演活动;男孩大多较喜欢荒诞夸张的音乐与故事、快速的音乐以及激烈的动作等音乐艺术活动。在审美评价方面,5岁以上的儿童基本能采用一般的审美标准或凭借审美直觉,评价同伴与自己歌舞的优劣等。在学前阶段,儿童还未能掌握艺术性的审美标准,更难以按照艺术标准去评价自己与他人的艺术行为与表演。

二、音乐欣赏材料的选择与分析

学前儿童音乐欣赏活动使用的音乐作品主要有歌曲、器乐曲(包括标题音乐与无标题音乐),还有舞蹈、哑剧、曲艺、武术、歌舞剧、木偶剧、戏剧及影视作品等各种类型的表演艺术形式。

(一) 音乐欣赏作品的选择

为儿童音乐欣赏选择的音乐作品,总体上应具备审美性、教育性、适宜性以及丰富性与多样性等方面的要求。

1. 审美性

审美性主要是指音乐作品要有较强的艺术性,音乐形象鲜明,无论在听觉、视觉等方面都能给欣赏者以审美的享受。

2. 教育性

教育性主要是指音乐作品的艺术形象应积极向上,有助于陶冶与丰富儿童的心灵,激发儿童热爱生活的愿望,熏陶儿童健康的审美情趣。

3. 适宜性

适宜性主要是指音乐作品所表达的内容、形象与情感,应贴近儿童的生活,易为儿童感受与理解。音乐作品的形式应比较简单,结构单纯工整,篇幅较短。其中,为小年龄儿童选择的音乐作品中歌曲的比例可适当增多,歌词简单明了,主题鲜明,如《打电话》《小燕子》等;乐曲的形象宜鲜明单一,篇幅短小,如《拍球》是描写拍球的节奏与快乐,《小鸟和大象》中的大象与小鸟的音乐形象对比十分鲜明,小年龄的儿童也能很快感受、理解与表现。为中、大年龄的儿童选择的音乐作品可适当增大器乐曲的比例,无标题音乐的比例、音乐的长度也可适当增大,且音乐形象可以更加丰富,但是要贴近儿童生活经验与理解水平,符合儿童倾听、理解能力的发展水平。如《动物狂欢节》中的许多音乐,描绘了许多可爱、栩栩如生的动物形象,很受中、大年龄儿童的欢迎。

4. 丰富性与多样性

丰富性与多样性是指提供给儿童欣赏的音乐作品的内容、题材、表现形式、风格应丰富多样,以扩大儿童的音乐视野,丰富他们听音乐的经验。音乐欣赏作品的内容宜多样,除了歌曲、器乐曲外,还可适当增加舞蹈、哑剧、曲艺、武术、歌舞剧、木偶剧、戏曲及影视作品等各种类型的表演艺术形式。音乐作品的题材应十分广泛,可以是反映自然界的,如动植物、季节特征、天气变化等,也可以是反映社会生活的,如节日、成人的生活劳动,歌颂祖国、军队、英雄等,也可是反映儿童的生活、学习、游戏等。音乐作品的表现形式宜多样化,歌曲可有独唱、齐唱、轮唱、重唱、二声部合唱等,器乐曲可以选择各种典型乐器的独奏曲、合奏曲重奏曲等,还可选择军乐、民乐、管弦乐、交响乐(片段),舞蹈可以是独舞,也可是群舞。音乐风格也宜多样,可包含中国各民族以及世界各地优秀的歌曲、乐曲、戏曲、舞蹈、哑剧等。

(二) 音乐欣赏材料的处理

在选择音乐欣赏材料之后,教师常常要对音乐作品进行一定的节选或改编,以适应不同阶段儿童的接受能力。常用的截选或改编方法主要有以下两种:

1. 截选片段

截选片段即截选作品中相对独立的片段,如截选海顿《G大调第九十四交响曲》第二乐章中的"惊愕交响曲"主题、刘铁山等的《瑶族舞曲》中第一乐章的第一主题等。这些片段结构完整,有完满的结束感,形象鲜明生动,长度也比较适宜,能较好满足上述的选材要求。有时,同样一首乐曲,教师可以通过截选不同的片段,给不同年龄阶段的儿童欣赏,如《瑶族舞曲》第一乐章的第一主题可以给4—6岁儿童欣赏,也可以截选出其中最为简单的一个片段给3—4岁儿童欣赏。

2. 压缩结构

压缩结构即删减作品中的某些部分,而保留另外一些相对独立的部分。如奥尔特的《钟表店》,原作品的结构是:引子—A—B—A—过渡—C—A—尾声,教师在为3—4岁儿童选择该曲时,可以选择为引子—A—尾声;在为4—6岁儿童选择时,可以处理为引子—A—B—A—尾声。

(三) 音乐欣赏材料的分析

1. 音乐作品的分析

教师选择好音乐作品后,首先需要对该音乐作品进行深入的了解与分析,了解作曲家的生平、音乐中蕴涵的音乐知识,分析音乐作品的情绪、内容、结构及其主要表现手段。其次,教师还必须分析该音乐作品的欣赏重难点,即教师在了解本班儿童现有音乐发展水平的基础上,分析欣赏该音乐作品的重点与难点,并思考解决与突破的方法与策略。

音乐资源
《幽默曲》

若是由教师进行表演,教师还应对音乐作品进行充分的练习,确保演唱、演奏及其动作表演等的感染力与艺术水准。我们以《幽默曲》为例,对该乐曲进行分析。

> **案例 2-1**
>
> 《幽默曲》的分析
>
> 《幽默曲》是由捷克作曲家德沃夏克所作的一首充满朝气、脍炙人口的音乐作品。根据5—6岁儿童的听辨与理解能力,教师可将之截取为对比较为鲜明的两段,并将之演绎为一首泥土与生命的颂歌。该作品的A段音乐节奏轻盈活泼,旋律时断时续,忽强忽弱,像是初春时节蛰伏的种子开始萌动,冲破泥土,一点一点探出嫩黄的幼芽的景象,充满着生机、喜悦和希望;B段音乐旋律极其优美,行板如歌,宛如植物在阳光雨露的滋养下,蓬勃生长,充分舒展,放眼一片碧绿,呼吸满腔芬芳。

2. 辅助材料的选择与使用

学前儿童音乐欣赏活动常常要借助一些辅助手段,如视觉、运动觉、愉悦觉等进行辅助,以强化听觉感受。所以,教师在引导儿童欣赏音乐作品时常常要借助一些辅助材料,常见的有动作材料、视觉材料、语言材料等。

(1) 动作材料,主要是指符合音乐的性质,能基本反映音乐的节奏、结构、旋律、内容与思想感情的外在动作表现,如身体节奏动作、舞蹈动作以及夸张滑稽的动作等。这些动作不宜太难,应是大多数幼儿都能自然表现的,同时动作不必追求过于具体与统一,应有助于幼儿独立选择与自主表现。如在欣赏《幽默曲》时,教师可引导幼儿用身体动作随乐表现小雨点和风宝宝叫醒种子的动作。

(2) 视觉材料,主要是指能形象反映音乐的内容、节奏特点与结构等的可视材料,可以是图片、幻灯片、录像、多媒体课件等。教师在准备与制作时这些视觉材料,应从音乐出发,在线条、构图、造型、色彩、氛围等方面需与音乐的情绪、内容相吻合,画面的变化应与音乐的变化相一致,有助于幼儿感受、理解音乐的意境与形象,达到艺术沟通的效果;同时还不能限制幼儿的思维,应留给幼儿更多联想与想象的空间。如在欣赏《幽默曲》时,教师通过现场随乐绘画来再现音乐,帮助幼儿感受、体验音乐的节奏与内容。其中,A 段音乐图谱(见图 2-1)中用点表示雨点,用曲线表示风,教师把种子四个生长阶段的图谱做好后在图谱后贴上磁铁,跟随音乐的变化从图谱下端拉出,展现出种子逐渐发芽、慢慢长高的过程。

▲ 图 2-1　A 段音乐图谱

幼儿在多次欣赏的基础上,还通过自己的吹画、涂画来表现音乐。在吹画 A 段音乐的 1—3 小节时,教师引导幼儿用自己创编的雨点的动作来表现,4 小节对准纸上的种子吹风;反复四次。在 B 段音乐,教师引导幼儿用手指涂画的方式帮助小树苗长出枝叶(见图 2-2)。

▲ 图 2-2　B 段音乐图谱

(3) 语言材料,主要指含有艺术形象的有声文字材料,可以是故事、散文、诗歌、儿歌、童谣或者谜语等。语言材料的选择应与音乐的情感基调相一致,有助于幼儿产生相似的情感体验,达到艺术沟通的效果;同时必须语言优美、文学性强,能为幼儿所理解、接受与喜爱。

案例 2-2

在欣赏《幽默曲》时,教师可通过《种子托比的故事》来引题,使得活动在教师营造的清新、优美的故事意境中自然导入,故事简单,线索清晰,为幼儿提供了充分的想象空间。

种子托比的故事

在一片美丽的大森林里,有高高的大树、绿绿的小草、鲜艳的花朵,种子托比就住在这里。它每天躺在泥土下,都能听到小河流水哗啦啦,小鸟歌唱叽叽喳。托比想:什么时候我才能钻出地面,看看这一片美丽的大森林,什么时候我才能长大,变成一棵神气的大树呢?这一天,托比和平时一样躺在泥土里,忽然,它发现自己发生了一些变化……

[学习与思考]

1. 分析3—6岁各阶段儿童音乐欣赏能力的典型特点,并比较不同年龄儿童音乐欣赏能力的发展。
2. 简述幼儿园音乐欣赏作品选择的基本要求。
3. 学前儿童音乐欣赏可以运用哪些辅助方式?这些辅助方式该如何运用才能既帮助儿童直观感受理解音乐,又不会限制儿童对音乐的理解与想象?

[实践与训练]

1. 认真倾听《小鸟和大象》《瑶族舞曲》《春节序曲》等音乐作品,分析各音乐作品的基本情绪与音乐表现手段的变化,判断该乐曲适宜欣赏的年龄阶段。
2. 为不同阶段的幼儿选择一首富有艺术感且适合幼儿欣赏的音乐作品,根据该阶段幼儿欣赏能力的特点与水平进行分析处理,并尝试运用相适宜的材料进行辅助表现。
3. 给幼儿播放一首与其音乐欣赏能力相适宜的乐曲,观察幼儿聆听音乐时的兴趣、注意力、对音乐情绪及各种表现手段的感知能力,以及对音乐的理解、想象与创造性表现能力,认真记录幼儿的表现并进行分析。

第二节 学前儿童音乐欣赏活动的目标

学前儿童音乐欣赏活动的价值追求主要体现在:引导儿童怀着由衷的热爱与喜欢音乐的情绪情感,主动追求从自然界、生活以及音乐中获取自我满足与自我发展;有效激发儿童的音乐兴趣,开阔他们的音乐视野,培养他们的音乐感知能力、注意力、联想力、想象力和创造力,并逐步丰富他们的美感体验,获得初步的审美能力与健康的审美情趣。

一、学前儿童音乐欣赏活动的总目标

(1) 喜欢倾听自然界与生活中好听的声音与音乐,喜欢欣赏舞蹈、哑剧、曲艺、戏剧等多种多样的艺术形式,有倾听音乐与认真观看表演的良好习惯。

(2) 能初步感受所欣赏的音乐和各种艺术形式在内容、基本情绪、音乐形象、情节以及不同演唱、演奏及表演形式的艺术美,并初步体验音乐主要表现手段(如速度、力度、旋律、节拍、节奏、音区、音色等)在音乐艺术表现中的作用。

(3) 能根据自己对音乐的感受和体验展开联想和想象,并用自己喜欢的方式进行大胆的表现与表达。

二、不同阶段儿童音乐欣赏活动的发展目标

教师在开展学前儿童音乐欣赏活动时,需依据《纲要》与《指南》中的相关要求,根据各阶段儿童的音乐欣赏能力的发展特点,制定相应的发展目标。

(一) 3—4岁儿童音乐欣赏活动的发展目标

(1) 容易被自然界中的鸟鸣、风声、雨声等好听的声音所吸引,喜欢听音乐或者观看舞蹈、戏剧等表演。
(2) 能在教师的提示和示范下安静地倾听音乐、观看表演。
(3) 初步感知特点鲜明的歌曲,理解歌曲的基本内容和情绪。
(4) 能感知表现单一形象的简单乐曲,初步听辨速度、力度、旋律和音区等音乐基本表现手段,能跟随熟悉的音乐做简单的身体动作。

(二) 4—5岁儿童音乐欣赏活动的发展目标

(1) 喜欢倾听各种好听的声音,感知声音的高低、长短、强弱等变化。
(2) 能够安静、专心地欣赏音乐或是观看自己喜欢的文艺演出,有模仿和参与的愿望。
(3) 能理解歌词的内容和基本情绪,感受中外不同风格的歌曲。
(4) 能感知、表现两个差别明显的音乐形象的乐曲,了解听辨、感知速度、力度、旋律、音区、音色、节拍、节奏等音乐基本表现手段的作用。
(5) 欣赏音乐作品及各种演出时会产生相应的联想和情绪反应,能初步运用语言、身体动作、绘画等方式进行表达与表现。

(三) 5—6岁儿童音乐欣赏活动的发展目标

(1) 乐于模仿自然界和生活环境中有特点的声音,并产生相应的联想。
(2) 积极参加音乐欣赏活动,有倾听音乐、观看演出的情趣和良好习惯。
(3) 能理解所欣赏歌曲的内容和基本情绪,感受不同演唱形式的艺术美。
(4) 能感受较复杂情节的乐曲,感受音乐表现手段在推进情节、表达情感方面的作用。
(5) 欣赏音乐作品及演出时常常用表情、动作、语言、绘画、戏剧表演等方式表达自己的理解、感受和想象,并愿意和别人分享、交流自己喜爱的音乐作品和美感体验。

三、学前儿童音乐欣赏活动的实施目标

在一次具体的音乐欣赏活动中,教师需根据所欣赏音乐作品的特点,结合幼儿年龄阶段的目标,从审美情感发展、审美能力发展和促进全面发展三方面来制定幼儿园音乐欣赏活动的目标,努力促进幼儿全面和谐的发展。

(一) 审美情感发展目标

幼儿喜欢欣赏自然界与生活中各种美的事物和鸟鸣、风声、雨声等好听的声音;能够体验并享受音乐欣赏过程的快乐,能够体验并积极追求欣赏过程中大胆表达自己情感体验的快乐,愿意与他人分享交流欣赏音乐作品的快乐与美感体验。

(二) 审美能力发展目标

幼儿能够感知自然界与周围生活中各种声音的高低、长短与强弱的变化;感受与理解音乐作品中基本的表现手段,初步积累一些简单的音乐知识与舞蹈语汇,并在具体的音乐活动中加以应用;能体验、理解音

乐作品所表达的内容与情感,并展开大胆的联想与想象;能够再认与区分欣赏过的音乐作品,具有一定的音乐记忆力;尝试运用身体动作、语言文学、美术等艺术表现手段大胆、创造性地表达自己对音乐作品的理解与认识、联想与想象、情感与体验。

(三) 促进全面发展目标

幼儿能主动倾听声音、欣赏音乐、观看表演,逐步养成认真倾听、大胆想象与表现等良好学习习惯;具有初步感受与发现美的耳朵、眼睛,并在美好的音乐中陶冶情操、丰富心灵;能尊重、认同各民族以及各种形式、风格的音乐作品,扩大视野,具有较广泛的音乐爱好。

> **案例 2-3**
>
>
>
> **音乐欣赏活动的目标制定**
>
> 大班音乐欣赏活动"种子托比的故事"(音乐由《幽默曲》演绎而来),其目标制定如下:
> (1) 认真倾听音乐,初步感受乐曲清新优美的旋律与蓬勃向上的意境,并大胆想象音乐所表现的情境。
> (2) 积极参与多样化的感知与表现活动,尝试运用体态动作、吹画等方式表达对音乐的理解。
> (3) 萌发对美好事物的喜爱与美好生活的向往,体验游戏与创造的乐趣。
>
> 上述目标中紧扣 5—6 岁儿童音乐欣赏的特点与目标,突出《幽默曲》的音乐特点及感受表现的重难点,既有萌发对生活向往、体验游戏与创造乐趣的审美情感发展目标,也有对音乐情绪意境的感受、想象以及运用多种方式表达对音乐理解的审美感知与表现能力发展目标,还有认真倾听音乐、大胆想象、积极参与活动等学习品质的培养目标。

当然,上述三方面的目标是渗透在各种欣赏活动中循序渐进地进行,绝非在一次音乐欣赏活动中就要全部完成,或者每次欣赏活动都要完成各方面的目标,教师应根据学前儿童的发展水平、所欣赏音乐作品的内容及幼儿园教育教学的实际等情况,确定每次活动的实施目标。

[思考与讨论]

1. 简述学前儿童音乐欣赏活动的价值追求。
2. 不同阶段儿童音乐欣赏活动的目标有哪些不同?

[案例与分析]

一位新教师在设计中班幼儿欣赏音乐《熊跳舞》时,制定了如下目标:
(1) 认真倾听音乐,感受音乐的情绪及变化,能随乐用身体动作表现。
(2) 能体验、理解音乐作品所表达的内容与情感,并展开大胆的联想与想象。
请根据本节课所学的知识,分析该目标制定所存在的问题,并进行修订。

[实践与训练]

请设计以下各年龄段儿童音乐欣赏活动的教学目标:

(1) 小班欣赏乐曲《小鸟和大象》。
(2) 中班欣赏乐曲《瑶族舞曲》。
(3) 大班欣赏乐曲《春节序曲》。

第三节 多样化音乐欣赏活动的设计与组织

审美是音乐教育的核心,学前儿童音乐欣赏活动应该是多模式、多样化的,教师既可组织各种模式的集体性音乐欣赏活动,也可以结合幼儿园实际开展丰富多彩的区域性音乐欣赏与表现活动,还要注重在幼儿园及家庭一日生活中有机渗透音乐,从而全方位地丰富幼儿听音乐的经验,提升幼儿的音乐审美能力,用美好的音乐滋养幼儿的心灵。

一、集体性音乐欣赏活动的设计与组织

(一) 基本环节

一般而言,学前儿童的审美心理过程常常需要经历审美感兴的三个阶段:第一阶段是准备阶段,包括审美注意与审美期待,这两种心理活动构成了审美定向系统,促使审美主体采取特别的心理定势,为即将展开的审美感兴做好准备。第二阶段是兴发阶段,主要包含审美知觉、审美想象、审美领悟、审美情感等多种相互关联、相互渗透的心理活动,这一心理过程是审美感兴的高潮阶段。第三阶段是延续阶段,主要包含审美回味这一心理活动,有时也会出现审美反思活动。在审美回味的过程中逐渐形成一种审美心境,并能持续一段时间。

为此,集体音乐欣赏活动一般包括以下三个环节,教师在设计组织与过程中,要理解和科学把握每个环节设计与组织的关键点。

1. 活动导入环节

集体性音乐欣赏教学的导入,是指教师运用儿童感兴趣的各种方式引出主题,集中幼儿的注意力,激发幼儿欣赏音乐的审美期待。音乐欣赏教学的导入方式是多种多样的。首先,教师经常通过故事、儿歌、谜语等方式进行导入,如小班欣赏歌曲《小燕子》时,教师通过谜语"白肚皮,黑衣裳,尾巴像把小剪刀,爱吃害虫保庄稼,我们大家都爱它"导入,能够很快进入到该主题。其次,教师可以通过谈话方式导入,并根据需要结合玩具、图片等,如中班欣赏《水族馆》时,教师就通过"小朋友,你们到过海洋世界,见过水族馆吗?水族馆里有什么?它们在做什么?""有一首音乐说的就是水族馆里各种鱼儿发生的故事,你们听听看,音乐里的水族馆里有哪些鱼儿?它们在做什么?"等谈话进行导入。此外,教师还可通过游戏等方式导入,如在大班幼儿欣赏《野蜂飞舞》音乐时,教师一开始就设计了"寻找带头人"的游戏和小朋友一起玩,再加上音乐作为背景,幼儿很快就进入主题。

集体音乐欣赏活动的导入是十分灵活多样的,教师可根据实际情况灵活使用,但应该简洁有趣、突出主题,以很好地集中儿童的注意力,吸引儿童进入到感受和欣赏音乐的情境中。教师切不可本末倒置,在导入环节浪费时间,挤压了儿童对音乐作品充分感受的时空,或是制约了儿童对音乐形成自己的理解与想象。

2. 感受和欣赏音乐环节

感受和欣赏音乐是指教师通过提供良好音响效果的音乐、演出视频或是自身的示范表演等各种方式,引导儿童感受音乐美的魅力,进入音乐的世界。这是集体性音乐欣赏活动的核心环节。教师可以组织儿童完整欣赏音乐,也可以组织儿童分段(部)欣赏。完整欣赏的目的是为了帮助儿童完整感受音乐的形象与情

绪,对音乐建立整体的印象;分段(部)欣赏旨在帮助儿童了解音乐各部分的变化,了解听辨、感知速度、力度、旋律、音区、音色、节拍、节奏等音乐基本表现手段的作用,深入感知音乐的细节变化,并初步形成自己对音乐的理解与想象。

教师在进行本环节的设计与组织时,应注意以下几点:

首先,要以最好的音乐和音响让儿童真正感受到音乐美的魅力。

其次,要让儿童有足够的时间完整感受音乐、观看演出。

再次,可以适当提供形象化的辅助材料,帮助儿童更直观、多通道地感受与理解音乐。

3. 随乐表达与表现环节

学前儿童在欣赏音乐作品及各种演出时,常常会产生许多相应的联想和情绪反应以及表达与表现的冲动,需要借助语言、身体动作、绘画、游戏等各种方式进行表达表现。儿童表达与表现的方式是比较自由的,教师应尽量予以支持,但有时教师通过提供一些范例以启迪儿童的思路的做法也未尝不可。为了支持儿童能更加自由、多样化地表达与表现,教师可以提供一些工具材料,如画笔与画板、彩带、呼啦圈、头饰等,引导儿童根据自身的兴趣与需求,选择使用不同的符号体系来表达自己对音乐的感受和理解。

上述三个基本环节教师可以根据实际情况,细化为更加细小的环节,将感受和欣赏、随乐表达与表现环节有机交替。

(二)多模式音乐欣赏活动的设计与组织

教师在集体性音乐欣赏活动设计与组织中,可以将上述三个基本环节进行不同的组合、分解,应摆脱教学模式过于单一的桎梏,逐步形成多样化的活动模式。下面介绍的几种幼儿园集体音乐欣赏活动常见的教学模式各有各的优势,每种模式有其相适宜的音乐作品类型、幼儿的音乐基础与水平以及教师的教学风格,教师可根据具体情况灵活选择,也可交替运用。

1. "整—分—整"模式

"整—分—整"模式是幼儿音乐欣赏活动中最经典、也较为广泛采用的一种设计组织模式,其主要环节安排是"导入—完整欣赏—分段欣赏—完整欣赏—表达与表现",具体组织程序如下:

(1)以幼儿感兴趣的方式导入主题。

(2)幼儿完整感受音乐作品。该环节根据作品的难度和幼儿的能力,大约进行2—3次。教师需在幼儿观赏之前提出明确的问题以引导幼儿有目的地欣赏,并在必要时辅以各种辅助材料,帮助幼儿初步感受和理解音乐作品的整体形象与内容。随后,教师可组织幼儿交流倾听与欣赏音乐、观看表演后的初步感受。

(3)幼儿分段欣赏音乐。为了帮助幼儿更细致地感受音乐,教师可将音乐作品分解为几个片段,每个音乐片段可根据幼儿的实际组织欣赏2—3次。在幼儿每次欣赏之后,教师可引导幼儿借助语言、动作、美术等各种方式,由浅入深、循序渐进地表达与交流对作品的理解与感受。

(4)幼儿完整感受整个音乐作品,并随乐表达与表现。教师引导并支持幼儿随乐运用各种方式表达自己对音乐的理解与感受。

"整—分—整"的教学模式有助于引导幼儿细致地感受音乐作品的各个部分。在最初的完整欣赏中,主要强调感受、体验音乐整体的情绪与印象;在分段欣赏中,逐步深入地感受音乐的细节,并引导幼儿用各种方式表达对音乐的理解与想象;在最后的完整欣赏中,既可关注整体又可注意细节,同时使幼儿能对音乐作品保持完整的印象。该模式的组织脉络清晰,教师容易调控幼儿学习的整个过程,教学秩序有条不紊,幼儿也能从中获得音乐的审美熏陶及相关的音乐知识。"整—分—整"的模式比较适合于结构层次清晰、各段落对比较为明显的音乐作品。

案例 2-4

大班音乐欣赏：种子托比的故事

【设计意图】

德沃夏克所作的《幽默曲》是一首泥土与生命的颂歌。第一段音乐节奏轻盈活泼，旋律时断时续，忽强忽弱，是初春时节，蛰伏的种子开始萌动，冲破泥土，一点一点探出嫩黄的幼芽的景象，充满着生机、喜悦和希望；第二段音乐旋律极其优美，行板如歌，宛如植物在阳光雨露的滋养下，蓬勃生长，充分舒展，放眼一片碧绿，呼吸满腔芬芳。

为了更好地引导幼儿欣赏乐曲，理解乐曲所蕴含的美好意境，本活动将该曲演绎为《种子托比的故事》，并对该乐曲进行重新剪辑，组成AB结构的一首曲子，以多渠道的感官体验为手段，采用视觉与听觉的融合、文学与艺术的结合、肢体动作与听觉的互动等有效策略，让幼儿获得更加丰满的多种艺术相互沟通、相互支持的经验，从而深刻感受乐曲轻盈优美的旋律以及充满着喜悦与希望的意境，萌发幼儿对美好事物的喜爱及对美好生活的热爱。

【活动目标】

(1) 认真倾听音乐，初步感受乐曲清新优美的旋律与蓬勃向上的意境，并大胆想象音乐所表现的情境。

(2) 积极参与多样化的欣赏和表现活动，尝试运用吹画、体态动作等方式表达对音乐的理解。

(3) 萌发对美好事物的喜爱与美好生活的向往，体验游戏与创造的乐趣。

【活动准备】

(1) 经验准备：幼儿已接触过吹画这种绘画形式，并尝试吹画树木、花草等；了解种子发芽的过程。

(2) 物质准备：种子发芽图谱四幅、画纸、抹布、绿色颜料、滴管、音乐动画、音乐CD等。

【活动过程】

一、讲述《种子托比的故事》，引出活动内容

师：在一片美丽的大森林里，有高高的大树……，种子托比发生了什么事情呢？让我们一起来听一听。

二、引导幼儿完整倾听音乐

1. 引导幼儿完整倾听音乐，并跟随故事的情节自由想象种子托比的变化

师：你觉得托比发生了什么变化？

2. 教师提出问题，引导幼儿带着问题再次完整倾听音乐，初步感受音乐所表达的优美意境

师：是谁叫醒了托比？托比被叫醒后会发生哪些事情？

三、结合图谱，引导幼儿感受AB两段不同的音乐性质和所表达的音乐意境

1. 引导幼儿感受与表现A段音乐

师：调皮的小雨点和风宝宝来到托比身边，它们是来叫醒托比的吗？

(1) 教师随音乐操作A段图谱，帮助幼儿理解A段音乐中蕴含的情境节奏。

师：小雨点和风宝宝把托比叫醒了吗？它们来了几次？如果你是小雨点和风宝宝，你会怎么叫醒托比呢？

(2) 教师引导幼儿大胆表现小雨和风的动作，教师选取有代表性的动作引导幼儿一起进行动作再现。

(3) 结合幼儿的想象，鼓励随音乐动作模拟再现A段种子发芽的情境。

2. 引导幼儿欣赏B段音乐

(1) **教师随乐用画笔逐步描绘出种子托比蓬勃生长，成为大树的情境，加深幼儿的感受。**

师：托比慢慢地钻出了地面，慢慢地它又有变化啦，我们一起来看看。

(2) 引导幼儿尝试用肢体动作来再现托比长出枝干和叶子的情境。

师：托比是怎样慢慢长成大树的？你能试一试用动作告诉大家吗？

教师根据幼儿表现提出要求：动作和音乐配合才能让托比长得又高又美。

(3) 引导幼儿大胆用动作模拟再现B段音乐的情境，提醒幼儿动作合拍。

微课视频
"种子托比的故事"教师随乐绘画

四、运用多种形式加深幼儿对音乐的理解，表达对音乐的理解

1. **引导幼儿尝试运用肢体动作再现**种子萌芽、成长的情境，表达自己对音乐的理解

师：如果你是一个小种子，在雨点和风的帮助下会怎样钻出地面，然后长成大树的呢？请你们一起用动作来告诉我。

2. 观看**音乐动画**，进一步加深幼儿对音乐蕴含情境的理解

师：种子托比今天也来到这里了，我们一起来看看托比是不是和我们想象的一样，在雨点和风的帮助下慢慢长大，变成大树的。

3. 引导幼儿伴随音乐，以吹画的形式再现种子萌动、逐步成长的过程，充分感受音乐的氛围

师：你们的种子朋友也来了，我们一起来帮助种子朋友们长成大树吧！小雨点和风来的时候我们可以怎么做？种子钻出地面后可以用什么方法帮助它长出枝干和叶子？

4. 欣赏幼儿作品，充分感受音乐充满着喜悦与希望的意境

（本活动由福建省直屏东幼儿园池频老师设计与执教）

微课视频
"种子托比的故事"指导幼儿随乐表现

微课视频
音乐动画欣赏：《种子托比的故事》

2. 层层累加的模式

层层累加的模式的主要环节安排是"导入—某片段欣赏切入—逐步累加片段欣赏—完整欣赏—随乐表达表现"，具体组织程序如下：

(1) 教师运用幼儿感兴趣的各种方式引出主题，激发幼儿欣赏音乐的愿望。

(2) 从音乐作品中某个最具特色的片段入手，引导幼儿集中感知，获得关于音乐作品的初步印象。

(3) 逐个片段累加，引导幼儿逐步扩展对音乐的感知体验。

(4) 幼儿完整欣赏音乐，感知、体验整个音乐作品的整体形象与情绪。

(5) 幼儿完整随乐表达与表现自己对音乐的理解与想象。

层层累加的模式比较适合于那些含有独立而鲜明主题形象或者乐句的音乐作品。下面所附的大班音乐欣赏活动案例"狮王进行曲"，就很好地体现了该模式的具体运用。

案例2-5

大班音乐欣赏：夜空中最亮的星

【活动目标】

（1）认真倾听音乐，感受音乐抒情柔美的旋律，体验音乐所表现的深情。

（2）能随乐想象宇航员星空漫步的情景，大胆表达对太空的憧憬与对宇航员的喜爱。

（3）激发民族自豪感，萌发热爱科学、探索宇宙的愿望。

【活动准备】

（1）经验准备：了解中国航天科技发展及中国宇航员的生动事迹；与家长共同收集神州飞船及宇航员的各种故事；知道电钢琴、小提琴、大提琴、长笛、黑管等乐器的名称与音色。

（2）材料准备：音乐节选，音画影音视频，荧光颜料及幕布，以及紫光射灯、氦气、气球、小音箱等。

（3）环境创设：用多媒体创设音画太空星河意境；将幼儿座椅摆成宇宙飞船的造型；中国宇航员事迹图片展示墙。

【活动过程】

一、以"神州十五号飞船点火起飞"游戏导入活动

师：我们都是中国的小小宇航员，今天我们坐上神州十五号飞船，准备到中国自己的宇宙空间站去探秘了。飞船准备发射，倒计时"十、九、八……一，发射"。

二、在夜空的背景中，引导幼儿认真欣赏第一段音乐

1. 引导幼儿认真倾听音乐，初步感受音乐旋律的抒情柔美

师：我们神州十五号飞船进入了浩瀚美丽的太空，现在处于巡航阶段，洒满星星的夜空开始播放一首好听的音乐。小宇航员们边认真听边思考：这首音乐听起来感觉如何？

音乐资源《夜空中最亮的星》

2. 引导幼儿逐一感受各音乐片段中几种乐器的音色

师：这首舒缓优美的音乐里，有好几件乐器在讲述夜空中最亮星星的故事。这段音乐是什么乐器在演奏？它的声音有什么特点？

教师分别播放各个片段，追随幼儿的回答逐一出示乐器图片。最后，播放整段音乐视频，引导再次感受各种乐器的不同音色。

3. 引导幼儿随乐想象表现宇航员对星空的深情

师：电钢琴、小提琴、大提琴、长笛、黑管奏出优美好听的声音，他们在讲述夜空中最闪亮星星的故事。你们知道哪些人是夜空中最闪亮的星星？

教师根据幼儿的回答，出示中国宇航员的照片，讲述宇航员的故事，引导幼儿随乐用动作表现宇航员对星空的深情。

三、引导幼儿欣赏第二段合奏音乐

1. 引导幼儿认真倾听音乐，感受音乐的变化

师：这段音乐与刚才听到的那段音乐有什么不一样？

小结：第一段音乐是几种乐器一个个单独演奏，第二段是所有乐器一起演奏，叫合奏，听起来更加热闹。

2. 引导幼儿认真倾听音乐，感受音乐的情绪，想象音乐所表现的情景

师：在这么热烈的音乐中，夜空中最闪亮星星们在做什么呢？你觉得音乐在讲一个怎样的故事？

小结：这么多的乐器一起来演奏，显得特别热闹，好像宇宙飞船在发射，好像宇航员们到达中国自己的空间站开始工作，好像是研究宇宙飞船的科学家们在加油、在庆祝发射成功，也好像是大家在欢迎宇航员们返回地球、回到祖国的怀抱……小朋友们真棒，都很有想象力。

四、结合音诗画多种手段营造太空星河的意境，引导幼儿完整感受表现音乐

1. 教师随乐讲述故事，幼儿欣赏

师：这么抒情的音乐歌颂的是哪些了不起的中国人？大家能在展板中找到这些最亮的星星吗？

小结：好多乐器用轮奏、齐奏的方式，诉说了夜空中最亮星星的故事。经过一代代科学家与航天英雄们的努力与拼搏，中国在太空建立了自己的空间站，还将一批批宇航员们成功送到空间站开展各项科学研究，让我们祖国实现了航天梦，发展成为世界航天强国。中国人真了不起，感谢这些伟大的英雄们！

2. 引导幼儿随乐诉说梦想

师：孩子们，你们长大后想成为什么样的人呢？

▲ 图2-3　营造太空星河的意境

▲ 图2-4　幼儿随乐放飞梦想

3. 引导幼儿用各种方式表达对英雄们的崇敬之情

教师为幼儿准备了宇航员图像、荧光颜料、塑料布、气球、排笔、棉签等工具材料，幼儿操作。师幼在音画太空的星河意境中随乐筑梦、放飞梦想。

五、活动延伸：

（1）将音乐、乐器音色模拟器以及沙画、荧光颜料等投放到区域活动中，继续开展音画活动。

（2）家园共育，请家长与幼儿共同创编《夜空中最亮的星》的故事，并随乐讲述。

（本活动由联勤保障部队第900医院幼儿园黄剑峰、蒋倩菲设计与执教）

3. 一一匹配的模式

一一匹配的模式的主要环节安排是"导入活动—感受与探索音乐—操作非音乐材料—联想匹配—随乐表达与表现"，具体组织程序如下：

(1) 教师运用幼儿感兴趣的各种方式引出主题,集中幼儿的注意力。
(2) 操作非音乐的材料,引导幼儿从中感知和理解将要从音乐作品中感知体验到的音乐形象、内容。
(3) 组织幼儿倾听、感受音乐。
(4) 引导幼儿集体探索、讨论,将音乐与非音乐的材料一一相互匹配。
(5) 尝试运用各种表现手段,将音乐与非音乐的材料完整相互匹配,并随乐进行表现。

一一匹配的模式比较直观生动,比较适合于那些音乐形象鲜明的音乐作品,以及年龄较小的幼儿。

案例2-6

小班音乐欣赏: 小鸟和大象

【活动目标】
(1) 感受小鸟的轻快和大象的笨重,能听辨二者的区别并初步随乐合拍表现。
(2) 能认真倾听音乐,积极参与游戏与音乐表演。

【活动准备】
(1) 物质准备:大象和小鸟的图片各1个,头饰人手1个;音乐《小鸟和大象》。
(2) 环境创设:将活动室布置为森林的情境。

【活动指导】

一、出示森林的背景图,操作小鸟和大象的图片,在讨论与比较中帮助幼儿分辨二者的区别

师:森林里来了两位客人,它们是谁?

师:大象长得怎样? 小鸟长得怎样?

二、引导幼儿分别模仿大象和小鸟走路,通过动作体验二者的不同

教师进行小结,帮助幼儿提升个人感受。

师:大象怎么走路的? 小鸟又是怎么走的?

师:大象又大又笨重,走起路来慢慢地、重重地;小鸟又小又轻巧,飞起来非常灵巧。

三、幼儿欣赏音乐,感受音乐形象,想象音乐所表达的内容

师:小朋友认真听一首音乐,音乐的名字就叫《小鸟和大象》。

1. 幼儿完整倾听音乐,感受音乐形象

师:认真听,音乐中哪一段说的是小鸟? 哪一段说的是大象? 你是怎么听出来的?

2. 幼儿再次完整欣赏音乐,进一步听辨音乐形象,鼓励幼儿用手的动作表示自己对音乐的理解

教师引导幼儿用两只小手当小鸟翅膀,当小鸟的音乐出现时随乐轻快地煽动"翅膀";用两只手握拳当大象的长鼻子,当大象音乐出现时随乐摇摆"长鼻子"。

3. 听音乐"举头饰",帮助幼儿进一步感知、理解音乐形象

教师引导幼儿根据自己对音乐的理解,听音乐相应地举起小鸟或大象的头饰并随着音乐的节奏摆动头饰。

4. 分段欣赏音乐,并随乐表演小鸟与大象

5. 幼儿边欣赏边想象音乐,并尝试用语言表达自己对音乐的理解

师:在音乐里,大象与小鸟在做什么?

四、幼儿随乐游戏
1. 幼儿与教师共同表演大象与小鸟,随乐游戏
2. 幼儿按意愿分两组,一组扮演大象,一组扮演小鸟,听音乐游戏

(本活动由福建幼儿师范高等专科学校程英设计与执教)

4. 对比欣赏的模式

对比欣赏的模式可以是对同一首乐曲进行变奏欣赏,也可以是对主题相同但音乐情绪风格不同的两首乐曲进行对比欣赏。

变奏对比欣赏的模式是指教师在引导幼儿感受音乐原曲的基础上,对原曲音乐的速度、力度、节奏等进行改变,使得音乐的旋律基本不变但音乐的整体性质、情绪等发生改变,引导幼儿感受、体验并表现音乐变奏前后的变化。该教学模式主要环节安排是"导入—原曲欣赏—变奏欣赏—对比欣赏",具体组织程序如下:

(1) 教师运用幼儿感兴趣的各种方式引出主题,激发幼儿欣赏的愿望。
(2) 教师播放(弹奏)原曲,引导幼儿反复感知、体验、理解、表现音乐作品中的音乐形象与内容。
(3) 教师对原曲音乐的速度、力度、节奏等进行变奏,引导幼儿认真倾听、感受音乐的变化以及变奏后的音乐所表现的内容。
(4) 教师将原曲与变奏曲交替播放或者弹奏,引导幼儿尝试运用各种表现手段表达对音乐的理解。

案例 2-7

《小海军》歌曲乐谱

中班音乐欣赏: 小海军①

【活动目标】
(1) 认真倾听音乐,感受音乐变奏前后雄壮、舒缓的不同风格,体验音乐变奏。
(2) 能随乐想象海军叔叔在不同音乐中的故事,大胆用动作、语言等方式来表现自己对两段音乐的感受与理解,萌发对解放军叔叔热爱与崇敬的情感。

【活动准备】
(1) 经验准备:幼儿与家长收集有关海军的资料,了解海军的各种生活。
(2) 物质准备:海陆空图片各一;有关海军在海上活动的图片和视频;海军帽子若干;《小海军》音乐与播放器。
(3) 环境创设:教师和幼儿共同创设"海军"主题环境。

【活动指导】
一、以谈话的形式导入
师:小朋友们,我们的生活多么幸福、快乐呀! 你们知道是谁在保卫我们的国家,保护着我们吗?
二、教师出示海陆空图片,简单地介绍三军的基本情况
重点引导幼儿观察海军的图片,引导幼儿知道是海军叔叔在海上保卫着我们的国家,保护小朋友。

---
① "变奏对比模式"示例。

三、教师示范演唱歌曲,引导幼儿欣赏

1. 教师示范唱歌曲,引导幼儿认真欣赏

师:歌曲里唱的小海军在做什么?

2. 教师根据幼儿的回答,结合歌曲内容并有节奏地念白,帮助幼儿进一步理解歌词内容,熟悉音乐节奏

3. 教师用中速、有力的琴声与歌声弹唱歌曲,引导幼儿边听边随乐拍手,感受歌曲的雄壮有力

师:听,音乐里的小海军们在做什么?(开着小炮艇,不怕风浪,勇敢地向前进,多神气呀!)歌曲的节奏是什么样的?

4. 幼儿随乐表现歌曲,用身体动作感受小海军威武、雄壮的气势

四、引导幼儿感受音乐在变奏后不同的音乐风格

1. 教师放慢速度、降低力度弹奏该音乐,并改用优美、流畅的伴奏型,引导幼儿感受音乐变奏后的变化

师:和刚才的音乐比,现在音乐有什么变化?(变慢,变轻,很优美、很温柔)

2. 教师再次弹奏变奏后的音乐,引导幼儿感受与想象

师:刚才音乐很雄壮有力的时候是小海军开着小炮艇勇敢向前进,与敌人战斗;现在音乐变得这么慢、这么优美,小海军又在做什么呢?(休息、看书、弹琴、看星星等)

五、完整弹唱音乐原曲与变奏曲,启发幼儿随乐变换动作进行表现。

1. 教师引导幼儿根据歌词内容创编动作,请个别幼儿表演,全体幼儿学习、模仿

2. 幼儿戴上海军帽,边听音乐边表演

在原速时要求动作雄壮有力地表演,变奏后要求幼儿跟随音乐节奏表现舒缓的动作。

3. 教师扮演海军舰队队长,幼儿扮演小海军随乐操练

【活动延伸】

(1)将音乐、海军帽投放在表演区让幼儿继续欣赏、表演。

(2)可整合艺术、语言、社会等领域开展"海军"主题活动,进一步萌发幼儿热爱解放军叔叔的情感。

(本活动由福建幼儿师范高等专科学校附属第二幼儿园吴端萍设计与执教)

案例 2-8

音乐欣赏活动"春之声"(大班)[①]

【作品分析】

《春之芽》是一首欢快活泼的乐曲,表现了一个生机勃勃、春光明媚的春天;《春江花月夜》是一首典雅优美的中国古乐,其舒缓柔和的旋律可把听者带入静谧甜美的春夜。本次活动试图以两首不同风格的春之音乐为载体,以描绘不一样的春天为抓手,通过倾听、动作、课件及音诗画情境下沙画的表演等方式,帮助幼儿感受古典音乐下的优美柔和、烟雨朦胧的春天。活动中采取分组的方式,鼓励幼儿自主选择故事表演、随乐国画、沙画等文学、美术等多种艺术方式,表达不同音乐所展现的春天。

---

① "不同乐曲对比模式"示例。

【活动目标】

(1) 感受两首音乐所表达的不同意境的春天,能用语言大胆讲述内心的感受及描述音乐的画面。

(2) 自主选择国画、沙画与戏剧表演等形式,大胆表现自己对音乐的理解。

(3) 能与同伴合作讨论,共同描绘表现乐曲的样子。

【活动准备】

(1) 经验准备:已欣赏过《春之芽》节选音乐,已有泼墨画、沙画与影戏经验。

(2) 材料准备:《春江花月夜》和《春之芽》音乐(节选)、春天的视频、泼墨材料、沙画材料及幕布和射灯、小音箱等。

(3) 环境创设:国画、沙画、戏剧小舞台组三组材料分组摆放好。

【活动过程】

一、幼儿随乐边唱边做动作入场

师:春天来了,让我们一起去寻找春天美丽的旋律吧!

二、欣赏回顾音乐《春之芽》,感受音乐的春天并用故事的形式表现

师:这是一首什么样的音乐?听完以后你觉得心情怎么样?

师:小朋友们还听着音乐一起编了个故事,谁来跟着一起来分享一下这个故事?

故事:春天来了,太阳出来了,小草慢慢地长出了嫩芽,小花一朵一朵又一朵的开放了,蝴蝶飞来了,蜜蜂也飞来了,他们在花丛中开心地玩着游戏。

三、欣赏《春江花月夜》音乐片段,感受乐曲的柔和优美

1. 第一遍欣赏音乐,初步感受音乐的优美

师:今天老师还给你们带来了另外一首春天的音乐,这首音乐跟《春之芽》的音乐有什么不一样?

师:听完这首音乐你们看到了什么样的春天?(小草慢慢地从土里长出来了,春风轻轻地吹过,柳条在飘来飘去,小花慢慢慢慢地开放了)

小结:这首音乐听起来是很舒缓柔和的,说的是一个微风吹来,杨柳轻抚,碧波荡漾的柔和、温暖的春天。这和上周我们欣赏的《春之芽》是不一样的,《春之芽》的音乐是很欢快、活泼的。

2. 结合视频再次欣赏音乐,并用动作感受音乐的缓慢与柔和

师:这首音乐的名字叫做《春江花月夜》,老师还给它配上了好看的画面,小朋友一起来听听看看,看看都有哪些画面?(长城弯弯曲曲得像龙一样伸向远方,小船在水面上飘来飘去,画画用的毛笔中黑黑的墨掉到水里,在水中慢慢地绽开了,很多小鸟飞过来了,还有很多花瓣在水里慢慢开起来了)

教师引导幼儿听着单句主旋律表演画面里看到的一些画面,如花开、水流、小鸟飞等,用动作来感受体验音乐的缓慢与优美,感受中国古典音乐下的优美、柔和、烟雨朦胧的春天。

3. 教师现场绘制沙画,幼儿再次感受音乐的画面

教师随乐用沙画的形式表现音乐里的春天的画面,让幼儿感受可以用不同的方法表达和描述音乐,将音乐形象化、可视化,进一步丰富幼儿对春天的感受。

师:这么美的音乐,我也想跟着音乐来画春天,小朋友们一起来看看林老师是怎么听着音乐画出春天的。

四、完整欣赏两段视频,感受不同音乐带来的不同的春天画面

师:《春江花月夜》里的春天非常优美、柔和,《春之芽》里的春天生机勃勃、充满活力。让我们再来看一看这两个不一样的春天。

五、幼儿分组,以各种创意的方式来表达春天

(1)第一组:国画组。

(2)第二组:沙画组。

(3)第三组:戏剧小舞台组。

教师提出要求:国画组和沙画组的小朋友可以选择自己喜欢的音乐用泼墨的方法与铺沙、漏沙的方法来画音乐里的春天;戏剧小舞台组的小朋友根据自己编的故事,安排好角色和出场顺序,跟着音乐一边说故事一边表演。

六、作品欣赏结束活动

请各组幼儿介绍自己的作品,并请戏剧小舞台组的小朋友进行表演。

【活动延伸】

将音乐和沙画、泼墨和影戏材料投放到区域活动中,幼儿继续感受春天的不同韵味。

(本活动由福州总医院幼儿园林洁、黄剑峰老师设计)

二、音乐欣赏区域活动的组织指导

相对于集体性的音乐欣赏活动,音乐欣赏区域活动的组织方式比较自由、灵活,这有助于幼儿自主地表现自己对音乐的个性化理解。教师的主要任务是:选择适合幼儿感受与欣赏的音乐作品,通过创设环境、提供材料等方式,支持幼儿在充分感受音乐的基础上,自主选择各种自己喜欢与擅长的表现方式,创造性地表达自己对音乐的个性化理解与想象。

目前,音乐欣赏区域活动较为常见的组织形式主要有画音乐、讲音乐与舞音乐等。

(一)画音乐

画音乐是幼儿喜欢开展的一种音乐欣赏与表现活动。教师可提供一些富有美感、能够迁移幼儿的生活经验、激发幼儿联想的音乐作品,引导幼儿在倾听音乐的基础上进行大胆地想象,形成自己对音乐的独特理解,然后借助于绘画、手工等各种美术手段,大胆地表现出自己对音乐的感受、理解与想象。

案例2-9

大班音乐欣赏区:水族馆(画音乐)

【活动目标】

能认真倾听音乐,感受音乐的流畅与优美,想象音乐中各种鱼儿游动与嬉戏的情景,丰富听觉想象能力,并大胆地用绘画、剪贴等多种方式表达自己对音乐的理解和感受。

【活动材料】

(1)音乐《水族馆》。

(2)纸张、水彩笔、油画棒、各色彩笔、彩纸、剪刀、胶水等。

【活动玩法】

（1）谈话《水族馆》，引导幼儿回忆在水族馆或者海洋世界里看到的各种内容，鼓励幼儿用语言描述出大鱼、小鱼游动的各种场景，大胆想象水族馆里各种鱼儿嬉戏的情景。

（2）播放音乐《水族馆》，引导幼儿认真倾听音乐，并启发幼儿大胆想象："你听到了音乐里有哪些鱼儿在游动？你觉得音乐里的鱼儿是怎么游的？它们还发生了什么样的故事？"

（3）教师投放各种美术工具与材料，如纸、水彩笔、油画棒、彩色铅笔、水彩、画笔等，幼儿可以随意选择自己喜欢的美术工具，边听音乐边想象音乐中鱼儿的各种动态与故事，画出自己听到与想象中的"水族馆"。

（4）教师把幼儿的画粘贴在音乐角，让幼儿相互欣赏。幼儿可以伴随音乐，向参观者介绍自己的作品。

【活动建议】

（1）教师事先带领幼儿或请家长带幼儿参观海洋世界或者水族馆，对水族馆的环境、水族馆里的各种鱼儿非常感兴趣并有了感性的经验。

（2）教师把音乐、纱巾、鱼儿的头饰等投放到区角，引导幼儿随乐自由表现水族馆中鱼儿游动与嬉戏的情景。

（二）讲音乐

音乐与故事都是幼儿的最爱。音乐中蕴含着很多故事，每个幼儿对音乐都会产生自己独特的联想与想象，随乐讲述自己创编的音乐故事。教师在选择音乐时，应注意选择那些蕴含故事情节、能激发幼儿想象的音乐，同时要根据不同年龄幼儿的发展水平进行适宜的指导，对于年龄小的幼儿，可以多提供情节性强的歌曲，让幼儿能够借助歌词的启发创编故事；随着幼儿年龄的增长，逐步为他们选择那些富有情境性、故事性的乐曲。

案例 2-10

小班音乐欣赏区：迷路的小花鸭（讲音乐）

【活动目标】

能认真倾听歌曲，听辨歌曲中小花鸭迷路前后发生的事情，感受小花鸭迷路时的伤心以及回到家后的喜悦，丰富听觉想象能力，并大胆地用语言、动作等方式表达自己对音乐的理解和感受。

【活动材料】

（1）音乐《迷路的小花鸭》。

（2）操作图片：小花鸭、池塘、房子。

【活动玩法】

（1）谈话"迷路了"，引导幼儿了解什么是"迷路"，感受迷路时的紧张与害怕，鼓励幼儿用语言描述自己的理解。

（2）播放《迷路的小花鸭》，引导幼儿认真倾听歌曲中发生的事情，感受小花鸭的心情，并通过问题等方式引导幼儿进一步想象相关的故事。如小花鸭在哪里迷路了？小花鸭为什么迷路了？小花鸭迷路以后心情怎么样?它会怎么办?后来,又发生什么事情了?小花鸭最后找到家了吗?

(3) 幼儿自由结伴讲故事,也可以轮流到故事台讲给小组的小朋友听。

【活动建议】

(1) 小班幼儿的语言表达能力有限,教师可以根据幼儿讲述的内容,出示相应的操作图片。

(2) 如果班级幼儿能力较强,可以让幼儿边讲故事边自己摆弄操作卡。

(三) 舞音乐

瑞士著名的儿童音乐教育家达尔克罗兹主张,儿童对音乐的反应必须要有大肌肉的参与,音乐教育应从身心两方面着手,不仅用听觉感受音乐,同时尝试用身体肌肉的运动、涨落去感受、表现音乐的节奏疏密、轻快缓急、旋律起伏以及情绪变化的节律。随乐而动是幼儿的天性,因此,教师可在音乐区中播放一些能激发幼儿动起来的音乐,这些音乐可以是轻缓连贯的,也可以是快速跳跃的,积极鼓励幼儿随乐即兴舞动自己的身体。为了支持幼儿更好地表现音乐,教师也可提供一些简单的道具,如绸带、纱巾、扇子等道具,供幼儿选择使用。

案例2-11

中班音乐区: 秋天的落叶(舞音乐)

【活动目标】

认真倾听音乐,感受和体验音乐的流动,想象秋风吹拂、秋叶随风飘舞的情景,并大胆用抛洒落叶及肢体动作等方式表达自己对音乐的理解和感受。

【活动材料】

(1) 音乐《秋风》。

(2) 落叶、呼啦圈、纱巾。

【活动玩法】

(1) 教师手拿一些落叶,随乐扬起落叶,让落叶从高处飘落,幼儿过去捡一片。

(2) 幼儿用手拿住落叶,听音乐在教室里走动,要求落叶不能掉下来。

(3) 幼儿手捧落叶,随乐将落叶抛向高处,看着落叶缓缓落下,并用手接住。

(4) 在地上放一个呼啦圈,幼儿围着呼啦圈趴在地上,闭上眼睛。播放音乐,教师扮演秋风,用纱巾轻轻拂过孩子们的头、背和身体。

(5) 幼儿扮演落叶,随着音乐自由摇摆、飘落,表现与体验落叶随风飘舞的感受。

【活动建议】

(1) 幼儿之前需要对秋风、落叶有一定的感性经验,同时,教师也可以事先开展寻找风、感受风等活动。

(2) 为了增强音乐表现力,教师可以借助音叉等乐器模仿风的声音,帮助幼儿更好地感受风的吹拂、消失等。

三、浸润式音乐欣赏活动的组织指导

日本著名的幼儿音乐教育家铃木镇一认为,幼儿可以像学会本国语言那样自然地学会倾听和欣赏音乐。只要能为幼儿创造出一种像祖国语言环境一样优良的音乐环境,让幼儿每日沉浸其中,任何幼儿都可以轻易地掌握那些最优秀的人类音乐文化遗产。浸润式音乐欣赏教育就是:通过创造良好的音乐环境,让幼儿反复倾听优美的音乐,使幼儿在潜移默化中理解和体会音乐的美。事实证明,在浸润式教育环境下,幼儿音乐能力的发展潜力是十分可观的。

(一)浸润式的幼儿园音乐欣赏教育

教师可以在幼儿园一日生活中贯穿音乐欣赏,让幼儿浸润在美好的音乐环境之中,在潜移默化中受到音乐的熏陶与陶冶。如,幼儿园可在幼儿来园时播放轻声悦耳的音乐,使幼儿一入园就进入一个舒适、愉快的音乐艺术环境,激发幼儿愉快的情感;在进餐、点心时,播放一些优美、轻松的音乐作为背景音乐,以增强幼儿食欲,如同给幼儿食谱增添维生素一样创造愉快的进食氛围;在体育锻炼时也可配以音乐,用音乐指挥幼儿,激发幼儿的运动愿望,调整活动量,提高锻炼的兴趣;午睡时为了消除幼儿午睡恐惧,播放些轻声、宁静、抒情、舒缓的音乐,便于促使幼儿安静地进入梦乡;在幼儿午睡起床时,可播放清新悦耳的音乐,唤醒幼儿,让幼儿醒来时有好心情;在幼儿离园期间,可以播放优雅抒情的音乐,放松幼儿的心情,引发幼儿对幼儿园生活的依恋。此外,教师可设置音乐背景墙,张贴一些音乐大师的照片,播放这些音乐大师创作的音乐,并以配合旋律的讲解背景随时回答幼儿对音乐的提问,在幼儿活动中、睡觉前、午饭前给予内隐强化;每周还可以请有音乐技能的幼儿为大家演奏所学的乐曲等。

(二)浸润式的家庭音乐欣赏教育

家庭良好的音乐环境对于提高学前儿童的音乐素养,培养儿童健康向上的艺术情趣,发展儿童的听觉感受性与音乐能力,发展儿童的智力,稳定儿童的情绪,增进亲子之间的情感等都有十分积极的意义。

首先,家长要多带孩子走进大自然,聆听大自然美妙的声音,丰富儿童听音乐的经验。其次,家长可以开展家庭亲子赏乐活动,每天安排一小段时间,与孩子一起收听音乐广播,聆听音乐录音,观赏电视中音乐频道的节目,观赏电视中好看的儿童歌舞等。再次,家长可以带孩子参加各种音乐会,参加社区举办的各种民间音乐活动,带孩子到剧院观赏儿童剧、音乐剧等。此外,家长可以在家庭布置上下功夫,如在墙上张贴一些音乐大师的照片、各种中西乐器的图片等,跟孩子讲讲这些大师的故事趣闻,介绍乐器的名称,播放相关乐器演奏的音乐,丰富孩子的相关经验,让孩子从小受到熏陶和启迪。另外,家长还可以给孩子购买一些音乐玩具,如八音盒、各种铃铛及有趣的打击乐器等,让孩子在游戏中增强音乐听辨能力。最后,家长也可在孩子临睡前播放安静甜美的音乐,让优美的音乐伴随孩子进入甜蜜的梦乡⋯⋯

[案例与分析]

阿部桂是接受铃木镇一"才能教育法"的一个普通的日本小女孩,她出生不久,母亲就在她的卧室内播放莫扎特、海顿和其他大师的作品录音。阿部桂6个月的时候,每当她听到熟悉的旋律时,就会发出咯咯的欢笑。这说明她对这些音乐不但已经记住而且能够再认了。

请用所学的理论分析阿部桂早期音乐能力发展的原因,并分析家长与教师应如何为儿童创设浸润式的音乐欣赏环境。

[实践与训练]

1. 到幼儿园实践：了解某班级幼儿的经验水平与音乐欣赏的能力，选择一首适宜的音乐作品，撰写一份集体性音乐欣赏活动的方案，组织实施并进行教学反思。

2. 调查本市或本地区幼儿园音乐欣赏区域活动以及浸润式音乐欣赏教育的开展情况，根据所学理论及《指南》的精神进行分析，并尝试提出改进建议。

第四节　学前儿童音乐欣赏活动的指导要点与障碍消解

一、学前儿童音乐欣赏活动的指导要点

（一）丰富幼儿对声音的感性经验，培养听觉敏锐性

音乐的种种表现手段在现实生活中都有客观依据，在我们生活的周围环境中，到处都充满着各种音响：虫鸣鸟叫声、狂风的呼啸声、雨水的滴答声、交通工具的声音、厨房各种用具发出的声音等，这些音响与人们语言的音调以及民歌都是音乐家音乐语言的重要来源。深受幼儿喜爱的歌曲、乐曲，就有很多是模拟小动物、自然界声响以及交通工具等周围环境的象声语汇与音响材料。如果我们从小培养幼儿对周围生活中的各种声音有敏锐的感觉与细微的辨别能力，就能为他们欣赏音乐作品奠定了良好的基础。因此，教师应充分利用一切机会，自然、有意识地引导幼儿倾听周围生活的声音，丰富幼儿对声音的感性经验，丰富幼儿的审美经验与艺术表现语汇，逐步培养幼儿具有审美的耳朵、审美的眼睛以及审美的心灵。

（二）在充分倾听的基础上，多通道参与音乐体验

音乐是听觉的艺术，没有声音就没有音乐，音乐正是依靠声音的高低、长短、强弱、音色等基本特性，通过旋律、节奏、力度、速度、音色、结构形式等表现手段来描述客观世界、表达人的思想情感的。因此，倾听是音乐欣赏的基础，音乐欣赏活动应以听觉通道的参与为主，教师应在幼儿充分倾听、感知与体验音乐的基础上，创设各种条件、采取各种方式，丰富幼儿对音乐作品的感知与体验。

心理学研究表明，人在感知一个事物时，开放的感观通道越多，对感知对象的理解、记忆就越全面、越精确、越丰富、越深刻。音乐欣赏活动不仅是听觉感知活动，而且是多通道感知协同工作的感知活动。因此，在音乐欣赏活动中，教师应努力引导幼儿的听觉、视觉、运动觉等多种感知觉共同参与到音乐的感受与体验中，使幼儿对音乐作品进行全方位、多层面的感知与体验。

1. 用多元化的美术手段架起音乐与幼儿经验之间的桥梁

在幼儿园音乐教育过程中，教师利用视觉手段辅助音乐教学，能较好地迁移幼儿的生活经验，形象、直观地帮助幼儿理解抽象的音乐，使抽象的音乐形象化，并将流动的音乐定格，从而有效地支持幼儿对音乐的感受与理解。

（1）运用画面展现音乐情境。在音乐教学活动中，教师利用视觉图像唤起幼儿的生活经验、激发幼儿的联想与想象，有利于帮助幼儿直观理解音乐作品，更快进入音乐的意境中。例如，为了帮助幼儿感受与理解德沃夏克《幽默曲》中A段音乐的乐句与节奏，教师采用现场绘画的方式，帮助幼儿形象地感受与理解种子托比在春雨滋润与春风吹拂下慢慢成长的情境。这些画面帮助幼儿在生活经验的基础上建立对音乐的理解，有效地支持了幼儿对音乐的感受与理解。

（2）运用美术线条表现音乐织体。美术线条是一种简约化的美术符号，可以较为生动、形象又简约地表现音乐的音列性质、和声织体、乐曲结构等音乐要素，它有助于幼儿将听觉与视觉形象建立联觉。如俄罗斯

作曲家里姆斯基·柯萨科夫创作的《野蜂飞舞》,这支曲子描述的是野蜂袭击织布工和厨娘时的戏剧音乐,它是 a 小调、活泼的快板,乐曲从快速下行的半音阶开始,然后是上下翻滚的音流,生动地描绘了野蜂振翅疾飞、袭击那两个坏人的情景。为了帮助幼儿感受与表达音乐紧张的情绪以及上下翻滚的音流,教师可以通过让幼儿听音乐画线条的形式,引导幼儿借助于各种螺旋线、涡轮线,较为自由地表现自己对音乐紧张情绪的理解。

(3) 通过动画以及多媒体课件将音乐情景化、戏剧化。教师应多运用现代化的教学手段,如 flash、Powerpoint、MV 等三维动画方式,将视觉艺术同步融入到音乐作品的欣赏与理解中,将音乐情景化、戏剧化,营造出一种图文并茂、视听交融的教学情景,有利于幼儿在轻松愉快的气氛中理解音乐。如,在欣赏《幽默曲》的过程中,教师也设计了一段 flash 动画,帮助幼儿更加形象、深刻地感受与理解音乐。

2. 借助形象化的语言架起音乐与幼儿心灵之间的桥梁

音乐与语言是一对密不可分的孪生姐妹,通过与音乐意境相贴切的文学手段的辅助,能更快地把幼儿带入音乐的意境,提高幼儿的音乐兴趣,还能给幼儿带来更多的审美感动。

(1) 以故事引路,引领幼儿迅速走进音乐的世界。幼儿最喜欢听故事,教师以符合音乐风格、生动形象的故事描述音乐,不仅可以有效调动幼儿的兴趣,还可以提供给幼儿感受音乐的线索,引领幼儿走进音乐的世界,提升感受与表现音乐主题的热情。如在欣赏《幽默曲》前,教师以"在一片美丽的大森林里,有高高的大树,绿绿的小草,鲜艳的花朵。种子托比就住在这片美丽的森林里。它每天躺在泥土下,都能听到小河流水哗啦啦,小鸟歌唱叽叽喳。托比想:什么时候我才能钻出地面,看看这一片美丽的大森林,什么时候我才能长大,变成一棵神气的大树呢?这一天,托比和平时一样躺在泥土里,忽然,它发现了自己发生了一些变化……"的故事引题,让幼儿很快地进入了乐曲所蕴含的美好意境。再如,在引导中班幼儿感受在网络上蹿红、被网友称作神曲的《忐忑》这首歌曲时,教师将之与孩子们喜欢的《城里老鼠和乡下老鼠》的童话故事相结合,引导孩子们追随"乡下老鼠跟着城市老鼠进城"的故事线索来感受游戏音乐,使得孩子们对音乐的理解就更加直接了。

(2) 以美文烘托音乐,引领幼儿进入音乐的意境。为了烘托音乐的意境与情感,教师在音乐欣赏中巧妙使用语言优美、文学性强、与音乐的情感基调相一致的语言材料,如含有艺术形象的散文、诗歌、儿歌、童谣等,有助于幼儿产生相似的情感体验,进入音乐的意境,从而达到艺术沟通的效果。如欣赏舒曼的《梦幻曲》时,教师辅以其配乐的散文朗诵《梨子小提琴》,有助于幼儿更好地理解音乐的意境,达到情感沟通与交流的效果。

(3) 用语言提示音乐,加深幼儿对音乐的理解与表现。音乐中有许多主要的旋律、重要的乐句,孩子们对其印象及其理解并不深刻,但如果教师恰如其分地配上符合音乐的节奏语言,就能有效加深幼儿对音乐的理解与表现能力。如,在引导大班幼儿欣赏法国作曲家圣桑的《狮王进行曲》时,教师通过"我就是那森林之王,没有人能比我强;我就是那森林之王,没有人能比我壮"的语言提示,以及配合主旋律的生动演唱,让幼儿很快理解了狮王威风凛凛的形象,并能够用生动形象的动作进行表现。可见,语言提示的加入能够让幼儿在愉快的氛围中学习,并有效地加深幼儿对音乐的理解与表现。

3. 以多样化的肢体动作架起音乐与幼儿身体之间的桥梁

研究表明,幼儿运用大肌肉运动参与音乐感知是增强音乐感知与表达效果的重要途径。学前期是幼儿的动作思维和表达发展的关键期,对于幼儿而言,身体表达要比语言表达更加容易,并更富吸引力。当幼儿听到音乐时,往往会不自觉地随乐手舞足蹈,身体动作的参与能够帮助幼儿更好地感受、体验与表现音乐,并支持幼儿展开丰富且富有个性的想象与创造。

(1) 借助于体态动作,使音乐成为看得见的身体活动。体态律动是让幼儿通过充满生命律动的肢体动作去体验音乐节奏的速度、力度与时值变化,使得音乐要素成为可以看得见的身体活动。如在引导幼儿感受《幽默曲》这首乐曲时,教师引导幼儿想象自己的整个身体就是一粒小种子,在雨点和风的帮助下,随乐自由表现出"种子"慢慢钻出地面、逐渐抽枝发芽长成大树的过程,使得幼儿在体态动作过程中对音乐的乐句、段落、节奏变化等音乐要素感受得更加直观、深刻,表现得也十分尽兴而富有创意。

（2）借助于舞蹈动作,表达自己的审美感动与审美创造。幼儿在理解音乐的基础上,常常会情不自禁地跟着音乐用熟悉或自创的舞蹈动作表达自己的审美感受与审美创造。在大班音乐活动《爱的传递》中,幼儿在充满温暖爱意的、用爱尔兰风笛演奏的英国著名歌曲《莎莉花园》音乐旋律中,借助于十分优美流畅的动作进行富有创意的肢体互动,体验"爱"的美好情感,获得审美感动。

（3）借助于游戏动作,使音乐欣赏成为快乐的音乐之旅。游戏是幼儿最喜爱的活动之一,幼儿是在快乐的游戏与轻松愉快的活动中不知不觉地感受音乐之美,一个富有智慧的教师应善于根据音乐的特点以及幼儿的需要,编创适宜的游戏,引导幼儿在与音乐一起"游戏"的过程中,展开一个享受童年、充实生命、体验快乐的音乐旅程。如为了帮助幼儿感受《忐忑》音乐的紧张与不安,教师精心设计了"乡下老鼠进城"的游戏,引导幼儿在进城、偷吃东西以及躲避猫捉的游戏中体验音乐各部分的情绪变化。

（三）尊重幼儿对音乐的个性化理解与表现

现代美学认为,艺术是无限开放的。音乐作品的意义不是固定不变的,同一音乐作品,在不同时代、不同场合、不同欣赏者的心中,都会显现出新的意义。在幼儿欣赏音乐作品的过程中,每个幼儿都有一套自己的解读,每个幼儿对音乐都有独特的感悟与体会。

因此,音乐欣赏活动不再是教师介绍音乐的过程,而是教师创设情境,引导幼儿以自己的理解方式去解释信息、师幼共同参与交流碰撞的过程。在引导幼儿欣赏音乐作品、与音乐大师对话的过程中,教师应当拥有生成、开放的教学观,淡化教学过程中的预成性与统一性,克服那种对音乐作品约定俗成的解释和对艺术表演技能的模仿,注重音乐欣赏过程中的再生性与多元性,不以有限的结果去锁定无限的对话进程。

二、幼儿园音乐欣赏活动的教学障碍与消解

（一）障碍一：教师创设的教学情绪场与音乐不和谐

典型案例： 某教师在组织幼儿欣赏歌曲《都睡着啦》,这是一首安静甜美的歌曲。活动开始时,为了让幼儿听清歌词,教师用很大的声音进行范唱,伴奏的声音也很大。教师提问幼儿对歌曲情绪的理解,幼儿纷纷说,这是一首"快乐"的歌曲。

为了帮助幼儿感知和掌握歌曲《都睡着啦》中弱起的节奏,教师通过"星星仙子施魔法（拍手）,让所有的动物都能快快入睡"的游戏情境,在弱起处设计了一个拍手的动作,让幼儿边听歌曲边扮演"星星仙子",通过大声拍手"施魔法",教师则扮演歌曲中的动物,在听到"星星仙子"发出"拍手"的魔法声时就要蹲下"睡觉"。教师提示"星星仙子"们要大声拍手,小动物才能快点入睡,结果导致幼儿只管非常大声地拍手,严重破坏了歌曲安静优美的音乐意境。

诊断分析： 从上面描述可以看出,该欣赏活动中出现障碍的主要原因是教师通过自身的服饰、情绪、语言表达、指导要求等所营造的教学情绪场,与所欣赏音乐的情绪不和谐,从而阻碍了幼儿对音乐的感受、理解与表现。

消解策略： 音乐欣赏作为一种审美活动,其特性就在于整体统一性与整体协调性。如果教师想要幼儿在音乐活动中呈现出某种情绪状态,教师首先自己要处在与音乐作品本身所要求的情绪状态上。因为教师只有首先感动自己,才能感动幼儿。幼儿的情感需要激发,而激发的关键就是教师首先要准确挖掘和体验作品所反映的情绪情感,然后将作品之情转化为自己之情,再用自己之情点燃幼儿之情。教师要学会依靠

自己的个人魅力来渲染音乐活动的气氛,努力使自己的装扮、语言语调、动作行为以及教学要求等,与音乐作品所传达的思想情感达到一致,从而创设出与作品相协调的、带有整体审美情境的教学情绪场。只有教师的教学艺术与幼儿的情绪体验达到同一频率时,师幼之间才会产生认识、思维与情感上的共鸣。

(二)障碍二:用其他感觉通道堵塞听觉通道

典型案例: 教师在组织幼儿欣赏音乐《土耳其进行曲》,幼儿刚开始听第一遍音乐时,教师便要求幼儿边听音乐边跟着音乐节奏拍手,接下去又引导幼儿边听音乐边表演动作、用语言描述音乐,最后教师带领幼儿边听音乐边玩斗牛的游戏等。整个欣赏过程形式多样,幼儿积极热烈地参与其中,表现得很兴奋。

诊断分析: 本次欣赏活动看似热闹,幼儿似乎也十分积极活跃。教师为了让幼儿多通道地感受音乐,安排了过于丰富的音乐实践操作活动与游戏,导致幼儿在教师的"操纵下"一直忙忙碌碌地玩个不停、动个不停而缺乏应有的时间与心境倾听、感受与体验音乐,使得他们的听觉通道几乎被动作、语言等其他感知通道所"堵塞",对音乐缺乏应有的感受与体验。

消解策略: 音乐欣赏应以听觉感受为主,适度结合视觉(图片、图谱、影视、多媒体等)、运动觉(动作感知、游戏表现等)、语言觉(讲述、诗歌等)等多通道参与。

(三)障碍三:用认知性的审美教育替代情感性的审美培育

典型案例: 在一次大班幼儿欣赏《春节序曲》的音乐活动中,教师不断地提出如下问题:这首乐曲可以分成几段?哪一段音乐的速度快些?哪一段音乐的速度慢些?从音乐里你听出有哪些民族乐器在演奏?在教师一步步的引导下,幼儿们认认真真地分析着音乐的结构与速度变化,分辨(更合理的说应是猜测)着音乐中出现的一些乐器,却难以感受到音乐所传递的快乐情感。

诊断分析: 目前开展的很多音乐欣赏活动,尽管教学形式丰富多彩,教师的音乐技能高超精湛,教学策略精彩纷呈,但较偏重音乐教育过程中对节奏、速度、力度、曲式结构等认知性审美因素的感知与表现,忽视了审美情感这一内隐力量的焕发,使得音乐审美教育缺乏情感内涵。在教师的引导下,幼儿感知与探索着音乐的节奏、速度、力度、曲式结构等表现手段,冷静地思考着采取各种策略记忆歌词的内容与顺序,探索着节奏与乐器的演奏方案……在一首充满情感魅力的音乐面前,幼儿更多地进行着客观冷静的分析、思考与学习,但缺乏应有的情感共鸣甚至起码的审美感动。这样的音乐教育把其教育目标主要定位于促进幼儿音乐知识技能以及学习能力等方面发展,对音乐的审美教育尤其是审美情感培育缺乏应有的重视。

消解策略: 音乐是一门情感的艺术,教师应根据幼儿的身心发展特点,从以下几方面来培育其音乐审美情感:

(1)选择富有艺术感染力与情感内涵且能激起幼儿情感共鸣的音乐作品。教师给幼儿欣赏的音乐作品必须富有生活情趣和艺术感染力,以音乐美的力量感染与打动幼儿;音乐作品应贴近各阶段幼儿的经验、心理发展水平以及情感理解能力与表现能力,切合幼儿的生活经验与理解水平,以激起幼儿的情感共鸣。

(2)先行组织相关的情感经验,将音乐审美情感的感受体验与幼儿生活经验有机融合,这样幼儿在音乐活动中的丰富情感才能一触即发。如在欣赏《小乌鸦爱妈妈》之前,教师组织幼儿观看动画故事《不孝顺的鸟儿》,激起其对长大把妈妈赶出鸟巢的坏鸟的厌恶之情;通过故事讲述,了解小乌鸦反哺的科学故事;组织幼儿收集"爸爸妈妈关爱我成长"的照片与事件,开展班级照片展览,并请幼儿进行讲解;让幼儿收集《孝顺的好孩子》的故事,在晨区活动中讲述等。当幼儿有了丰富的生活与情感经验后,他们在欣赏《小乌鸦爱妈妈》的过程中,其情感体验就会一触即发、水到渠成,显得十分真切、自然而深刻。

(3)以情激情,以教师真挚的情感激起幼儿的情感共鸣。因此,教师应认真领悟与挖掘音乐作品中内含的情感因素,努力将其升华为自己的情感,通过教育过程中充满感情的语言、表演、体态、情绪等激发幼儿的审美期待,激起幼儿的情感共鸣。如教师在歌唱活动《迷路的小花鸭》时,范唱到迷路的小花鸭"呷呷呷呷,呷呷呷呷,哭着叫妈妈"时,教师投入的神态、略带哭腔的歌声与生动的表情激起幼儿强烈的情感共鸣,使幼儿不自觉地跟着教师唱起这首歌曲,而且在歌声中流露出的对小花鸭的同情与关爱之情,使得整个歌唱活动充满情感的魅力。

(4)以境染情,在可触可感的音乐情境中体验与升华音乐所渗透的情感。环境是重要的教育力量,音乐情境不仅要体现音乐的内容,更要起到渲染、烘托音乐的情绪、风格与情感色彩的作用。因此,音乐环境的创设应是"情感基础第一,而不是认知第一"。据此,教师在创设情境时,应重视环境蕴含的情感功能,努力创设能够渲染与烘托情感的音乐教育情境。

音乐是一门听觉的艺术,听觉环境对于烘托音乐情感的作用十分重要。因此,在音乐教育中,教师应十分注重音乐的音响效果,音量应调控适宜,绝对避免嘈杂、吵闹,周围的听觉环境要安静,使得幼儿能静心聆听音乐、感受音乐所蕴含的情感。

多媒体技术与光电设备在营造形象性的音乐情景与气氛方面能发挥较为独到的作用。如欣赏交响乐《四季》,教师在播放春天片段时,将灯光设置成绿色,使整个音乐教室春意融融;在播放夏天片段时,将灯光设置成红色,使幼儿感受夏日的热烈;在播放秋天音乐片段时,将灯光设置成金黄,让幼儿沐浴在金色的秋天中;在播放冬天音乐片段时,将灯光设置成白色,使幼儿置身于白雪皑皑的冬日里……这样视听同构的音乐情境能很快感染、打动幼儿,有效提高他们对音乐情感的感受能力。

(四)障碍四: 过分强调幼儿的个性化而导致漫无边际的瞎想

典型案例: 在没有任何引导的前提下,教师在给大班幼儿欣赏《狮王进行曲》后提问:"你觉得这首音乐是表现哪些动物的?""你从音乐里听出森林里的哪些动物在干什么?"结果,有一幼儿说:"我听到小兔在跳。"教师为了鼓励幼儿大胆想象,马上予以表扬。结果,孩子们非常踊跃地表达自己的感受:"我听到蝴蝶在飞""是小马在跑""是小狗在快乐地游戏"……

诊断与分析: 的确,音乐是一门个性很强的艺术,由于每个幼儿的生活经验、家庭背景、性别、性格不同,他们对音乐的理解、感受及表达方式都会有所差异,教师应允许并鼓励幼儿对音乐的独特理解与自我表达,同时注意在引导过程中的开放性、宽容性与低控制性。但是,从以上案例中我们发现,目前不少幼儿对音乐的想象表现出漫无目的地瞎想,无视音乐的基本特点。案例中的教师尊重、鼓励幼儿的出发点是好的,但如果不能很好地把握幼儿、把握音乐教育的全过程,就很有可能在教育教学过程中放任幼儿,使得幼儿在高高兴兴玩乐之余,获得有限的进步,甚至在所谓的自由自主的探索与想象活动中探索出一大堆对其现在和终身发展无益的"垃圾成果"。这样不仅对于幼儿的发展毫无意义,可能还会培养出不能认真围绕一定线索思考与学习的幼儿。

消解策略: 个性化并不等于随心所欲,教师必须引导幼儿按照一定的音乐线索进行感知、理解与想象。幼儿年龄越小、音乐经验越薄弱,教师引导的线索越需要清晰。反之,幼儿的音乐知识经验越丰富,教师所提供的线索可以泛化,但是,当发现幼儿可能在漫无目的地瞎想时,教师应马上提出质疑,提醒幼儿。倘若发现幼儿在自主想象上存在困难,教师应及时予以支持与帮助。

[思考与讨论]

1. 教师应如何在日常生活中丰富学前儿童对声音的感性经验?
2. 为什么要支持儿童多通道参与音乐感受与体验?教师应如何给予儿童支持?
3. 教师应如何有效培养学前儿童的音乐审美情感?

[案例与分析]

1. 某教师在引导幼儿欣赏《解放军进行曲》时,身着漂亮的裙子,语言温柔亲切,动作轻柔优美。最后,教师指挥幼儿用拍手和小乐器来为音乐伴奏时,虽然其指挥动作合拍而柔美,但幼儿始终提不起精神。活动所提及的"尝试用动作、演奏等方式,以朝气蓬勃的精神面貌表现出音乐雄壮的气势"的目标难以体现。

2. 某教师在引导幼儿欣赏《水族馆》时,一开始就给幼儿欣赏了一段随乐播放的小鱼和水草的视频,接着将幼儿分成两组,一组扮演小鱼,一组扮演水草,带领幼儿一起随音乐玩游戏,最后,让孩子们讲自己听音乐的感受。可是,孩子们几乎对音乐没有什么深刻的印象,教师让幼儿谈谈对音乐的感受,几乎所有的孩子都说"这首音乐说的是小鱼和水草在游戏",教师追问:"谁还有没有不一样的想法?"孩子们都茫然地看着教师。

请诊断并分析上述音乐欣赏活动出现障碍的原因,并尝试提出改进建议。

[实践与训练]

1. 见习一次音乐欣赏活动,评价这次活动中教师所采取的支持幼儿感受、理解与表现音乐的教学策略及其有效性。

2. 见习一次幼儿园音乐欣赏活动,观察并记录幼儿园教师及实习同学开展音乐欣赏活动时出现的教学障碍,分析其原因并尝试提出改进建议。

第三章

学前儿童歌唱活动的设计与指导

学习目标

1. 知道不同阶段儿童歌唱能力的发展水平及作品选择与处理的基本要求,能为各阶段儿童选择适合的歌唱内容。
2. 举例分析学前儿童歌唱教育的目标,明确多样化幼儿园歌唱活动设计与组织的基本思路与要求,并能结合实际设计、分析和反思。
3. 阐述学前儿童歌唱活动的指导要点,能初步运用歌唱教育中常见障碍消解的基本方法开展教育实践,具有开展幼儿园歌唱活动的兴趣与信心。

内容概览

学前儿童歌唱教育的组织实施是实现学前儿童音乐教育目标的关键环节之一。本章系统介绍了学前儿童歌唱能力的发展水平与歌唱材料选择的基本要求,阐述了学前儿童歌唱教育活动的目标以及多样化歌唱活动的设计与指导的基本要求,分析了学前儿童歌唱活动的指导要点与障碍消解策略,从而初步树立学前儿童歌唱教育的科学理念,初步培养设计、组织幼儿园歌唱活动的教育教学能力。

[问题情境]

一些教师在开展歌唱活动时,较为偏重引导儿童学习歌曲中的歌词与旋律,并通过一遍又一遍机械的跟唱,希望儿童能在教学活动时间内学会演唱这首歌,这样单一的教学目标常常成了教师们组织歌唱活动所追求的最终结果。这样的观念在一定程度上忽视了歌曲审美情感的感受与体验,有时在整个音乐活动中,缺少了歌曲所应表达的审美感动。儿童在教师的引导下,感知与探索音乐的旋律、歌词、速度等表现手段,反复记忆歌词的内容与顺序,重复跟唱,歌唱形式较为单一……在一首首不同情感魅力的歌曲面前,儿童的兴趣与激情被枯燥所磨灭。究竟应该如何发挥歌唱活动的价值,让儿童在活动中能够用自然、好听的声音快乐歌唱,让歌唱真正成为儿童抒发内心情感、愉悦自己并与人交流的手段呢?

第一节　学前儿童歌唱能力的发展与材料选择

歌唱活动是学前儿童最常见和最喜爱的音乐形式之一,也是学前儿童的一种生活、一种游戏、一种特殊语言。它就像说话一样,是学前儿童一种自然的活动。在愉快的歌唱活动中,儿童不仅能够获得充分的满足感和成就感,也能通过这种简单的方式有效地表达自己的情感与体验。同时,歌唱在音乐教育中的作用举足轻重,通过歌唱的学习而获得的音乐知识在某种程度上比通过学乐器而习到的音乐知识更容易内化成音乐素养,培养儿童乐于歌唱、发展儿童的歌唱能力是学前儿童音乐教育的有效途径。因此,关注儿童歌唱能力发展的特点和规律,从而选择适合儿童歌唱的材料在学前儿童音乐教育中是十分重要的。

一、学前儿童歌唱能力的发展

了解不同年龄阶段儿童歌唱能力的水平和特点就是了解儿童歌唱的最近发展区,这是开展儿童音乐教育的前提,是有效发展儿童歌唱能力的基本保证。歌唱能力主要包含感受、听辨、表达三个方面,具体体现在歌词、音域与音准、节奏与呼吸、个体性与合作性表现与创造等方面。

(一) 歌词

学前儿童歌唱能力的发展与其语言能力的发展是同步的,二者之间有着十分密切的关系。儿童处于婴儿期"咿呀"学语时就能够"咿呀"学唱了。国外研究者发现婴儿之歌有着音高的变化,被称为"本能歌"。因此我们在幼儿园常发现托班或小班儿童唱歌音调不准,这往往与家人或老师在唱歌时不能发音清晰、速度适中地唱歌有关。儿童歌唱能力与听辨和感受能力的发展密切相关,它是需要靠后天的学习逐步获得。

3—4岁儿童开始能够较完整地再现一些短小或较长的歌曲中相对完整的某些片段,但在歌词含义的理解方面还经常遇到困难。这个阶段的儿童听辨发出语音的能力较弱,发音错误现象十分普遍,如,把"裤"发成"兔","高"发成"刀","飞"发成"灰"等,有时候也会因理解的困难而在歌曲中故意把那些因不理解的字、词省略掉。因此,在这个年龄段的儿童有时候唱起歌来咿咿呀呀的,没有人听得懂他在唱什么。

4—5岁儿童一般能够较完整、准确地再现歌词,他们的发音咬字基本不存在很大的问题,对歌词的听辨、理解、记忆能力也有了很大的发展。因此,这个阶段的儿童唱错字、发错音的现象大大减少了,只是仍会唱错不太能理解的歌词。如,将"我们的生活多愉快"唱成"我们的生活多一块",将"敌人胆敢来侵犯"唱成"敌人胆敢来吃饭"等。同时,在歌词把握上如果有一些辅助材料(图谱、动画、动作)的支持,他们也能够较完整准确地再现熟悉歌曲的歌词。

5—6岁儿童能记忆和掌握稍长篇幅的歌词,即使在一些歌曲内容较为复杂的歌曲中,他们对歌词的把握情况也较理想。由于倾听习惯的逐步养成和自我调整能力的提高,他们对于一时唱错或发错音的字、词也能够逐步进行自我调整。

(二) 音域与音准

学前儿童的发声器官处于生长发育的阶段，他们的声带短小、柔韧、易被拉伤，因此，他们的音域较成人而言要窄许多。由于学前儿童监听、控制自己声音的能力较弱，唱歌时走音现象都比较普遍。

3—4岁的儿童能自然哼唱的音域一般为c1—a1，其中，最舒适的音域在d1—g1之间。一些儿童的音域可能稍宽或偏高一些，也有个别儿童的音域偏窄，仅能唱出3个音左右。3—4岁儿童往往不能准确唱出歌曲的旋律，唱歌如同在说歌，在清唱或独立演唱的情况下，走调的现象比较严重。有的儿童在每一乐句中都有唱不准的音，有的儿童虽然在一个乐句中基本唱准曲调，但句与句之间却经常转调。这个阶段的儿童喜欢在自然、轻松的状态下自由哼唱一些主题与形象单一、具有重复性的短小歌曲。因此，教师应注意为该阶段儿童选择在c1—a1音域范围内的歌曲，让他们唱歌时感觉到舒适，没有音域上的压力。

4—5岁的儿童能够初步辨别音高、音区，能重复简单的节奏，相对于3—4岁的儿童，他们对音乐的身体反应看起来越来越少，但倾听音乐的可能性增强，这是因为他们正在增加思想上对歌曲的反应，喜欢唱唱跳跳，愿意参加歌唱活动，能用自然的、音量适中的声音基本准确地唱歌，能通过即兴哼唱、即兴表演或给熟悉的歌曲编词来表达自己的心情。4—5岁儿童的音域一般在c1—b1，但如果这个高度处于强拍上，又有较长的时值，或者在同一首歌中多次出现时，大多数儿童会感到吃力，难以胜任而"走音"，同样对于偏低的音如b和a，也是不易唱好。在音准能力上，儿童对一些难度适宜的歌曲基本能够唱准，但若在没有伴奏独唱的情况下，走调的现象还是时有发生的。此外，儿童在非常态下(测查、比赛、演出等)，也容易出现"走音"的现象。

5—6岁可以唱到c1—c2，但音域发展的个别差异还是存在的，个别儿童特别是女孩能唱出较高的音，如：d2甚至e2、f2，但是也有一些儿童唱a1都有困难。在幼儿园中，教师应着重帮助儿童唱好c1—c2这个音域范围内的音。在音准方面，5—6岁的儿童已经发展得较好了，对于他们熟悉的歌曲，即使是清唱也能大体唱准。该时期儿童的抽象思维能力开始萌芽，他们甚至可以逐步理解音调的高低、乐句的长短、声音的力度等的不同。

(三) 节奏与呼吸

在歌唱的过程中，节奏的稳定性与呼吸的自然、顺畅会使歌曲更加动听，学前儿童在演唱的过程中更易产生成就感，从而能体会到歌唱的乐趣。

3—4岁儿童基本能够比较合拍地进行简单节奏的歌曲的演唱。但如果歌唱的速度过慢或过快，也会使儿童在歌唱时表现出节奏方面的困难。在呼吸方面，这一阶段的儿童开始能够逐步学会用较长的气息进行演唱，一字一顿或唱两三个字就换气的情况逐渐消失。但是他们常常根据自己的情况进行换气，从而时常造成因换气而中断句子、中断词义的现象。

4—5岁儿童的节奏表现有了较大的提高，他们对二分音符、四分音符、八分音符的节奏已经掌握得较好，在正确的指导下甚至能够掌握附点节奏、十六分节奏。在发音时，这个阶段的儿童能够掌握并运用一些基本的呼吸技巧做到呼吸时自然而迅速，不耸肩，不发出很响的呼吸声，能有节制地消耗气息，并且可以有意识地按照乐句的意思来换气。

5—6岁的儿童可以掌握三拍子歌曲的节奏、切分音、弱起节奏等难度较大的节奏，甚至能不受歌唱速度的变换影响保证节奏的准确性。儿童在气息方面虽然有所提高，但由于其肺活量和控制气息的能力的发展还有限，所以当所唱歌曲的句子太长而歌唱速度太慢的时候，他们在演唱时依旧感到吃力。在良好的教育环境影响下，他们对气息的控制能力有一定的提高，呼吸的方法较为规范正确，一般能够在教师的提示下按乐句和情绪进行换气。但即使到了6岁，儿童的肺活量和控制气息的能力还是有限的，如果歌曲的乐句太长,歌唱的速度太慢或是太快,儿童在歌唱时还是会感到困难的。

(四) 个体性与合作性

儿童年龄越小,他们更在意自己的个体展示,随着年龄的增长,他们慢慢地感受到与人合作演唱的乐趣,并在集体中学会独唱、领唱、合唱、轮唱、接唱等各种演唱方式。

在集体性的共同歌唱中,教师可要求儿童在演唱过程中有意识地应和其他儿童的歌声。3岁左右的儿童缺乏合作意识,常常出现有的儿童唱得快、有的儿童唱得慢、有的声音特别突出等情况。入园两三个月以后,儿童在良好的教育环境培养下,初步有了合作歌唱的意识,开始尝试调整自己的歌声使之与集体相协调。儿童到了3岁末期,基本能做到整齐开始、整齐结束,并保持音量、音色、音高以及速度等与集体相协调,还能初步掌握简单的接唱与对唱。

4—5岁儿童在良好的教育环境影响下,逐步积累了一定的合唱经验,有了较强的合作协调意识与能力,他们能较主动地监控自己的声音,较多地注意声音表情的整体协调性,逐步掌握独立对唱、接唱、领唱、齐唱、轮唱以及简单的二声部合唱等多种歌唱表演形式,并且能从合唱中体验到快乐。

5—6岁儿童如果没有性格方面的特殊原因,他们基本能够在集体面前独立歌唱。同时,此阶段儿童的合作意识逐步增强了,在一日活动中既会选择自己喜欢的同伴进行合作演唱,也逐步明白公平的原则,知道需要服从集体的决定,在歌唱中基本能做到循序渐进,协调一致。

(五) 表现与创造

歌唱的表现不仅有面部表情与身体动作表情,更重要的是声音表情,与声音表情有关的歌唱能力主要包括速度、力度、音色的变化、咬字、吐字以及气息的运用等方面。而演唱中的创造部分,是儿童与生俱来的能力。儿童早在婴儿期就表现出创造性歌唱的萌芽。

1. 歌唱表现力

3岁左右的儿童基本缺乏歌唱的表现意识,他们更多处于愉快的嗓音游戏阶段。在良好的教育影响下,3—4岁儿童能够逐步养成初步的表现意识,到了4岁末,儿童学会用速度、力度、音色的明显变化来表现熟悉歌曲中不同的形象与情绪。如,歌唱《大雨与小雨》时,儿童能用声音的强与弱来表现出大雨哗啦啦和小雨淅沥沥的场景;歌唱《树叶飘飘》时,儿童能用缓慢、柔美的声音表现秋风来了,小树叶随风飘落的感觉。在表现力上,3—4岁的儿童不仅在歌唱表现上有了明显的进步,而且在创造表现意识和技能方面也逐渐提高了。3岁末的儿童能够为短小、多重复的歌曲创编和填简单的歌词。如,《我爱我的小动物》中,"<u>我爱 我 的 小 狗,小狗 怎么 叫? 汪汪 汪 汪汪 汪,汪汪 汪汪 汪 —</u>"。将小狗换成小羊、小鸡、小鸭等,并在演唱时变化它们的叫声,表现出不同动物的样子。等到4岁时,儿童甚至开始知道自己的演唱要"争取与别人不同"。

4—5岁的儿童,在良好的环境影响下,逐步发展出一定的表现意识,能够较好地运用一些简单的表现技能进行歌唱。儿童不仅能积极主动地运用声音的变化来表达情绪,同时初步开始尝试表现比较细致与复杂的音乐形象。如,能较好地演唱出歌曲速度、力度的逐渐变化;能较好地唱出中等的速度、力度(如中强、中弱、稍快、稍慢);能较好地唱出顿音、连音和保持音。又如,在歌曲《拉拉勾》中,儿童能够把好朋友生气、不好意思、高兴等情绪体验以及情绪转变的过程,生动细致地用歌声表达出来。随着创造性表现能力的提高,这个阶段的儿童不仅更积极地参与到创造性表现活动中,而且也更加努力地使自己表现得比较独特。

5—6岁儿童对歌曲情绪的体验和把握更加准确了,开始追求异于他人的情绪表达。值得注意的是,这个年龄段的儿童也可能养成一些不正确的表现观念和习惯,如,过分夸张唱上下滑音;过分夸张地使用气声;过分强烈地晃动身体和头部;作出不自然的脸部表情和身体姿态等。对此,教师应注意及时正确地引导儿童,以避免或消除这些现象。

2. 创造性歌唱能力

儿童3岁入园以后,在良好的教育影响下,他们逐步形成较明确的创造性歌唱的意识,创造性歌唱的表现能力也获得一定的发展,对于简单熟悉的歌曲,儿童能够初步进行仿编歌词、为歌词创编动作等创造性的活动。

4—6岁的儿童在良好的教育影响下,逐步积累了一定的创造性歌唱经验,有了较强的创造性歌唱意识与能力,并努力使自己的创造更独特、更完美。在教师的启发下,他们能很快地续编、改编熟悉歌曲的歌词,并尝试进行即兴编唱。同时,儿童还会将熟悉的歌曲进行演唱方式的改造,边唱边创造性地加上身体动作表演等。

二、学前儿童歌唱材料的选择

为学前儿童歌唱活动选择的歌曲,总体上应具备审美性、教育性、适宜性以及丰富性等要求。

(一) 审美性

歌唱是一门艺术,带给人们美的感受与体验。因此选择的歌曲必须体现出审美性。首先,歌曲的旋律要优美、动听,能吸引儿童的学习兴趣,给儿童以美的感受。歌曲的审美性不仅仅体现在旋律上,歌词的内容也要体现出艺术美,即歌词朗朗上口、极具韵律感,或优美抒情、幽默诙谐、富有童趣。同时,歌曲的词曲结合应和谐一致。如《吹泡泡》《梦之船》,歌曲旋律优美,歌词富有审美的意境,儿童一听到这样的旋律就被深深吸引,情绪也变得安定了。

(二) 教育性

歌唱是学前儿童喜爱的重要艺术内容之一,歌曲对儿童的影响是潜移默化的,并且是长远的。歌曲的教育性并非单纯指歌曲的内容要富有教育的意义,而是侧重要求选择的歌曲内容要健康、向上,能激发儿童对生活的热爱和向往,熏陶儿童高尚美好的品行。同时,歌曲的教育性还体现在歌曲学习过程中对儿童良好学习品质的培养,具体表现为幸福感、自主性、好奇心、专注力、目标意识、坚持性、独立性、创造性和反思能力等品质。因此,教师在选择的歌曲以及教学过程中都要重视儿童良好学习品质的养成。

(三) 适宜性

为学前儿童选择歌曲,应该要与他们的歌唱能力水平相适宜,并在此基础上逐步促进其歌唱能力的发展。其中,为儿童留有适当的可创造空间也是十分重要的。

1. 歌词的选择

一般来说,为学前儿童选择的歌词应尽量简单有趣、歌词长度适中,易于儿童理解和记忆,富有形式美和内容美,便于儿童用动作来将歌词的形式与内容加以表现。

2. 曲调的选择

(1) 尽量选择音域适宜的歌曲。学前儿童不宜唱过高或过低的音。只有在适合的音域内歌唱时,才能唱出自然优美的声音,才不容易走音,所以教师在为学前儿童选择歌曲时,应根据各阶段儿童的音域特点选择相适宜的歌唱作品。偶尔有个别音超出这个范围,如果不是长时值的音,不是停留在强拍上的音,出现得不是很频繁的音,也是允许选择的。一些优秀的歌曲音域过宽不适合儿童演唱,但可用于欣赏。

(2) 尽量选择节奏简单的歌曲。这里指的是广义上的节奏,学前儿童一般不适合唱过于复杂的节奏。为3—4岁儿童选择的歌曲曲调中的节奏应当由那些与幼儿自然生理节奏(如心跳、脉搏)相适应的均匀二分音符、四分音符和八分音符构成的节奏组成,后期偶尔也可以出现个别附点节奏。为4—6岁学前儿童选择歌曲时,可选择含有少量十六分音符、切分音的节奏,弱起节奏出现次数尽量少一些。

用较快或较慢速度唱歌,对较小的儿童来说是比较困难的。因为他们的呼吸比较浅、短,而快速度和慢速度的演唱要求有较深的呼吸和较长的气息支持。所以,在为3—4岁儿童选择歌曲时,适宜选用中等均速的歌曲。4—5岁的儿童比较容易兴奋,除了选择一些比较活泼、韵律感较强的歌曲之外,还可选择一些安静柔美、速度稍慢的歌曲,以陶冶他们的性情。5—6岁儿童开始具有一定情感控制能力,控制发音器官、呼吸器官的能力有了发展,教师可以选择速度更快或是稍慢一些的歌曲,也可以选择一些含有速度变化的歌曲,以适应儿童歌唱发展的成长需要。

(3) 尽量选择旋律平稳的歌曲。学前儿童一般不适合唱旋律起伏太大的歌曲,一般来说,儿童比较容易掌握三度和三度以下的音程,包括同音反复与二度音程(即半音)。所以,教师为他们选择的歌曲应注意多选以五声音阶为骨干的旋律。在四度以及四度以上的大音程中,学前儿童比较容易掌握的是四度、五度和八度的音程,对于六度和七度的音程即使是6岁以上的儿童也不易唱准。因此,在为学前儿童选择歌曲时,教师宜多选旋律较平稳的歌曲。三度以上的跳进可以使旋律更加生动活泼,教师选择跳进的总的原则是:跳进不宜过多,跳进的跨度不宜过大,更不宜有连续的大音程跳进。

(4) 尽量选择结构短小、工整的歌曲。学前儿童一般不宜唱结构过于庞大的歌曲,3—4岁学前儿童的歌曲,以含2—4个乐句为宜,总长度一般在8个小节左右;为4—5岁儿童选择的歌曲,可含有6—8个乐句,总长度可增至16—20小节。

为学前儿童所选的歌曲的乐句也不宜过长。在中等速度的情况下,2拍子或4拍子的歌曲一般以每句4拍为宜,3拍子的歌曲一般以每句6拍为宜。5—6岁的儿童在速度较快的情况下,偶尔也可以唱包含稍长句子的歌曲。但总的来说,为学前儿童所选的歌曲的结构以短小为宜。

学前儿童不宜唱结构过于复杂的歌曲。为4岁儿童选择的歌曲结构应比较工整,即乐句与乐句之间的长度基本相等;在节奏上是相同或相似的,且一般没有间奏、尾奏等附加成分。为5—6岁儿童所选的歌曲,可以有间奏和尾奏,偶尔也可以唱一些不工整的乐曲,但总体上应以工整为宜。4岁前儿童所唱的歌曲,大多应为一段体或一段体的分节歌;5—6岁儿童偶尔也可唱一些简单的两段体或三段体的歌曲,但总体上应多唱以一段体为主的歌曲。

(5) 尽量选择词曲关系单纯的歌曲。学前儿童一般不宜唱词曲关系过于复杂的歌曲。4岁以前儿童所新唱的歌曲,应该是一个字对一个音;4岁以后儿童可以逐步掌握一个字对两个音的词曲关系;5—6岁的儿童可以逐步适应一个字对多个音的词曲关系。但总的来说,为学前儿童所选的歌曲在词曲方面应该相对单纯为好,一字一音的关系应该是主流。

(四) 丰富性

1. 题材要广泛

歌曲的题材要广泛,应既有反映儿童喜爱的动植物以及自然界变化的歌曲,也有反映儿童日常生活、游戏、学习等题材的歌曲,还应有一些反映社会生活、节庆日、儿童熟悉的成人劳动等题材的歌曲。一些儿童喜爱时尚的流行歌曲,也可以作为题材的一部分,教师应根据幼儿的年龄特点进行适当的调整与修改,改编为适合儿童歌唱的题材。

(1) 歌曲的内容与文字有趣,且为幼儿所理解。如《我爱我的小动物》《办家家》《颠倒歌》《老鼠画猫》等。

(2) 选择一些有重复、有发展余地,可进行创编的歌曲。如《在农场里》《手指谣》《勤劳人和懒惰人》等。

(3) 可以选择经典的民间童谣、中国戏曲等,如《小老鼠上灯台》《十二生肖》《说唱脸谱》等,还可以选一些国外有名的儿童歌曲、童谣等,如《伦敦大桥倒塌了》《十个印第安人》《卖花姑娘》等。

2. 歌唱表现形式要丰富

教师可选齐唱、领唱、对唱、轮唱、双声部演唱等不同形式的歌曲。儿童歌曲大多以齐唱为主,如《我们是中班的小朋友》可以全体儿童齐唱,表达孩子们由小班升入中班的喜悦之情;《我爱我的小动物》适宜进行领唱接唱;《木瓜恰恰恰》则可用轮唱的方式来演绎"恰恰恰"的部分,以增强歌唱的趣味性;大班儿童可以尝试用双声部来演唱《小燕子》,感受和声之美。

3. 包含幼儿歌唱所需简单知识技能的歌曲

教师应适当选择含有前奏、间奏、切分音、附点音符、休止符、弱起等的歌曲。如通过倾听歌曲前奏来感受旋律的风格,知道前奏是准备部分,不需要演唱;歌曲《老鼠画猫》中的切分音表现出诙谐幽默的氛围。歌曲《布谷》中的休止符表示停止,不能发出声音;歌曲《都睡着了》中的弱拍起唱部分,能较好地表现小动物睡着的意境。

[思考与讨论]

1. 不同年龄段儿童歌唱能力发展有哪些特点?
2. 选择儿童歌唱内容的要求是什么?请举例分析。

[实践与训练]

依据所学理论,分析该歌曲《郁金香和小星星》适合哪个阶段的儿童演唱。

拓展阅读
《郁金香和小星星》歌曲乐谱

第二节 学前儿童歌唱活动的目标

学前儿童歌唱活动的目标不仅仅是为了教会儿童学唱几首歌,其价值追求更多在于促进儿童对歌唱的兴趣,学习用歌唱的方式表达心声,抒发情感与交流思想,会自我享用或与他人共享歌唱的快乐。在《指南》的艺术领域中,四个目标中有三个用了"喜欢"的字眼,说明教师应重在培养艺术兴趣、呵护尊重儿童的天性。儿童只有对音乐产生浓厚的兴趣,才能发现、感受和体验到音乐的美,才能乐于去表现和创造美。因此,幼儿园歌唱活动的目标,应主要着眼于指导儿童学习用自然、好听的声音正确演唱歌曲,尝试用歌声表达自己的思想、抒发内心的情感体验。同时,教师要认识到歌唱活动具有音乐领域的特殊性和系统性,其目标不仅是让儿童通过歌唱愉悦身心,而且在歌唱中能保持准确的音高、速度和节奏;能再认和再现歌曲的音乐特征,演唱时富有表现力。

一、学前儿童歌唱活动的总目标

(1)喜欢参加歌唱活动,能感受歌曲中的美,并能从中感受联想周围环境、生活中美的事物。

(2)能用自然、好听、基本准确的音调和节奏参与歌唱活动,并能尝试运用速度、力度、音色、节奏、节拍等表现手段表现自己的情感。

(3)尝试用独唱、领唱、齐唱等不同演唱形式参与歌唱活动,感受其中的美。

(4)乐于尝试各种有关歌唱的创造性活动。

二、不同阶段儿童歌唱活动的发展目标

在开展歌唱活动时,要依据《纲要》及《指南》中的相关要求,根据各阶段儿童歌唱能力的发展特点,制定

相应的发展目标。

（一）3—4岁儿童歌唱活动的发展目标

（1）喜欢自哼自唱或模仿有趣的动作、声调，能用自然的声音基本合拍地演唱。

（2）能倾听音乐伴奏，逐步对歌曲的开始和结束做出正确的反应。

（3）初步感受、理解歌词内容，表达出歌曲的基本情绪。

（4）尝试仿编（替换）歌曲中某一乐句的歌词进行演唱。

（二）4—5岁儿童歌唱活动的发展目标

（1）能用基本准确的音调和节奏演唱歌曲。

（2）能认真倾听音乐伴奏，较准确地接前奏、间奏，演唱时注意与集体声音和谐一致。

（3）能按歌曲的情绪特点进行演唱，初步表达出 $\frac{3}{4}$ 拍歌曲的特点。

（4）尝试为熟悉的歌曲仿编歌词。

（三）5—6岁儿童歌唱活动的发展目标

（1）歌唱时声音自然、好听，音调、节奏基本准确，能初步运用速度、力度、音色等表现手段表现情感。

（2）敢于大胆地独唱、领唱，演唱时注意与伴奏以及集体的歌声和谐一致。

（3）能初步感知、表达 $\frac{2}{4}$、$\frac{3}{4}$、$\frac{4}{4}$ 拍等歌曲的节拍特点。

（4）尝试创编歌词表达自己的情感。

三、学前儿童歌唱教育活动的实施目标

在一次具体的歌唱活动中，教师需从审美情感、审美感知与表现能力、学习品质三方面来制定幼儿园歌唱活动的目标，努力促进幼儿全面和谐的发展。

（一）审美情感发展目标

学前儿童喜爱歌唱，愿意积极主动参与歌唱活动，能够主动体验并积极追求参与歌唱、唱出好听声音、用歌声与同伴交流、集体性歌唱活动中声音和谐与情感默契的快乐等。

（二）审美能力发展目标

学前儿童能够感知、体验、理解歌曲所表达的内容及其情感与意义；学习运用各种方式理解与记忆歌词，能够初步正确地演唱歌曲；学习较自然地运用声音表情表现歌曲，喜欢单独表演，同时也能知道并努力调整自己的声音与集体协调，初步学会领唱、齐唱、两声部轮唱、简单两声部合唱等歌唱表演形式；学习运用创造性的方式进行一定的歌唱表现等。

（三）全面发展目标

学前儿童能够潜移默化地受到歌曲的情感激励与教育影响，获得相关的知识经验；知道如何保护自己的嗓音，能初步养成认真观察、学会学习等良好学习习惯；初步学会运用歌声以及眼神、体态与同伴合作交流等社会性行为能力，在集体歌唱活动中能产生初步的默契感等。该目标主要渗透在儿童歌唱活动的过程中潜移默化地进行培养。

案例 3-1

歌唱活动的目标制定

我们以大班歌唱活动"郁金香和小星星"(第二课时)为例,分析歌唱活动的目标:

(1) 学唱第二段并能完整演唱歌曲,在两段连唱及替换歌词演唱中体验郁金香与小星星之间友好、逗乐的情谊。

(2) 能够通过同伴的动作表演、语言线索等进行大胆猜测与验证,在愉快的游戏体验中主动进行替换歌词演唱。

(3) 对同伴的表演和想法给予认同和鼓励,并乐于解决游戏中遇到的问题。

《郁金香和小星星》这首歌曲本身并不复杂,但教师在对歌曲进行分析的时候,更多地思考"如何跳出单一的歌曲学唱模式""如何在游戏中激发孩子的好奇心和学习兴趣,发展儿童的学习品质""如何在音乐活动中整合发展孩子的其他能力"等问题。为此,教师将该歌曲的学习活动设计为两个课时。在第一课时的活动中,儿童通过日常生活中的欣赏和演唱,熟悉了歌曲中的情境,并学会第一段歌曲。在第二课时的活动中,教师将最后两句歌词进行开放处理,让儿童替换歌词演唱。在第二课时的活动开始,儿童通过对第二段歌曲的倾听,以及对第一段歌曲的回忆,进行自我的反思和辨别异同,培养儿童的倾听能力与专注的学习品质。

同时,教师通过"数字棋盘""你演我猜""线索猜测"等游戏,一步步地调动和激发儿童的好奇心和兴趣,在层层递进的游戏中帮助儿童学会歌曲,并感受自主替换歌词演唱的乐趣。"你演我猜"的游戏调动和发展了儿童的肢体表征能力,他们用自我的动作大胆表现星星在做的事情,并与同伴进行猜测与验证游戏。"线索猜测"的游戏需要进行语言的组织,线索的归纳和推理,这进一步发展了儿童的语言表达能力。在活动的结束环节,教师鼓励儿童自主创编"星星在做什么事情"进行替换歌词演唱,并在活动结束后请儿童将自己的想法画下来,绘制成新的棋盘内容。在本次活动中,儿童不仅体验到了与同伴游戏学习的乐趣,而且在自发、自主、体验式的游戏情境中进一步发展了儿童的学习品质。

[思考与讨论]

1. 学前儿童歌唱教育活动的价值追求与总目标主要有哪些方面?
2. 不同阶段儿童的歌唱教学活动的目标有哪些区别?

[实践与训练]

请依据各阶段儿童歌唱能力发展特点,分析《小娃娃跌倒了》《小小雨点》《老鼠画猫》适宜演唱的年龄阶段,并结合实施目标的内容与要求设计上述三个内容的歌唱活动目标。

附歌曲乐谱:

音乐资源
《老鼠画猫》

拓展阅读
《小娃娃跌倒了》
歌曲乐谱

拓展阅读
《小小雨点》
歌曲乐谱

拓展阅读
《老鼠画猫》
歌曲乐谱

第三节 多样化歌唱活动的设计与组织

在《纲要》颁布之前,学前儿童歌唱教育活动的设计与组织的模式大多较为单一,歌唱活动的主要目的停留在教会儿童唱一首歌。为贯彻《纲要》精神,我们也在歌唱领域做了许多的尝试,并逐步形成系统化与多样化相统一的歌唱教学模式的不同组织形式。在《指南》精神的引领下,我们更加注重学前儿童在艺术领域中的感受与体验,表现与创造。

下面我们介绍几种集体性歌唱活动、歌唱区角活动、幼儿自发性歌唱活动节庆歌唱活动的组织形式,旨在了解学前儿童歌唱活动的设计与指导的各种模式,并提供一个多元的选择平台。

一、集体性歌唱活动的设计与组织

以集体教学形式展开的歌唱活动,更加强调活动的计划性、目的性、程序性和学习的社会性。因此,集体性歌唱活动除了帮助儿童获得相关的音乐知识技能,还关注儿童在活动中如何学,如何认识自己、表现自己、管理自己以及如何在歌唱活动中与人沟通、合作等有益的经验。

(一)基本环节

1. 发声练习

儿童的练声与成人不同,其形式和内容都十分丰富。教师可以通过师幼互动、游戏等方式来帮助儿童在愉悦的氛围中让嗓子热热身。此外,这个环节也并非在每个歌唱活动前必不可少的,教师可以根据实际情况来选择是否需要练声。练声的曲目可以是专门为儿童谱写的练声曲,也可以通过复习已学过的简短歌曲来达到练声的效果。

案例 3-2

发声练习举例

1=C—F 2/4

| 1 2 3 4 | 5 — | 5 4 3 2 | 1 — ‖

师:小 朋 友 们 好。 幼:老 师 你 好!
师:我 吹 小 喇 叭。 幼:嘀 嘀 嘀 嘀 哒。

2. 新歌导入环节

新歌导入环节的形式十分丰富,教师可以以提问、故事、猜谜、教具、游戏、创设情境等方式来导入,引出将要学习的主题,激发儿童学唱的兴趣。

3. 儿童感受与欣赏歌曲

以教师范唱为主,适当结合使用录音、视频等方式。教师在范唱时,可以清唱、伴奏唱、表演唱等多种方式交替使用,循序渐进地帮助儿童感受理解歌曲的歌词、旋律与节奏等各要素。为了帮助儿童听清歌词,教师适宜以清唱的方式让儿童能够在没有干扰的情况下认真聆听,熟悉旋律与歌词,培养专注倾听的良好品质。当然,适当地采用一些多媒体来辅助也是可以的,教师应根据具体活动的需求,注意歌唱的速度与音质。

4. 儿童学习新歌

儿童学习歌曲适宜以完整学唱为主,同时根据儿童的学习情况,对于个别难句以及儿童易唱错的句子进行分句教唱。教师可通过图谱、游戏等形式来帮助儿童理解和记忆歌词,设计适合儿童年龄特点的游戏形式,支持他们在轻松愉悦的氛围中自主学唱歌曲并大胆表现。

5. 练习歌曲

教师应根据儿童的年龄特点,以游戏的形式组织,根据旋律、歌词的特点与难易程度,通过齐唱、对唱、领唱、合唱、轮唱、双声部演唱等形式来组织儿童练习和演唱歌曲。

6. 创造性演唱

创造性演唱的重点在于引导儿童迁移歌唱经验与生活体验,尝试通过仿编、续编或创编歌词、边唱边即兴表演动作、自主创编词曲等各种形式,创造性地表达自己的生活经验和情感体验。

> **案例 3-3**
>
> 你看我呀像什么(小班)
>
> 儿童在熟悉和掌握旋律和歌词内容的基础上,根据自己的已有经验来创编歌曲内容和相应的动作。
>
> 你看我呀像什么
>
> 1=C 2/4 程英改编
>
> | 5.6 5 4 | 3 4 5 | 2 3 4 | 3 4 5 | 5.6 5 4 | 3 4 5 | 2 5 |
> 你看 我呀 像 什么? 像 什么? 像 什么? 你看 我呀 像 什么? 像 只
>   像 什么? 像 只
>
> | 3 1 0 |
> 猴子。
> × ×。

集体性的歌唱活动主要由教师选择歌曲,预先设计好歌唱教学活动。教师一方面需要用各种有趣的方法吸引儿童反复练习,另一方面也需要用编填新歌词、创编新表演动作、提出新的演唱方式等诸多方式,尽可能给儿童留出创造性表现的空间。

(二)多模式歌唱活动的设计组织

1. "体验—学习"模式

基本程序:

(1)教师运用儿童感兴趣的各种方式(创设情境、提问、谈话、猜谜、教具等)引题,激发儿童学唱的兴趣。

(2)教师通过各种方式引导儿童倾听并感受歌曲的节奏、旋律与歌词等要素,体验歌曲的风格、情感、意境。

(3)儿童边倾听歌曲边随乐游戏、律动等。

(4)儿童跟随教师完整学唱歌曲。

(5)教师根据儿童学习的情况,对歌曲的重难点进行有针对性的指导。

(6)儿童在教师伴奏下完整演唱歌曲。

案例 3-4

小班歌唱活动：小老鼠上灯台

【活动目标】

(1) 认真倾听音乐,感受音乐的旋律与节奏,能随乐游戏并用动作表现向下滚动的动态。

(2) 初步学唱歌曲,体验边唱边游戏的乐趣。

《小老鼠上灯台》音乐资源

《小老鼠上灯台》歌曲乐谱 拓展阅读

【活动准备】

小老鼠的操作图卡1个,猫的头饰1个;灯台的道具1个,实物投影仪;《小老鼠上灯台》音乐及播放器。

【活动指导】

1. 随乐玩手指节奏游戏,初步感受音乐的旋律与节奏

教师出示小老鼠的操作图卡,引导幼儿观察。

师：今天有一位小客人到我们班来,它是谁呀？

2. 播放音乐伴奏,教师边示范边带领幼儿在手指游戏中感受音乐的旋律与节奏

引导语：小老鼠带给小朋友一首好听的歌曲,我们一起伸出手指伴随着音乐一起玩。

游戏玩法：

第一遍：左右手各伸出食指,①—④小节时听音乐一拍一下有节奏地交替上叠,⑤—⑥小节时双手食指相互对碰,⑦—⑧小节时双指绕圈自上而下地滚动,在最后一拍时,双手食指食指滚到地上。

第二遍：左右手各伸出食指与中指,听音乐有节奏地玩游戏,游戏玩法与上同。

第三遍：左右手握拳,听音乐有节奏地玩游戏,游戏玩法与上同。

3. 用故事与表演的方式,引导幼儿在欣赏表演过程中感受歌词与歌曲

引导语：有一天,一只小老鼠爬上灯台偷油吃："啊,真香呀！"它正吃得津津有味时,来了一只猫,你猜小老鼠怎么了？

(1) 教师边投影边操作灯台教具,有节奏地念歌词,引导幼儿感受歌词的韵律,理解歌词内容。

(2) 教师边操作教具边演唱歌曲,引导幼儿进一步感受歌曲,创编小老鼠滚下来的动作。

引导幼儿讨论：小老鼠滚下来时发出什么声音？滚下来的动作要怎样表演？（如慢慢蹲下来,双手在胸前做环绕滚动状）在表演中,帮助幼儿直观体会到"叽里咕噜"这一象声词的含义以及与之相对应的滚翻动作。

(3) 教师再次边操作教具边演唱歌曲,引导幼儿听歌曲有节奏地玩游戏。

4. 幼儿学唱歌曲,并学习边唱边游戏

(1) 第一遍：教师放慢速度弹琴大声范唱,幼儿小声跟唱。

(2) 第二遍：教师放慢速度弹琴小声范唱,幼儿大声跟唱。

(3) 第三遍：教师按照原速伴奏,幼儿独立演唱歌曲。

(4) 第四遍：教师播放音乐伴奏,幼儿随乐边演唱歌曲边游戏。

5. 游戏："小老鼠和大花猫"

游戏玩法：幼儿当小老鼠,教师当大花猫,由教师来播放音乐。如果音乐的声音比较轻,就是小老鼠出来偷油吃了,所以"小老鼠们"要听音乐轻轻地走出来偷油吃;如果音乐的声音变大了,就是大花猫出现了,小老鼠要赶快蹲下来不动。"大花猫"走一圈后没有抓到"小老鼠"就回家了。

【活动建议】

(1) 幼儿学唱歌曲的次数应根据幼儿学习的实际情况来定。

(2) 如果幼儿歌曲学习较慢,最后的游戏可以放到延伸部分进行。

(本活动选自福建省幼儿园教师教育用书《领域活动指导》(小班))

体验—学习模式十分重视幼儿对歌曲的体验,尤其是自主体验。该模式将体验作为学习的基础,强调将歌唱活动作为幼儿自主的、不留痕迹的渗透性的审美感染与熏陶的过程。这种模式对教师的音乐素质、观察与随机应变能力等方面的教育要求也较高,同时较适宜于结构简单工整、旋律优美动听且易于引发幼儿情感共鸣、适合进行各种随乐表现的歌曲。

2. "体验—学习—创造"模式

"体验—学习—创造"模式十分注重儿童对歌曲自主的体验,是学前儿童在自主体验的基础上进行渗透学习与创造性表现的教学模式。

基本程序:

(1) 创设情境,教师通过不同的渠道引导儿童反复倾听,感受与体验歌曲的情感与意境。

(2) 儿童一边倾听歌曲一边伴随歌曲进行各种活动。

(3) 教师引导儿童回忆歌词,并借助图谱、手势、体态等方式帮助儿童理解与记忆歌词。

(4) 儿童完整学唱歌曲。

(5) 教师引导儿童根据歌曲原型进行各种创造性的歌唱活动。

(6) 儿童反复体验后自然学习。

案例 3-5

大班歌唱活动: 春夜喜雨

【活动目标】

(1) 能在熟悉歌曲旋律基础上,将古诗词《春夜喜雨》匹配到《苔》的旋律中,感受旋律与古诗的意境美,体验创编歌曲的乐趣。

(2) 能迁移春雨带来各种变化的已有经验,创编歌曲中"说"的部分,体验有节奏"说"的乐趣。

(3) 能与老师、同伴积极互动,体验说说唱唱的快乐。

微课视频
大班歌唱活动:
春夜喜雨

【活动准备】

(1) 经验准备:对春天的信息有较为丰富的经验;会唱歌曲《苔》的片段;能在爸爸妈妈的指导下吟诵有关春天的古诗词,对古诗《春夜喜雨》的内容熟悉,会吟诵。

(2) 材料准备:吉他、视频、图谱、铃鼓、音乐等。

【活动过程】

1. 教师通过谈话的方式,激发幼儿回忆自己找春天时的已有经验,引导幼儿说说哪些信息告诉我们"春天来了"

引导语:"小朋友们,现在是四月,什么季节?前段时间,我们去春游找春天,你们发现春天有哪些信息来告诉你春天来了?"

2. 启发幼儿描述自己用不同感官感受到的春天信息,并结合图片感受春的气息

3. 和幼儿演唱歌曲《苔》,熟悉歌曲旋律,感受三拍子歌曲优雅、抒情的意境美

(1) 引导幼儿回忆歌曲《苔》的意境,激发演唱的兴趣。

指导语:刚才小朋友们说到春雨,让我想起了一种植物,它喜欢生长在潮湿阴凉的地方,它的花和米一样小,但是也学牡丹那样自信地开放。你们应该已经猜到是什么了吧。

(2) 清唱《苔》片段,熟悉歌曲旋律,感受优美与抒情的意境美。

(3) 教师播放弹奏吉他,引导幼儿再次演唱,再次感受与表现歌曲的美感。

4. 启发幼儿回忆描述春雨的古诗词——《春夜喜雨》,引导幼儿学习用新诗词匹配《苔》的旋律

指导语:苔喜欢生长在潮湿的地方,春天也是个潮湿的季节,因为春雨滴滴答答地下着,我们欣赏过一首古诗,就是描写春雨的,你们还记得它的名字吗?

(1) 引导幼儿吟诵《春夜喜雨》后,欣赏视频,感受旋律背景下有节奏吟诵的美。

(2) 再次播放视频,引导幼儿欣赏《春夜喜雨》与《苔》旋律匹配的效果,感受歌曲的意境美。

(3) 教师弹吉他伴奏,鼓励幼儿学唱《春夜喜雨》,感受歌曲的旋律与诗词匹配的美,体验创编新歌词的乐趣。

5. 启发幼儿将找到的春天信息编成歌曲中的"说"的部分,丰富歌曲内容,感受说唱歌曲的乐趣

微课视频
随乐范唱
《春夜喜雨》

指导语:除了现成的古诗可以编到歌曲中,我们也可以自己编成诗句,可以怎么编呢,你们都是编诗的小高手,我先来试一试吧。

(1) 熟悉并理解创编的基本结构,结合对春雨给大地带来的变化创编"说"的部分。说的部分总共四句,每句前面"春雨××"固定不变,后面部分由幼儿自由创编。

(2) 结合图谱,帮助幼儿记忆创编的内容。教师用铃鼓帮助幼儿理解三拍子节奏的特点。

(3) 播放伴奏音乐,鼓励幼儿随乐说唱,感受有节奏"说"的乐趣。

6. 将歌曲"说"与"唱"相结合,体验说说唱唱的快乐

(1) 教师播放节奏稍慢的音乐,幼儿尝试完整说唱。

(2) 播放伴奏音乐,引导幼儿有表情地演唱。

7. 引导幼儿将"唱"和"说"连在一起,完整演唱,体验说说唱唱的乐趣

(1) 教师出示图谱帮助幼儿理解和记忆歌曲的内容。

(2) 鼓励幼儿用自己喜欢的方式来演唱。

(2) 与老师互动,共同演唱《春夜喜雨》。

【延伸活动】

根据不同季节来创编歌曲的内容,体验说说唱唱的快乐。

附歌曲乐谱:

拓展阅读
《春夜喜雨》
歌曲乐谱

(此案例由福建幼儿师范高等专科学校附属第二幼儿园游万玲老师设计与执教)

体验—学习—创造模式十分重视儿童对音乐的体验,尤其是对音乐自主的体验。该模式将体验作为基础,强调将歌唱活动作为儿童自主性、不留痕迹的渗透性的审美感染与熏陶的过程。这种模式要求儿童具有一定的创编经验,对教师的音乐素质、观察与随机应变能力等方面的教育要求也比较高,同时较适宜于结构简单工整、旋律优美动听且易于激发儿童情感共鸣,适合进行创造性表现的歌曲。

3. 逐层递加模式

逐层递加模式是先将歌曲中的歌词、节奏、曲调等内容进行分解,作为节奏活动,然后对语言活动、韵律活动等材料进行单独操作,再过渡到整体的学习。这种模式有利于将重难点化整为零,便于儿童学习与记忆。该模式要求教师对歌曲进行深入分析,适用于那些在歌词、节奏、曲调等方面有特色的歌曲。

该模式的组织程序为:教师先将歌曲中节奏、歌词、曲调等个别典型的元素分解出来,先行导入进行操作,引导儿童初步掌握;然后再引导儿童完整学习整首歌曲。下面结合一些案例来具体分析该模式的程序与实际运用的几种情况。

(1)操作歌词入手逐层递加。

> **案例3-6**
>
> 小班歌唱活动: 头发、肩膀、膝盖、脚
>
> (1)游戏"看谁反应快"。教师说出身体的部位,儿童马上用手轻轻去拍。
> (2)教师根据歌词顺序说,儿童用手拍击相应部位。教师的语言指令可由慢到快,再忽快忽慢,以训练儿童反应的灵敏性。
> (3)教师弹唱歌曲,儿童听音乐做相应动作。
> (4)儿童随乐边唱边拍击身体的部位。教师的音乐伴奏开始应稍慢,后逐步恢复原速,并根据实际情况参与演唱。
> (5)启发儿童创编歌词和动作。教师启发、引导儿童拍击身体的其他部位,并找到拍击的顺序,然后再逐步配上音乐及动作演唱,注意儿童动作与演唱要一致、合拍。

(2)从副歌入手逐层递加的方式。

本方式适宜于那些有副歌的歌曲,教师可以引导儿童掌握副歌的节奏、旋律等,再引导儿童学习整首歌曲,如《春天里来》《小篱笆》。

> **案例3-7**
>
> 大班歌唱活动: 春天里来
>
> (1)欣赏教师范唱,初步感受歌曲《春天里来》。
> (2)利用拨浪鼓的小图片,学习歌曲中的副歌部分。
> 教师引导幼儿根据范唱仔细观察与辨别不同的拨浪鼓的小图片的区别,讨论并学习歌曲的副歌部分。
> (3)讨论歌曲的其他内容,选择相匹配的小图片贴在图谱的相应位置上。

拓展阅读
《春天里来》
歌曲乐谱

(4) 针对幼儿学唱情况进行重点学习。
(5) 尝试合作演唱歌曲。

(3) 从节奏入手逐层递加的方式。

案例 3-8

拓展阅读
《迎春花》
歌曲乐谱

小班歌唱活动：迎春花

【活动目标】
(1) 感受歌曲的活泼欢快，学习用轻快的歌声表现蜜蜂可爱的形象。
(2) 初步学唱歌曲《迎春花》，体验与教师接唱的乐趣。

【活动准备】
(1) 教师事先带领幼儿到大自然中，感受春天的到来，寻找春天的秘密。教师还可以在幼儿园中种植迎春花，供幼儿观察，并使幼儿置身于春天的环境中。
(2) 教育挂图一幅。

【活动过程】
1. 教师出示挂图，引导幼儿观察，熟悉、理解歌词
师：图上画的是什么花？花朵是开得大大的还是小小的？花朵是什么颜色的？开在哪里？
师：谁飞来了？蜜蜂怎么叫？

2. 初步感受与学习小蜜蜂的叫声与动作
(1) 教师带领幼儿扮演小蜜蜂，学习蜜蜂的叫声和简单的抖翅动作。
(2) 教师带领幼儿模仿蜜蜂的叫声："嗡嗡嗡嗡｜嗡嗡嗡—。"并尝试运用身体动作进行节奏练习。
(3) 幼儿在琴声伴奏下，学唱后四小节蜜蜂叫声的部分。

3. 教师完整演唱歌曲，帮助幼儿感受音乐中快乐美好的意境
(1) 教师指图唱，并在蜜蜂叫声处配合肢体动作。
(2) 引导幼儿在蜜蜂叫声部分参与演唱。

4. 幼儿学唱歌曲
(1) 教师与幼儿尝试接唱，教师注意提示幼儿按节奏进入。
(2) 教师伴奏，幼儿完整演唱歌曲。
(3) 将幼儿分两组，尝试练习接唱。一组唱前四小节，一组接唱后四小节。

(本活动由福建幼儿师范高等专科学校程英老师设计)

4. 游戏化学习模式

从游戏入手的活动表现为在游戏中学习演唱的形式，这类形式的歌曲往往自身带有较强的游戏成分和规则。如传统音乐作品中《丢手绢》《找朋友》这些脍炙人口的歌曲，都是一代一代通过游戏的形式边玩边学会的。利用游戏的方式重复演唱歌曲，可以使歌曲的学习和游戏的学习互相强化，从而降低枯燥重复的感觉。游戏化学习模式主要有以下几种组织形式：

（1）开始部分从游戏入手。从游戏入手的歌唱活动就是组织儿童边游戏边唱歌。教师一开始不刻意去教幼儿演唱歌曲，而是把重点放在游戏方式、游戏规则和人际关系等方面，教师边唱边带领幼儿做简单的游戏。此后，教师带领幼儿在反复游戏中自然而然地学会歌曲。本形式最为经典的就是"丢手绢"的游戏了。

（2）从中间部分插入游戏。与开始处进行游戏的模式不同的是，此处游戏是从中间插进来的。

案例 3-9

中班歌唱活动：小老鼠打电话

【设计意图】

老鼠和猫是幼儿熟悉的动物，"老鼠和猫"的游戏也是幼儿非常喜爱的。歌曲《小老鼠打电话》中的故事情节更是让人始料不及、忍俊不禁，老鼠居然打错电话请来了猫，歌曲中体现出的幽默能带给幼儿很强的感染力。因此在学唱及游戏表演的过程中，应以轻松愉快的学习方式让幼儿学唱及体会歌曲的幽默情趣。

拓展阅读
《小老鼠打电话》歌曲乐谱

【活动目标】

（1）初步学会边歌唱边游戏动作，按节奏说出打电话时的对话。

（2）借助游戏情境理解、记忆歌词，在教具提示下明确"猫"的角色。

（3）理解并遵守游戏规则，和老师或同伴配合根据角色打电话及做游戏动作。

【活动准备】

（1）物质准备：猫和老鼠的胸饰、电话机。

（2）经验准备：幼儿在生活中有打电话的经验。

【活动过程】

1. 重点前置，学习歌曲中的对唱

（1）教师利用情境表演示范，引导幼儿学习。

师：（出示小老鼠胸饰）小老鼠要来干什么？（教师演示打电话）小老鼠打电话时会说些什么呢？（提问1—2个幼儿）

师：前面还要有问候语。"喂，喂，你好呀，请你快到我的家。"那你们给我打电话，预备，开始！（幼儿练习一遍）

师：我来接你们的电话，听听我会怎样回答？"好，好，知道啦，马上就到你的家。"现在我来打给你，你们怎么回答呀？（教师问，幼儿答，练习一遍）

（2）随音乐练习

幼儿分成两组：一组问，一组答。

2. 歌曲学习

（1）教师示范唱 A 段音乐一遍。

师：小老鼠打电话来干什么呢？（找个朋友过家家）

（2）教师示范唱 A 段第二遍。

师：再来听听小老鼠找朋友过家家打的电话号码是多少？（5432678）

(3) 师幼唱歌曲 AB 段。

师：你们都来当小老鼠，我们一起拿好电话本一块打电话好吗？

(4) 师幼唱歌曲 AB 段第二遍。

师：老师这次打电话给朋友，看看朋友是谁？

3. 完整游戏

(1) 请一名幼儿尝试扮演猫，其他幼儿练习拨号码找朋友。

(2) 替换打电话的对象，体验不同的情感。

有时，在幼儿学习歌曲结束后，教师也可以根据歌曲组织幼儿游戏，在游戏中进一步地巩固歌曲。

(3) 贯穿始终的游戏。

案例 3-10

中班歌唱活动：打蚊子

【活动目标】

(1) 感受歌曲的节奏，学习边唱边有节奏玩打蚊子的游戏。

(2) 尝试在最后一个"啦"字，由最下面的一只手来拍蚊子。

(3) 体验同伴合作歌唱游戏的快乐。

【活动准备】

幼儿有过双手重叠交替叠加和四手交替叠加的经验。

拓展阅读
《打蚊子》
歌曲乐谱

【活动过程】

1. 教师边唱歌曲《打蚊子》边游戏，引导幼儿认真欣赏，激发游戏的兴趣

教师提问：

(1) 你听到了什么？老师的手是怎么玩的？

(2) 幼儿再次观看游戏，找出游戏的规律。

2. 教师放慢速度演唱歌曲，幼儿尝试随乐单人游戏

(1) 先尝试自己双手重叠，边唱边玩交替重叠的游戏，并能在"啦啦啦啦啦｜啦啦啦｜"找到最下面的一只手来拍蚊子。

(2) 幼儿尝试边跟唱边玩游戏。

3. 教师示范 2 人游戏，幼儿观察游戏玩法

指导幼儿观察 2 人双手按节奏交替，并注意到一个"啦"字，由最下面的一只手来拍蚊子。

4. 幼儿 2—3 人一组自由组合，边唱边玩游戏

(1) 幼儿 2 人一组自由组合，边唱边玩游戏。教师参与到活动中来，与幼儿一同游戏，放慢演唱速度来游戏。

(2) 教师根据幼儿的游戏情况，可通过变化"……爬上来"中"来"的时值长短来锻炼幼儿反应能力。

(3) 教师可通过加快演唱速度，以提高游戏难度。

(本案例由福建幼儿师范高等专科学校程英老师设计)

5. 生活化歌唱(说唱)模式

生活化歌唱(说唱)模式,重在鼓励幼儿运用歌唱或者说唱的方式表达生活经历与情感体验。该模式的运用程序为:教师在特别创设的生活化情景中,引导幼儿回忆某一生活经验,并鼓励幼儿大胆用语言表达自己的感受,再配上某首歌曲熟悉的旋律,让幼儿进行即兴的说唱活动。教师在此过程中应予以幼儿适当的启发、引导与调整,逐步完善与提高幼儿的歌唱的艺术性与歌唱能力。

> **案例 3-11**
>
> 大班说唱歌曲: 快乐的"六一"
>
> 【设计意图】
>
> 在日常的一些活动中,教师发现幼儿对一些节奏感强的并带有说唱的音乐特别感兴趣,一听到这样的富有较强节奏感和韵律感的乐曲就手舞足蹈,热情高涨。因此,在今年的"六一"儿童节活动中,本班开展了"月亮小童星"的联欢活动和水果宴等活动,活动的名字、内容、音乐的选择,主持人、评委、摄像师的选择,节目的编排,道具材料的准备都是由幼儿自己通过商讨后而决定的。
>
> 在这一系列活动中,幼儿参与的热情高,而且小组中商讨分工、合作的能力较强,同时我们也邀请家长参与到活动中来。通过亲子互动,他们在"六一"儿童节筹备阶段、表演阶段,将心情和祝愿变成简单的儿歌,以文字的形式展示出来,并选择较欢快的音乐将幼儿编的部分作为歌曲中说的部分,唱的部分由教师编,充分加强了家园之间的联系与教师和幼儿的互动。说唱活动:快乐的"六一"就是此系列节日准备活动中的一个教育活动。
>
> 【活动目标】
>
> (1) 感受节日的快乐,并通过说唱的形式抒发自己的快乐体验。
>
> (2) 能将自己创编的说词按教师的鼓点节奏自然地融入歌曲中,并能使用图谱来帮助理解。
>
> (3) 通过拍手动作自然而然地掌握弱起小节的唱法。
>
> 【活动准备】
>
> (1) 知识准备:根据"六一"儿童节的活动记忆,教师引导幼儿用一定的格式来编关于"六一"儿童节活动情景的简短儿歌,并带回去与家长共同分享;在家长的引导下幼儿继续将"六一"儿童节活动情景编成简短的儿歌,由家长帮助记录。
>
> (2) 物质准备:两张由教师和幼儿共同制作的图谱(附图)、音乐 MP3、爵士鼓、有关"六一"儿童节活动的视频等。
>
> 【活动过程】
>
> 1. 教师与幼儿共同歌唱《我们的节日》,共同感受节日给大家带来的快乐
>
> 2. 引导幼儿观看视频,再次感受"六一"儿童节时的活动场景,激发幼儿回忆节日所带来的愉悦兴趣
>
> 师:"老师知道小朋友'六一'儿童节都过得很特别,现在请小朋友欣赏一段录像,看看录像里的小朋友是怎样过'六一'的,边看边回忆一下自己在'六一'做了一些什么事情。"
>
> 3. 复习歌唱版的"快乐的'六一'"(歌曲附后),进一步体验节日所带来的快乐,重点掌握弱起小节的正确唱法

拓展阅读
《我们的节日》
歌曲乐谱

$$\underline{0\ 3}\ \underline{4}\ |\ \underline{3\ 2\ 1}\ \underline{0\ 3}\ |\ \underline{4}\ \underline{5\ 3\ 1}\ |\ \underline{0\ 2}\ \underline{3}\ |\ \underline{2\ 7\ \dot{5}}\ |$$
啊　伊 啊伊呀，　啊　伊 啊伊呀，　啊　伊 啊伊呀

（1）引导幼儿用"大家都来跳拍手舞，准备好了就一起拍手告诉我"的游戏形式来踩准弱起的半拍。

（2）以游戏的口吻结合钢琴伴奏来放慢速度练习。

4．教师一一出示和幼儿一同制作的图谱，引导幼儿欣赏，并学会看图谱（附图）

▲ 图3-1　图谱1

▲ 图3-2　图谱2

红气球，空中飞，
花彩带，教室挂，
手工作品，窗户贴，
快乐的"六一"，
来到了！

钢琴、小提琴、变魔术，
水果拼盘，味道好！
今年的"六一"真难忘，
祝愿全世界的小朋友，
健康快乐，到永远！

（1）引导幼儿学习看图谱，请个别参与制作的幼儿来介绍。如：用红色彩笔画个气球，再画一朵白云写个"飞"字就是"红气球，空中飞"，画个大地球，周围画着小朋友，就是"全世界的小朋友"。

（2）引导幼儿完整欣赏图谱并用好听的声音有节奏地朗诵。

（3）教师用爵士鼓协助幼儿掌握富有韵律感的说唱方式。待幼儿熟悉后引导幼儿根据鼓点的速度来说唱。

5．引导幼儿将图谱上歌曲说的部分编入歌曲

教师：小朋友们说得真好，现在我们把这些自己编的歌词编到刚才那首歌曲《快乐的"六一"》中，看看会变成什么样。

（1）第一遍：先清唱，以便让幼儿形成完整的印象。

（2）第二遍：听音乐演唱，引导幼儿用自然、好听的声音结合图谱大胆地表现。

（3）第三遍：用爵士鼓帮助幼儿伴奏，增强音乐气氛。

6．欣赏教师的范唱，感受演唱版"快乐的'六一'"和说词版"快乐的'六一'"的区别，同时让幼儿的嗓子得到休息

师:"现在老师把两首歌连在一起,你们听听看它们有什么不一样?"

【延伸活动】

引导幼儿将歌曲中说的部分继续按一定的节奏进行创编。

(此案例由福建幼儿师范高等专科学校附属第二幼儿园游万玲设计与执教)

集体性的教育活动,教师应根据作品的难易程度以及儿童发展的实际水平需要采用不同的组织实施方法。教师在指导的过程中最重要的是:需要引导儿童学会认真倾听歌曲的"原型",同时也需要引导和鼓励儿童学会对作品进行"再现",至于再现的程度如何,需由歌曲的难易程度以及儿童掌握的情况而选择不同方法。如果歌曲较难记忆,教师可以用图谱等方式帮助儿童解决问题;如果歌曲比较简单,教师可以用一些动作或游戏来帮助儿童自然习得;如果歌曲太长,教师可以分段落或是分课时完成;如果歌曲长短适中,教师就可以鼓励儿童完整地学唱,以避免一句句地教唱影响了整体的审美情趣。

二、歌唱区角活动的组织指导

一般来说,幼儿园音乐区角活动中可以投放一些相对固定的材料,如音响录放设备,乐器、表演用的道具,制作乐器道具的材料或废旧材料,做模拟表演游戏用的节目单,提示歌词用的图谱等,以吸引幼儿进入其中参加歌唱活动。通过录放设备,幼儿可以选择播放自己喜欢的歌曲,通过反复播放歌曲能够使幼儿逐步从熟悉到喜爱。教师可以通过表演游戏或用节目单或按顺序录制的歌曲序列来帮助幼儿复习已经学习过的歌曲和介绍将要传授的新歌曲。

案例 3-12

区角歌唱活动:找找唱唱

目标:

复习巩固已学过的歌曲,同时在找找唱唱中培养节奏感,激发对歌唱活动的兴趣。

材料:

旧台历制作的歌唱图谱一本。

玩法:

(1) 取一本过期台历,将每一页分割成两半,分别封上白纸。然后选择一些幼儿已经学过的简单有趣的歌曲,用图谱及节奏型的方式分别画在两边,注意将歌曲的1、3、5句画在左边,2、4、6句画在右边(右边的句子可打乱顺序,以增加难度)。同时可以在能替换歌词的位置订上子母扣,就可随时更换角色(见附:图谱)。

(2) 幼儿通过看简单的图谱,唱出歌曲的第一句后,开始在右边翻找第二句的图谱(或是节奏型),这样依次翻找,将整首歌曲全部找出,然后进行完整地演唱。

(3) 幼儿依次往下翻,继续找自己熟悉的歌曲,进行演唱。

建议:

(1) 幼儿在熟悉原歌曲后,还可进行替换歌词的仿编活动,如《在农场里》这首歌,在"猪儿在农场噜、噜"这一句的"猪儿"位置上订上子母扣,幼儿可根据兴趣贴上其他动物:小鸭、小鸡等,然后再进行演唱。

音乐资源
《手指变变变》

2. 除了《在农场里》外,本学期学习的《可爱的小动物》《小鸡在哪里》《蚂蚁搬豆》《小鸭小鸡》《手指变变变》等歌曲都可以制作成这种图谱供幼儿使用。

附:图谱

▲ 图3-3 自制歌唱图谱1

▲ 图3-4 自制歌唱图谱2

微课视频
歌唱区活动

区角歌唱活动——幼儿园好声音

近年来,电视节目《中国好声音》如火如荼地唱响,幼儿园的孩子们时常开心地模仿歌手的样子陶醉地歌唱,那表情、声音、动作真有意思。于是,教师和孩子们一起商量设置一个歌唱区——幼儿园好声音。幼儿不仅可以在"舞台"上尽情歌唱,还可以边唱边进行个性化的表演。

▲ 图3-5 幼儿园好声音

(图片由福建幼儿师范高等专科学校附属第一幼儿园提供)

教师在创设歌唱区环境时,一定要事先了解儿童的兴趣与需要,特别是了解他们感兴趣的歌曲与形式,同时也可以根据儿童最近学习的内容特意创设相应的歌唱环境,投放歌唱图谱、表演道具等,以吸引儿童入区活动的兴趣。如果儿童有意愿邀请教师观赏或参与,教师应以同伴的身份参与,从而保证儿童在活动中的主人翁地位。

三、幼儿自发性歌唱活动及节庆歌唱活动的组织指导

(一) 自发性歌唱活动的指导

自发性歌唱活动一般有两种形态,一种是选唱幼儿会唱或基本会唱的歌曲,另一种是即兴玩唱幼儿突然想出的某种或某些声音素材。这两种形态没有绝对的界限,仅仅有时候幼儿可能更接近于唱一首习得的歌曲,而有时候更接近于玩唱习得的一些歌唱片段,即将一些歌曲的素材——高低、长短、歌词"碎片"进行变形或重组等。

3—6岁儿童只有在感觉安全的自由游戏时才会时常自己发起这种嗓音的游戏,年龄稍长儿童"玩弄"的素材与成人"玩弄"的素材更接近一些。教师如果认为有必要参与游戏,可以首先用模仿儿童的方式来做"回声"的游戏,在获得儿童的接纳后,再逐渐导入一些新的因素,吸引儿童来模仿自己或相互模仿,重点是引导儿童模仿素材的新变化或组合方式的新变化。如改变玩弄的无意义音节、词语或音色、节奏、音量、速度以及声音表情,或增加伴随歌唱游戏的新动作,或将周围新物品作为伴奏等。

教师在面对这样的活动时要慎重,如果教师的参与让儿童感到不够安全,就可能会影响儿童的自我表现与自我娱乐。

(二) 节庆歌唱活动的指导

节庆歌唱活动的内容指的是幼儿园结合节庆日开展的系列活动中有关歌唱活动的内容。它包括中国传统的节日(端午节、中秋节、春节、元宵节等),也包括国际节日("六一"儿童节、新年、母亲节、父亲节等),同时也包括园本节庆的活动(园庆、毕业典礼等)。在节日庆祝活动中儿童歌唱活动的指导,通常是在幼儿园开展相应的节庆活动中,教师为儿童提供相应的歌唱内容来渲染节日气氛,让儿童通过歌唱应景的歌曲来充分感受与表现节日的氛围。选择的节庆歌唱内容既可以是教师预设的,也可以是儿童在日常生活中喜闻乐见的歌曲。

> **案例 3—13**
>
> 节庆活动: 新年音乐会(中班)
>
> **目标:**
> 体验新年的快乐,尝试通过随乐演奏乐器、挥舞彩带等方式表达新年的喜悦。
>
> **材料:**
> 小铃、小鼓、木鱼、圆舞板等常见的小乐器若干、彩带几条、播放器一台,《新年好》《铃儿响叮当》等乐曲。
>
> **玩法:**
> (1) 播放音乐,幼儿感受音乐的欢快及其韵律,并随乐演唱。
> (2) 自由选择喜爱的乐器,探讨各种乐器的演奏方式及节奏。
> (3) 喜欢表演的幼儿选择彩带,尝试随乐挥舞彩带。
> (4) 幼儿完整随乐演唱、演奏与表演。
>
> **建议:**
> (1) 将区域布置得更加喜气、热闹,以增强节庆的活动气氛。
> (2) 教师开始时可以进行指挥,以帮助幼儿更好地表演。

案例 3-14

快乐的"六一"

目标：

体验"六一"儿童节的快乐，尝试通过随乐演唱、演奏、舞蹈等形式表达过节的喜悦。

材料：

铃鼓、响板、碰铃、双响筒乐器、节奏卡、《快乐的"六一"》音乐、播放器等。

玩法：

(1) 播放音乐，幼儿感受歌曲的欢快以及歌词所表达的内容。

(2) 自由选择乐器尝试为歌曲匹配伴奏。

(3) 选择出节奏卡并摆放好，尝试运用乐器随乐伴奏。

(4) 喜欢演唱的幼儿随乐演唱，喜欢舞蹈的幼儿随乐进行表演。

(5) 幼儿完整随乐演奏和表演。

拓展阅读
《快乐的"六一"》歌曲乐谱

案例 3-15

毕业典礼

通过歌唱，幼儿将自己在幼儿园的一日生活点滴融入到毕业的节目中，师幼一同演绎大班毕业音乐歌剧《我们的爱》。

▲ 图 3-6　毕业典礼上呈现的音乐歌剧《我们的爱》

（图片由福建幼儿师范高等专科学校附属第二幼儿园提供）

[思考与讨论]

1. 思考多样化歌唱活动主要有哪些类型？在幼儿园的一日生活中应该如何设计与指导歌唱活动？
2. 如何让幼儿在游戏中不知不觉地学唱歌曲？举例分析。

[实践与训练]

根据自己去幼儿园时所到的年龄班，选择小、中、大班的一首歌曲，根据相应的年龄段设计活动方案，并尝试实践，进行反思。

第四节 学前儿童歌唱活动的指导要点与障碍消解

一、学前儿童歌唱活动的指导要点

（一）做好活动前的各项准备工作

首先，必要的经验准备。教师要了解儿童的已有经验，并明确通过歌唱活动需要掌握或是建立的新经验是什么。如案例《水果总动员》中，儿童的已有经验是对《十个印第安人》的旋律和歌词十分熟悉，掌握了"你问我答"的游戏方法，而在活动中需要建立的新经验是能够将自己喜欢的水果创编到此旋律中，能有节奏地随乐玩"你问我答"的说唱游戏。又如小班歌唱活动《树叶飘飘》，教师在活动前带领小班儿童到户外去捡树叶，并将树叶扬起，充分感受树叶飘落时与飘落到地上的样子，以此积累儿童对于树叶的相关经验。

其次，物质材料的准备。教师应为儿童提供有助于理解与记忆歌词、节奏等内容的图谱以及其他各类的道具等，儿童表现歌曲或游戏作用的各类教具等，伴奏的乐器、音像材料、播放器以及多媒体设备等。

最后，环境的创设。教师应合理利用幼儿园、家庭与社会的各种资源，与儿童一同创设与歌曲相匹配的场景。

（二）循序渐进地发展幼儿的歌唱能力

幼儿歌唱能力的发展应渗透在歌唱活动的全过程，无论教师采用哪一种教学组织模式，无论是新歌学习还是复习歌曲，教师都应以幼儿能够喜爱与接受的方式，全面地、循序渐进地促进幼儿歌唱能力的发展，使幼儿能够正确地、舒适地、有感情地歌唱。教师在任何一次歌唱活动中都应逐步培养幼儿用自然、动听的歌声歌唱的能力与习惯。这主要包括以下几方面的要求：

1. 培养幼儿正确的歌唱姿势

教师应注意培养幼儿舒服与挺拔的歌唱姿势。歌唱活动比较适宜的站姿是：两脚分开，左脚稍前，右脚在后，两脚跟距离约五厘米。这样的站姿，容易站得稳且有挺拔感，又有利于用气。教师应提醒幼儿不要立正或两脚尖并拢，否则不宜站稳，又显僵硬。幼儿一般都是两脚平分与肩同宽开站，这种站姿左右虽稳，但前后不稳，不利于挺拔与气息的运用。无论幼儿是站还是坐，整个身体都要挺拔不要松垮。幼儿的两肩平展放松，并带动后背、胸以及两臂一起放松，而脖子在随之放松的同时应直立，头部摆正，这样就能保持气息顺畅。幼儿养成正确歌唱姿势的关键在于教师正确的示范与具体的指导，教师不要提太多的语言要求，重在利用自己的榜样示范作用，并随机引导幼儿体会并养成这一习惯。

2. 培养幼儿正确的发音位置与发音方法

教师应培养幼儿尽量用"头声"歌唱，避免追求歌唱的音量，要引导幼儿尽可能用弱声与优美的声音歌唱，追求优美的音质。教师应引导幼儿自然地轻声歌唱，歌唱时下巴放松、嘴巴自然打开；教师要使幼儿安静、柔和地歌唱,不大声喊叫与过分轻声,尽量保持"头面部共鸣"与"向前唱"的发音。

需要强调的是,童声训练的首要目标是获得干净、柔和的声音,而不是追求演唱的音量和力度。国外著名的幼儿歌唱发声法权威哈蒂警告说:"一般幼儿在他们未受到相当好的训练之前,绝不允许他们大声歌唱。否则,美好的音质就会消失。"这一提法值得引起许多教师的警觉。年复一年,有多少未来可能成为有美好声音的幼儿,由于迷惑于这种所谓的"带劲的""自然的"歌唱,而成为"牺牲品"。教师在培养幼儿正确发声过程中的榜样作用十分重要,应运用正确的发声方法,避免声嘶力竭地大声喊叫。

3. 培养幼儿良好的音准感

音准是整个幼儿期的难点,但科学的培养能有效增强幼儿的音准感。首先,清晰、准确的听觉表象是形成与培养音准感的重要前提。因此,教师不要急于让幼儿马上跟着教师演唱,应积极创设情境,引导幼儿先反复专注地倾听正确、优美的歌唱,再进行跟唱。其次,教师可以通过"回声歌"的方法训练幼儿的音准。"回声歌"即教师演唱一句或一小段歌曲,幼儿用较弱的声音进行回应。再次,教师应认真倾听幼儿的演唱,及时发现幼儿发音错误的地方并予以及时的纠正。此外,在幼儿已经较熟练演唱歌曲的基础上,教师有时可以采取无伴奏演唱的方法组织歌曲的复习,既可以减少幼儿对琴声伴奏的依赖,又能培养幼儿的内在旋律感与音准感。

(三) 循序渐进地发展幼儿创造性的歌唱能力

歌唱活动的最终目的不仅仅是为了学会几首歌曲,更重要的是为了幼儿能够学习运用歌声自主、生动地表达自己的情感与思想感情,充分体验歌唱活动的乐趣,使音乐成为幼儿生活中不可或缺的重要内容。因此,在幼儿歌唱活动中,教师应重视幼儿想象力与创造性的培养。教师可采用以下方式,发展幼儿创造性的歌唱能力。

1. 为歌曲仿编、续编、增编歌词

引导幼儿为学过的歌曲仿编、续编、增编歌词,是一种十分常见并深受幼儿喜爱的创造性歌唱活动,此类歌曲一般比较简单且多重复,歌词内容大多是幼儿熟悉与理解的事物,易于记忆与替换。所替换与改变的歌词分量可随着幼儿年龄的增长逐步增加,歌词的表现可由具体的形象性向较为抽象的情感性表现过渡。如《我爱我的小动物》这首歌曲,幼儿很容易联想到小狗、小猫、小鸭、小鸡等各种小动物,小班幼儿在教师的启发下也能很好地编出新的歌词。类似的歌曲还有《小朋友想一想》《秋天》《勤劳人和懒惰人》《颠倒歌》等。

2. 为歌曲创编动作

为歌曲创编动作,这也是十分常见的创造性歌唱活动。那些具体形象、动作性强的歌曲都可以巧妙地引发幼儿的联想与想象,为歌曲编出生动、形象的动作。如《小手拍拍》《小鸭小鸡》等歌曲形象鲜明、动作性强的歌曲,歌词对动作具有很强的提示性,幼儿能够根据个人的想象与理解,创造性地为歌曲创编动作。

3. 创编丰富的演唱形式

对于同一首歌,不同的演唱形式可以获得不同的歌唱体验,表现不同的演唱效果。教师引导幼儿为同一首歌创编不同的演唱形式,可以增强幼儿对歌曲的理解,培养幼儿的发散思维能力以及创造性表现能力,提高幼儿的歌唱表现力。教师宜选择那些内涵丰富、适合变换多种演唱方式的歌曲,启发引导幼儿创造性地进行创编。

4. 创编曲调或即兴歌唱

教师可以引导幼儿改变熟悉歌曲的节奏、节拍,或者创设、回忆一定的情境,引导幼儿用熟悉歌曲的旋律或即兴创编旋律,唱出自己想到或者看到的事情,表达自己的所思、所想、所感。

(四) 教给幼儿保护嗓音的意识与常识

幼儿应具备保护嗓音的意识,并在教师的指导下逐步掌握一些保护嗓音的基本常识,如平时说话以及

歌唱时不大声喊叫,不能长时间歌唱,不在空气污浊的地方演唱,不迎着风唱,不在剧烈运动后马上唱歌,感冒、咽喉发炎时不唱歌等,逐步学会自我保护。

二、学前儿童歌唱活动的障碍消解

(一) 障碍产生的原因

1. 因教师因素引起的

教师既是活动的设计者和组织者,又是幼儿活动的指导者和支持者。在活动中,教师作为参与者直接影响歌唱活动的成效,主要的影响因素包括神态、语言、行为和情绪表达等。

(1)"干巴巴"地教。即教师没有使用任何的策略,一遍遍地用教师唱一句、儿童跟一句的方式枯燥地学唱。这样导致的后果是再好听、有趣的歌曲也会变得乏味、无趣。同时,这也说明教师对儿童在歌唱中出现的一些"突发"事件,缺乏基本的教学智慧。

案例 3-16

《懒惰虫》的教学场景

《懒惰虫》是一首非常诙谐有趣的歌曲。在歌曲教学的过程中,儿童正体验着歌曲和游戏带来的乐趣。突然老师听到有一个孩子说自己是"懒惰虫",于是马上停止了游戏活动,纠结于该孩子为什么自己说自己是"懒惰虫"上,并通过一次次地引导,希望孩子说自己是"勤快人"。

这样的说教不仅打击了儿童活动的积极性,而且严肃突兀的说教也会使得歌唱活动突然受阻。教师如果在儿童发生上述情况时说:"哎呀,我们发现这里有个小懒惰虫呀,我们一起来帮助他,带他去帮老师挂挂毛巾、洗洗杯子吧,劳动劳动变勤快啦。"教师用这样的一种游戏情境,让儿童能在愉快轻松的游戏情境中去体验劳动的快乐,并知道做"懒惰虫"是"不好的"道理。教师这样灵活机智的方法能使儿童在轻松自由的情境中自然习得歌曲及其意义。

(2)一次性给幼儿解释性的语言和选择性过多。在小班儿童歌唱活动《找朋友》中,教师想让全班小朋友分成两组,分别演唱出小鸭和小鸡,教师说:"现在请男生唱小鸭,女生唱小鸡,小鸡唱的时候站起来,小鸭不要唱,小鸭唱的时候站起来,小鸡坐下不要唱……"结果在演唱时,唱小鸡的时候有的男生站起来,唱小鸭的时候女生也不愿意坐下来。教师很着急,又把刚才的要求重复了一遍,但小朋友们还是懵的,整个活动显得有些混乱。由此看来,教师的指令过多,给儿童造成了负担。

(3)选择音域过宽、节奏过快的流行歌曲。一些脍炙人口的动画片主题曲以及时尚流行的成人歌曲作品也都是儿童喜爱的歌曲,成为儿童歌唱选材中不可缺少的内容之一。在日常生活的潜移默化中,儿童总能随乐自发地哼唱。这些歌曲毕竟是成人作品,如果在原作品节奏或旋律上没有进行适当的改编和调整,也会给孩子们带来许多演唱的问题。如,演唱时出现因音域过宽而造成呼吸不顺畅,因曲目太长而感到吃力,这样会引起儿童歌唱时感到疲劳,从而引发演唱上的障碍。

热播的综艺节目《爸爸去哪儿》的主题曲深受儿童的喜爱,"爸爸"歌唱部分的音域对于儿童来说是比较吃力的,歌曲的曲目也很长,如果一整首唱下来是十分吃力的。

花儿乐队的《嘻唰唰》韵律感强,儿童一听到这样歌曲就不由自主地边唱边手舞足蹈,但是这样的歌曲的内容不适合儿童,而且成人歌曲的篇幅较长,教师如果因为儿童喜欢而教一整首是很不适宜的。对于篇幅大的歌曲,教师可以截取其中的一部分进行改编,也可以用亲子演唱等形式鼓励儿童进行接唱、轮唱等形式的演唱。

(4) 提问、解释说明的时间选择不合理。在组织歌唱活动《大野狼》过程中,教师抛出一个问题:"你们说说看,如果大树都被砍了,没有了羊、没有兔子,大野狼都死了,这该怎么办?"孩子们就开始七嘴八舌地讨论起食物链和环保的问题。教师这样的提问不仅破坏了活动的气氛,也使幼儿的歌唱行为受到阻断。

(5) 因程序和方法不当引起的。在组织小班歌唱活动《小树叶》中,教师一开始就把一大筐树叶从高处洒落,以至于幼儿满地捡叶子而影响了活动的进程。像这样的前期经验,教师在活动前可以带领幼儿到户外去捡叶子,感受叶子飘落的场景。

(6) 对儿童干扰性的"帮助"。在大班歌唱活动《赵州桥》的教学活动过程中,教师启发儿童在唱到"嘿"的时候用自己的手搭成各种各样的桥。孩子们边唱边用自己的双手搭成了各种桥,有"尖尖桥""小花桥""金刚桥"等。教师为了鼓励他们能搭出各种不一样的桥而在歌唱的过程中不断地用语言提醒,"有没有不一样呢?""有什么不同别人的吗?"这样就对幼儿产生了干扰,他们为了达到教师所要求的"不一样的桥"而影响了歌唱活动的顺利进行。

此外,教师在歌唱活动中因组织不当可能会引起儿童缺乏学习的动机,觉得不好玩、无趣,没有什么挑战或者太难,记忆、反复、反应方面的负担太重,因此而出现无所事事、注意力不集中、情绪不稳定、过度兴奋、失控等问题行为。这些都值得教师深刻反思。

2. 因材料因素引起的

(1) 旋律过于复杂。教师如果在哼唱时将每个音都哼唱得很清楚,反而会使儿童不清楚何处是重点,也会影响歌曲整体旋律的美感。

(2) 歌词缺乏逻辑性。主要表现为歌词容易混淆;歌词过多,记忆难等。某幼儿园园歌《彩虹树下的约定》是一首抒情与说唱巧妙结合的说唱歌曲。歌曲唱的部分曲调抒情、优美,说词的部分有韵律感,深受幼儿的喜爱。在歌曲定稿前的创作中,我们发现由于歌词的逻辑性不够,幼儿在说唱的过程中很难记忆与掌握。于是,教师根据幼儿对歌曲记忆的特点,进行了几次调整,歌词的内容将彩虹的七种颜色都表现出来了,更具有逻辑性,也便于幼儿记忆与掌握。

原始稿:	最终稿:
赤橙黄绿青蓝紫,	赤橙黄绿青蓝紫,
我们都是彩虹王国的好孩子,	我们是彩虹王国的好孩子。
紫藤架下我们学习,	红苹果是我的小脸蛋,
蓝天下我们做游戏,	橙色、黄色金灿灿,
青青草地,绿绿的树,	绿绿的大树,青青的草地,
黄橙色的果实是收获,	神秘的紫藤架下我们捉迷藏。
快乐写在我们的红脸蛋,	来吧,老师;来吧,伙伴,
	蓝蓝的天空下我们齐飞翔!

(二) 障碍的消除

(1) 选择适合不同年龄段儿童特点的歌唱内容。教师选择的歌唱内容,要适合儿童的年龄特点和演唱能力,符合儿童的兴趣与爱好,并与儿童的生活经验相关。

(2) 避免教学方法的单一,教师应通过多样的教学方式为儿童创设轻松、愉悦的歌唱氛围。教师可以通过创设歌唱区,投放乐器、音乐等,让儿童自己根据歌曲内容分析出重、难点,通过游戏化的形式学习歌曲。

(3) 教给儿童正确的歌唱发声方法,防止和纠正大喊大叫的唱法,保护儿童的嗓音,培养儿童歌唱的审美力。我们发现,在幼儿园里有部分儿童在歌唱时嗓音嘶哑,缺乏嗓音保护的意识。为此,教师在唱歌时一定要通过自己正确的歌唱示范,提供给儿童正确的共鸣位置和美好的自然声音的良好榜样。教师语言讲解的发音方式以及提供琴声伴奏也应尽量保持"轻声高位"的标准。具体方法如下:

第一,适当地控制儿童歌唱的音量,是防止和纠正喊唱的重要方法。

第二,适当地控制儿童唱歌的时间。

第三,儿童歌曲的音域和唱歌时的定调是否适当,与保护嗓音的关系很大。

一位著名的教育家曾说过:"一个教师应当经常对儿童的困境进行反思。"在歌唱活动中,教师应该对造成学前儿童困境的原因进行反思,找出自身以及可能影响歌唱的各种原因,并不断地修正和改进,这样才能真正地促进儿童的歌唱能力的发展。

[思考与讨论]

1. 教师该怎样循序渐进地发展儿童的歌唱能力?
2. 学前儿童歌唱活动的障碍主要有哪些?
3. 除了书中阐述的消除障碍的方法,你认为还有哪些策略可以避免儿童在歌唱中出现的障碍?请举例说明。

[实践与训练]

去幼儿园的时候,请观察儿童在歌唱时的状态,找出儿童在唱歌时出现的障碍,与幼儿园教师进行交流,尝试运用有效策略进行消除,并及时进行分析。

第四章

学前儿童韵律活动的设计与指导

学习目标

1. 知道不同阶段儿童随乐运动能力的发展水平及作品选择与处理的基本要求,能为各阶段儿童选择适合的韵律活动内容。
2. 举例分析学前儿童韵律活动的目标,明确多样化幼儿园韵律活动设计与组织的基本原理与要求,并能结合实际设计、组织与反思。
3. 阐述学前儿童韵律活动的指导要点,能初步运用韵律活动中常见障碍消解的基本方法开展教育实践,具有开展幼儿园韵律活动教育的兴趣与信心。

内容概览

身体协调性是儿童顺利进行音乐舞蹈活动的一种动作能力,韵律活动是培养学前儿童随乐运动能力的重要途径。本章着重介绍了各阶段儿童韵律活动能力的发展特点以及选择与组织韵律活动材料的基本要求,阐述了集体性、区域性及渗透于幼儿园一日活动的各类型韵律活动多样化的设计与组织要求,分析了幼儿园韵律活动的指导要点以及常见的障碍与消解策略,从而初步树立学前儿童韵律活动教育的科学理念,初步获得设计与组织幼儿园韵律活动的教育教学能力。

[问题情境]

在幼儿园韵律活动中,教师让幼儿创编律动,开始是让幼儿自由发挥,先听音乐后创编动作。在评价幼儿创编的动作时,教师总是把幼儿创编的动作引导到自己原先设计的套路中来,末了干脆让大家跟着自己学做。若幼儿学得像,则能得到表扬。结果孩子们的动作变得整齐划一,失去个性。依据《指南》精神,教师应怎样启发与引导幼儿的动作表现?如何鼓励与分享幼儿与众不同的动作造型?

韵律活动是指伴随音乐进行的,用有节奏、协调的身体动作来表现音乐与生活的音乐活动。在学前儿童音乐活动中,音乐与动作常常是密不可分的,伴随音乐进行的身体动作是儿童感受与表达情绪情感最直接、最自然的手段。在韵律活动中,儿童通过身体动作感知与表现音乐速度的快慢、力度的强弱、音调的高低、段落的结构等基本音乐要素。而节奏是音乐的骨骼和灵魂,激发与唤醒儿童节奏的本能是早期音乐教育的核心内容。此外,韵律活动对发展儿童听觉的专注力、动作的反应力和控制力,以及音乐想象力和创造力等都有重要的价值。

第一节 学前儿童随乐动作能力的发展与材料选择

随乐动作能力是指学前儿童在进行韵律活动的过程中,动作能合着音乐进行协调一致地表现的能力。随乐动作能力需要能自由地运动身体和敏锐地感知音乐,这是一个需要不断学习与练习的过程。随乐动作能力对儿童身体动作的协调性、音乐感受力以及注意力会有很好的促进作用。

一、学前儿童随乐动作能力的发展

(一)身体动作能力的发展

3岁前儿童的身体动作是从未分化的不随意阶段逐步向初步分化的随意阶段发展的。到了3岁左右,大多数儿童基本掌握了拍手、点头、摇头、晃动手臂、用手拍击身体部位等非移位的大动作。

3岁以后,儿童的动作逐步进入到初步分化的阶段。大多数儿童能自如地做拍手、摆臂、跺脚、身体左右摇摆等各种手、臂、躯干单纯性动作,对幅度较大的上肢动作易于掌握。但因儿童的动作控制能力较差,腿部力量较弱,脚掌缺乏一定的弹性,他们对跳跃动作及上、下肢联合的复合动作掌握起来有困难。3—4岁儿童能较自由地做一些上下肢联合的简单复合动作,如边小跑边开车、边小碎步走边学鱼游等。

4—5岁儿童的身体大动作及手臂动作已经得到了很好的发展,且走、跑、跳等下肢动作也逐步发展,能够比较自由地做一些连续性的移动动作,如跳步、垫步等,且动作控制能力有所加强。

5—6岁儿童的动作进一步分化且更加精细,从身体躯干→手臂→手腕→手指,精细动作的自控能力逐步增强。他们可以自如地变化上、下肢动作的速度及幅度,能够做更复杂的上、下肢配合的联合动作,如采茶的动作,以及需要同时协调配合手臂、手指、头部、眼睛、腰部及脚的动作;还可以掌握更为复杂的连续移动动作,如秧歌十字步、踵趾小跑步、跑马步等。

(二)随乐律动能力的发展

3岁前儿童的随乐动作能力有了一定的发展,能初步跟随音乐控制自己的动作。3岁左右的儿童能伴随着节奏鲜明的音乐自发地点头、跳跃、转圈、摇摆等。

3岁以后,儿童随乐运动时身体还不能完全做到合拍,因此,成人只能选择适宜的音乐速度去适应儿童的动作节奏。到了3岁末期,在教师良好的引导下,儿童会尝试根据音乐的特点努力使自己的动作与音乐节奏相一致,使动作的速率逐步变得均匀,但这种均匀往往又表现出不稳定的特点,很难在长时间里保持。

4—5岁儿童上下肢联合的复合动作逐步发展起来,同时协调性也进一步提高。该阶段儿童能够合拍、较自如地跟着$\frac{2}{4}$拍或$\frac{4}{4}$拍的音乐节奏做动作,动作节奏也更加均匀、稳定和流畅。

5—6岁儿童的随乐动作的水平有了明显的提高,不仅能够自如、熟练地表现音乐的节奏、节拍,而且能对比较复杂的节奏做出反应,如附点节奏、切分节奏、3拍子节奏等,并能较灵敏地用动作反应音乐的速度和力度的变化。

(三)合作协调能力的发展

3—4岁儿童在韵律活动中经常表现为以自我为中心,习惯于自己做自己的动作,不善于运用动作和同伴进行交流、配合。

4—5岁儿童开始注意运用动作与同伴进行交流、合作,还能适应空间的变化,根据空间的大小来调节动作的幅度,会主动邀请同伴共同舞蹈,会与同伴合作表演动作。

5—6岁儿童的合作协调意识更明确,合作协调的技能越来越强,并主动追求与同伴一起活动的乐趣。他们能够学会用动作、表情和眼神与同伴进行交流、合作。

(四)创造性表现能力的发展

3—4岁儿童在动作的创造性表现方面开始有了初步的意识,能初步表现日常生活中熟悉的动植物、交通工具等。

4—5岁儿童在创造性方面,随着认知能力发展、情感逐步丰富及动作语汇和动作表达经验的不断积累,他们开始尝试用一些基本的舞蹈语汇来进行简单的创编,虽然这种创编需要教师较大程度地提示和整理,但是儿童主动创编的意识和积极性能在教师的鼓励和肯定下获得显著的发展。

5—6岁儿童能更多发挥自身用动作语汇创造性表现音乐的积极性。对于同样的音乐、同样的主题内容,他们会努力地用已有的表达经验创造出尽可能与别人不同的动作。

二、学前儿童韵律活动材料的选择

韵律活动的材料主要包括音乐、动作、游戏、道具等。教师应根据不同年龄儿童随乐动作能力的发展特点和水平选择材料。

(一)音乐的选择

为学前儿童韵律活动选择的音乐材料,总体上应具有以下特点:

1. 旋律优美,形象鲜明

音乐作品旋律的优美、动听是吸引学前儿童加入韵律活动的关键因素之一,也影响着韵律活动开展的整体效果。美妙的音乐能自然激发儿童的参与和表现欲望,而音乐形象的生动、鲜明和有趣,更有利于儿童用动作和游戏加以表现。

2. 节奏鲜明,结构工整

韵律活动是一种有秩序、有节奏、有规则的身体动作。节奏鲜明的音乐能够激发儿童动起来的欲望,结构工整的音乐能够让儿童比较容易把握音乐,并使模仿动作、舞蹈动作、游戏情节或玩法的不同发展过程与音乐的曲式结构相适应。

> **案例 4-1**
>
> **选择适宜的音乐**
>
> 小班音乐游戏"狐狸和石头"选择奥尔夫音乐《宾果》作为游戏的背景音乐,该乐曲旋律动听、节奏欢快、旋律的结构与游戏"石头人"的玩法流程(走路→回头→变石头人)极为吻合,段落变化较清晰,便于幼儿区分、辨别与表现,适合小班幼儿在体育游戏"石头人"的基础上,开展音乐游戏。

3. 长度适宜,恰当剪辑

无论选取何种音乐素材,教师都要针对当下儿童发展水平和韵律活动的需要,恰到好处地进行适当剪辑。有的将音乐剪短至1—2分钟之间,有的将音乐剪辑得更有规律,以便有助于儿童理解和表现音乐,发挥音乐素材的教育潜力。

此外,教师选择具有不同风格、特色、节奏和旋律的音乐容易引起儿童的好奇心,丰富儿童对音乐的感受和体验,帮助儿童理解音乐和动作之间的关系,激发儿童根据音乐的不同风格与节奏来变换动作,提高对音乐的反应能力。

(二) 动作及游戏的选择

1. 考虑不同年龄阶段儿童的兴趣

不同年龄阶段儿童动作或律动游戏的兴趣点是不同的。3—4岁儿童最感兴趣的是模仿动作,他们关心的不是动作本身,而是动作所表现的熟悉事物。适当的夸张更能激起他们模仿的兴趣,如兔跳、大鲨鱼咬牙、开火车、打地鼠等。4—6岁儿童喜欢表现力强、能够抒发情绪情感、有一定竞争性和游戏性的律动动作,还喜欢合作和富有创意的动作与造型。在音乐游戏中,4—6岁儿童对竞赛、追逐一类的游戏较感兴趣,但选择这类游戏时,教师应考虑动静交替,不能让儿童做过分激烈的动作,长时间处于紧张状态中。

另外,教师还要考虑不同性别与不同个性儿童的兴趣,尤其避免韵律活动动作女性化的倾向,要让男孩子也有自己感兴趣的动作内容。

2. 考虑不同年龄阶段儿童的动作发展水平

学前儿童动作的发展一般遵循以下顺序:一是从大肢体动作到精细动作,二是从原地动作到移位动作,三是从单纯动作到复合动作。因此,在韵律活动动作的选择和安排中,教师应依据循序渐进原则,尽量从单纯的、原地的、大肢体的分解动作入手,逐渐进入移位的复合动作及精细动作的学习。3—4岁儿童的韵律动作宜从原地的、单纯的、上肢或下肢动作开始,逐步进入上下肢联合的移位动作,音乐游戏的动作宜选择简单、变化少且多重复的。4—6岁儿童可较多地选择移位动作、复合动作。此外,教师对动作的速度和力度的要求也要逐步提高,为3—4岁儿童韵律活动选择的音乐速度应该是中等、匀速的,随着儿童控制动作能力的逐步增强,音乐的速度可以适当加快或变慢,并可以有一定的变化,以培养他们用动作反映音乐不同乐段的速度和力度的变化。

3. 同一动作或游戏可根据不同年龄阶段儿童的发展特点进行调整

很多同一动作、韵律活动的主题或者游戏可以在不同年龄阶段儿童中开展。以音乐游戏"抢椅子"为例。对于中、大班儿童来说,游戏的规则是随着音乐自由做动作,一旦听到音乐声止,立即抢占一张椅子,若动作反应慢,即淘汰出游戏。而对小班儿童来说,其竞赛意识和动作的敏捷反应能力尚不够,教师可以有选择地改变游戏规则:不减少椅子,使每个儿童在音乐声停止时,都能找到一张椅子,让他们充分体验游戏的快乐。同样,在选择和设计韵律动作时,教师还要考虑儿童的实际能力和年龄差异。在中、大班儿童的韵律活动中,教师可以适当安排有结伴动作、同伴间相互配合的动作要求,如两个小朋友合作,一起模仿"花"的动作;做"小蚂蚁躲雨"的动作等。而对于小班儿童,教师则应考虑基本以单独的动作要求为主。

(三) 道具的选择

学前儿童韵律活动中有时会用到各种道具与辅助材料,尤其在区角活动时会更多地使用。教师在选择道具与辅助材料中要注意以下几点:

1. 简便实用,有助于动作表现

韵律活动的道具应有助于增强活动的趣味性,帮助儿童展开一定的想象和联想,丰富儿童对作品的体验和理解,促进儿童对动作和音乐的表现。如为了帮助儿童识别空间方位,教师给儿童提供皮筋手环、丝带、小贴纸等戴在一边手上或脚上,有利于儿童辨识左右,提高动作质量;用纱巾配合即兴创编节奏和舞蹈动作,以帮助儿童感知音乐的句、段划分;用进出呼啦圈的方式帮助儿童探索空间位置等。

2. 安全美观,牢固耐用

道具的外形要求有一定的美感,制作上要牢固、耐用,以免儿童在活动过程中碰坏,造成不必要的活动障碍。另外,道具要注意安全,没有潜在的安全隐患。最常用的有纱巾、彩带、呼啦圈、头饰等。一物多用,有象征性。如一条纱巾,既可以是"小鸟"或"蝴蝶"的"翅膀",又可以当"新疆小姑娘"的"头巾""披风",还可以是"奶奶"的"围裙"。如此一来,纱巾既充分发挥了材料的多用性,又有助于儿童发散性思维的培养。倘若道具不足,教师也可启发儿童用象征性的动作来表现,如要表现爬山、过河就可用动作伴随语言来体现。此外,教师还可以鼓励儿童自制道具,如运用纸箱、羽毛、包装纸等废旧物品制作。

[思考与讨论]

1. 分析3—6岁各年龄阶段儿童身体动作能力的特点,并比较不同年龄儿童随乐运动能力的发展。
2. 简述幼儿园韵律活动材料选择的基本要求。
3. 如何根据学前儿童不同阶段的发展特点,将同一动作或韵律活动、游戏进行调整开展?请举例分析。

[实践与训练]

1. 认真倾听《走路》《瑶族舞曲》《中国功夫》等音乐作品,分析各作品的音乐形象与节奏的变化,判断该乐曲适宜哪个年龄段儿童韵律活动。
2. 选择一首(或是一段)富有韵律感且适合儿童随乐动作的音乐作品,练习熟练地用肢体动作表现,并尝试选择相适宜材料进行辅助表现。
3. 给儿童播放一首与其随乐运动能力相适宜的乐曲,观察儿童对音乐节奏的感知、音乐形象的理解、想象与创造性表现能力,认真记录儿童的表现并加以分析。

第二节 学前儿童韵律活动的目标

学前儿童韵律活动的价值追求主要体现在:引导儿童感受并喜爱生活和艺术中身体动作表现的美,让儿童喜欢韵律活动,满足儿童用自己喜欢的方式进行肢体表现;发展儿童动作的节奏感和协调性,培养儿童随乐运动能力以及创造性地运用身体动作表现生活经验与情绪情感的能力。

一、学前儿童韵律活动的总目标

(1) 喜欢参与音乐伴随下的律动、音乐游戏及舞蹈等肢体活动,能感受并表现音乐的节奏及基本情绪的变化。

(2) 能通过身体动作感知与表现音乐的速度快慢、力度的强弱、音调的高低、段落曲式等音乐的基本要素,并能随音乐的变化而变换动作。

(3) 乐于尝试各种动作创编活动,在跟随音乐的身体律动中培养听觉的专注力、动作的反应力和控制力,提高想象力和创造力。

二、不同年龄阶段儿童韵律活动的发展目标

在开展学前儿童韵律活动时,要依据《纲要》及《指南》中的相关要求,根据各阶段儿童的随乐动作能力的发展水平,制定相应的发展目标。

(一) 3—4 岁儿童韵律活动的发展目标

(1) 喜欢观看常见动物优美的动态以及舞蹈、戏剧等表演。

(2) 喜欢模仿有趣的动作,能跟随熟悉的音乐做简单的身体动作,能用简单的动作、姿态模拟自然界的事物和生活经验情景。

(3) 能听辨、记忆简短的音乐,随音乐进行游戏或动作。

(4) 尝试根据简单的歌词或音乐创编动作。

(二) 4—5 岁儿童韵律活动的发展目标

(1) 能够专心观看自己喜欢的文艺演出或艺术品,有模仿和参加的愿望。

(2) 经常唱唱跳跳,喜欢参加律动、舞蹈、表演等活动,能用拍手、踏脚等身体动作敲打节拍和基本节奏。

(3) 能随音乐合拍、较协调地做动作,能感知、记忆音乐,随音乐的变化而变换动作。

(4) 能为熟悉的歌曲、乐曲自由创编动作,能通过即兴表演来表现自己的心情与生活体验。

(三) 5—6 岁儿童韵律活动的发展目标

(1) 有自己喜欢的艺术表演形式,在艺术欣赏时常常用动作等方式表达自己的理解;愿意和别人分享、交流自己喜爱的艺术作品和美感体验。

(2) 能随音乐合拍、有韵律感地做动作,能感受、记忆音乐的基本情绪变化,并及时地随音乐的变化而变换动作。

(3) 能用律动或简单的舞蹈动作创造性地表现自然、生活的情景或抒发自己的情感。

(4) 喜欢与同伴共同舞蹈,能初步运用身体动作、表情、眼神与同伴交流配合,能与同伴共享活动空间。

三、学前儿童韵律活动的实施目标

在一次具体的韵律活动中,教师需根据韵律活动的重、难点,结合儿童年龄阶段的目标,并从审美情感、审美感知与表现、学习品质这三方面去制定幼儿园韵律活动的目标,努力促进儿童全面和谐的发展。

(一) 审美情感目标

乐于参加韵律活动,喜欢用身体动作探索音乐,喜欢玩律动游戏;能够体验并享受参与节奏活动、律动、舞蹈及其游戏的快乐;能够体验并积极追求运用身体动作大胆模仿生活、表达自己情感体验的快乐;能够体验并积极追求与同伴共同合作表演的快乐。

(二) 审美感知与表现目标

能感受与理解韵律动作所表达的内容与情感,认真地学习与再现;初步积累一些生活经验以及简单的

动作语汇;初步掌握用自己身体表现周围生活中常见的动植物、交通工具等的动作表现方法,具有初步的创编能力;能注意自己的动作协调性,注意体态以及身体的姿势美;能恰当运用道具辅助动作表现等。

(三)学习品质培养目标

愿意主动积极地参与韵律活动;养成认真倾听音乐、认真观察教师示范与同伴表演的学习习惯;愿意主动、创造性地运用身体动作表达自己对音乐作品的理解、联想与想象以及情感体验等;初步养成与同伴共享活动空间的习惯与能力,学习与同伴交往、合作,并运用身体动作、表情、眼神与同伴交流的习惯与能力。

案例 4-2

韵律活动的目标制定

大班韵律活动"春天花会开",其目标制定如下:

(1)认真倾听音乐,尝试运用肢体动作来表现音乐,随乐创编花朵开放的各种姿态。
(2)在随乐动作中感受自然界的神奇与美丽。
(3)学习与同伴共同创编舞蹈,体会到互助与合作的乐趣,共同体验成功的喜悦。

上述目标紧扣大班5—6岁儿童随乐动作的特点与目标,突出《春天花会开》音乐的特点及幼儿创造性表现花朵开放的重点,既有萌发儿童对大自然向往的情感发展目标,也有学习用肢体动作表达与创编的知识技能与能力发展的目标,还有认真、大胆、互助、合作等学习品质的培养目标。

当然,上述三方面目标是渗透在各种韵律活动中循序渐进地进行,绝非在一次韵律活动中就要全部完成,或者每次韵律活动都要完成各方面的目标。教师应根据学前儿童的发展水平、随乐运动音乐作品的内容及幼儿园教育教学实际等情况,确定每次活动的实施目标。

[思考与讨论]

1. 简述学前儿童韵律活动的价值追求。
2. 不同年龄阶段儿童韵律活动的目标有哪些不同?

[案例与分析]

一位实习生在设计中班幼儿韵律活动"秋叶飘"时,制定了如下的目标:
(1)能感知、记忆音乐,随音乐的变化而变化动作。
(2)能进行即兴表演,表达情感。
请根据本节课所学的知识,分析该目标制定所存在的问题,并进行修订。

[实践与训练]

请设计以下各年龄阶段儿童韵律活动的教学目标:
(1)小班律动《兔子跳跳》。
(2)中班音乐游戏《狐狸和兔子》。
(3)大班集体舞《欢乐舞》。

第三节 多模式、多样化韵律活动的设计与组织

韵律活动是培养学前儿童随乐运动能力的重要途径。学前儿童韵律活动应该是多模式、多样化的,既可组织各种模式的集体性韵律活动,也可以结合幼儿园实际开展丰富多彩的区域性律动与舞蹈表演活动、儿童自发的即兴动作以及节庆活动中的动作表演与游戏等,从而全方位地丰富儿童肢体动作的经验,提升儿童的动作协调性和节奏感,发展儿童用肢体动作表现与创造美的能力。

一、集体性韵律活动的设计与组织

(一)基本环节

集体韵律活动一般指幼儿园的集中教学活动,活动的内容可以是指导幼儿初步学习、创编或进一步巩固律动舞蹈、音乐游戏、集体舞等。韵律活动的内容素材来源很多,既可以来源于教材,也可以是幼儿感兴趣的生活情境,还可以是各种媒体中流行的素材。

无论哪种素材来源,幼儿园韵律活动一般包括以下几个基本环节。教师在设计与组织时,要遵循从简到难、循序渐进的原则,合理把握每个环节设计与指导的关键点。

1. 活动导入环节

在导入韵律活动时,教师可借助故事、儿歌、猜谜等手段,将幼儿引入音乐所表现的游戏情景中。

(1)故事导入。故事是幼儿音乐学习的一个重要支架,通过故事的线索,幼儿能更好地感受和体验音乐的魅力。

> **案例 4-3**
>
> **运用故事导入活动**
>
> 韵律活动"狐狸和鸡"就是用故事导入来让幼儿熟悉韵律游戏的基本情节:
> 一只孤单的小狐狸,想到森林里找朋友和他一起跳舞。他走呀走呀,找谁做朋友好呢?这时,他看到了一只特别美丽的小鸡,他请求他跟自己跳舞,可是小鸡不同意。再求求吧,还是不同意!最后小狐狸想到了一个好方法。他送了一句好听的话给小鸡,小鸡终于肯跟小狐狸做朋友了!

故事的选材可以从经典故事入手,一般来说经典故事的脉络清晰、主旨明确、意义深厚。但故事同音乐一样,都不是为教学而量身定做的,需要教师进行适度地调整与剪辑。比如成语《守株待兔》与音乐《在山魔的宫中》情绪吻合,教师把故事分成两个部分:农夫逮到了死兔子→农夫等不到兔子饿死了,考虑到全体幼儿的参与程度,故把一个农夫的角色延展成为一群农夫,为更好地解释农夫们的好逸恶劳,加入了"不爱劳动"、"串门、聊天"等具体情境。

(2)儿歌方式导入。又如,大班韵律活动"摇滚巴士"则以迈克尔·杰克逊的歌曲《Beat It》为音乐素材,执教老师以8拍为单位设计了一个念唱的故事,用简单的语言"巴士站台等等车,巴士来了快上车,找到位置拉扶手,你在干嘛?""注意安全上坡了,注意安全下坡了,车站到了快下车"等,串成情景故事贯穿整首乐曲。以故事情节提示并引导大班幼儿根据节奏表演,大大降低了幼儿理解旋律特点的难度。

此外,活动导入环节,教师除了用故事、儿歌、猜谜等方式引题,还可做一些为本活动铺垫的简单律动,

为后面的动作迁移做准备,同时也起到暗示本次活动学习任务的作用。

2. 感受音乐环节

在引导幼儿对音乐的感受与熟悉的过程中,教师应首先让幼儿感受到音乐的情绪,想象语言所表现的主题与内容。其次,教师还要让幼儿感受音乐的乐句和乐段,这对幼儿能否在即兴舞蹈中与音乐和谐运动起至关重要的作用。教师不仅要让幼儿保持良好的前奏感,增强节奏感,还要培养他们良好的乐段感与敏锐的乐句感。教师可以通过简单有趣的动作示范,带动幼儿模仿,或者设计游戏,让幼儿参与律动来熟悉感受乐句和乐段。例如,"闪电游戏"的具体做法是教师持续演奏一个固定高音,像天上打雷一样发出轰隆轰隆的响声,幼儿们分散躺在地板上,听打雷的声音。此时,教师有规律地加入另一个高音,如同闪电,幼儿听到闪电的音响,就立即伸出手臂模仿闪电。又如格里格的音乐《在山魔的宫中》,教师不仅可以引导幼儿跟着音乐的节拍做动作,还可以在每一个乐句开始或结束时摆一个姿势,以培养幼儿的乐句感。

但幼儿能否自如地随乐即兴动作,能否在即兴表现时很好地关注到音乐的乐句,仍然是幼儿阶段乃至更长一段时期的音乐教育培养目标。所以,教师既要欣赏幼儿独特的创意表现,也要接纳幼儿的个体差异。

3. 动作学习环节

一般情况下,幼儿韵律动作的设计不宜太复杂,也不宜过分追求外在的动作优美,更不宜要求动作整齐划一,因为这样会导致幼儿将太多注意力放在动作的学习上,而忽略真正的感知与表达。如音乐游戏"倒霉的狐狸"中,采用了格里格的音乐《在山魔的宫中》,教师引导幼儿利用动作的变化来体现音乐中的乐句,同时帮助幼儿用动作的速度、力度的变化来体验音乐中相应的速度及力度,取得良好的教学效果。

音乐资源
《在山魔的宫中》

需要注意的是,教师引导幼儿进行动作的学习要遵循循序渐进、逐层叠加、从非移位动作到移位动作的原则。

案例 4-4

引导幼儿进行动作学习

以中班韵律活动"快乐机器人"为例。首先,感受××|××|的基本节奏,形成稳定节拍感。通过引导幼儿听音乐,并配上坐着踏脚动作,让幼儿初步感受音乐节奏与基本动作,然后加入拍手,继续感受节奏并为后面两人游戏作铺垫。其次,理解按开关与动相应部位的关系,这是活动的重点。教师先在自己身上示范按开关与动相应部位的关系,再过渡到后面的按他人。教师运用"机器人没电要充电"的游戏情景,先示范,在音乐中自然由坐到站再过渡到走动,幼儿自然而然就"动动动动",这样做轻松自然,不留教的痕迹。最后,学会"我走走走按,你动动动动,你再走走走按,我再动动动动"的循环传递模式,这是此次活动的难点。为了让幼儿理解这种循环传递模式,教师采取两人合作示范表演的形式,有效解决这一问题。

---

4. 幼儿创编动作指导环节

(1) 影响幼儿创编的因素:该环节的困难主要体现在幼儿不知道如何创编,或是创编的动作比较贫乏。影响幼儿动作创编的因素主要有以下几个:第一,幼儿缺乏创编经验。在韵律活动中,教师经常发现幼儿有创编的愿望,但是创编出来的动作与所提出的创编内容不符;有的幼儿清楚创编的内容,但不知道如何着手。第二,幼儿出现遗忘现象。活动中,幼儿在没有跟随音乐的情况下能自然地做各种动作,但是只要音乐响起便经常出现遗忘已创编动作的情况,从而不断重复教师的模型动作。第三,幼儿动作与音乐匹配度不够。幼儿能创编各种动作,但是动作零散或太难,合乐时有困难。幼儿创编的动作不能"编以致用",影响了整个活动的动作表达。

（2）解决方法：造成幼儿动作创编问题的最重要原因是幼儿缺乏创编经验，同时教师也没有较好地运用适当的教学策略。幼儿的动作从来不是"无中生有"，而是"有中生有"。以下简单介绍三个解决方法：

一是要引导幼儿掌握动作探索的关键。如韵律活动"机器人"，机器人的动作是从人的动作中转化而来的，但要引导幼儿注意区分出机器人和人的动作的异同：机器人的动作是僵硬的、一顿一顿的，人的动作是灵活的、自如的。如可以让幼儿探索机器人走路、招手、刷牙等动作与人的不同，这不仅可以帮助幼儿创编，更是对其学习能力与思维方式的培养。又如"跷跷板"活动中动作的关键是一上一下，可以引导幼儿探索身体各个部位如何来表现一上一下，如眨眼睛、上下点头、摆动手臂以及站起蹲下等大动作，还可以两人合作来表现一上一下。

二是要丰富幼儿动作的表现方式。幼儿的动作经验来源于生活，应在生活与观察中丰富动作图式。许多时候幼儿无法探索，是因为缺少相关的经验。

案例 4-5

丰富幼儿的动作经验

韵律活动"春天花会开"中，教师先播放了精心准备的慢镜头花开的美妙视频，因此较好地解决了幼儿花开动作的经验问题，在幼儿头脑中形成了一个花儿开放的清晰表象。接着，教师利用这一形象的视频递进式地启发幼儿花开的不同方式（一瓣一瓣开和同时绽放）、花开在身体的不同部位（手、头发甩开、眼睛瞪、裙子张开）。教师引导幼儿运用肢体动作来表现与创编花朵开放的姿态动作，只见孩子们把自己缩成一团变成小花蕾，慢慢地抬起头，扭着身子用手举过头顶并微微一下一下地开放。还有的幼儿转着身体向上爬，一下一下地摆动"花蕾"。在花朵绽放的时候，有的幼儿带着笑容眼睛瞪大一眨一眨，双手衬托在脸颊旁；有的幼儿手指一个一个打开，小花一瓣瓣地开放。花朵开放的部位也各不相同，有的幼儿将花开在头、胸、膝盖等部位，也有的幼儿花开放的是肩、腰、脚等部位；还有的幼儿是一层一层打开自己的花瓣，手臂由头顶向身体两侧打开到中间后停住，反复做几遍，手的位置一遍比一遍离得远。

三是教师积极有效的鼓励与引导很重要。在探索活动中，当幼儿说出了自己的想法、答案或是表现了自己的创编动作时，教师应及时予以鼓励、总结、归纳、引导。幼儿的发展不仅需要鼓励，也需要教师的有效引导。教师需要不断地引导幼儿发现问题解决问题，使幼儿体验成长的幸福。

5. 队形变化及游戏规则的学习环节

在集体舞中，记忆队形动作的变化是一大难点，可运用图示制作成动态课件，能动态地展示站位、动作轨迹等信息，帮助幼儿掌握动作与运动方向以及游戏规则。

案例 4-6

引导幼儿学习队形变化

在队形变化的学习中，为利于幼儿能够看清教师的示范动作，在单圈学习时，教师与幼儿同样站在圆圈上；在双圆圈时，教师一般适宜站在内圈上。幼儿初次开始学集体舞队形时，可先从坐圆圈开始，再逐步过渡到站圆圈、走圆圈以及其他非圆圈状态的队形。而安排好幼儿合适的站位，能更好地观察教师及同伴的动作，更好地发展空间知觉能力和解决空间辨认困难，更好地发展空间秩序感和在空间中运动时的自我控制意识及能力等。在围圆圈时，可面向圆心、面向圆上。在面向圆心状态下，适宜做向上、下、前、后方向的上肢运动，或做前进、后退的舞步。因为这些方向有更大的空间,且不容易发生空间混淆和互相干扰。在面向圆上状态下,适宜做向圈里、圈外方向的上肢运动,即以个人为中心的左右方向的动作,原因也是这些方向有更大的空间,且不容易发生空间混淆和互相干扰。由于幼儿左右方向的辨别能力有限,教师最好借助花环、皮筋等辅助物,引导幼儿先举起戴花环的手,然后换上没戴花环的手等,尽量不说左手或右手。

队形变化中的动作学习应注意以下一般规律:坐着做上肢动作最稳定,坐着做下肢动作次之;坐着比站着稳定;站着比移动稳定;在规定空间状态下移动比在自由空间状态下移动稳定;在个人独立空间状态下移动比在合作交往空间状态下移动稳定。

队形变化中幼儿的互相碰撞是难免的,因此避让是需要专门学习的,教师应该帮助幼儿逐步弄明白:共享有限的狭小空间会带来某种程度上的更大快乐,而空间争霸只会让大家都感受到麻烦和伤害。

对于集体舞蹈的空间设计,教师应该最大限度地为幼儿创造与不同伙伴交往的机会,因为结交、交换舞伴的空间变化有助于发展幼儿的时空运算能力。

上述几个基本环节在不同的集体性韵律活动设计组织中可以进行不同的组合、分解,教师在设计组织时应摆脱教学模式过于单一的桎梏,逐步形成多样化的活动模式。

(二)多模式韵律活动的设计组织

下面介绍的几种幼儿园集体韵律活动常见的教学模式,各有各的优势,每种模式有其相适宜的音乐作品类型、幼儿的音乐基础与水平以及教师的教学风格,教师可根据具体情况灵活选择,也可交替运用。

1. 生活化律动创编模式

幼儿在生活中积累了关于动植物、游戏、生活等各种题材的动作经验与生活体验,生活化律动创编模式就是引导幼儿迁移其生活经验与动作经验,随乐想象并借助于身体动作进行创造性的艺术表现。

具体组织程序如下:①认真倾听音乐,感受音乐的旋律、节奏等,并想象音乐所表现的主题。②用各种方式引发幼儿的生活体验,并通过直观的方式再现生活经验,激发幼儿探索的愿望。③幼儿自由探索用身体表现生活的方式,教师予以观察与引导。④通过同伴间的观察、学习与评价,丰富幼儿的动作表现形式。⑤通过教师示范或者播放视频,幼儿欣赏、感受艺术美,提升动作表现水平。

案例 4-7

大班韵律活动:春天花会开

【设计思路】

春天正是百花盛开的季节,但花朵开放的过程在生活中是很难看到的,只有在千分之一的慢镜头中才会观察到:有的花朵的小花瓣是一片片开放的,而有的花朵的大花瓣是一起开放。为了让孩子们在音乐声中感受自然界的这种神奇与美丽,我们选择音乐《雪人之舞》片段,让孩子们尝试运用肢体动作来表现、感受旋律,创编花朵开放的姿态动作。

【活动目标】

(1)尝试运用肢体动作来表现、感受旋律,创编花朵开放的姿态动作。

(2)认真倾听音乐,在音乐声中感受自然界的神奇与美丽。

(3)在共同创编舞蹈中体会到互助的力量、合作的乐趣,共同体验成功的喜悦。

【活动准备】

(1) 音乐：歌曲《春天花会开》《雪人之舞》AB片段。

(2) 配乐课件"花朵绽放"。

(3) 分段视频。

【活动过程】

一、热身表演"春天花会开"

二、教师引导幼儿分享交流观察春天的经验

师：春天里，美丽的花儿开放了。你们平时看到了什么花？能用动作把花儿表现出来吗？

三、听辨旋律，感受音乐

1. 教师播放音乐，引导幼儿仔细听不同段式的音乐

师：我们在春天里发现了这么多美丽的花，闻到了淡淡的花香，那你们有没有听到过花开的声音呢？你们猜猜花开会发出怎样的声音呢？

师：听到花开的声音了吗？花是怎么开的呢？你听到的声音都是一样的吗？

2. 教师播放课件，引导幼儿通过花朵开放的画面感受音乐的旋律

师：到底是不是像你们说的这样呢？我们来看一看吧。

师：好看吗？花朵们是怎样开放的？

小结：原来有的花朵的花瓣是一片一片开放的，而有的花朵的花瓣是一起开放的。

四、指导幼儿用肢体动作创造性表现花朵开放的不同动态

1. 幼儿尝试用肢体来表现花开的过程

(1) 教师播放第三段无画面纯音乐，引导幼儿聆听跳跃的旋律片段。

师：开放的花朵真美，花开的声音也很美。让我们闭上眼睛认真倾听这段音乐，想想如果你是一个小花蕾，你会怎么随着花开的声音一片一片开放呢？怎么表示你是一个等待开放的小花蕾？

(2) 在身体的各个部位开花。

师：除了用手会开花，我们身体的哪些地方还会开花？（眼睛、嘴巴、腿、头发、裙子……）

请幼儿用肢体动作表现第一段音乐。

(3) 教师引导幼儿观看"花朵绽放"配乐课件，鼓励幼儿用动作表示出来。

师：我的小花们开得真美，花园里的花朵可不服气了，瞧，它们又在悄悄地开了，猜猜这次花瓣是怎么开的呢？怎样让你的花朵开得又大又美？

(4) 幼儿听音乐表演大片花瓣开放。（可以转、碎步、蹲下、起、弯腰……）

2. 完整表演

师：美丽的花儿们，跟着音乐一起来绽放吧。

3. 教师用幼儿创编的动作进行示范表演，幼儿欣赏

师：小花朵们开得真美，老师也忍不住要试一试了。

4. 幼儿完整随乐表演

5. 幼儿变成小花瓣与同伴组合表演

师：刚才我们每个小朋友都变成了一朵花，开放得真好看。如果现在我们变成一片小花瓣，可以怎么开？（与同伴合作）有的当花心，有的当花瓣，最后组合花朵造型。

(本活动由福建省南平市实验幼儿园傅红玲、任晓清设计与执教)

2. 支架学习模式

韵律活动常常离不开动作的学习,支架学习模式旨在提供给幼儿能够直观感受、理解并喜爱的学习支架(可以是图片、图谱、动作语言等材料),引导幼儿通过对支架材料进行主动地学习和自主地探索,从而掌握韵律活动的基本动作,并能够根据自己对音乐的理解连贯而富有表现力地表现。

具体组织程序如下:①创设情境,引导幼儿欣赏音乐,感受、体验、理解音乐的情绪与内容,丰富幼儿的音乐经验,诱发幼儿学习、探究的愿望。②教师提供直观的学习材料,并帮助幼儿理解材料的意义与使用方法。③幼儿跟随材料(音乐背景)自主学习。④教师引导幼儿相互分享、交流与学习各自的体会与成果。⑤幼儿在音乐伴奏下完整表演整个作品。

案例 4-8

大班韵律活动: 圈圈舞

【设计思路】

《指南》指出:"教育活动内容的组织应充分考虑幼儿的学习特点和认识规律……要注重综合性、趣味性、活动性,寓教育于生活、游戏之中。"歌曲《圈圈》内容简单明了,节奏清晰明朗,旋律平稳、工整,适合大班幼儿情感的表达和体现。为了让孩子们熟悉歌曲的旋律,更好地进行韵律游戏,活动前我和孩子们学唱了《圈圈》这首歌曲。为了让韵律游戏更有趣味性和挑战性,我采用双圈舞的形式进行游戏体验,通过"观察图谱,学习基本动作——相同方向转双圈——石头剪刀布——相反方向转双圈"四个环节,层层递进、增加难度,让孩子们通过用身体动作感受和表现歌曲的节奏、旋律和内容,体验与同伴两两合作的快乐。

【活动目标】

(1) 认真观察图谱,尝试根据图谱提示随乐自主玩圈圈的游戏。

(2) 乐意与同伴合作探索与游戏,体验韵律活动带来的快乐。

【活动准备】

(1) 物质准备:图谱、音乐、两组幼儿的右臂上分别贴上黄色和蓝色圆点、地上贴好黄色和蓝色的双圈圆点。

(2) 经验准备:事先已学会歌曲《圈圈》及简单的手部律动。

【活动过程】

一、老师带着幼儿随音乐入场

师:孩子们,我们跟着音乐《圈圈》一起动起来吧!

《圈圈》歌曲乐谱

教师根据歌曲内容的提示,引导幼儿在第一遍歌曲的前半部分做相应的简单律动,如:"走走我的圈圈"就向前走,"转转我的圈圈"就在原地转一圈。当幼儿坐下后,就用已学会的手部动作表示歌曲内容,如"走走我的圈圈"表示手指在大腿上行走,"转转我的圈圈"表示手腕转花,"背对背的圈圈"表示手背和手背紧靠,"肩对肩的圈圈"表示两只手的手心面对对方另一边的脸靠在一起,"面对面的圈圈"表示手心与手心靠在一起。

二、逐幅出示图谱,引导幼儿认真观察图谱并与同伴进行合作游戏

1. 出示图谱一,引导幼儿观察图谱并尝试与同伴学习"背对背,肩对肩,面对面"的动作

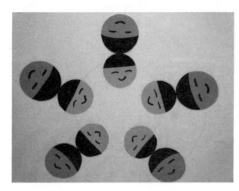

▲ 图4-1　图谱一

▲ 图4-2　图谱二

师：小黄和小蓝听到这首美妙的歌曲就玩起了好玩的游戏。大家认真看图，看看他们在圈上玩了什么游戏呢？（先玩背对背的游戏，再玩肩对肩的游戏，最后玩面对面的游戏）

教师播放完整音乐，幼儿初步按照图谱完成歌曲的基本律动。

2. 出示图谱二，引导幼儿发现图谱中各个符号所代表的意义，并与同伴合作进行"相同方向转双圈"游戏

师：小黄和小蓝想请你们一起玩转圈圈的游戏，那他们是怎么站的？谁站里圈，谁站外圈？

师：那箭头是什么意思呢？小黄和小蓝是一起向前走吗？

师："走走我的圈圈"这一句我要从这里走到哪里呢？（教师手指着图谱中的一对小黄和小蓝）

播放歌曲的前半部分，引导部分幼儿在圈上玩双圈向前走的游戏。根据现场的情况，玩1—2遍。

3. 出示图谱三、四、五、六，引导幼儿跟着图谱、合着音乐完整地玩"背对背，肩对肩，面对面"的游戏

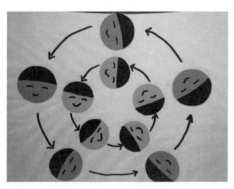

▲ 图4-3　图谱三

▲ 图4-4　图谱四

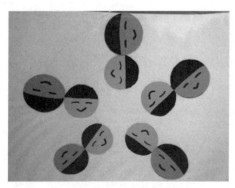

▲ 图4-5　图谱五

▲ 图4-6　图谱六

师：小黄和小蓝觉得要是你们来参加游戏就会更好玩了，他们想请你们继续参加，我们来看看这是什么样的游戏呢？

师：玩得太棒了，那我们跟着音乐，从头完整地玩一遍吧！

播放完整音乐，引导幼儿在圈上完成整个韵律游戏。

4. 出示图谱七，将其贴于图谱六之上，引导幼儿理解在歌曲的"拜拜我的圈圈"部分玩"石头剪刀布"的游戏

师：他们在玩什么游戏？（石头剪刀布）在歌曲的哪个部分玩呢？

师：我赢你了，轻轻刮下你的鼻子，我也赢你了，挠下你的痒痒，我们出一样的，那握握手吧，我们也一样，那抱一抱吧！

师：刚刚老师对输了我的小朋友做了什么动作？和我一样的呢？

播放完整音乐，提醒幼儿在歌曲的最后一句玩"石头剪刀布"的游戏。

▲ 图4-7　图谱七

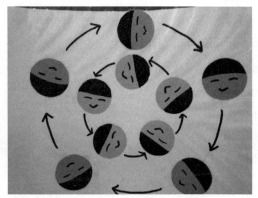

▲ 图4-8　图谱八

5. 出示图谱八，将其贴在图谱二之上，引导幼儿完成"相反方向转双圈"的游戏

师：你们发现了什么？（小黄和小蓝的方向相反）

播放完整音乐，引导幼儿玩"相反方向转双圈"的游戏。

三、活动结束

（本活动由南平市实验幼儿园魏小红、陈芳设计与执教）

3. 游戏学习模式

游戏学习模式是引导幼儿感受音乐并以音乐玩游戏为主的一种韵律活动模式。具体组织程序如下：①引导幼儿进入游戏的情境中。②引导幼儿感受音乐，重点感受音乐的情绪、节奏以及音乐中与游戏情节、规则等相关的部分。③引导幼儿对某些角色动作进行练习。④幼儿在教师指导下伴随音乐进行游戏。⑤幼儿听音乐（或边随音乐歌唱）自主游戏。

案例 4-9

大班韵律活动：无声的律动

【设计意图】

《鞋子特大号》是由周杰伦以卓别林大师为创作元素的一首的歌曲,该曲诙谐幽默、节奏欢快,给人快乐开心的感受。卓别林是最伟大的无声幽默喜剧大师,肢体幽默的特点在他的无声电影里表现得淋漓尽致,他的动作看起来很快,这是当时电影技术的原因,却在不知不觉中产生喜剧效果而逗乐观众。卓别林用他一生的智慧告诉我们,最好的幽默,也可以是无声的。因此,我们大胆尝试以卓别林式的无声幽默为主线,创设了快乐运动的游戏情境,以幼儿熟悉的运动动作为原型,通过熟悉的运动动作的速度变化,体验肢体律动带来的幽默与风趣。整个活动教师采用无声教学,完全运用身体动作与孩子交流互动,同时巧妙地运用生活中的不同颜色的积塑帮助幼儿理解乐曲的结构和快慢变化,引导他们先从模仿教师的动作入手,再通过游戏的方式不断感受歌曲的诙谐幽默的风格,并逐渐叠加动作经验,最后实现自我表现与创造。本活动除了让孩子们用身体感受与表现乐曲外,更重要的也是让他们在游戏化的律动韵律活动中感受到"幽默"的能量以及开心的重要。

【活动目标】

(1) 运用熟悉的运动动作的速度变化体验卓别林式的无声幽默。

(2) 能按积塑的不同颜色标识了解音乐的结构,乐意用身体语言表现音乐的节奏变化。

(3) 体验肢体运动及与同伴游戏的快乐。

【活动准备】

(1) 材料准备：音乐；蓝、红、绿圆形积塑；口哨；运动图片；小旗。

(2) 经验准备：抢椅子的游戏。

【活动过程】

1. 教师扮演成卓别林,引发幼儿的兴趣

师：孩子们,你们知道世界幽默大师卓别林吗？今天我就要带你们一起走进卓别林大师的无声幽默世界！

2. 欣赏教师无声表演,激发幼儿模仿的兴趣,初步建立不同颜色的积塑与动作的匹配

(1) 教师出示三种不同颜色的积塑并分别示范做相应动作。

蓝(慢)——红(快)

蓝(慢)——红(快)——蓝(慢)——红(快)

蓝(慢)——红(快)——蓝(慢)——红(快)——绿(嗨嗨~~)

(2) 幼儿根据教师出示的不同颜色积塑做相应动作。

蓝(慢)——红(快)——蓝(慢)——绿(嗨嗨~~)

3. 用运动动作感受与表现乐曲,体验夸张的肢体动作带来的幽默

(1) 教师通过积塑提示随乐做跑步游戏,帮助幼儿了解歌曲的结构。

(2) 教师带领幼儿做多组运动(游泳、拍球)游戏,用身体动作反复表现音乐的快慢变化及×× ××××的节奏。

(3) 音乐游戏：抢椅子,体验无声幽默的乐趣。

游戏规则：教师带领幼儿跟着音乐绕着椅子跑,听到哨子声的时候开始抢椅子,未抢到椅子的

幼儿上来带领大家做运动表演,并通过游戏不断增加运动表演的人数。

4. 出示各种运动牌,引导幼儿大胆想象创编运动动作

(1) 出示五张运动牌,请一名幼儿从中抽取一张,根据图片中的新运动随乐律动。

(2) 出示各种不同的运动牌(骑马、跳绳、划船、举重),请每名幼儿随机抽取一张,跟着标识提示自主表演。

(3) 幼儿根据运动的图片分组,并跟着音乐完整表演自己的动作。

5. 幼儿跟随"卓别林"一起到户外玩抢椅子游戏

【活动延伸】

在我们的生活中还有很多事情可以用动作及动作的快慢变化来体验、感受卓别林式的无声幽默。

(本活动由福州市晋安区教师进修学校附属幼儿园宋敏霞、林云芝设计与执教)

4. "示范—模仿—练习"模式

"示范—模仿—练习"模式是比较传统的韵律活动模式,该模式主要是将教师事先编好的舞蹈动作,通过有组织的教学活动,层次清晰地教给幼儿。具体组织程序如下:①教师运用幼儿感兴趣的各种方式引出主题,引起幼儿的注意与兴趣。②教师示范,幼儿欣赏。教师通过自然而富有表现力的示范,引导幼儿完整感受、体验整个韵律活动,激发幼儿学习的愿望。③通过语言讲解、图示等方式帮助幼儿理解掌握韵律活动的基本动作以及动作的顺序,初步学习基本动作。④教师边示范边带领幼儿练习。⑤幼儿在音乐伴奏下完整地表演整个作品。

"示范—模仿—练习"模式适合运用于韵律活动中以基本动作学习为主的活动,对帮助幼儿学习基本动作、提高动作的协调性与表现力等方面有较积极的作用。但是,教师在运用时应摆脱机械灌输与训练的方式,应注重以游戏等生动有趣的方式调动幼儿学习的主体性与积极性。

案例 4-10

小班韵律活动:小瓢虫飞

【活动目标】

(1) 学习用简单的身体动作表现歌曲的内容和节奏,熟悉身体各部位。

(2) 乐意参与韵律活动,在随乐活动中体验音乐的美好与快乐。

【活动准备】

(1) 物质准备:小瓢虫玩具及手饰;音乐《小瓢虫飞》及播放器。

(2) 环境创设:创设花、草、树等活动场景。

【活动过程】

1. 欣赏活动场景,激发幼儿参与活动的兴趣

教师带领幼儿跟随音乐入场,引导幼儿欣赏花、树等美丽的场景。

2. 互动游戏"小瓢虫捉迷藏",初步感知、表现身体律动

(1) 出示"小瓢虫"玩具,以情境性的游戏口吻,示范表演歌曲所涉及的身体各部位,感知点点头、耸耸肩、拍拍膝盖、扭扭屁股等身体律动。

活动:小瓢虫飞

音乐资源
《小瓢虫飞》伴奏

小瓢虫飞到头上——点点头向它问好；

小瓢虫飞到肩膀——有点痒痒动动肩；

小瓢虫飞到膝盖——拍拍膝盖欢迎它；

小瓢虫飞到屁股——扭扭屁股和它交朋友。

(2) 启发并鼓励幼儿在与"小瓢虫"的互动中，用身体动作表现相应的语境。

师：小瓢虫要和宝宝们一起玩，小瓢虫飞到头上（点点头、点点头），小瓢虫飞到肩膀（动一动、动一动），小瓢虫飞到了膝盖（拍一拍、拍一拍），小瓢虫飞到屁股（扭一扭、扭一扭）。

3. 学习律动《小瓢虫飞》，尝试用身体动作表现歌曲

(1) 欣赏歌曲，引导幼儿理解和表现歌曲的内容。

师：小瓢虫玩得好开心呀，它要请你听一首好听的歌曲，宝宝们听听歌曲中的小瓢虫飞到我们身体的哪里？

(2) 引领幼儿跟随音乐，用优美而有节律的身体动作表现歌曲的内容和情感。

师：让我们听着音乐和小瓢虫一起做游戏吧，小瓢虫停到哪儿，宝宝们别忘了和它打招呼。

拓展阅读
《小瓢虫飞》
歌曲乐谱

4. 游戏"小瓢虫找朋友"，在随乐练习中体验韵律活动的有趣与快乐

(1) 幼儿戴上"小瓢虫"的手饰，在游戏情境中，运用身体律动进一步感受和表现音乐、节奏。

(2) 教师即兴创编歌词，引导幼儿倾听小瓢虫飞到身体的哪些部位，并用动作积极互动。

师：小瓢虫等会儿会飞到哪儿呢，飞到哪儿呀，我们就让小瓢虫停到哪儿，碰一碰它。（飞到手臂、肚子、耳朵、鼻子等部位）

5. 借助活动场景，在音乐声中自然结束

幼儿跟随老师与"小瓢虫"，自然地融入活动场景，在音乐声中飞过"草地""大树""花园"，飞回家……

师：小瓢虫想飞到花园里去玩一玩，来吧，让我们和小瓢虫一起飞进美丽的花园……

（本活动由福建幼儿师范高等专科学校附属第二幼儿园吴端萍设计与执教）

5. "合作—互动"模式

幼儿园集体舞蹈活动不应以动作与队形的学习训练为主，而应以幼儿在随乐动作中的交流、互动为主。具体组织程序如下：①幼儿认真倾听音乐，感受音乐的情绪、结构与典型节奏，并随乐进行节奏练习。②指导幼儿学习基本动作，并随乐练习。③通过教师示范、视频、队形图等方式，帮助幼儿感受集体舞的队形及变化，激发学习的兴趣。④指导幼儿学习或者探索集体舞的队形，重点体验两位舞伴之间的空间位置变化以及动作、眼神等的交流。⑤小组幼儿随乐练习，教师予以指导。⑥全体幼儿完整随乐练习，教师根据具体情况予以帮助与指导。

案例4—11

拓展阅读
《快乐舞会》
歌曲乐谱

大班集体舞：快乐舞会

【活动目标】

(1) 认真倾听音乐《快乐舞会》，自主找出音乐中 | ╳　○ | ╳╳　╳○ | 的节奏，尝试用肢体动作表现对音乐结构和节奏的理解。

(2) 在理解音乐节奏和结构的基础上学习集体舞,掌握双人挽手转圈的动作,尝试在合作舞蹈中不断调整动作的变化与方位的交换。

(3) 愿意与同伴共同舞蹈,体验与同伴合作交流的快乐。

【活动准备】

(1) 与班级幼儿人数相同数量的手腕花(或牛筋)若干。

(2) 音乐CD、播放机。

(3) 请一位老师或幼儿事先学会合作跳集体舞。

【活动过程】

1. 以新年引题,激发幼儿学习舞蹈的兴趣

(1) 以新年雪爷爷邀请大家参加舞会的情境,引发幼儿参与的兴趣。

教师:新年到了,雪爷爷驾着马车来到我们身边。今天雪爷爷要邀请小朋友去参加一个舞会,被雪爷爷邀请的人,要用:|嘿○|在这里○|回答他。

(2) 玩节奏问答游戏,帮助幼儿掌握|× ○|×××○|的节奏。

教师以雪老爷爷的口吻问——	幼儿有节奏地回答——
聪明的孩子在哪里?	|嘿○|在这里○|
漂亮的孩子在哪里?	|嘿○|在这里○|
勇敢的孩子在哪里?	|嘿○|在这里○|

2. 倾听音乐,了解音乐的节奏和结构,在观察教师的动作中理解舞蹈的基本动作元素

(1) 找找音乐中"|× ○|×××○|"的节奏。

教师:这里有段好听的音乐,里面藏着|嘿○|在这里○|,请聪明的孩子仔细听,找一找。

教师引导幼儿倾听音乐,教师跟着音乐的节奏,做以下动作予以提示:伸出双手举起、放下;踩一下脚拍三下手;伸出右手握两下,伸出左手握两下。

(2) 再次倾听音乐,理解舞蹈的基本动作元素。

教师:|嘿 ○|在这 里○|跟在什么动作的后面?请小朋友边听音乐边观察老师伸出的手找了身体的什么地方做朋友?

(3) 用肢体动作表现对音乐结构和节奏的理解。

教师:手向前伸出后找了身体的什么地方当朋友?先伸出有花环的手,还是没有花环的手呢?

教师由局部动作过渡到全身动作进行示范:由坐着做简单的小幅度的动作——站着做大幅度的舞蹈动作——引导幼儿探索移动空间位置做舞蹈动作。

3. 引导幼儿观察两人合作舞蹈,感知双人挽手转圈的动作模式

(1) 引导幼儿整体观察教师示范。

教师:这是两个人合作跳的集体舞,请小朋友看看我们是怎么合作的?

教师引导幼儿观察两位教师(或师幼)合作完整展示舞蹈动作和双人舞蹈的配合。

教师引导幼儿发现并说说老师合作跳的舞蹈,什么地方最有意思?

(2) 引导幼儿重点观察挽手转圈的动作。

教师提出问题,引导幼儿讨论并形成一致意见:

——我们是怎样转圈跳舞的?转圈的时候我们是自己转自己的吗?怎样挽手?两个人都先伸出哪只手和对方挽在一起?

微课视频
教师集体舞
示范讲解

——在转圈的时候我们是面对同一个方向还是相反的方向?
——当我们肩并肩时,两个人都朝什么方向走?

4. 幼儿尝试双人舞,并在合作中不断调整动作的变化与方位的交换

(1) 启发幼儿在无音乐的条件下自由探索方位。

(2) 启发幼儿在有音乐的条件下自由探索合作。

在幼儿探索过程中,教师注意鼓励幼儿大胆尝试,遇到困难要试着自己去调整;提醒幼儿观察别人正确的动作,学会和舞伴互相帮助,调整自己的动作。

5. 完整舞蹈

(1) 幼儿尝试完整舞蹈。教师用语言提示指导幼儿注意节奏和动作的美感。

(2) 幼儿尝试交换舞伴舞蹈。教师以语言提示引导幼儿注意舞蹈空间的有效利用,并注意和舞伴的眼神交流。

6. 幼儿和同伴分享集体舞带来的快乐

师:今天你开心吗?为什么这么开心?请你用自己的方式谢谢今天为你带来欢笑的人。

(本活动由福州市丞相坊幼儿园林莹设计与执教)

二、多样化韵律区角活动的组织指导

韵律区角是一种可供幼儿自主探索、操作及个性化音乐实践活动的有益平台,在这里幼儿可以通过自由玩弄学习过的舞蹈或律动游戏,复习巩固动作技能和律动游戏,自主探索新的动作表演方式,从而实现《指南》中提及的"幼儿艺术领域学习的关键在于充分创造条件和机会""萌发幼儿对美的感受和体验,丰富其想象力和创造力,引导幼儿学会用心灵去感受和发现美,用自己的方式去表现和创造美"等要求。

(一) 韵律区角活动环境的创设

对于韵律区角活动而言,环境创设十分关键,它要能有足够的"吸引力"来唤醒幼儿的好奇心和好感,吸引着幼儿参与其中的活动。如果韵律区角空间的大小是满足幼儿活动需要的;材料的投放具有吸引力,方便幼儿取放;开展的活动类型和伙伴是幼儿自己选择和喜欢的,做什么活动都是能自己做主的,那么幼儿便会饶有兴趣地沉浸在其中。

幼儿园的韵律区角一般来说是相对固定的,如在班级一角搭个小舞台或小剧场,提供场景道具,配备音响设备(利用班级的音响、电脑,幼儿已学过的律动乐曲光盘、磁带,且事先教会幼儿使用)。但如果没有固定场所,需要搬运移动的话,建议可以让幼儿参与共同设计能移动组合的舞台道具,如用娃娃家的屏风装饰上彩条、布、纱、亮晶纸作为舞台背景,在活动时打开,不用时折叠起。教师也可以一物多用,如制作几棵大树,跳舞表演时做舞台背景,故事表演时做森林;用纸箱做的蓝色星光大道在太空时装秀表演时做 T 台,在故事表演时又可用作小河。

区角律动活动一般是由教师特意创设的环境所引发的,而材料的投放起到关键作用。教师可以投放幼儿学过的律动、舞蹈音乐及相关道具、舞蹈结构动作谱等,也可投放幼儿熟悉的戏曲或童话剧的音乐、道具、服饰、节目单、场记变化图谱等,还可提供制作乐器道具的材料或废旧材料。影像资料是幼儿自主学习韵律动作表演必不可少的材料,幼儿可以选择播放观看、模仿自己喜欢的视频来学习。为了符合幼儿的兴趣点,教师可以提议幼儿把喜欢的视频或音乐带到幼儿园中与同伴进行分享、学习。

（二）韵律区角活动的指导

幼儿可以自主选择同伴、内容、材料进行活动，可以单人探索，也可多人合作。在指导时，如果教师发现幼儿存在动作内容与音乐作品情绪脱节或动作与音乐节奏不符合的现象，可提示幼儿再次认真倾听音乐，尝试使自己的动作、神态、语言与音乐或故事的情绪、情节、节奏等相匹配，努力追求动作的姿势美和协调美。一般情况下，教师不对幼儿的表现做过多干涉，应鼓励、支持幼儿的自我表达与创造，赞赏幼儿独特的表现方式，给幼儿营造安全的心理氛围，让幼儿敢于并乐于表达表现。当幼儿真正需要帮助时，教师要尽力提供支持，当然不排除可以以同伴的身份经常与幼儿一起唱歌、表演。

> **案例4-12**
>
> 大班韵律区角活动：鼹鼠与农夫
>
> **活动目标：**
> （1）在游戏中感受音乐的强弱、快慢变化，会快速躲闪。
> （2）能随乐愉快地进行音乐游戏活动。
>
> **活动准备：**
> （1）充气玩具锤一个，音乐片段。
> （2）用箱子制作的鼹鼠洞、动物手偶若干。
>
> **活动玩法：**
> （1）请一名幼儿当农夫，其他幼儿钻进纸箱并佩戴动物手偶扮演鼹鼠。
>
>
>
> ▲ 图4-9 幼儿当农夫
>
> （2）音乐响起时，"鼹鼠"根据音乐速度的变化，自由地在鼹鼠洞上下穿梭；音乐一停，农夫就手持锤子击打"鼹鼠"。
> （3）幼儿熟悉游戏玩法后，还可播放强弱对比明显的音乐，"鼹鼠"根据音乐自由地在鼹鼠洞上下穿梭；音乐强拍时，农夫就手持锤子击打"鼹鼠"。
> （4）逐渐增加箱子和鼹鼠的数量，增加游戏难度。

第四节 学前儿童韵律活动的指导要点与障碍消解

一、韵律活动的指导要点

（一）注重日常生活的感受体验与经验积累

在韵律活动中，要想幼儿能够用肢体动作表达对音乐的情感与想象，在平时生活中的积累是很重要的。因此，教师和家长要创造条件充分利用各种资源，让幼儿通过参观、旅行等方式接触多种艺术形式和作品，接触公园、动物、商店、节日活动、民俗活动、戏剧等自然环境和人文景观中美的事物，以及体会生活中的喜、怒、哀、乐。教师和家长还应引导幼儿寻找美的事物、美的旋律、美的表情、美的动作，并用自己的声音、肢体等描述它们美的方面，学会用心灵去发现美、感受美和欣赏美。幼儿只有感受了真实事物，才有助于提高肢体的表现力;只有在引起强烈感动后所表现或创造的作品,才会是更具灵性的作品。

韵律活动是幼儿的游戏,幼儿的即兴随乐表演能力是在大量的游戏化的表现机会中发展起来的而不是由教师教出来的。幼儿的律动动作受制于幼儿的动作发展水平,所教的技能也是很难迁移的,幼儿的动作表现技能是在大量的表现表达的机会中自然成熟的。比如,教师可在幼儿一日生活中的午睡起床后,播放音乐律动快乐15分钟,教师带头跳,幼儿也跟着跳,不做任何要求,就是跟着音乐尽兴舞动,重过程轻结果,这样一段时间后,幼儿可能就学会了。这时,教师可以再换一批音乐律动,再一起跳。幼儿在这样不教的过程中通过自发模仿,日积月累,其肢体动作和音乐节奏方面就会有不一样的变化。

(二) 尊重幼儿的自主表达,促进幼儿韵律水平的提高

《指南》指出:"幼儿对事物的感受和理解不同于成人,他们表达自己认识和情感的方式也有别于成人。幼儿独特的笔触、动作和语言往往蕴含着丰富的想象和情感,成人应对幼儿的艺术表现给予充分的理解和尊重。"所以教师不能用自己的审美标准来评判幼儿,更不能进行千篇一律的训练,以免扼杀其想象与创作的萌芽。教师要尊重每个幼儿的动作表现,善于发现好的动作表现;鼓励幼儿与众不同的表现,并将独特的动作提供给幼儿。教师在示范时,动作从幼儿中来,再从幼儿的动作中提升,让他们相互交流、学习。

(三) 巧用视觉符号,促进幼儿自主有效学习

运用图谱、图示、图标等符号是开展韵律活动时一种常用的手段,主要是教师通过将一些熟悉可见、便于描述表现的符号来替代另一些不熟悉、较复杂的不便于描述表现的事物,以满足幼儿学习的需要。

教师将韵律活动中需要重点讲解或较难理解的部分以图谱的形式展现,通过集体的力量攻克难题,达到共同学习、共同提高的目的。如"圈圈舞"活动中,要让幼儿明白在"走走我的圈圈"时小黄和小蓝要往相反方向同时向前走一个点是很难的,然而清晰明了的图谱帮助幼儿解决了这个难点,它不仅明确了幼儿的位置,还明确了小黄和小蓝的方向和点位,为后面的游戏打好基础。图谱的设计使集体舞的动作设计更加形象、生动,能有效激发幼儿的学习兴趣,降低幼儿学习的难度。这是集体中的分享学习。

图示帮助个体自主学习,起到的是一种辅助式的帮助。这一类型的图示通常是在开展活动前或是活动后帮助幼儿尝试或是巩固某些动作技能的,所以一般是将其投放到韵律区角中。如,图示"小小动物跑跑跑"就是为学习踵趾小跑步而设计的,将幼儿熟悉的小动物脚印分成脚尖、脚跟两部分,按脚步动作摆放在学习板上,供幼儿练习。幼儿通过图示自主探索,提高个体自主学习能力。

运用图标形式,引导幼儿学会记录创编舞蹈动作及编排舞蹈。教师可以将幼儿的律动动作用简笔画的形式记录下来,做成图标,再配上歌曲,引导幼儿按歌曲节奏跳出舞蹈动作。在此基础上,图标可以重新排序,又变成一个新的舞蹈。

图片的运用很有效,教师根据音乐的内容提供与之相关的图片,再让幼儿通过图片理解表演的过程及音乐表达的内容。这样,幼儿在韵律活动中还能够根据图片创编出不同的动作,这正是因为其中的图片从视觉上给了幼儿一个很好的提示。

(四) 善用联想法,引导幼儿创编

教师引导幼儿进行律动创编时,要首先向幼儿提供某一种或几种改变原有动作的思路,然后再逐步引导全体幼儿学习怎样更好地进行动作创编。如创编"手腕转动"的律动时,教师提供了一个新范例如"向前转动",引导幼儿讨论教师的动作有什么变化,以此启发幼儿在原有动作基础上,采取增加某个动作的思路来进行创编。如教师可根据动作方位的变化启发幼儿想出向上、下、左、右、前、后等不同方位手腕转动的动作;还可保持动作方式,变化空间水平状态,站着做、蹲着做、跪着做、躺着做;还可保持动作方式,变化节奏做,如快节奏地转或慢节奏地转,小幅度做或大幅度做;也可以有移位和不移位的手腕转动或者对称或不对

称手腕转动动作,如单手做、双手做等多种手腕转动的动作。

创编的部分可以是整段音乐;也可以仅是某个乐段或乐句,而其他乐段、乐句则完成规定的统一动作。一个独立的创造性律动活动时间毕竟有限,教师不可能也没必要倾尽自己已经掌握的所有思路,给幼儿灌输过多的"营养"。教师应遵循一个原则:适度地把握创编的时间和创编的数量,以此保证幼儿能在活动中获得舒适愉快的体验。

在律动动作创编过程中,教师应对幼儿表示诚恳的支持,鼓励、信任幼儿,不要过分计较幼儿音乐创造的结果,而是保护幼儿在创造过程中所积累的点滴信心与勇气。在幼儿阶段形成的创造思维将是其一生发展的瑰宝。

二、幼儿园韵律活动的教学障碍与消解

(一) 障碍1: 幼儿动作模式化严重,缺乏创造性与个性

典型案例: 幼儿园韵律活动中,教师让大家创编律动,开始是让幼儿自由发挥,先听音乐后创编动作。后来,在评点幼儿创编的动作时,教师总是把幼儿创编的动作引到自己原先设计的套路中来,末了干脆让大家跟着,教师学做,学得像的幼儿就得到表扬。结果,孩子们的动作变得整齐划一,失去个性化。

诊断分析: 一方面教师常常忽视引导幼儿对自然界与生活中美的事物的感受与欣赏,使得幼儿在音乐表现尤其是创造性表现时缺乏必要的经验基础与动作图式表象;另一方面,给幼儿一定的自由和留出空间是幼儿在音乐活动中进行创造性教育的保证。为培养幼儿在音乐活动中的创造力,教师就必须给他们思考和想象的空间,要知道"欲速则不达"。教师绝对不能对幼儿说"你做得不好或不对"这样的话,否则幼儿会失去兴趣和自信心。

消解策略: 幼儿动作表现中存在严重的模式化现象的主要原因,是幼儿对所表现的内容缺乏足够的感性经验与动作图式表象。如,幼儿表演小白兔就是把两只手竖直,食指与中指张开做耳朵状,一下一下地跳。幼儿对这些动作的学习仅是对教师示范的简单复制,并不是真正地音乐表现。这种模式化教学不仅会限制幼儿的音乐想象力与创造性表现能力,而且还会影响幼儿对音乐表现的兴趣。所以,在幼儿学习律动动作时,教师尽量不要先提供标准化的动作示范,而应先让幼儿充分与兔子接触,认真观察兔子的形态、神态以及跳动、吃食、玩耍时的各种动态,并以拍照、绘画等方式记录,然后用身体动作模拟兔子的各种动态并相互交流,最后选择匹配的音乐大胆想象并随乐表现。教师在此基础上再予以启发、提升。又如幼儿表演鱼游,可以是金鱼般悠然自得地游动,也可是箭鱼般迅速地游动,还可像跳跳鱼一样跳着游动……教师在丰富幼儿知识经验的基础上,开启幼儿想象的大门,提供不同的音乐,鼓励幼儿大胆创编。这样,幼儿的音乐表现才是本真的、真正具有活力与灵性的。教师应尽可能满足和支持幼儿通过直接感知、实际操作和亲身体验获取经验的需要,通过科学的设计与组织,引导幼儿通过"观察—欣赏—体验—发现—想象—表现—创造"等有序环节来进行音乐感受与表现。

(二) 障碍2: 由于学习顺序不当与情绪失控而导致的秩序障碍

典型案例1: 某中班老师在组织"三只猴子"的韵律活动中,当幼儿刚熟悉完歌曲,教师就让幼儿站起来按照节奏尝试跳。但是,幼儿的脚步动作跟不上拍点,兴奋地蹦上蹦下,教师只好让幼儿坐下,用手指变成小脚丫按节奏在腿上跳。此时,由于幼儿此时的兴奋点已扩展,不停地用手指在腿上戳,根本停不下来。

典型案例2: 某中班老师准备让幼儿一起玩一个刚刚学习的舞蹈。当幼儿在教室内比较自由地走动同时又不明确活动要求的情况下,教师又想起来要交代一些事情。在教师交代那些活动要点的过程中,自由活动的幼儿越来越多,教室内的情况也越来越混乱……

典型案例3：中班幼儿在座位上学习了手部动作之后，教师组织幼儿手脚配合进行随乐练习。教师对大家说："请大家找个空地方站好。"幼儿兴奋地离开座位，都朝教师近一点的方向挤去……最后，孩子们挤成一团。

典型案例4：小班幼儿开展邀请舞活动，需要排成一个大圆圈。在组织幼儿排成圆圈队形时，教师提出要求："请小朋友手拉手，围成一个大圆圈。"结果幼儿动来动去，圈怎么也围不圆，最后教师只好将幼儿一个一个地扯来扯去，但是这边扯圆了，那边又挤在一起……

典型案例5：某大班教师组织幼儿开展创造性律动游戏"煮面条"。当进行到"面条在锅里翻滚"环节时，原计划是教师安排机会让幼儿借"面条在锅里翻滚"的情节自由模仿面条在开水中翻滚的即兴创造性动作，以满足幼儿自由表现的需要。结果，两个乐句后就开始有幼儿"出格"，整个乐段结束时幼儿已经乱成一团，怎么也安静不下来。

诊断分析： 造成幼儿上述混乱状态的主要原因有以下几方面：①过早的空间移动导致幼儿始终处于不稳定的状态之中，容易兴奋扩散。②幼儿自制能力、空间能力等发展水平有限，容易被道具吸引，喜欢与教师亲近，但缺乏主动调整与互享空间的能力。③由于教师的语言提示时机不适宜，或是因为教师的语言指令不够明确、细化，导致幼儿不明确活动的要求与规则。④教学组织的过分自由或是音乐速度太快导致情绪失控。由于有的活动自由度太大，缺乏有效调控机制，导致幼儿过分兴奋最终转成情绪亢奋。同时，个别幼儿混乱的状态未能及时制止，也容易在全体幼儿中弥漫，造成全班性的混乱。另外，快速的音乐容易在听觉上刺激幼儿的兴奋感，导致幼儿激动。

消解策略：

（1）幼儿一开始不能就找空地方做动作，而先要在座位上练习节奏与动作。坐着是最稳定的状态，幼儿注意力容易集中，便于教师检查幼儿的动作是否符合节奏，在座位上把能否合拍地做动作这个问题解决掉，然后再站起来做，到走动着做，由非移位动作到移位动作。一旦幼儿在散点状态下做动作时，教师要想纠正错误，那就会困难得多。

（2）对于幼儿挤抢道具或道具使用不当等导致的混乱，教师一要注意不要滥用道具，二是所提供的道具应质地精良，三要将道具分散放置，四要从小培养幼儿良好的取放道具的常规。

（3）对于幼儿挤到教师身边、相互挤成一团等导致的混乱，教师在幼儿年龄较小时可以先在他们经常活动的场所进行预先的空间定位，然后逐步培养幼儿共享活动空间的习惯。

（4）对于幼儿不明确要求而导致的混乱，教师事先要周密考虑幼儿的心理，语言提示应明确、细化。例如，"请大家找一个空位站好"等提示应是幼儿已经有了很好的空间概念以及共享空间习惯后使用的教学提示语。在初期，教师的语言应更明确，如"每个小朋友举起两臂，转一圈，不碰到别的小朋友的地方就是最舒服的位置了"。

（5）对于音乐速度较快、幼儿自由度大等因素导致的混乱，教师可以通过音乐与动作的巧妙设计来调控幼儿的自由度，保证活动自由、有秩序地进行。首先，音乐的速度不要太快，否则一方面影响幼儿动作的质量，使幼儿的动作无法跟上音乐的速度，只好草草了事；另一方面，太快的音乐容易扰乱幼儿的心境，使其心烦意乱，从而影响秩序感的形成。音乐尽量从较为安静或者节奏平稳、匀速的音乐开始的，再转为节奏比较强烈、热烈的或者变化较大的音乐，使得幼儿的情绪容易安定，在音乐中感受到秩序感。其次，教师应尽量从简单、重复、一致的动作开始，逐步到幼儿自由的即兴表现，最后再回到简单、重复、一致的动作；动作幅度尽量从小幅度的开始，再逐步加大幅度，最后再慢慢回到原速，这样幼儿的情绪容易安静，不会骚乱。同时，从一开始就要避免让幼儿随意、重重地跺脚，要养成幼儿尽可能轻轻地、有控制地接触地面，从一开始就养成轻手轻脚跳舞的好习惯，这无形中会增强幼儿的纪律感。最后，教师可以巧妙设计游戏规则，适时调控幼儿的动作及情绪。如在"典型案例5"中，教师可以通过设置泼水、关火等情节，建立幼儿的规则意识。

（三）障碍3：过多使用指导语，忽视幼儿自主学习能力的培养

典型案例： 中班集体舞"问候舞"中，考虑到这首乐曲无明确的歌词且音乐结构之间的过渡不明显，为了帮助幼儿尽快理解音乐和学习新动作，教师就根据乐曲的旋律特点设计搭配了动作的儿歌，教师每次都相应地诵读儿歌"你好，你好，拍拍手，握握手，好朋友"。在幼儿已经熟悉动作流程后，每次幼儿进行整体动作与音乐的合拍时，教师都完整地念唱这首儿歌。在完整练习几遍后，幼儿已经基本熟悉音乐，教师仍然要求幼儿跟着指导语练习并不厌其烦地用动作示范，使得幼儿很快失去对音乐的兴趣和表演欲望。

诊断分析： 教师过多使用指导语，会导致幼儿无法直观体验和自主表现音乐。虽然从动作学习上看，儿歌的设计能帮助幼儿迅速掌握动作与音乐的合拍，但教师密集而机械地使用这样的指导语，弊端是不言而喻的：整个活动中幼儿很少有机会完整地倾听并跟随音乐做律动，也不是自发地随音乐的节奏进行动作表现，而是在儿歌念诵下被动地做动作。

消解策略：《指南》强调，教师要重视并帮助幼儿逐步具备积极主动、认真专注等良好的学习品质。在韵律活动中，虽然语言和动作提示能帮助幼儿理解音乐，但是教师过多的指导语和动作示范会使得幼儿的学习变成一种被动接受。教师要能控制指导语的使用量和时机，教师提供的"脚手架"在引领幼儿到他们可以自主学习的时候就需要撤出，学会适时"退后"。教师应放手让幼儿探索和发现合适自己的学习方法，比如记忆与再现、同伴合作、模仿学习等，将有助于幼儿自主学习能力的形成。

（四）障碍4：集体舞教学过分注重动作与队形，忽视幼儿间的情感交流

典型案例： 集体舞教学活动中，教师过分注重动作与队形变化，使得自己教得累，让幼儿学得很辛苦，集体舞时忙于应付动作与队形，根本顾及不了交流。

诊断分析： 部分教师对集体教学活动的价值认识不清，动作设计难度大，再加上队形变化过于复杂，幼儿当然无法将注意力分配到交流与互动上来。

消解策略： 集体舞教学活动的首要价值是为了团体间的交流与互动，动作与队形是为了交流而存在，教师首先需明确这一价值定位。因此，集体舞的动作应尽量简单，是否变化得完全依据幼儿的动作能力而定，队形变化也要适度，或是一段动作简单且有一定队形变化，另一段动作完全由幼儿根据音乐自主发挥，两段交替重复。在集体舞中教师要注意设计幼儿人际互动交流的动作和环节，如目光相视，鞠躬问好，握手拥抱，逗笑吸引等。

[思考与讨论]

1. 教师应如何在日常生活中帮助幼儿积累肢体动作的感性经验？
2. 为什么要支持幼儿的个性化表达与表现？该如何评价幼儿的创造性动作表现？

[案例与分析]

幼儿园对大班韵律活动"花儿朵朵"进行了研讨。教师A和B分别承担了执教任务，她们都将本次活动的目标定位为：熟悉音乐，充分感受音乐的韵律美，能用动作大胆表现音乐。但不同的是：教师A要求幼儿动作协调、整齐、优美；教师B要求幼儿动作生动、有趣、有创意。教师A不但给每个幼儿准备了色彩艳丽的胸饰，还将自己装扮成春姑娘。教师A以一个"风摆杨柳"的造型开始了她的教学，她宛如导演般镇定自若地指挥着幼儿进行模仿、跳跃。教师B没有准备任何道具，活动一开始她就要求幼儿认真倾听音乐，让幼儿回答"听到了什么，想到了什么"；并要求幼儿自由结伴，讨论如何将音乐编成故事，以及可以用哪些动作来

表现故事;她还启发幼儿如何用简单的线、点、圈等符号记录动作,制成简单的图谱,并引导幼儿根据图谱自由表现动作。

请分析并诊断上述韵律活动中教师 A 和教师 B 的执教方式与教育理念,并判断这两种方式的利弊。

[实践与训练]

1. 见习一次韵律活动,评价该次活动中教师所采取的支持幼儿感受、理解与肢体表现音乐的教学策略及其有效性。

2. 见习一次韵律活动,观察幼儿园教师及实习同学开展韵律活动时出现的教学障碍,分析其原因并尝试提出改进建议。

第五章

学前儿童演奏活动的设计与指导

学习目标

1. 知道不同阶段儿童演奏能力的发展水平、作品选择及配器的基本要求,能为各阶段儿童选择适合的演奏活动内容。

2. 举例分析学前儿童演奏活动教育的目标,明确多样化幼儿园演奏活动设计与组织的基本思路与要求,并能结合实际设计、组织与反思。

3. 阐述学前儿童演奏活动的指导要点,能初步运用演奏活动中常见障碍消解的基本方法开展教育实践,具有开展幼儿园演奏活动的兴趣与信心。

内容概览

本章主要介绍幼儿园常见的打击乐器、配器原则及其图谱设计;各阶段儿童乐器演奏能力的发展特点、演奏活动的选材与配器;多模式、多样化演奏活动的设计与组织;学前儿童演奏活动的指导要点;学前儿童演奏活动常见的教学障碍与消解策略。

[问题情境]

多年来,尽管打击乐器演奏一直被视为幼儿园音乐教育活动的重要内容之一,但在开展打击乐器演奏活动时,由于有些教师缺乏该类型活动的教学经验,使得演奏活动停留在让幼儿一遍遍敲击乐器的单纯练习层面;还有的教师没有对幼儿进行乐器演奏方法的要求和指导,使得演奏活动显得枯燥,常规组织较为混乱。教师自身也感到教得费力,教学效果差,幼儿学习的积极性、主动性也不高。甚至在有的幼儿园,教师基本不组织音乐演奏活动。那么,我们将如何在《指南》理念的指导下实施科学的演奏活动,扭转"老师怕教、幼儿怕学"的局面,最大限度地发挥演奏活动的魅力呢?

演奏活动是学前儿童音乐教育的重要内容之一。每个儿童都喜欢敲敲打打,对声音与节奏具有一种天生的敏感性,对会发出声音的物品特别爱玩。打击乐器自身的声响就很能吸引儿童,演奏活动非常适合学前儿童这种与生俱来的本能。在演奏活动过程中,需要手、眼、脑、心并用,使儿童的大脑建立起复杂的神经联系,让头脑变得灵敏、聪慧。对于学前儿童而言,演奏活动还能帮助其初步掌握乐器演奏的一般知识和技能,发展节奏感,增强儿童对音色、曲式结构、多声部织体表现力的敏感性,培养他们倾听、合作、自我控制、坚持不懈、专注等良好学习品质。

第一节 学前儿童常用的演奏材料

学前儿童演奏活动的材料很多,可以是将儿童自己的身体当乐器,也可用专门的演奏乐器或者自制的演奏乐器,以及生活中会发声的各种生活物品等。

一、幼儿园常见的演奏乐器

幼儿园常用的演奏乐器有很多,分类也比较多,根据音高可分为固定音高和无固定音高两种。幼儿园使用的大都是无固定音高的演奏乐器,主要有:碰铃、三角铁、串铃、铃鼓、圆舞板、木鱼、双响筒、蛙鸣筒、沙球、大鼓、钹、锣等。根据乐器的材料性质划分,幼儿园演奏乐器的种类可分为金属类、木竹类、皮革类、混合类四种,其中金属类乐器主要有碰铃、三角铁、串铃、排铃、钹、锣以及铝片琴等;木竹类乐器主要有响板、木鱼、双响筒、蛙鸣筒、梆子、竹板以及木琴等;皮革类乐器主要指鼓类乐器,包括大鼓、小鼓、手鼓、军鼓、爵士鼓等;混合类乐器主要有铃鼓、沙球、棒、镲、锣等。幼儿园演奏乐器也可根据乐器演奏时的音量大小来划分,音量较小的高音乐器小铃、三角铁等;音量中等的乐器如响板、双响筒、沙球、铃鼓等;音量较大的低音效乐器有鼓、钹、锣等。此外,幼儿园演奏乐器还可根据乐器的音色以及演奏方式来划分。

一般来说,幼儿园常见的演奏乐器主要有以下几种:

1. 碰铃

碰铃,又名小铃,音色清脆、明亮,声音能延长。小铃常用于优美、悦耳的乐曲,气氛活泼,敲击不宜过多过重,以一小节一次为宜,或用在乐段、乐句的末尾。

演奏方法:两手各持一只小铃,如若是软绳则用绳索牵在手指上,互相碰击。如需奏断音,奏后将铃贴在衣服上,音即止。

2. 三角铁

三角铁的音色比小铃更清脆、明亮,延长音也更长。音量略大于小铃,但也能演奏弱音。三角铁也常用于优美活泼的乐曲,象小铃一样,可以一小

▲ 图5-1 碰铃

节打一次,也可与小铃交替运用,或同时运用。

演奏方法:左手食指套在绳索上,拇指与中指捏住三角铁,右手持打锤敲击。当敲奏"颤音"或"震音"时,可将打锤放到三角铁里边转圈敲打;如需演奏断音,也是奏后将右手握住三角铁或将三角铁贴在衣服上止音。

▲ 图5-2 三角铁　　　　　　　　▲ 图5-3 串铃

3. 串铃

串铃是由一组小铃铛串在一起构成的乐器,音色比较清脆、明亮。串铃常用于欢快、活泼与热烈的乐曲,像碰铃一样,既可演奏强拍,也可演奏弱音。

演奏方法:双手各执一铃,随音乐上下摇震,让小铃铛相互撞击发出音响;或是右手执一串铃,与左手掌敲击发出音响。

4. 响板

响板由一对手掌大小、贝壳形状的扁木片构成。两个木片上都拴有细绳,可套在拇指上。响板无固定音高,音色清脆透亮,不仅可以直接为歌舞打出简单的节拍,而且可以奏出各种复杂而奇妙的节奏花样,别有一番特色。

▲ 图5-4 响板　　　　　　　　▲ 图5-5 双响筒

演奏方法:响板的演奏方法有两种:一种是拍奏,演奏时将响板平放在左手掌上,右手掌拍击响板,使之发声,该演奏方法适宜年龄小的幼儿使用;另一种是捏奏,将两片响板像贝壳一样相对着挂在拇指上,用其他四个手指轮流弹击其中一片响板,使之叩击在另一片上发出音响。

5. 双响筒

双响筒又名"双响梆子",音色比木鱼清晰,能先后奏出纯五度音程。双响筒的直径大小不同,奏出的音响音高均不同。双响筒演奏方便,在$\frac{2}{4}$拍音乐中可<u>左右</u>　<u>左右</u>地演奏××　××的节奏以表现马蹄声或跳跃活泼的舞曲气氛;如果乐曲是$\frac{3}{4}$拍,可"左右右"敲击。

演奏方法:左手握住双响筒的木柄(根音在左边,五度音在右边),右手持木棒,按拍左右敲。

6. 木鱼

木鱼呈团鱼形,腹部中空,头部正中开口,尾部盘绕,其状昂首缩尾,背部(敲击部位)呈斜坡形,两侧三角形,底部椭圆;木制槌,槌头橄榄形。木鱼常用于轻快活泼的乐曲中,有时可独奏简短的乐句,还可用来模仿马蹄声的音响效果。

▲ 图5-6 木鱼

▲ 图 5-7 沙球

演奏方法：把木鱼平放在左手掌心，右手持小槌棒，敲击在木鱼的背部。

7. 沙球

沙球由于沙子在球内互相冲击而发出一种清晰的沙沙声。沙球常用来表现轻快、活泼的乐曲或歌曲，起着烘托气氛的作用。

演奏方法：双手各持一球的手柄向下摇动，常是左手往下击前半拍，右手往下击后半拍，形成 ×× ××（左右 左右）击拍。在 $\frac{3}{4}$ 拍乐曲中，可按节奏"左右右"击拍。

8. 铃鼓

铃鼓是一种单面鼓边上装有多对小铃片的打击乐器。演奏时，既有清脆的片片铃声，又有皮鼓的共鸣声。铃鼓常用于跳跃、活泼、热情、奔放的舞曲中，来烘托热烈的气氛，表达欢乐的情绪。

演奏方法：右手提鼓身，中指从鼓边一圆孔中往外插入后握住铃鼓，鼓面对着左手。演奏时，常在弱拍上摇动铃鼓，发出沙沙铃声，也可在强拍上用左手敲击鼓面，可同时发出鼓声和钹声（甚至铃声）。如在 $\frac{3}{4}$ 拍的乐曲中，可第一拍用左手敲鼓面，第二、三拍用右手摇鼓身两次。铃鼓还可发出急速而美妙的震音。

▲ 图 5-8 铃鼓

9. 钹

▲ 图 5-9 钹

钹身为一对铜制的草帽状圆片，对扣在一起像一个梭子。钹的音响铿锵、热烈，余音回荡，可以传得很远。用于强奏时，极富气势，通常表现一种激情，常用于热烈的乐曲和舞曲，表现欢乐、热烈的气氛。

演奏方法：钹身的两个部分各系有一条钹巾，演奏者需站立，用双手通过钹巾持住钹身，使钹身的两部分碰撞发音。不宜用手心握住钹身，以免声音受阻。钹有延长音，需要时奏后可将钹贴在衣服上止音。

10. 鼓

鼓由鼓身、鼓皮、鼓圈、鼓卡和鼓槌等部分组成。鼓的种类甚多，上述铃鼓是鼓的一种。此外，还有戏曲中用的"板鼓"，在十番锣鼓、民乐合奏中负有指挥任务的"堂鼓"，陕北流行的腰鼓队中的"腰鼓"，说唱音乐中为"单弦牌子曲"伴奏的、八角形的"八角鼓"，民间唱道情用的、用手指敲打的"鱼鼓"，北方说唱音乐大鼓伴奏用的"书鼓"，云南西部傣族人用的形状略似象脚的"象脚鼓"，军乐队用的大军鼓和小军鼓（即配有丝弦的小鼓），管弦乐队中采用的具有固定音高的定音鼓等。

▲ 图 5-10 鼓

幼儿园中常用的是小堂鼓。小堂鼓在戏曲中常用来表现战争场面，故又称"战鼓"或小鼓。小堂鼓大小不一。目前轻音乐演奏中采用的排列整齐、具有一定音高的堂鼓，称"排鼓"，表现力较强。

在舞曲、乐曲或歌曲的演奏中，均可运用小堂鼓。在单独演奏打击乐、没有指挥的情况下，鼓能起指挥作用。

演奏方法：常用两鼓锤。不需要热烈的伴奏时，只需一根鼓锤，敲击鼓面击出强拍声音；有时还可用鼓锤敲击鼓边，发出有节奏的音响。

二、其他演奏材料

1. 身体乐器

儿童自己的身体就是最天然、方便的乐器，他们的小手、小脚、小嘴以及身体各部位都是可以演奏的。

奥尔夫的声势节奏训练就是通过演奏身体乐器,如拍手、跺脚、拍腿、打响指、弹舌等为音乐伴奏,可有效地发展儿童的节奏感与动作协调性,深受儿童喜欢。如案例5-1:

案例 5-1

《瑶族舞曲》玩法建议

1. 用拍手、跺脚两种声势动作"演奏"。

× ○ | × ○ | × ○ | × ○ |
跺脚拍手跺脚拍手跺脚拍手跺脚拍手

2. 图谱中的"脚丫"符号可以代表跺脚或其他特定的动作,"手掌"符号可以代表拍手或另一种指定动作;同样"脚丫"符号也可以代表指定的某一种乐器,"手掌"符号代表指定的另一种乐器。

音乐资源
《瑶族舞曲》

▲ 图5-11 图谱

2. 自制乐器

除了专门购买的演奏乐器外,幼儿园还可以利用各种生活用品以及废旧材料自制演奏乐器。一类是直接利用能发出声音的生活物品,如锅碗瓢盆、碟子、杯子、筷子、各种矿泉水桶、易拉罐、竹子、石子、木棒等,以手或筷子拍打与敲击等方式,随乐演奏这些"乐器",也可收到很好的效果;另一类是巧妙利用生活中的物品,经过改造或再加工后制作成"乐器",如在选好的玻璃杯、瓷碗中加不同量的水,用筷子敲击后能获得不同的音高而做成的"乐器",在小罐子、小瓶子中加入豆子等颗粒状材料后制作成的散响乐器"沙球",这些经老师、家长或亲子或师幼妙手改造制作的"乐器",演奏起来更是别样有趣。

案例 5-2

生活中物品演奏:瓶子乐队 (运用音乐《墨西哥草帽舞》)

墨西哥草帽舞

1=G 4/4
A段

0 5	1. 5	1. 5	1 0	1 21	7 1	2	0 5
	7. 5	7. 5	7 0	7 17	6 7	1	0 5
	1. 5	1. 5	1 0	1 21	7 1	2	0 5
	7. 5	7. 5	7 0	7 17	6 7	1	0

B段

3 5	1 1	1 71	2	2 4	7 7	7 67	1
3 5	1 1	1 71	2	2 4	7 7	7 67	1
3 5	1 1	1 71	2	2 4	7 7	7 67	1
3 5	1 1	1 71	2	2 4	7 7	7 67	1

音乐资源
《墨西哥草帽舞》

▲ 图5-12 瓶子乐队小乐器

玩法建议：

A 段音乐：大瓶子代表瓶子爸爸×××○｜，用瓶身敲另一只手掌心。

B 段音乐：塑料袋代表瓶子妈妈×××○｜，按节奏来回轻扯或抖动塑料袋。

A¹ 段音乐：小瓶子代表瓶子妈妈×× ×× ××○｜，用瓶盖敲瓶嘴。

生活中物品演奏：《小星星》

小星星

$1=C \dfrac{4}{4}$

| 1 1 5 5 | 6 6 5 — | 4 4 3 3 | 2 2 1 — |
一 闪 一 闪 亮 晶 晶， 满 天 都 是 小 星 星；
叮 叮 叮， 叮 叮 叮，

| 5 5 4 4 | 3 3 2 — | 4 4 3 3 | 2 2 1 — |
挂 在 天 空 放 光 明， 好 象 许 多 小 眼 睛；
叮 叮 叮， 叮 叮 叮，

| 1 1 5 5 | 6 6 5 — | 4 4 3 3 | 2 2 1 — |
一 闪 一 闪 亮 晶 晶， 满 天 都 是 小 星 星。
叮 叮 叮， 叮 叮 叮。

玩法建议：

（1）准备演奏材料：已探索出 do、re、mi、fa、sol、la 六个音高（演奏该乐曲需要）的装水玻璃杯或碗等生活中乐器，贴上幼儿认同的标记。

（2）小组合作：教师与幼儿或幼儿与幼儿分别承担某一个音或几个音的演奏任务，演奏出乐曲旋律。

（3）唱奏结合：边演唱边演奏，具体承担任务的分配，应视幼儿实际能力和水平。如果幼儿感到困难，则进行演奏降级，仅演奏每个乐句"叮叮叮"的地方。

第二节 学前儿童演奏能力的发展及演奏活动的选材与配器

身体乐器与打击乐器是人类最早掌握的乐器之一，演奏时主要使用大肌肉动作，因此是幼儿较为容易掌握的。理想的演奏活动能培养幼儿基本的合作意识、合作能力、创造意识、创造能力、组织纪律性和责任感，使幼儿能够掌握最基本的运用打击乐器演奏以及与音乐交流、与他人交流的意识和能力。

幼儿音乐能力发展的快慢和水平的高低，在很大程度上取决于对幼儿的音乐教育。如果要更好地促进幼儿音乐能力的发展，教师就需要了解和发现幼儿的音乐能力，并努力为幼儿创造高质量的音乐环境，提供适合他们身心发展规律的音乐活动。

一、各年龄阶段儿童演奏能力的发展

学前儿童演奏能力的发展主要包括操作乐器（包括探索乐器音响和较熟练地演奏乐器）的能力、演奏乐器

时的随乐性、合作性以及创造性四个方面。在这四种演奏能力中，一方面包含了音乐知识技能的掌握，其中尤以节奏、音色、表现力作为基本要素；另一方面强调儿童探索、创造的意识与能力，以及儿童个性与社会性的发展。这些发展目标涉及儿童音乐能力与活动风格，可以作为教师在打击乐演奏活动中对儿童行为表现进行评价的角度。

（一）操作乐器能力

操作乐器能力，是一种操作乐器的技能，是由一系列的手指动作构成的一种合乎法则的演奏乐器的"随意动作"方式。"随意动作"就是指这种动作的形成是受意识支配，受计划调节并服从于一定的目的或任务。操作乐器能力的构成因素，主要有操作乐器动作的准确性、敏捷性、力量性、连贯性和协调性五个方面。

3—4岁：幼儿能够运用大肌肉动作来演奏打击乐器，如铃鼓、串铃、碰铃等。在这些打击乐器中，幼儿最容易掌握铃鼓和串铃的演奏方法。这不仅仅是因为便于幼儿模仿，还在于这些乐器可以促使3—4岁的幼儿去探索同一种乐器的不同演奏方法，使得奏出的音乐音量适度，音色较美。

4—6岁：中、大班的幼儿能接触到更多种类的打击乐器，操作乐器能力从大肌肉动作向精细动作发展，即能够通过学习掌握不同打击乐器的演奏方法，逐步运用小肌肉动作来演奏乐器，个体凭借手及手指等部位的小肌肉或小肌肉群的运动，在感知觉、注意等方面心理活动的配合下完成特定任务的能力逐步增强。双响筒和三角铁两种乐器的演奏对用力均匀和手眼协调都有较高的要求，比较适合用于5—6岁的幼儿。

（二）随乐演奏能力

随乐演奏能力是指在演奏打击乐器的过程中使奏出的音响与音乐协调一致的能力。随乐演奏能力基本上可以理解为"合拍"，是幼儿在演奏乐器的过程中协调音响与音乐的能力。

3—4岁：幼儿随乐意识与随乐能力比较差，他们获得的演奏经验有限、零碎，往往因陶醉于摆弄乐器而游离于音乐之外，抛弃了演奏的要求，很难用准确的节奏、适宜的音色来表现音乐。通过一年左右的练习，幼儿基本具备了初步的随乐意识，演奏也可以基本合拍了。

4—6岁：幼儿的随乐意识和能力进一步发展，能够自如地运用简单的节奏跟随音乐演奏，能更自觉地注意倾听音乐，努力使自己的演奏能与音乐的速度、力度变化一致；能学会看指挥即兴变化随乐演奏，可以进行较为复杂的合奏。

（三）协调合作能力

协调合作能力是指在演奏的过程中注意倾听自己、同伴、集体的演奏，并努力使每一个人、每一声部的演奏都能服从于整体音响形象的塑造要求。幼儿在进行多声部轮奏或合奏时，就是在探究声音和谐、协调合作的演奏。

幼儿的社会性发展是幼儿全面发展的重要组成部分，它包括社会认知、社会情感及社会行为技能三个方面，作为社会行为技能中的合作技能是幼儿社会性发展的重要内容之一。因此，培养幼儿的合作意识，就显得尤为重要。打击乐演奏活动要求参与者必须有高度自觉的合作意识，使自己的演奏跟别人的演奏和谐，配合要十分默契，形成相辅相成的密切关系，做到浑然一体。

3—4岁：幼儿的动作发展与自控能力都较差，因而要体会集体演奏中各声部之间的相互配合和协调确有困难，不能达到与音乐协调一致的水平。但是，通过同一种乐器的演奏初步体会到与别人同时开始、同时结束的基本合作要求还是切实可行的。

4—6岁：幼儿能够主动关注整体的音响效果，会运用体态、表情随乐演奏。刚开始幼儿是没有合作意识和相应技术技巧的，通过打击乐活动不断地实践，反复的练习，幼儿的合作意识将逐步提高，并牢固树立。比如，在活动中通过让幼儿欣赏、感受、比较同一首乐曲用不同的方案演奏会有什么不同的效果，幼儿能感受到随便乱配器、打击不整齐，效果就难听，因而在心中取得了"我要奏出动听的效果"这个一致性的目标。

而幼儿目标的一致性正是合作行为产生的基础,同时这一意识的建立,又将促使他们积极演奏,不断提高技能技巧,从而保证了幼儿在合作意识和合作能力方面的提高。

(四) 创造能力

演奏活动对幼儿创造能力的培养是指教师创设充满美感的环境氛围,灵活运用多种手段,启发、引导幼儿主动参与演奏活动的一种感受、领悟和表现的过程。幼儿通过敲打乐器来刻画音乐表达的形象,启动音乐形象特征与不同演奏乐器声音特征之间的联想思维。

在演奏活动中,教师把抽象的音乐形象、性质通过类比思维提示,引导幼儿采用多通道感知方法,即想、说、念、唱、做个体动作(头、肩、上下肢、脚)、做集体动作、轮换角色、互换乐器等方式,让幼儿在动作与思维、动作与乐器的交互作用中,兴趣浓厚地积极感知、体验操作,并有效促进幼儿想象能力、创造能力的发展。

演奏活动中创造能力的培养不是一个孤立的过程,必须建立在幼儿充分感受音乐的基础上。因此,培养幼儿对乐曲的感受与理解很关键。正如学者布鲁姆所说的,每门学科都有一些基本的原则、概念、结构,而每一位教师必须能在教材的组织上呈现其结构性,使学生易于了解该学科的原理与原则,使之容易记忆及领会新结构。幼儿创造性表现的重要基础是对音乐的感知、体验能力,而音乐的呈现借由音乐的要素、概念来传达,它们包括:音色、节奏、旋律、和声、曲式、强弱等。有研究者发现,儿童最先发展的概念是音色与强弱,其次是快慢节奏,音高是下一阶段,而和声与曲式是最后才发展的概念。

3—4 岁:幼儿已初步表现出创造性。

4—6 岁:幼儿能积极地探索音乐,并参与节奏型的选配。学会用最基本的、简单的节奏型和用各种不同的音色配置方案来"装饰"这些节奏型。

德国音乐教育家卡尔·奥尔夫认为,打击乐器是最早为人类掌握的乐器之一,也是现代社会中儿童最容易掌握的乐器,幼儿易从中获得音乐享受,开展集体的打击乐演奏活动,可以发展幼儿对演奏乐器的兴趣,使幼儿在丰富多彩的乐器演奏活动中获得生理上的快感和心理上的满足,从而提高幼儿的节奏感、对音乐作品的熟悉程度及理解能力,达到训练和开发右脑功能的目的。通过打击乐对幼儿进行创造能力的培养,使幼儿在动手、动脑、动口的过程中,主动参与活动,发展感官、拓展经验、增长知识、开阔眼界、丰富表象,促进幼儿的和谐发展与健康成长。

二、学前儿童演奏活动的选材与配器

(一) 演奏材料的选择

在幼儿园里,幼儿演奏活动材料的选择主要包括演奏乐器的选择和演奏乐曲的选择。

1. 演奏乐器的选择

为幼儿选择演奏乐器时应考虑音色要好,乐器的形状、大小、重量要适合幼儿持握,乐器的特定演奏方法要适于不同年龄幼儿运动能力的发展。

3—4 岁:可选择铃鼓、串铃、沙球、圆舞板、碰铃等。碰铃需要有一根硬木棒,圆舞板适宜采用类似拍手的演奏方式。

4—5 岁:可选择木鱼、蛙鸣筒、小钹、小锣等。幼儿可以运用腕部小肌肉演奏这些乐器,有助于培养手眼协调能力与掌握力度的控制。

5—6 岁:可选择双响筒、圆舞板、三角铁、小钹、沙球等。双响筒、三角铁两种乐器对用力均匀和手眼协调有较高要求,比较适合大班幼儿;圆舞板可有别于小、中班幼儿的拍奏,采用捏奏法;小钹可用擦奏方式演奏;沙球可用震奏法演奏。

2. 音乐作品的选择

打击乐演奏要根据乐曲来选择演奏乐器,通过各种乐器给音乐配伴奏使其更动听,同时也能使幼儿通过敲击乐器来表达和表现对音乐的感觉和理解。因此,选择合适的音乐作品非常重要。教师在选择音乐之前,要先了解分析本班幼儿的年龄、性格特点以及已有的音乐和生活经验水平。教师要结合幼儿的兴趣点,选择节奏清晰、结构工整、旋律优美、形象鲜明生动且幼儿感兴趣的乐曲,这样不但容易敲出效果,便于幼儿掌握节奏特点,而且更能引发他们主动学习、主动探索的积极性。

为幼儿选择的乐曲,一般有进行曲、舞曲或其他富有情趣性和艺术性的儿童乐曲或幼儿所熟悉的歌曲。3—4岁幼儿可选择他们已经比较熟悉的乐曲(歌曲、韵律活动曲、欣赏曲),结构短小(一段体)、节奏简单的乐曲,使用固定的节奏型,随乐演奏。4—6岁幼儿演奏活动的音乐节奏可稍复杂,可以选择不是学过的歌曲或韵律活动的音乐,结构是二段体或三段体。教师在为幼儿选择含两个及两个以上乐段的乐曲时,最好有鲜明的、有规律的对比因素,乐句、段落之间存在明显差异。此外,3—4岁幼儿演奏活动的音乐节奏要均匀,4—6岁幼儿也主要是一拍一次或两拍一次的均匀节奏,偶尔也可以有由不同长短的音符组成的节奏型。

结合幼儿日常喜爱的音乐作品进行选择。教师可注意观察和发现幼儿平时爱唱的歌曲、爱听的乐曲等,从中选择适合打击配乐的音乐。因为关注到了幼儿的兴趣,教师所选的音乐更能引发幼儿主动学习、主动探索打击乐的积极性。

另外,许多有民族风格的乐曲,如,维吾尔族、蒙古族、藏族乐曲,节奏型都比较明显,易于幼儿理解把握,同时也可以让幼儿感受到不同民族的音乐风情。如《瑶族舞曲》,$\frac{2}{4}$乐曲的节奏特点非常明显,前十二小节节奏完全相同,第十三、十四两小节有所变化,很适合中班幼儿作为打击乐演奏的乐曲。在配器时,教师可选择鼓和小铃两种乐器,在第十三、十四两小节小高潮的地方,采用八分音符的密集节奏,用小铃清脆的声响演奏,这样既衬托高潮的情绪,又会使演奏的音响效果悦耳动听。

(二)演奏乐曲的配器

幼儿园演奏活动使用的配器方案,有的是由专业音乐工作者创作的,有的是由幼儿园教师改编或创作的,也有的是在幼儿园教师的帮助下引导幼儿自己创作的。不论是哪一类的乐曲,教师都应依据音乐的风格、性质、情境,运用适宜的配器方案来寻求和完成对音乐的表现,使幼儿在演奏中获得对观察力、记忆力、想象力、创造力的培养和提高。

1. 配器的基本知识

配器,是指把乐曲的音响分配给各个乐器,赋予音乐音响新的色彩。在起步阶段,教师要注重幼儿对演奏乐曲音响效果的感性积累,即主要指对音色和音响平衡的感觉;随后可以对经典作品进行模仿演奏;在幼儿有了一定的感性经验和听觉积累后,可以引导幼儿发挥创造性和个性来进行配器。

2. 配器的基本原则

(1)适合各阶段幼儿使用乐器的能力。教师应注意配器应适合幼儿适应变化的能力,总体上应该是简单和多重复的。因为演奏需以大肌肉(手臂)动作为主,手眼协调要求较低的动作要逐步过渡到部分利用腕、指动作和手眼协调要求较高的动作。

3—4岁:基本上是一拍一次或两拍一次的均匀节奏。大多数情况下,是整个乐段从头至尾齐奏,中间没有音色的变化。

4—5岁:节奏主要是一拍一次或两拍一次的均匀节奏。如需进行配器音色的变化,一般宜在乐段之间变化音色。

5—6岁:可以考虑在乐段之间、乐句之间甚至在乐句之中变化节奏。

教师还应根据幼儿已有经验进行配器及演奏,考虑适宜性。所用乐器的多少要根据本班幼儿的实际水平及乐曲的需求来确定,而不是越多越好。

(2) 讲究一定的艺术性。打击乐器没有固定的配器模式,由于它是听觉艺术,其配器原则应以好听为前提,由教师根据音乐本身的性质、情绪、风格,分析乐曲的曲式、节拍、节奏及旋律的特点,找出有呼应、对比和变化的地方,来选择和确定如何配器。为了增强配器效果,在乐器的提供上,教师要根据活动目标内容和作品风格考虑选择不同的演奏材料,既讲究有一定的个性,如能够通过重复,强调出作品的整体统一性,也能够通过适宜的变化使作品内容更加丰富。

3. 配器的具体操作

(1) 根据音乐作品的特点来配置乐器。配器产生的音响效果要与音乐原来的性质、情绪、风格相协调一致。一般来说,节奏欢快的乐曲可以选择使用串铃、铃鼓敲击,抒情的乐曲则适合使用撞钟和三角铁。撞钟适合敲击强拍,三角铁适合敲击弱拍,因为撞钟的延音比较长且声音高亢,三角铁的延音较短且声音较低,这样可以相互呼应,听觉效果会比较好。对于节奏明显的如十六分音符等适合用双响筒,四分音符或八分音符则适合用响板等。

(2) 根据音乐作品曲式结构选配音色、音量有变化对比的伴奏乐器。曲式是乐曲的结构形式,是对重要的音乐内容的有目的的排列。曲调在发展过程中形成各种段落,根据这些段落形成的规律性,而找出具有共性的格式便是曲式。教师通常选择以下材料,用作学前儿童演奏的乐曲曲式:

一是并列单二部曲式,结构为 AB 两段,B 段的旋律材料与 A 段形成对比。

二是再现单二部曲式,结构为 AB 两段,B 段中要再现 A 段的旋律材料。

三是并列单三部曲式,结构为 ABC 三段,A 段、B 段、C 段的旋律材料都互为对比关系。

四是再现单三部曲式,结构为 ABA^1 三段,A^1 段再现呈示 A 段开头旋律材料。

演奏乐器的含义与音乐、故事、情境具有一定的关联性。配器时,教师要考虑强弱对比、音色对比、节奏对比、力度对比。另外要注意的是,不是所有乐器同时敲击一种节奏,教师要根据音乐的性质充分发挥出各种乐器的特色才会使打击乐好听。

案例 5-3

《木瓜恰恰恰》配器分析

乐曲《木瓜恰恰恰》,音乐欢快活泼、诙谐有趣,表现了当地人民载歌载舞欢庆丰收时的欢乐情景。音乐分为 A、B 两段,为大班幼儿演奏配器时可根据每段音乐的风格、节奏型等特点予以不同的处理。

音乐资源
《木瓜恰恰恰》

A 段音乐的强弱清晰,四个乐句结构比较一致,故而适宜配以统一的节奏型:
×〇|×〇|×××|×〇|

为了让音响有一定的变化,前面的三拍由铃鼓与碰铃轮流演奏,后面的××|×〇|则由响板演奏,这样的演奏效果既有整体统一的美感,又有变化与呼应,每乐句后面由响板演奏的××|×〇|,突出了该乐曲"恰恰恰"的节奏特点,使得乐曲的音乐风格得以烘托。

B 段音乐的风格发生较大的变化,所以演奏的节奏型与 A 段应有明显的变化。B 段音乐基本由切分音构成,节奏有一定的难度,故而固定采用×-|××|的节奏型,以降低演奏难度,使得幼儿能够较舒适地随乐演奏。在配器方面,可采用铃鼓与响板的轮奏构成音响的对比,×-|时用铃鼓摇奏的方式演奏,发出连续的铃声,××|时则可配以响板有节奏地拍击,从而营造出富有美感、层次性很强的音响效果。

木瓜恰恰恰

1=F 4/4

诙谐有趣地　　　　　　　　　　　　　　　　　　　　印尼民歌

（三）演奏活动的座位安排

在组织演奏活动中,乐器位置的安排也很重要。一般来讲,金属乐器在一起,木制乐器在一起,散响乐器在一起。这是因为同一种乐器敲击的节奏相同,在一起的声音集中,便于指挥。演奏的队形,一般是金属乐器在左边,木制乐器在右边,散响乐器在中间,锣、大鼓、镲在后边。

乐队的排列有以下几种：半圆形、单马蹄形、双马蹄形、品字形、满天星形等。半圆形的排列,一般适用于小班,可用"分段切割"的方法来安排不同的音乐组。满天星形一般适用于中、大班,每相邻两列队为一个音乐组。如图5-13所示：

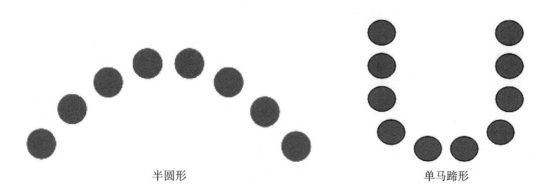

半圆形　　　　　　　　　　　单马蹄形

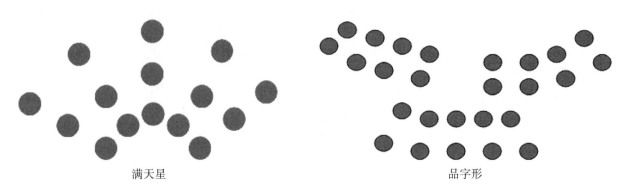

▲ 图 5-13 乐队的排列图形

[思考与讨论]

1. 学前儿童演奏能力的发展包括哪些方面？用自己的语言对儿童四种演奏能力的发展进行描述，并与同学们相互交流。

2. 选择一首你熟悉的、儿童喜欢的乐曲，尝试分析该乐曲的结构，思考乐曲适合哪个年龄阶段的儿童演奏，并尝试为乐曲设计配器方案。

第三节　学前儿童演奏活动的目标

学前儿童演奏活动的价值追求主要体现在幼儿演奏过程中身体各部分的协调，自己与同伴以及与指挥间的合作与协调，对乐器操作、有节奏地演奏及音乐整体音响效果的寻求，对演奏状况的把握等，从而锻炼与发展幼儿的节奏感、创造力、自制力、合作协调等能力。

一、学前儿童演奏活动的总目标

（1）喜欢参加演奏活动，体验集体演奏与自主创造性演奏的快乐。

（2）知道常见的打击乐器的名称、特点、演奏方法，能发现其音色的不同。

（3）演奏的声音和谐、好听，有初步的协调配合能力，能集中注意看指挥，反应敏捷，并愿意尝试当指挥。

（4）尝试根据音乐的性质、节拍、节奏的特点进行配器、创编节奏型，参与制定演奏方案，进行各种形式的演奏。

（5）学会正确使用乐器的方法，养成爱护乐器等良好习惯。

以上内容表述了幼儿通过幼儿园三年的演奏教育应该获得的必要的音乐素质、音乐经验和音乐技能，这为幼儿音乐素养的提高起到奠基作用。

二、不同年龄阶段儿童演奏活动的发展目标

在开展学前儿童演奏活动时，要依据《纲要》及《指南》中的相关要求，根据各阶段儿童的节奏感及演奏能力的发展水平，制定相应发展目标。

（一）3—4岁儿童演奏活动的发展目标

（1）了解2—3种简单易掌握的打击乐器的音色及演奏方法，知道乐器的名称。

（2）能用拍手、踏脚等身体动作及简单的乐器为简短的歌曲、乐曲合拍地伴奏。

(3) 以齐奏为主,能整齐地开始和结束。

(4) 体验操作乐器的乐趣,养成正确使用乐器、轻拿轻放乐器的习惯。

(二) 4—5岁儿童演奏活动的发展目标

(1) 了解4—5种打击乐器的名称、音色及演奏方法。

(2) 能用拍手、拍肩、踏脚等身体动作和可敲击的物品敲打节拍和基本节奏,为歌曲、乐曲进行伴奏,学习以两声部轮奏、合奏的形式进行演奏。

(3) 尝试根据音乐的特点进行配器、创编节奏型,体验创造性参与演奏活动带来的快乐。

(4) 能看指挥,动作协调地合拍演奏,注意倾听演奏的声响效果。

(5) 养成正确使用乐器、有序收放乐器的习惯。

(三) 5—6岁儿童演奏活动的发展目标

(1) 能运用各种身体动作和多种打击乐器演奏较为复杂的节奏,声音和谐、好听。

(2) 尝试根据音乐的性质、节拍、节奏特点进行配器,创编节奏型,制定演奏方案,在集体演奏时能与他人协调一致。

(3) 能集中注意看指挥,根据他人即兴指挥的动作迅速准确地作出演奏的反应;演奏动作自如、协调;注意倾听自己与同伴演奏的声响效果,并努力保持和谐。

(4) 养成正确使用乐器、爱护乐器的良好习惯。

(5) 愿意学习当指挥,尝试做出"准备""开始""结束"等基本指挥手势。

三、学前儿童演奏活动的实施目标

在一次具体的演奏活动中,教师需根据所演奏音乐作品的特点,结合幼儿年龄阶段的目标,从审美情感、审美感知与表现能力、学习品质三方面去制定幼儿园演奏活动的目标,努力促进幼儿全面和谐的发展。

(一) 审美情感目标

喜欢参与演奏活动,体验并努力追求参与身体各部位演奏以及打击乐器演奏活动的快乐;能够体验并积极追求运用打击乐器奏出美好音响的快乐;能够体验并积极追求与同伴共同合作演奏中的声音和谐与情感默契的快乐。

(二) 审美感知与表现目标

知道常见打击乐器的名称,初步辨别打击乐器的音色;能基本正确地掌握熟悉乐器的持、握、演奏、消除演奏余音以及收放乐器的方法等;能演奏常见的打击乐器与生活物品,努力奏出和谐、美好、有表现力的音响;能理解指挥的基本手势,并根据指挥的提示进行演奏;初步学习简单的指挥动作,能尝试做出"准备""开始""结束"等基本指挥手势,初步学习用指挥动作表现节奏与音色的明显变化;感受并尝试运用节奏型的简单变化规律进行初步的创造性表现。

(三) 学习品质培养目标

能够大胆探索身体各部位与各种生活乐器、打击乐器的演奏方法;积极探索生活中的一些物品以及打击乐器的各种演奏方法与音色变化的关系;能认真观察图谱,主动探索图谱所蕴含的演奏方案;在演奏活动中能与同伴相互配合,运用眼神等与指挥交流并积极响应指挥的要求;能遵守打击乐演奏的常规,养成追求活动秩序的良好习惯;能爱护乐器,演奏结束后能收拾乐器并摆放整齐,养成对乐器负责的责任感等。

从认知的角度来说,学习目标对于学习者来说不能太难,也不能太简单。从情感的角度来说,学习目标太简单易具有烦躁的感觉,学习目标太难易具有困惑的感觉。烦躁感和困惑感都会导致学习者注意力分散、具有挫折感和缺少学习动机。只有在学习者最近发展区内的学习,才是最有效的。

> **案例 5-4**
>
> 演奏活动目标的制定
>
> 在大班演奏活动《土耳其进行曲》中,教师预设了三条目标:
> (1) 感受乐曲热烈欢快的气氛以及 ABA 的曲式结构,会看图谱进行轮奏和合奏。
> (2) 尝试根据打击乐器的音色选择合适的乐器为乐曲伴奏,能与同伴协调一致地演奏。
> (3) 认真看指挥进行演奏,体验与同伴合作演奏的乐趣。
>
> 其中,目标一指向具体,突出活动的审美感知与表现目标:感受音乐,会看演奏图谱,并学习轮奏和合奏。由目标一可以看出,该活动需要幼儿具备的前期经验有:曲式结构的感知、初步的阅读演奏图谱的经验,尝试过合奏或轮奏的演奏方法。
>
> 目标二中"尝试根据打击乐器的音色选择合适的乐器"体现了认知与创造性表现的目标,"能与同伴协调一致地演奏"则主要指向动作技能发展目标。
>
> 目标三凸显了"认真看指挥进行演奏"的学习品质培养目标,以及"体验与同伴合作演奏的乐趣"的情感态度发展目标。

[思考与讨论]

1. 3—6 岁幼儿演奏活动的总目标有哪些?
2. 分析 3—6 岁幼儿各年龄阶段演奏活动发展目标之间的关系。

[实践与训练]

请设计以下各阶段儿童演奏活动的教学目标:
1. 小班演奏活动"小星星"。
2. 中班演奏活动"瑶族舞曲"。
3. 大班演奏活动"木瓜恰恰恰"。

第四节 多样化演奏活动的设计与组织

《指南》在"说明"中指出:"幼儿的学习是以直接经验为基础,在游戏和日常生活中进行的。"依据《指南》精神,目前,在幼儿园组织的演奏活动,由专门组织的集体性演奏活动逐渐向区域和生活延伸,形式更加丰富多样,主要有集体性演奏活动、区角演奏活动、幼儿自发性演奏活动、节庆演奏活动等。

一、集体性演奏活动的设计与组织

(一) 集体性演奏活动的基本环节

教师在设计与组织集体性演奏活动的过程中,要理解和科学把握每个环节设计与组织的关键点。一般来说,集体性演奏活动常常包括以下几个环节。

1. 引导幼儿感知、熟悉音乐作品

幼儿在演奏之前,需要认真欣赏、感受并熟悉音乐,了解音乐作品的情绪、风格与特点。比如,音乐作品有什么风格与特点,是进行曲、抒情曲还是节奏欢快的圆舞曲;选取的音乐作品是几拍子的,因为拍子不同节奏特点会有所不同;感知并理解音乐作品的主要曲式结构是什么。

这一环节,教师也可以作为对幼儿前期音乐经验的准备,在开展集体性音乐活动之前进行。比如,教师可以利用餐前、离园前的时间,引导幼儿欣赏和熟悉乐曲;还可以设计并组织韵律活动,引导幼儿用动作感受音乐节奏,表现音乐内容和情绪,为接下来的集体性演奏做经验准备等。

2. 用肢体动作感受和表现音乐

幼儿的音乐学习是在动作中进行的。有关幼儿演奏活动的关键经验有六条:①合拍做动作(用身体动作表达音乐节拍的稳定特质);②合句段结构做动作(用身体动作表达音乐形象的细节);③合拍演奏(用打击乐器表达音乐节拍的稳定特质);④合句段结构演奏(用打击乐器表达音乐形象的细节);⑤用动作描述音乐内容与形式(包括对音乐内容的动作探究与对音乐元素、音乐情绪特征的动作表现);⑥用语言描述音乐内容与形式(包括对音乐内容的动作探究与对音乐元素、音乐情绪特征的动作表现)。其中,合拍做动作是所有音乐关键经验的基石,一切音乐经验都是在合拍的"底座"上建筑起来的,身体动作合拍(包括身体动作合拍、演奏合拍、演唱合拍)是合拍经验中最基础的。

值得提醒的是,教师在演奏活动中的引导幼儿用肢体动作感受音乐与韵律活动中的创编动作要求不同。韵律活动中的引导创编动作,教师重在激发幼儿的想象和创造,鼓励幼儿的动作表达与他人不同;而演奏活动中的动作感受,教师一要遵循够用原则,强调动作"够用"就好;二要遵循匹配原则,强调韵律动作与演奏节奏的匹配,动作的体验是为更好的演奏服务。

3. 指导幼儿掌握打击乐器的演奏方法

在演奏活动中,幼儿持奏乐器的方法正确与否会直接影响演奏的效果,可是在实际教学中这个问题却容易被教师所忽略。乐器不同,持器的方法不同;相同乐器,不同的持器方法,敲击时发出的声音也会有所不同。如果持乐器的方法不对,敲击出的声音会很不好听甚至有可能是噪音。而且,还有一点值得注意,不是敲击的声音越大越好听。因此,演奏过程教师要特别注意引导幼儿掌握正确的持器方法,要提醒幼儿用正确的方法演奏,才会有较好的音响效果。

在这里特别强调以下几种常见乐器的敲击方法:①铃鼓要用左手拿鼓,右手的手指敲击鼓面,而不是整个巴掌敲打,这样的声音柔和、清脆而且好听。②双响筒两边是纯五度的关系,所以在进行打击乐之前教师要事先敲击一下,在根音一端作上标记,帮助幼儿弄清楚高低音,这样幼儿能够统一先敲低音再敲高音,不然有高有低,敲击出来会很混乱,没有乐感。③演奏沙锤要抖动手腕,把双手放在胸部靠下或身体两侧,这样抖动出来的声音集中,不能使劲甩,因为越使劲甩声音反而会越小。④三角铁不能用手直接抓握,应左手提在绳上,这样敲击的声音才会动听悦耳、有颤音。

4. 引导幼儿感知作品配器的整体布局,并随乐徒手演奏

教师可以通过演奏图谱的直观展示,如借助"动作总谱""图形总谱""语音总谱"等方式,引导幼儿观察、发现演奏图谱中蕴含的节奏、强弱以及齐奏、轮奏、合奏等特征,感知作品配器的整体布局。然后,教师可以指导幼儿通过拍手、跺脚等方式进行初步练习,对演奏配器方案形成感性认识。

徒手演奏可以先从分声部的徒手练习开始,一个个声部逐个累加,最后随乐进行多声部的合作演奏;也可以各声部同时开始各自练习自己的声部,然后再在教师的指挥下进行多声部的合作。具体采用哪种方式,教师应根据演奏方案的难易程度以及幼儿的演奏能力而定,但不可喧宾夺主,挤占了幼儿持器演奏练习的时间。

▲ 表5-1 变通总谱

	动作总谱	图形总谱	语音总谱
总谱功能	表现节奏、音色、速度、力度的变化及结构		
配器工具	身体动作	形状和颜色	嗓音
配器材料	节奏动作、模仿动作、舞蹈动作、滑稽动作	几何图形、乐器音色的象征性图形、乐器形象的简化图形	有意义的文字、词、句子、象声词、歌词的衬词和无意义音节等
注意事项	不宜用较难的身体动作表现较密集的节奏	避免复杂化、细致化的设计倾向	注意使用创造出的语音应尽量有趣、易记、上口

5. 手持打击乐器随乐演奏

教师需要通过组织、指导幼儿讨论,将"变通总谱"转换成打击乐器的实际演奏方案,并持器进行随乐演奏。与简谱相比,掌握变通总谱要容易得多。在这些变通总谱中,幼儿的认知负担得以降低,所要做的是跟着旋律做动作、看图、朗诵,以及随乐合拍演奏。

通过试奏和调整,教师逐步帮助幼儿学会舒适有效、有表现力地演奏,从而增强幼儿的节奏感。在具体组织过程中,是先分声部逐个练习,后全体幼儿合作演奏,还是一开始就全体幼儿持器合作演奏,教师需要视幼儿的音乐能力以及配器方案的难易程度而定。

> **案例 5-5**
>
> 变通总谱示例
>
> 1.《苹果丰收》动作总谱乐句示例

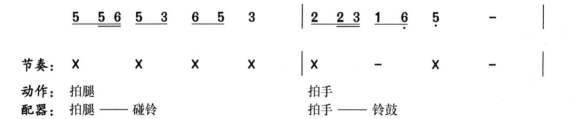

> 2.《我的身体都会响》语音总谱示例

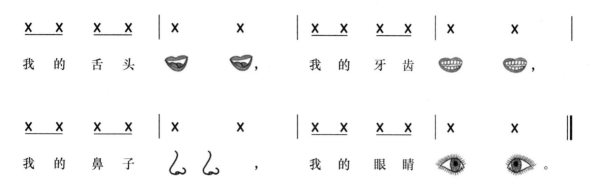

3. 《花好月圆》演奏总谱乐句示例

《花好月圆》音乐资源

	5 5	3 5 3 2	1 2 3 5	2
图形总谱				
语言总谱	一闪	一闪	荷　花	开
动作总谱	左手张开	右手张开	双手虚拳靠拢	双手五指开花

6. 幼儿自主选择乐器，设计配器方案并随乐演奏

为了发展幼儿创造性地运用乐器进行联想和表达的能力，教师还需要引导幼儿自主选择乐器，设计配器方案并随乐演奏。

幼儿在自主设计配器方案时，常常是以分组的方式进行的。各组幼儿自己商议合适的配器方案，选择适宜的乐器随乐试奏，倾听音响效果，并随机进行调整。在幼儿探讨、试奏过程中，教师需对幼儿的表现进行反馈，让全体幼儿了解他们当中产生了什么节奏型，并根据幼儿的音乐发展水平，进一步组织与指导幼儿选择、创编出更为合适的节奏型和动作。教师既可以引导幼儿通过节奏和音色的改变来"变化"，也可以引导幼儿通过节奏和音色的重复强调"统一"。对于小年龄的幼儿或比较简单的作品，教师可引导幼儿多采用"相辅相成"的处理方式，即作品的节奏密、配器的节奏也密；作品的节奏疏，配器的节奏也疏。对于年龄较大或能力较强的幼儿或比较复杂的作品，教师偶尔也可以引导幼儿采用"相反相成"的处理方式，即作品的节奏密，配器的节奏反而疏；作品的节奏疏，配器的节奏反而密，甚至可以巧妙地使用演奏与休止交替处理的方式。

值得注意的是，教师在引导幼儿随乐自主选择乐器进行配器方案的设计时，幼儿必须已对音乐作品有较为深入的感知，已经积累了一定的节奏语汇，并具备一定的演奏技能与演奏经验，对各种打击乐器有了一定的了解，而且具有运用乐器进行联想和表达的能力。同时，教师还要创设适宜的条件，帮助幼儿记录自己设计的演奏总谱，防止演奏时忘记。

上述几个基本环节在集体性音乐欣赏演奏活动的设计与组织中，可以进行不同的组合、分解，教师在设计与组织时应摆脱教学模式过于单一的桎梏，逐步形成多样化的活动模式。

（二）多模式的集体性演奏活动

以下介绍的几种幼儿园集体性演奏活动常见的教学模式，各有各的优势，每种模式有其相适宜的音乐作品类型、幼儿的演奏基础与水平以及教师的教学风格,教师可根据具体情况灵活选择,也可交替运用。

1. 从总体布局入手的模式

从总体布局入手的模式是幼儿园集体性演奏活动组织中比较常见的教学模式,该模式的基本流程是:①用容易引起幼儿兴趣的方式(如故事、游戏、韵律活动等)导入主题,引起幼儿的注意与兴趣。②引导幼儿完整欣赏整个音乐作品,或进行简单的节奏活动,初步感知主旋律的情绪、风格和基本拍子。③引导幼儿观察图形总谱、语音总谱、动作总谱等方式,初步理解掌握打击乐演奏的总体方案,并初步尝试练习。④进行分声部的徒手练习。⑤教师指挥,幼儿跟随音乐手持乐器进行分组演奏练习。⑥教师指挥,全体幼儿随音乐伴奏进行多声部乐器合奏练习。⑦个别幼儿学习指挥,全体幼儿集体练习合奏。

案例 5-6

大班演奏活动: 土耳其进行曲

【活动目标】

(1) 感受乐曲 ABA 的曲式结构,会看图谱进行轮奏和合奏。

(2) 尝试根据打击乐器的音色选择合适的乐器为乐曲伴奏,能与同伴协调一致地演奏。

(3) 学习看指挥演奏乐曲,体验与同伴合作演奏的乐趣。

【活动准备】

(1) 经验准备:在晨间、离园、餐前安静活动等环节播放乐曲,使幼儿熟悉音乐《土耳其进行曲》。

(2) 材料准备:演奏图谱一张;铃鼓、碰铃、圆舞板等各若干;《土耳其进行曲》音乐 CD、播放机。

【活动过程】

1. 动作体验,感受节奏

教师当士兵队长,带领幼儿跟随音乐扮演"勇敢的小士兵",通过动作体验感受乐曲活泼、进行曲式的风格,进一步熟悉乐曲。

师:神气的小士兵们,我是你们的队长,我们要去前面的森林里完成一项任务,你们要听队长的口令,准备——出发!

2. 欣赏乐曲,练习节奏

(1) 完整欣赏乐曲,感受乐曲的 ABA 曲式结构。

教师以士兵要完成任务的口吻,引导幼儿安静、完整地倾听音乐,并说说音乐有几段?哪两段是一样的?

(2) 出示图谱,引导幼儿边观察图谱边听音乐感受节奏。

(3) 以问题引发幼儿讨论,理解图谱符号的含义。

师:你发现了什么?

师:为什么圆点有大有小?它告诉我们大圆点要拍得怎么样?小圆点要拍得怎么样?

师:星星和圆点在一起代表什么意思?

3. 视听结合,进一步熟悉演奏节奏

(1) 幼儿跟随音乐看图谱徒手练习节奏。

(2) 幼儿跟随音乐分组合作徒手练习节奏。

教师需提醒幼儿认真看图谱，明确图谱要求：圆点代表第一组演奏，星星代表第二组演奏，圆点和星星代表两组一起演奏。

4. 幼儿持乐器随乐演奏

(1) 出示铃鼓、响板、碰铃，引导幼儿尝试根据乐器的声音来选择合适的乐器，为乐曲配器伴奏，知道铃鼓适合表现出连续两拍，碰铃和响板适合表现出一拍。

师：圆点的音乐，用什么乐器表现更合适？为什么选择碰铃和响板？

师：星星的音乐，用什么乐器表现更合适？为什么选择铃鼓？

(2) 跟随音乐看图谱演奏。

阅读图谱，使幼儿明确碰铃、响板演奏圆点的部分，铃鼓演奏星星的部分，圆点和星星是两组一起演奏。

师：轮到你的时候你就拍，没有轮到你的时候要耐心等待做好准备。

(3) 跟随音乐看教师指挥演奏。

(4) 两组幼儿轮换乐器再次演奏。

附：《土耳其进行曲》演奏图谱

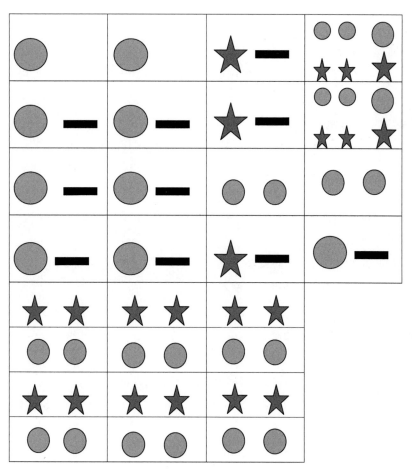

▲ 图 5-14　演奏图谱

(本活动由福建省实验幼儿园林珍、陈燕燕设计与执教)

2. 从主要声部入手逐个累加的模式

该模式的主要组织流程是：①用容易引起幼儿兴趣的故事、游戏、图画或韵律活动等方式导入主题，引起幼儿的注意与兴趣。②引导幼儿完整欣赏整个音乐作品，感受、体验音乐的情绪、节奏与结构等。③采用示范—模仿的方式帮助幼儿认识并掌握乐曲中某一典型乐段或者主声部节奏的演奏方案，并指导幼儿随乐徒手与持器练习。④以创编的方式，引导幼儿掌握打击乐曲的其余部分或者另一（辅助）声部的演奏方案，并进行徒手练习与持器练习。⑤放慢音乐，在教师的指挥下，幼儿跟随音乐手持乐器进行完整演奏练习。⑥幼儿跟随音乐伴奏完整演奏。

案例 5-7

小班演奏活动"闪烁的小星"

【活动目标】

(1) 喜欢演奏打击乐器，初步养成在演奏中倾听自己与他人演奏声音的习惯。

(2) 学习正确的演奏方法，初步养成看指挥演奏的习惯。

【活动准备】

(1) 经验准备：幼儿初步学会演唱歌曲《小星星》。

(2) 材料准备：节奏图卡两张；串铃、碰铃各若干；木鱼、大鼓各一。

【活动指导】

1. 教师范唱，幼儿欣赏

师：天黑了，天空中出现了很多可爱的小星星。它们眼睛一眨一眨，深情地唱起一首动听的歌。

2. 幼儿边欣赏歌曲边用声势动作伴奏

(1) 引导幼儿认真倾听音乐，一拍一下轻轻、有节奏地拍手，为歌曲伴奏。

(2) 引导幼儿认真倾听音乐，一拍一下轻轻、有节奏地拍腿，为歌曲伴奏。

3. 引导幼儿选择乐器，以主要的伴奏型为音乐伴奏

(1) 教师逐一出示并演奏碰铃、串铃、木鱼、大鼓等乐器，提问：这么优美动听的音乐，哪些乐器比较合适为它伴奏？为什么？

(2) 教师出示节奏图谱一，引导幼儿徒手练习节奏，并为音乐进行伴奏。

(3) 指导幼儿看图谱与教师指挥，随乐演奏乐器。

第一遍，教师放慢速度演唱，指挥幼儿边唱边一拍一下地随乐演奏。教师注意提醒幼儿看指挥，注意演奏姿势并学习倾听演奏的效果。

第二遍，播放歌曲录音，教师指挥幼儿随乐演奏。

4. 教师出示节奏图谱二，引导幼儿为音乐伴奏

第一遍，教师放慢速度演唱，指挥幼儿边唱边一小节一下地随乐演奏。教师注意提醒幼儿看指挥，注意演奏姿势并学习倾听演奏效果。

第二遍，播放歌曲录音，教师指挥幼儿随乐演奏。

5. 教师将幼儿分为两组，随乐进行合奏

碰铃组先演奏节奏型一，串铃组演奏节奏型二；之后交换。

【活动建议】

(1) 尽量将活动室布置得像静谧的星空,有条件的幼儿园可运用多媒体手段辅助教学,以帮助幼儿领略音乐的意境。

(2) 开始时教师可以放慢速度边哼唱边带领幼儿练习,等幼儿熟悉后逐步恢复原速。

(3) 教师应注重培养幼儿取放乐器的良好常规以及正确的演奏姿势。

(本活动由福建幼儿师范高等师范专科学校程英设计与执教)

3. 体验—探究—创编模式

该模式是一种幼儿在感受、体验音乐的基础上,自主探索音乐、乐器并自主创编配器方案的教学模式,主要组织流程是:①用容易引起幼儿兴趣的故事、游戏、图画或韵律活动等方式导入主题,引起幼儿的注意与兴趣。②引导幼儿完整欣赏整个音乐作品,初步感受音乐的情绪、内容、节奏与结构等。③鼓励幼儿通过各种方式(体态动作、语言等)自由探索音乐,创编合适的节奏型,进一步体验音乐的节奏、情绪与结构等。④引导幼儿分组,探索、讨论、设计打击乐的配器方案。⑤引导幼儿跟随音乐尝试演奏,认真倾听各自创编演奏方案的音响效果,在分享的基础上逐步完善演奏方案。⑥引导幼儿确定自己的演奏方案并随乐演奏。

案例 5-8

中班演奏活动: 锯木头

音乐资源
《锯木头》

拓展阅读
《锯木头》
歌曲乐谱

【活动目标】

(1) 感受乐曲欢快的节奏,能听辨出音乐中锤钉子、锯木头的声音及节奏。

(2) 尝试运用锤子、椅子、螺纹玩具发出的声音模仿小木匠进行演奏,体验与同伴运用生活物品合作演奏的乐趣。

【活动准备】

(1) 经验准备:观看幼儿园里的木匠叔叔制作玩具树等的情景。

(2) 材料准备:视频(木匠工作情景),音乐《锯木头》;空白16宫格节奏图谱一张,带有螺纹的塑料玩具、自制锤子。

(3) 场地布置:幼儿坐位摆成双八形。

【活动过程】

1. 观看视频,引导幼儿回忆木匠工作情景,导入活动

视频播放前,教师:今天,木匠叔叔要开始工作了,木匠叔叔到底在做什么,用了什么工具,发出了什么声音呢?我们一起来看看。

视频播放后,教师:引导幼儿模仿声音做动作,教师辅以语言提示——"锯木头呀锯木头,慢慢锯。快快锯呀快快锯,快快锯。锤钉子呀锤钉子,叮叮叮叮。"

2. 欣赏乐曲,引导幼儿感受并掌握乐曲中锯木头的节奏

(1) 第一遍倾听音乐,听辨锯木头的声音。

师:你听到音乐里小木匠在做什么?(锯木头、锤钉子)

(2) 第二遍倾听音乐，找出表现锯木头的音乐。

教师随乐指16宫格图，引导幼儿听辨音乐的哪些地方有锯木头的声音，并根据幼儿的回答用斜线画出节奏。

(3) 第三遍倾听音乐，教师随音乐指16宫格图，进一步帮助幼儿感受理解锯木头的节奏。

慢慢锯：|× —|

快快锯：|× ×|× ×|× ×|× —|

(4) 第四遍倾听音乐，幼儿随乐模仿锯木头动作，巩固锯木头的节奏。

3. 完整欣赏乐曲，引导幼儿感受并掌握乐曲中锤钉子的节奏

(1) 倾听音乐，找出锤钉子的声音。

师：音乐中除了锯木头的声音，你还听到了什么声音？

(2) 幼儿随乐做锤钉子的动作，学习锤钉子的节奏并找出音乐的规律。

师：我们可以在音乐的什么地方钉钉子？

(3) 幼儿分组随乐玩小木匠游戏。

将幼儿分成两组，看老师指挥合着音乐的节奏玩小木匠游戏：一组的幼儿当小木匠锤钉子，另一组的幼儿锯木头，有锤钉子的时候就不锯木头，有锯木头的时候就不钉钉子。

4. 出示生活乐器，引导幼儿合作演奏

(1) 出示螺纹玩具和自制小锤子，引导幼儿自主探索锤锤子和使螺纹玩具发出与锯木头声音相似的办法。

(2) 幼儿分组随乐演奏。一组幼儿演奏锤钉子，另一组幼儿演奏锯木头。

(3) 幼儿两两合作演奏。幼儿自由择伴，两两相对，一个演奏锤钉子，另一个演奏锯木头。

【活动延伸】

(1) 投放音乐、图谱、螺纹玩具和自制小锤子到音乐区中，请幼儿自由结伴当小木匠演奏。

(2) 引导幼儿继续探索能发出与锯木头相似音效的物品，倾听、分辨其声响效果并运用于演奏。

附1：16宫格图谱

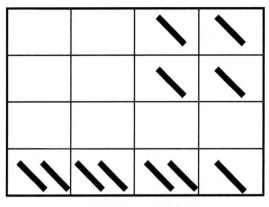

▲ 图5-15 图谱参考

附2：螺纹玩具和自制小锤子(废旧报纸自制)

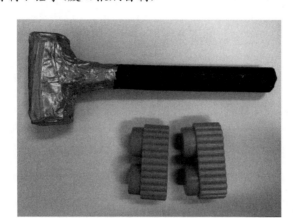

▲ 图5-16 自制玩具

(本活动由福建省实验幼儿园林珍、潘婷老师设计与执教)

二、演奏区角活动的组织指导

在音乐活动区中我们经常会看到这样的镜头：孩子们在音乐声中敲敲、打打、玩玩、乐乐、说说、唱唱、动动、跳跳，各自展现自己的表演才能。有的幼儿用小乐器为歌曲伴奏，有的为大家表演节奏乐，有的担任小指挥，还有的边歌边舞。每次活动，孩子们都乐不思蜀、尽情表现，陶醉在音乐的海洋中……同样，打击乐器的演奏教学也不应仅仅局限于集中性的演奏教学活动中，要有更灵活的时间表，应渗透于日常生活中，如创设演奏区角，提供各种打击乐器和音乐，使幼儿在自由活动中萌发演奏欲望时可随时表现。

演奏区角活动是幼儿学习音乐、享受音乐的有效途径之一。在演奏区角投放适宜的演奏学习材料，通过材料与幼儿的互动，可以将教师的示范引领与幼儿的自主探索有效结合，让幼儿尽情表达自己的感受和体验，满足他们的表演欲望，这样既凸显教师对幼儿演奏活动的有效支持，又关注幼儿演奏过程中的自主探索，并丰富幼儿对音乐独特的审美体验。

(一) 演奏区角活动存在的问题

区角活动是进行个别化教育的有效途径，它能给予幼儿更多的表现空间，更能让幼儿充分表达自己的情感。幼儿都非常喜欢选择音乐区，他们会选择自己喜欢的材料、乐器进行游戏，有的把头饰戴起来，拿着小乐器进行演奏；有的听着录音机里的歌曲、乐曲进行表演。但时间都玩不长，一会儿就产生了厌倦感。为什么幼儿在音乐区里兴趣保持时间短，不能深入地游戏呢？分析其原因，主要存在以下几个问题：

一是活动材料不够丰富。教师只是简单地、一成不变地投放一些演奏乐器、节奏图谱、表演头饰和道具，长期没有更换材料，忽视了对区域环境的进一步创设。

二是活动内容比较单一。演奏区角仅作为集体性演奏活动的延伸来进行，没有丰富的主题内容，忽视了幼儿的兴趣和需要，导致幼儿在活动中缺乏积极性、主动性和创造性，不能深入演奏游戏，进行多样化的演奏。

三是活动缺少有效推进。《指南》指出："在幼儿自主表达创作过程中，不过多干预或把自己的意愿强加给幼儿，在幼儿需要时再给予具体的帮助。"教师不做干预幼儿的事，不等同于放任自流。音乐比较抽象，如果没有教师从中有效的指导，在幼儿需要时及时给予具体的帮助，幼儿的自主演奏状态就只能维持在一个水平上,就会出现随意敲打、兴趣保持时间不长的现象。

(二) 演奏区角活动的内容

幼儿在演奏区角的活动不应仅限于随乐演奏这一动作本身,而应把演奏区角的创设、为演奏而做的各种准备等都看作幼儿主动参与演奏活动的学习过程。

1. 自制演奏乐器

在音乐区中除了教师为幼儿提供的打击乐器外,还可以师幼共同收集一些干净、卫生的废旧物品,让幼儿发挥想象,自己动手制作各种打击乐器,并让他们尝试用自制的各种乐器演奏。如利用矿泉水瓶、蚌壳、酸奶瓶、茶叶筒、易拉罐、黄豆、沙子、小石子等,可以在小瓶里装上豆子,做成简易的响筒;用废旧包装纸把旧筷子缠成指挥棒;用空的大号纯净水瓶、厚纸盒当鼓;玻璃瓶上贴一些五颜六色的花纹和漂亮的图形,放上不等量的水进行演奏等,幼儿往往对自己制作的这些活动材料爱不释手,也因此更能激发幼儿积极主动地参与音乐区的演奏。

▲ 图 5-17　部分自制小乐器参考图例

2. 自主设计演奏节奏

初始,让幼儿自己设计演奏节奏谱有一定的难度,教师可以和幼儿合作,对幼儿进行灵活、有效地引导,帮助他们设计出简单、和谐的节奏谱。教师可以投放音乐,对幼儿的演奏进行录音,并采取录音回放等形式让孩子们倾听演奏的效果是否和谐,以体验自主创作、合作演奏的乐趣。在此基础上,让幼儿了解每种乐器的音色特点,然后引导幼儿选出适合乐曲性质的伴奏乐器进行演奏。由于是自己探索设计的节奏,幼儿演奏起来会更得心应手,很有成就感。在探索的过程中,孩子们对乐器也有了更深的认识和了解,并享受到了演奏活动的乐趣。

3. 自己制作演奏图谱

以图谱为辅助手段,符合幼儿的感知觉特征,能帮助幼儿体验和领悟音乐,加深对音乐作品的感知、理解和记忆。幼儿能对形象化的图解坚持较长时间的注意,这有助于其维持用乐器演绎音乐作品的兴趣。

幼儿自己制作演奏图谱,需要有一定的阅读图谱的前期经验,如懂得在图谱中运用一些生动、形象的图形符号,用符号之间的距离大小把握节奏的快慢,可以结合音乐的旋律赋予图谱中不同符号、线条以含义等。幼儿使用自己制作的图谱,更有利于幼儿对音乐节奏的理解和把握,可以为幼儿提供更广阔的想象平台,发展幼儿的观察力、记忆力、想象力和创造力,让音乐充满丰富的故事内容与想象,能更好地吸引幼儿主动投入到演奏区角活动之中。

案例 5-9

幼儿自制演奏图谱参考示例:"大树和小鸟"

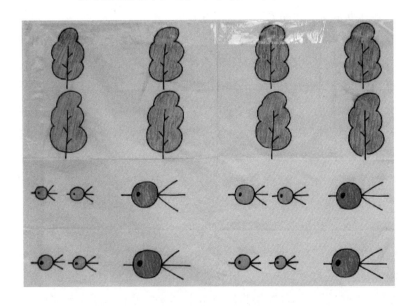

▲ 图 5-18 "大树和小鸟"演奏图谱

在该图谱中,大树形象代表乐曲中出现"树"的音乐,小鸟形象代表乐曲中出现的"小鸟"音乐;一棵大树演奏时拍一下,两只黄色小鸟演奏时快拍两下(各半拍),金黄色大鸟和大树一样拍一下。阅读图谱,我们可以了解到该乐曲的演奏节奏为 ×× | ×× | ×× | ×× | ××× | ××× | ××× | ××× ‖;乐曲可以分组演奏,有的演奏大树音乐,有的演奏小鸟音乐,可以由两种或两组乐器轮奏。

(三)演奏区角活动的指导

1. 结合主题活动,创设主题背景下的音乐区开展演奏活动

尝试结合主题开展音乐区角活动,让每个幼儿都能积极、主动、自信地参与到活动之中,满足自我表现的需要。如主题活动"我是中国人",教师可在音乐区提供不同民族的音乐,让幼儿先学会倾听,再学着去实践操作;有的幼儿听了蒙古族的音乐之后,马上会选木鱼、响板来伴奏;有的幼儿听了傣族的音乐之后,会说:"听上去很温柔的",然后选择三角铁或者小铃伴奏。在一段时间之后,出现了两个幼儿的合奏,有不同乐器相同节奏的合奏,也有不同乐器不同节奏的轮流伴奏,这让不同层次的幼儿在原有水平上都有所提高。

2. 作为集体性音乐活动内容的延伸

在一次时间有限的集体性演奏活动中,幼儿个体的演奏愿望往往不能完全得到满足,教师如果将集体性演奏活动的音乐、相关的演奏图谱、乐器等材料投放到演奏区角,幼儿就可以随乐当小指挥,选择集体活动中没有机会使用的演奏乐器随乐演奏,自主变换节奏随乐演奏;可以看图谱演奏,也可以重新设计图谱进行演奏;可以合奏,也可以与同伴协商进行轮奏;可以边舞边演奏,也可以有的跳舞、有的演奏;还可以使用自制材料进行演奏,感受不同演奏材料的声响效果等,充分满足不同幼儿多样化的、进一步的演奏需求和表现愿望。同样,对于其他类型的音乐活动,教师也可以将演奏的学习目标延伸到演奏活动区。

案例 5-10

拓展阅读
《福州小吃》
歌曲乐谱

演奏区角活动的来源

如在开展集体性音乐活动"说唱歌曲《福州小吃》"后,延伸至音乐区进行的打击乐演奏活动"福州小吃"。在集体教学中,教师根据说唱歌曲《福州小吃》所表现的具有福州浓郁地域文化的特点,设计了将福州方言融入说唱活动,选取歌曲中幼儿易于理解、感受和表达的四种福州小吃,用福州方言进行说唱,用碗、筷等发出清脆声响的生活物品进行叫卖,让幼儿在体验有趣又好玩的福州方言叫卖、说唱中,感受福州方言的地方韵味,理解歌曲所表达的欢快情绪,激发喜爱福州小吃、学说福州话的兴趣。

在组织集体性活动后,教师在演奏区创设了福州小吃摊位,投放《福州小吃》音乐、厨师围裙、节奏图谱,以及竹签筒、小碟子、小锅盖、大汤勺等餐具。由于幼儿在集体教学活动中已经具备了"感受福州方言说唱歌曲的地方韵味,能跟随乐曲节奏用肢体动作表现歌曲中说唱部分的节奏,并且尝试了用碗、勺、碟、筷子为歌曲的说唱部分伴奏"等前期学习经验,在演奏区角中幼儿就自然形成了许多富有创意的延伸活动,如:收集并创造性地使用了新的生活中乐器进行演奏和叫卖;利用教师提供的鱼丸、拌面、海蛎饼、扁肉等福州小吃图片创编节奏卡,并按自己创编的节奏进行演奏;迁移已有经验,用"鼎边(锅边糊)、光饼、春卷等其他福州小吃方言替代歌曲中的说唱部分"鱼丸""拌面""海蛎饼""扁肉"玩节奏游戏,在此过程中,幼儿深化了对歌曲《福州小吃》的理解和感受,扩展了学习经验,充分体验到了与同伴自主游戏、创编、演奏的乐趣。

3. 提供丰富的材料,提高幼儿参与演奏区活动的兴趣

《指南》指出:"幼儿艺术领域学习的关键在于充分创造条件和机会,引导幼儿学会用心灵去感受和发现美,用自己的方式去表现和创造美。"为此,教师应以多样化的、丰富的材料吸引幼儿自主探索、自由玩耍,让幼儿选择自己易于掌控的材料、喜欢的方式,更积极、主动、自信地参与活动,满足不同发展水平的幼儿都能自我表现的需要,为幼儿带来积极的情感体验。

(1)投放和使用专门性演奏材料。如铝琴板的音块操作材料,幼儿一边敲一边唱,在不断敲打与倾听中幼儿主动尝试用"mi""so""la"三个音符敲出不同的音乐小段落,唱奏《摇篮曲》等;熊按钟的操作材料,包含小字一组的"do"到小字二组的"do"八个音。幼儿可以单人边按边唱进行演奏,也可以和老师、同伴合作,每人负责一个或几个音进行演奏《迎春花》等。

(2)投放和使用非专门性演奏材料。不同的非专门性材料特性不同,发出的声响效果不同:筷子敲击碗、碟的声音清脆、悦耳;敲击瓢、盆、瓶子、罐子等的声音又各不相同;用手拍打纯净水桶会发出像鼓一般的音响,而且根据力度大小变化,从桶心到桶边可发出不同的音高、音色,能较好地烘托、渲染音乐气氛;算盘、竹签筒、木块没有固定音高,音色清脆、响亮;沙子石子、黄豆绿豆装在矿泉水瓶中,用摇动的方式和像沙漏一样从一端向另一端倾倒发出的音响效果也不同……探索、利用自然界和生活中一些常见物品,教师可以根据音乐的不同风格、不同的音响需要而有选择性地使用。如:教师用报纸制作的玩具小锤子,幼儿可用来模拟小木匠随乐演奏敲钉子、锤锤子,可以玩得不亦乐乎;投放小碟子、筷子,幼儿随乐为《凤阳花鼓》伴奏;投放扎成捆的筷子,幼儿随乐为《筷子舞》伴奏等。非专门性的演奏材料,丰富了幼儿园演奏的形式和内涵,让幼儿在敲敲打打中感受节奏、演奏音乐,享受节奏乐的别样趣味,增强幼儿的审美体验。

音乐资源
《凤阳花鼓》

4. 强调音乐区角活动中的交往合作

开展音乐区角活动时,教师不仅要尊重幼儿的个体发展,还要非常注重幼儿与同伴的交往合作。如在合奏歌曲《小星星》时,有六个幼儿每人拿 do、re、mi、fa、sol、la 音块中的一音块,唱到哪个音,就由持此音块者敲击。在这个过程中,幼儿需要听着琴声和同伴的歌声不断调节自己的音高,这对幼儿来说是非常大的挑战。幼儿在区角演奏中人人有任务,个个有责任,始终坚守自己的"岗位",能逐渐摆脱自我中心,培养和形成与人合作的意识与品质。

5. 实现教师角色转换,把握指导重点

在音乐活动区里幼儿是活动的主体,教师是活动的启发者、引导者、"助产士"。但应避免当前在活动区中存在着的两种截然相反的现象:一种是教师的高控行为,过分追求幼儿活动的结果,忽视幼儿情绪的体验,忽视幼儿自主学习的空间和机会;另一种是过分强调"幼儿自主性"的自由式、开放式、放羊式,忽视了幼儿音乐技能技巧的学习策略,任由着幼儿在活动区中瞎摸索,这种看似以幼儿探索为主的区域活动,并不能真正促进幼儿的发展。因此,在音乐区中教师的指导重点应放在观察、把握、记录幼儿的兴趣与发展上,分析和发现幼儿演奏的困难、演奏的最近发展区,在必要的时候适时介入、适当指导,推进活动。

6. 营造安全的心理氛围,让幼儿敢于演奏、乐于演奏

教师要为幼儿营造一个宽松的演奏区活动气氛,创设一个能适应幼儿发展的良好心理环境。让幼儿通过自我学习、自我探索、自我发现、自我完善以满足其自身发展的需要。幼儿不满足于独享个人的成功,他们总想与他人分享,并期待他人的接纳和赞许,因而教师的接纳和赞许是对他们最大的鼓舞。鼓舞性激励和引导性启发是培养幼儿创新能力、发展幼儿的探索能力与思维能力的重要途径,教师应该充分肯定幼儿,相信幼儿,善于合理启发和诱导,给予幼儿发展的空间,逐步提高幼儿打击乐器演奏的创新能力,成为真正的演奏区角活动的小主人。

案例 5-11

演奏区角活动示例:敲敲打打乐器坊

【活动目标】

体验各种物品的声响效果,学习看节奏卡演奏,享受创造性演奏的乐趣。

【活动材料】

(1) 投放盆、碗、碟、杯以及饼干盒、空纯净水桶、筷子、汤勺等能发出声响的物品。

(2) $\frac{2}{4}$ 拍子、$\frac{3}{4}$ 拍子、$\frac{4}{4}$ 拍子的节奏图形卡,各若干张。

(3) 发动家长和幼儿共同收集生活中能发出声响的物品,不断丰富"敲敲打打乐器坊"。

【玩法建议】

(1) 幼儿自由地跟随歌曲《盆碗碟杯在歌唱》,随音乐演奏盆、碗、碟、杯四种生活中的乐器。鼓励幼儿主动寻找同伴,进行合作演唱和演奏。

(2) 看教师提供的节奏图形卡,自主选择各种物品,拍一拍、敲一敲。尝试和同伴用不同的演奏材料,你一句、我一句地开展节奏问答游戏。

(3) 引导幼儿参与创编节奏、创编简单的乐器故事等,鼓励幼儿选择各种演奏材料,用不同的方式进行演奏。

(4) 启发幼儿可以用自己的身体部位做乐器,可以有多种演奏方式,如与同伴轮奏、合奏,除了独立使用教师提供的固定节奏型演奏外,还可以自己创编节奏,敲出不同的节奏和声响,感受趣味演奏的乐趣。

(5) 自制小乐器演奏,继续寻找生活中其他能发出声响的替代品进行演奏。

三、幼儿自发性演奏活动的组织指导

在幼儿园,我们经常能看到:游戏时,幼儿会拿着积木或积塑有节奏地敲击桌面,并不时伴随着身体动作;在生活环节自由活动时间,由于无所事事,一些幼儿也会偶尔用双手拍打节奏……这种不是以哼唱形式出现,而是以自发的手段和方式所表现出的音乐行为,如敲击节奏、制造有规律的声响等,我们称之为幼儿的自发性节奏探索行为。教师能否敏锐地发现幼儿自发性演奏探索行为的教育价值,有意识地关注并将这种行为有选择性地转化和融入音乐教育中,已成为当今幼儿园音乐教育的一个新课题。

奥尔夫认为,音乐构成的第一要素不是旋律而是节奏。也可以说,节奏是音乐的生命,也是音乐生命力的源泉。孩子们正是在不断重复这些看似不经意的敲敲打打、手舞足蹈的过程中,逐渐发现了音乐拍子与动作之间关系的感知理解力。而幼儿正是在这些"元素性"的跺脚、拍手等自发性动作、节奏探索中,对节奏的敏感不断得到锻炼。

此外,幼儿自发地敲击节奏,并以此来探索声音,既是对节奏感受力的一种培养,也是其感知、理解和创造音乐的一种方式。我们知道,幼儿非常有创造力,他们会使用手中的任何一样东西创造声音,在幼儿眼中,盘子、玩具、餐具、石头等任何事物都可能成为乐器,包括自己的身体。他们使用这些"乐器"就像吃饭、画画那样自然。因为这些东西对幼儿而言,就是乐器。沃格勒对幼儿自发演奏的研究也表明:幼儿非常乐意去运用一些物体创造声音,他们听到的声音和他们用身边的东西(乐器)创造出来的声响成为他音乐经历的一部分,可以说,这些"乐器"扩展了幼儿的音调和节奏方面的体验,促进了幼儿音乐表现力的发展,为幼儿开拓了一种新的表达方式。

拓展阅读
教师的支持与适时引导

教师要支持并适时引导幼儿的自发性演奏行为,使之成为正规音乐教育的起点,使教学真正成为一种自我创生的过程,使幼儿自发音乐行为的价值得到深化。

四、节庆演奏活动的组织指导

幼儿园演奏活动所需的器材、场地等,既可因陋就简、废旧物加工利用,也可使用规范化设施;既可在音乐课堂组织开展,也可在区角、各种节日庆典中广泛应用。每当过节时,人们总会通过各种手段营造欢乐、喜庆、祥和的气氛,组织节庆打击乐演奏能从视觉和听觉上给人以热闹、喜庆的感觉,能较好地感受到节日的欢乐气氛。幼儿园可定期或结合节日活动开展打击乐汇报或演出活动。

在组织节庆演奏活动时,教师应注意以下四个方面:

第一,避免因演出而将演奏变成技能训练。作为节庆表演,教师选择的可能是比较完整的作品,演奏难度会加大。因此,教师要循序渐进地帮助幼儿降低难度,突破难点,小步递进,使幼儿演奏逐步连贯、完整。

第二,要让幼儿获得演奏成功的满足感。教师要多鼓励幼儿大胆参加节目表演,充分享受奏乐活动带来的快乐,激发幼儿进一步学习创造与表现音乐、丰富自己的音乐经验,增强自信心。

第三,装扮演奏以增添乐趣。教师可为幼儿装备头饰、节日服装、彩带等其他服饰道具,增添演奏的情趣,使幼儿在活动中兴趣盎然,感受节庆演奏的别样快乐。

第四,注重多形式的演奏表现。如舞蹈和打击乐有机融合,小舞台上一部分幼儿表演舞蹈,另一部分幼儿进行打击乐演奏,大家互相合作,其乐融融。这样的结合既满足孩子们的表演欲望,又较好地烘托节日的气氛,使他们的音乐潜能得到多元化的发展与表现。

[思考与讨论]

1. 熟悉并掌握集体性演奏活动的基本环节。
2. 分析"从总体布局入手的模式""从主要声部入手逐个累加的模式""体验—探究—创编模式"三种幼儿园常见的集体性演奏活动教学模式之间的异同。
3. 了解幼儿自发性音乐行为的教育价值,思考教师要怎样支持和引导幼儿的自发性音乐探索行为?
4. 谈谈组织与指导幼儿节庆演奏活动应注意哪些问题?为什么?
5. 自主选择并设计一个节日演奏活动方案,与同学们讨论和交流,说说谁设计的方案好,好在哪里?并在经过与同学们进行思维碰撞后完善自己的方案设计。(节日选择:"三八"妇女节、春节、元宵节、"六一"儿童节、端午节、国庆、中秋节、新年等)

[实践与训练]

1. 几个同学组成学习小组,创造性地运用拍手、跺脚等肢体动作和弹舌、捻指等身体乐器,设计不同方案分别表现案例《土耳其进行曲》《闪烁的小星》《锯木头》的演奏节奏并练习;寻找生活中可替代的物品模拟锯木头、锤钉子的声响合作演奏乐曲《锯木头》;熟练指挥以上三首乐曲。
2. 自选合适的音乐作品,选择不同的集体性演奏活动教学模式,分别设计成适合小、中、大班幼儿的集体性演奏教学活动方案。
3. 搜集废旧物品,自制 1—2 种小乐器。
4. 利用生活中能发出声响的物品、自制乐器,和同学一起协作演奏《盆碗碟杯在歌唱》或自选的其他乐曲。

第五节 学前儿童演奏活动的指导要点及障碍消解

打击乐演奏是一项综合的科目,幼儿要根据音乐来敲打手中的乐器。要想让幼儿根据音乐敲击出协调、悦耳、动听的乐曲,这不是一日之功,需要长期感受、尝试、积累、慢慢达到最佳效果。在打击乐演奏活动中,教师只有知道幼儿的学习究竟有什么困难,是什么原因造成了这些困难,然后才能采取有针对性的教学对策,消除教学中的障碍,进而促进幼儿的自主学习。

一、引发指导障碍的各种相关因素及障碍消解

(一) 因教师因素引起的指导障碍及消解

因教师因素引起的指导障碍有:教师的神态、语言、行为、情绪表达与音乐本身所要求的情绪不吻合;演奏方案设计的难度(节奏、动作、队形)过高引起的障碍。

消解策略:

(1) 音乐作为一种审美活动,其特性就在于整体性和整体协调性,教师要使自己的语言、行为和原作品所传达的思想感情达到和谐一致,创设一种与作品协调一致的带有整体审美情境的教学情绪场。只有当教师的教学艺术与幼儿的情绪体验达到同一频率时,师幼间才会产生认识、思维、情感的共鸣。好的教师,应该是一个既感情丰富又十分理智的教师。

(2) 演奏活动中,教师调整节奏难度的策略主要有:①善用休止,降低乐器动作与节奏难度;②适当重

复,降低乐器动作与节奏难度;③适宜节奏型,降低乐器动作与节奏难度;④断响与散响交替,降低乐器动作与节奏难度。

(3) 演奏活动中,教师动作难度的升降级策略:①以幼儿的原有经验为原点;②以幼儿的学习特点及方式为核心;③以幼儿的学习负载量为标尺;④适宜的挑战难度,激发幼儿积极参与。

(4) 演奏活动中的减法策略:①减动作的复杂程度:动作设计和乐器使用方法之间是正迁移关系——一种学习对另一种学习起到积极的促进作用;②减队形的难度:不建议有过多的队形变化;③减乐器的难度:减少乐器种类、使用方法;④减节奏的难度:因为游戏规则具有一定的难度。

(二) 因幼儿因素引起的指导障碍及消解

因幼儿因素引起的教学障碍有:幼儿因活动不好玩、活动设计得过于容易,活动不具有挑战性而产生的厌烦情绪;活动设计得过于困难,幼儿在记忆、反应方面的负担太重而导致的缺乏学习动机。

消解策略:教师应依据幼儿相关的学习经验和能力,适当地提高或降低学习难度,让学习保持在最近发展区内,将一个幼儿群体的情绪始终保持在舒适的、适度兴奋水平范围之内。

(三) 因程序和方法因素引起的指导障碍及消解

1. 因程序因素引起的指导障碍及消解策略

教学节奏是指教师进行活动实施时富有美感的规律性的变化,一个成功的音乐教学活动需要有一定的艺术结构和教学节奏。在合理的教学程序下,教学进程快慢得宜,方式动静相生,指导信息疏密相间,指导语言抑扬顿挫,指导过程起伏有致。

▲ 表 5-2 两种演奏指导程序与方法的比较

原程序:分—整	改编程序:整—分—整
原方法:各声部间相互不倾听;示范模仿;划拍子式指挥	改编方法:引导、探索简单而多重复、有规律可循的变通总谱,降低幼儿认知负担;徒手练习在前,乐器演奏在后;清唱——弹琴——录音音乐;含提前预示的指挥法(模仿动作、击拍动作)

因程序因素引起的指导障碍主要有以下三种情形:教师语言节奏过慢导致幼儿知觉效果差,注意力不集中;活动缺乏兴奋点的刺激造成幼儿陷入无聊、萎靡的状态;教学中一味强调气氛活跃而引发幼儿过度兴奋。

消解策略:运用程序拉长或压缩技术。教师应在发现幼儿理解指示或掌握技术有困难时,就及时放慢速度、拉长程序,让幼儿能够真正理解和掌握;在发现幼儿已经能够理解指示或掌握技术困难时,就能够加快速度、压短程序,让幼儿能够满足回应适合的"挑战"的愿望。

有时,教师"吃不准"合适的"节奏"或进度,在设计时可将程序设计得尽量细致些,在施行时却尽量粗糙些。当教师发现幼儿无法接受时再向后退,一直退到进度合适的位置。当然,如果教师在设计时不够细致,在施行时就会"无路可退"。因此,对于缺少经验的教师来说,在设计中间步骤时应多而细,这样在施行时才可能灵活进退。

2. 因方法因素引起的指导障碍及消解策略

学前儿童音乐教学方法是多种多样的,每种方法对幼儿的心理调节作用不同,对幼儿的学习效果也有不同影响。采取教学方法时,教师要知道幼儿的学习困难在哪里,是什么原因造成这些困难,然后再采取针对性的教学策略以消除障碍。

消解策略：

（1）教师提问的退位策略：教学中教师的问题有多种类型，一般可分为选择性反应题和构造性反应题，前者包括选择题、匹配题和是非题，主要考察判断能力；后者包括填空题和阐述题，主要考察回忆和重组知识能力。在实际教学中，教师的提问以构造性反应题居多，回答这类问题需要幼儿有更高级的思维能力。当教师所提的问题与幼儿的心理结构不匹配时，教师要善于根据幼儿的反应灵活地降低问题的难度，这种策略即提问的退位策略，如，当幼儿对含创造成分的"阐述题"不能正确回答时，教师就将之退位至"选择题"或"判断题"，其目的是变无效问题为有效问题。

（2）动力定型阻断的策略：避免因幼儿的自主推理或认知惯性而造成的错误反应。

（3）提前预示的策略：有效运用"预令"提示，以增加幼儿反应的时间，可以更加从容的学习。

3. 因材料因素引起的指导障碍及消解策略

材料包括音乐材料（音乐内容、音乐旋律等）与其他辅助性材料（道具、乐器、教具、学具、身体装饰物、音像制品和音像设备等）。

消解策略：

（1）音乐材料对打击乐演奏教学的调控作用。它主要体现在旋律对演奏教学的调控作用：很多时候，教师在面对一个现成的音乐作品时并不会对音乐的旋律有所存疑。实际上，旋律本身的特点往往会作为一个因素对教学活动产生较大的影响。音乐旋律过于复杂的作品往往会造成幼儿的认知负担，同时也会给教师的演奏带来技术障碍，进而影响作品主题思想的彰显。因此，简化旋律，突出"图底关系"的演奏应该成为一项有效的教学技术。

（2）辅助性材料对打击乐演奏教学的调控作用。辅助性材料主要是道具、乐器、教具、学具、身体装饰物。其中，道具对音乐教学的调控作用体现在：好的道具不仅能激发幼儿的兴趣，唤起幼儿的参与热情，而且能起到调控幼儿的学习情绪、调节课堂教学的节奏、拓展幼儿的想象空间、培养幼儿快速反应的能力等作用。教具有图谱、学具等。图谱对音乐教学的调控作用表现在：图谱往往作为一种"先行组织者"对音乐教学起到促进作用，如吸引幼儿的注意、营造适宜的教学氛围、加深对音乐的理解等；学具对音乐教学的调控作用：幼儿利用学具对音乐材料进行了深入的组织加工，这种组织加工使幼儿更容易理解乐曲结构，记住演奏节奏。身体装饰物对音乐教学的调控作用：更多地运用在集体舞教学活动中，如果使用不当，也可引发指导障碍。

4. 因时间与空间因素引起的指导障碍及消解策略

幼儿有意注意的稳定性较差，易受外界因素的干扰而分散、转移，能集中注意力的时间往往比较短。

消解策略：

（1）在时间因素上，教师应关注幼儿外显行为所显示的心理时间，根据幼儿的实际心理需要有弹性地掌握活动时间的长短。即教师在教学活动中对于时间的把握，不应是钟表所显示的时间，而应是幼儿行为所显示的心理时间，这样才能避免幼儿的疲劳和消极情绪的产生。

（2）在空间上，有队形比没有队形即散点稳定；站圆圈、面向圈里、教师同在圈上比站方阵、教师与幼儿面对面稳定；坐着比站着稳定；站着比走着、跑着稳定；独立活动比结伴活动稳定。

（四）因打击乐配器问题引起的教学障碍及消解

教学障碍：

（1）配器目标的制定缺乏科学性。由于教师在活动前反思不到位，未能清楚地了解和制订出适宜全体幼儿发展水平的配器指导目标，致使过高的目标要求使得幼儿完成配器的情绪和态度消极；过低的目标要求,容易导致幼儿毫无意义的摆弄。

(2) 乐器的种类、数量不合理。在乐器种类和数量的提供上,并不是将所有的乐器累加和堆砌就能达到最佳效果,教师应根据活动目标内容和作品风格选择不同的参与方式,这样的配器方案设计才是合理有效的。

(3) 配器前的知识经验缺乏。各年龄段的幼儿在乐器的选择和使用中具有一定的适用范围,尤其是年龄小的幼儿,如果教师对乐器的音色、音量及使用方法不熟悉,将会影响其在配器过程中的思考。

(4) 教师的角色转换不到位。教师在配器环节中的角色转换包括心理上的转换和空间上的转换,这是幼儿自我学习及相互学习意识和能力的发展、创造幼儿自由实践与表达机会的重要手段。但教师往往在配器环节的组织中,过多地将自己的配器构思强加给幼儿,影响或阻碍了幼儿的自主学习。

消解策略:

(1) 制定适宜的配器方案。该方案应使乐器与音乐和谐,乐器与情境发展和谐,乐器使用与幼儿年龄特点和谐,并能激发幼儿的兴趣与促进其成长。

(2) 在配器上进行降级处理。活动中,如有游戏规则及玩法的难度,教师可在演奏乐器方式上做降级处理;如有位置移动和队形变化的需要,可在演奏乐器方式上做降级处理;如有人际合作变化需要,可在演奏乐器方式上做降级处理。

(3) 教师及时退位。一方面体现在教师与幼儿的接近程度方面,越小、越弱的幼儿需教师离他近一些,随着幼儿的能力和对某个活动熟悉程度的增强,教师可逐步退到离幼儿较远的空间位置上去;另一方面还体现在教师权威性参与程度方面,幼儿越小、越弱,对活动越不熟悉,教师的权威性参与程度就应越高,而且还要根据观察到的幼儿表现情况灵活掌握退出的时机和程度。

(五) 因演奏常规引起的教学障碍及消解

演奏常规的建立,贯穿在演奏活动开始前、进行中和结束后的全过程。演奏常规包括认真倾听音乐的习惯、正确的持器动作与演奏方法、看指挥演奏、演奏中的自我控制以及收放乐器的习惯等。

消解策略:

(1) 活动开始和结束的常规:听音乐信号整齐地取放乐器;不演奏时,乐器不发出声音,眼睛也不看乐器;开始演奏时,按指挥者的手势整齐地将乐器拿起,做好准备演奏的姿势,演奏结束后,按指挥者的手势将乐器放下;活动结束后,自己收拾乐器和整理场地。

(2) 活动进行的常规:演奏时身体倾向指挥者,眼睛注视指挥者,积极地与指挥交流;演奏时注意倾听音乐、自己和他人的演奏;演奏时注意力集中,不做与演奏无关的事;交换乐器时,需将原来使用的乐器放在椅子上,再迅速、安静地找到新位子坐下;交换乐器过程不与他人或场内的椅子相碰撞。

教学策略的使用不是为了帮助幼儿扫除学习中的一切障碍,为幼儿的学习铺平道路,而是为了将教师"教"的策略转化为幼儿"学"的策略,为幼儿日后迁移这个策略进行经验积累。促进幼儿自主学习,使幼儿能够成为真正的学习的主人、秩序的主人、纪律的主人,这些都是隐藏在教学策略背后的教育观念。

二、教师指导演奏活动的技术

1. 哼唱曲调的技术

幼儿在初次演奏时,要跟随乐曲节奏比较困难,教师用哼唱曲调的方法使乐曲能够随幼儿的演奏就显得格外重要。教师哼唱时要正确使用唱名法,要使哼唱的速度与幼儿最舒适的演奏速度相一致;音色或节奏型转换前要有意放慢速度,新一节或节奏型开始时要重新唤起,用动作、音量、眼神表示"预备起";要把曲调背得很熟,熟到可以在任何需要开始唱的地方开始唱。

2. 预令的技术

教师的预令是为幼儿的学习做准备的,是教师不容忽视的教学策略之一。在音乐活动中,当幼儿需要从一种状态向另一种状态转换时,教师给予"预令"的提前暗示,其支架的作用是使幼儿对即将进行的新情况,有良好的意识,能主动、从容地调整自己的行为,成为一个有准备的学习者,从而体验到音乐活动所带来的自如、快乐、舒适的感觉,避免机械地被教师"赶着走""拖着走"。

教师的预令,可分为言语预令和非言语预令。言语预令是指对即将进行的内容以言说的方式直接告知幼儿,如,轮奏时,教师转向小铃组幼儿,以言语提醒:"小铃准备!"合奏时,提面向全体幼儿,言语提醒:"一起合奏!"非言语预令是指除言语外的其他暗示方式(眼神、动作、表情等),如同样是在轮奏时,教师转向小铃组幼儿,以点头的动作提醒;需要全体合奏时,以双手上举的动作进行提示。言语预令和非言语预令,既可以单独使用,也可以结合使用,教师应视活动的具体需要进行选择。

教师的预令要适时退出。作为提示性的语言,教师预令不是自始至终都需要的。当幼儿对音乐及动作有了一定的了解和感知后,预令要适时退出,也就是说预令这根"拐杖"要逐渐撤出,让幼儿学会独立"行走",逐步内化,自己学习。预令退出的方式有多种:在音量上,提示音由响亮—弱—无声(唇语)—没有任何提示;在提示字数上,完整提示—关键词提示—没有任何提示;在动作幅度上,由夸张的大幅度动作提示—小幅度动作提示—个别动作提示—没有任何提示。在实际教学中的预令,教师如何退、退多少,还要看幼儿具体的活动情况。

对教师个体而言,预令需要经过专门的练习,才能够准确、有效地提示内容,自如地运用。此外,幼儿喜欢在情境中学习,教师设计具有情境性的预令,可以营造游戏氛围,使活动更有情趣,提升幼儿的审美感动。

3. 空间移动技术

教师在空间内的合理移动常常出于以下一些重要的理由:第一,让幼儿明白教师的分组意图。如当教师深入马蹄形口的内部,展开双臂,示意分组的范围仅在后方两横排之内,再加上语言的辅助,后两排的幼儿更容易明白教师的意思,两侧四纵排的幼儿也更容易明白自己不在教师所示意的范围之内。第二,让幼儿明白教师控制程度的变化。教师向幼儿靠近,意味着更多的控制和帮助;教师离开幼儿,意味着更多的信任和解放。第三,教师移动意味着对个别幼儿的特殊处理,如走神、违纪、情绪低落、技术困难等。由此,当幼儿出现学习的困难需要帮助时,在空间移动技术运用上,表现为教师要向需要的幼儿靠近;而当教师对幼儿的学习更加信任时,在空间移动技术运用上,则呈现为教师离开所信任的幼儿。

三、学前儿童演奏活动的指导要点

打击乐器演奏是操作性很强的活动,在实际的教学活动中,教师应运用适宜的指导策略,恰如其分地依据实际的音乐作品、幼儿的实际艺术发展特点,去引导幼儿在打击乐活动的配器环节中自主实践,尝试与学习,使幼儿的音乐能力得到相应的发展。

1. 准确定位配器指导目标

配器指导目标的定位,是幼儿打击乐配器指导环节中各项教育要素选择与确定的依据。例如:在制定中班配器环节目标时,若将其定位于"初步学会独立地设计演奏方案",以"独立完成"作为中班幼儿配器完成的目标,对于幼儿来说,"够不着且畏惧、退缩"。因此,应根据中班幼儿的实际发展水平来定位于"在教师指导下初步尝试集体设计演奏方案",将"学会"转换为"尝试",将"独立"转换为"集体",这一目标定位的确定,给予教师更加明确的指导方向,给予幼儿的则是"跳一跳够得着"的活动目标。

2. 科学提供演奏材料

打击乐活动不仅是一种听觉感知活动，而且是一种多通道参与学习的体验活动，所以，打击乐的配器是一个很重要的问题。教师应精心选配乐器，以更好地用乐器表达歌曲中蕴含的感情。在配器时，教师要了解并根据乐器的性质、情绪、风格选用相应的乐器，同时要分析乐器的形式、节拍、节奏及旋律的特点，找出有呼应、对比和变化的地方，从而选用合适的乐器。为了增加配器效果，在乐器的提供上，教师要根据活动目标内容和作品风格考虑选择不同的材料。

3. 鼓励合作选择配器

通过集体商量，幼儿自己尝试为乐曲配器，根据乐曲所表达的内容、音乐的张弛来选择不同音响效果的乐器，但对乐器性质的了解程度将直接影响幼儿根据音乐的性质创编配器的尝试。例如，在为乐曲《快乐女战士》最后一个乐句配大鼓的节奏时，教师请幼儿商量，探讨大鼓的节奏怎样才可以表现出女战士英姿勃勃的气势。每个幼儿都有不同的想法，也都有自己的创意。教师可以问问幼儿："你认为他们这样配器合理吗？""你觉得哪里不对？"对于幼儿共同讨论的结果，教师的指导原则应是以鼓励为主，让他们感到打击乐活动的有趣，从而在产生倦怠前，及时吸引他们的注意力，继续开展活动。

4. 转变角色，加强师幼互动

打击乐活动不仅要求教师根据活动需要经常变换自己扮演的角色，如：扮演配器指导中的组织者、指挥者、合作者、反馈者、评论者等，还需要教师从教师或扮演的非教师角色中及时退出，包括心理上和空间上的退出。教师在配器指导、幼儿演奏、幼儿创编等活动中的角色退位，是弱化教师对幼儿干预的一种有效策略，也是发展幼儿自我教育及相互学习的意识和能力、创造幼儿自由实践与表达机会的重要手段。

5. 完善方案，引导幼儿整体倾听

在打击乐教学中，教师应随时引导幼儿注意倾听演奏的整体音响效果，注意倾听自己的演奏与他人声部是否协调一致，并注意体验整体音响在流动中不断变化的趣味性以及与他人协调合作的乐趣。配器方案的完成，带给幼儿的是一种活动态度和情绪上的迁移，即由尝试、兴趣的产生转换为验证、成功的体验。教师应起到一种验证、倾听的作用，让幼儿欣赏、感受、比较同一首乐曲，用不同的方案演奏，会有什么不同的效果。

此外，教师应注重培养幼儿的听觉感受力，积累丰富的听觉经验。打击乐器演奏需要幼儿用听觉去感受音的高低、长短、强弱及曲式结构等从而选择相应的乐器演奏。因此，培养幼儿的听觉感受力是演奏好打击乐器的前提。幼儿的听觉感受力多属于自发地发现而缺乏自觉性，他们喜欢贴近自己生活的艺术品。我们应该有意识地培养他们通过探索和学习自觉地用听觉发现美、感受美的能力。如让幼儿学会听大自然里的各种天籁之音：鸟叫、蛙鸣、雨声、汽笛、刮风、脚步声等；去感受多种节奏，如雨水落在不同物体上不同的声音、节奏等，这些质朴、自然的节奏将会在幼儿的演奏中创造性地表现出来。在户外活动时，教师可以引导幼儿闭上眼睛仔细倾听，问他们听到了什么，引导他们发现音有高低、长短、强弱之分，积累丰富的听觉经验，激活幼儿节奏的动感，从而为演奏好打击乐器奠定良好的基础。

[思考与讨论]

1. 学前儿童演奏活动的障碍主要有哪些？哪些策略可以避免儿童在演奏中出现的障碍？请举例说明。
2. 在指导儿童演奏过程中，教师需要哪些特殊的技术？
3. 在幼儿园演奏活动中，教师需要承担哪些角色？这些角色应该如何转变？请举例说明。

[实践与训练]

在去幼儿园的时候观察儿童在演奏时的表现,找出儿童在演奏时出现的障碍,与幼儿园教师进行交流,尝试运用有效策略进行消除,并及时进行分析。

02

第二部分

学前儿童美术教育

内容导览

第六章 美术与学前儿童美术教育　165

185　**第七章** 学前儿童美术教育的组织与实施

第八章 学前儿童美术欣赏活动的设计与指导　203

233　**第九章** 学前儿童绘画活动的设计与指导

第十章 学前儿童手工活动的设计与指导　269

291　**第十一章** 学前儿童美术教育的评价

第六章

美术与学前儿童美术教育

学习目标

1. 解释学前儿童美术的特征与含义,熟悉相关理论,初步树立科学的学前儿童美术教育观。
2. 掌握学前儿童美术教育的目标、内容、途径与原则、方法,并能结合实际进行分析和反思。
3. 能初步运用所学的原理评价具体的学前儿童美术教育实践,并提出自己的感受与建议。

内容概览

学前儿童美术教育是学前儿童艺术教育的重要组成部分。本章从辨析美术、学前儿童美术以及学前儿童美术教育三个概念入手,系统阐述了什么是美术,儿童美术与成人美术的本质区别,学前儿童美术教育的目标、内容、途径、原则与方法,并强调了学前儿童美术教育的审美功能和情感教育价值,从而在根本上明确了学前儿童美术教育的科学理念。

> [问题情境]

毕加索曾说:"当我是一个孩子的时候,我可以像拉斐尔那样作画。后来我花费了很多年来学习如何像一个孩子那样画画。我毕生努力追求的,就是把我的作品画成儿童画般的纯真。"可是,很多家长和教师却发现:孩子的画"乱涂乱抹",该圆的不圆,该方的不方,实在是没有"规矩",这样的作品真的是毕加索所推崇的吗?是要教给孩子技能技巧呢,还是听之任之让孩子自由发挥?很多家长和老师对此深感困惑……

第一节 认识美术

一、什么是美术

"美术"一词源于古罗马的拉丁文"art",是人类用于获得想象形式、美化环境的基本方法。在艺术发展的早期,美术泛指各种工艺美术、文学、戏剧、音乐等,广义上还包括拳术、魔术、医学等。现在,美术是艺术的一个分支,也称造型艺术、视觉艺术或空间艺术,是运用一定的物质材料和手段(如绘画用颜料、纸、布、绢等,雕塑用木、石、泥、铜等),通过自己独特的艺术语言(线条、形状、色彩等)所塑造的静态的、占据一定平面或空间、具有可视形象以供欣赏的作品来表达作者对客观世界具体事物的情感和美化生活的一种艺术形式。

拓展阅读
美术的分类

从美术的社会功能,可以把美术分为观赏性美术和实用性美术;从美术的审美特征,可以把美术分为再现性美术和表现性艺术。一般来说,人们将美术分为绘画、雕塑、工艺、建筑(包括园林)、书法、摄影等六大类,每个门类又可以根据表现的题材和使用的题材,再分成若干小类。

二、美术的起源

拓展阅读
美术的起源

关于美术的起源问题一直被学术界称为"斯芬克斯之谜",这主要是因为人们对人类早期的历史和美术方面的资料所知甚少。尽管如此,历史上的许多学者还是在这一领域进行了不懈的探索和努力,从不同的角度提出了各种关于美术起源的学说,如模仿说、游戏说、表现说、巫术说。

关于美术起源的各种学说,可以帮助我们从不同方面了解原始美术的起源及其原因。原始美术与儿童的美术虽然有本质的不同,但两者在发生动因特别是在表现形态方面又有不少相似之处,因此,了解人类美术的发生对我们正确地认识和理解儿童的美术活动具有重要的借鉴作用。

拓展阅读
浸润式艺术作品展

三、美术的特征

美术是人类创造的一种精神产品,它有别于听觉艺术的音乐、语言艺术的文学,是具有造型性、可视性、静态性、物质性的一种空间艺术。正因为有以上基本特征,美术作品首先应该是可以被人感知的,它能引起人们视知觉观照的空间形式;其次,它通过其物质媒介向人们展现一个静止状态的相对理想的客观世界,进而触发人们二次创造特定的情感情绪。

(一)造型性和视觉性

美术是一种视觉艺术,是艺术家通过塑造可视的艺术形象反映客观世界,表达作者思想情感的艺术形式。造型性和视觉性,是美术最突出的和最基本的特性。这一特性是美术区别于其他艺术形式的一个重要标志。美术作品离开了可视的艺术形象便不复存在了。美术作品又是造型性和视觉性的统一体。美术的这一特性要求创作者在塑造艺术形象上要下功夫,要按照美的法则努力创造出具有审美价值的艺术形象,在视觉上首先给人以强烈的美的感受,促使观者从中领悟作品的思想精神,从而使作者的审美观念得以体现。如绘画是用线条、色彩在二度空间里塑造形象;书法是用笔墨、布帛、结构来创造精神气韵;雕塑是用泥土、木、石、金属等在三度空间创造出实在物质的艺术形象。当然,造型并不单单意味着形似,而是形神兼备、以形传神。所谓造型性,是指艺术家运用一定的物质材料,塑造出欣赏者可以直接感受得到的艺术形象。

美术的视觉形象的特性是感性与理性的统一,即要求通过具体的感性形式表现深刻的理性内容。优秀的美术作品总是以感人的具体的生动形象传达和表现出丰富又深刻的理性思想。罗丹的《思想者》、列宾的《伏尔加河的纤夫》、徐悲鸿的《奔马图》、毕加索的《格尔尼卡》都以强烈感人的视觉形象"先声夺人",使观者"怵目惊心"。

(二) 静态性与空间性

美术号称空间艺术、静态艺术,这是从美术的客观存在状态和存在方式来说的。美术的这种静态性和空间性,也是美术最明显、最基本的特征之一。所有的美术作品的表现形式都是静态的。美术形象只能表现客观物象的某个瞬间状态,而不能表现出物象的运动过程。无论具象的、意象的或抽象的艺术形象都是凝固的、静止的。这种静止的艺术形象都是以某种空间的物质形式呈现出来,客观上均以两维空间或三维空间的形式存在着,如绘画作品是两维的平面空间,而雕塑、工艺美术和建筑艺术等则具有长、宽、深的三维立体空间,无一例外。美术的这种静态性,要求作者应选取最有典型意义的瞬间形态,明晰地展现给观者,以便使观者把握、揣摩静态形象背后的动态变幻和思想内容,以突破美术静态性的局限,达到表现运动的目的。如米隆的《掷铁饼者》、吕德的《马赛曲》,间接或直接地表现了动态。而美术的空间性,则要求作者在有限的空间中表现多维的空间效果。它靠的是利用透视的原理和主观的构图手法,通过对视觉形象的设计,暗示观者的联想,诱导观者的体验,使观者具有多方向、多层次的虚幻的空间感受,从时间和心理上产生具体空间的假象,而使美术作品突破两维、三维的空间局限,实现美术作品的四维的时间空间、地域空间和五维的心理空间等多维空间状态,以表达作者丰富的内心世界。如达利的《永恒的记忆》和夏加尔《我与村庄》,想象奇特,情感真切。

美术的静态性和空间性,也是美术的一种局限性。但正是美术的这种局限特性,才显得美术家的创造力更加有意义,才使得作品更具有审美的艺术价值。艺术的魅力和对艺术美的感悟正是建立在这种创造性的基础之上,越是静态的艺术形象,往往越具有更大的想象空间。美术作为一种设计艺术,实质上就是对形象的设计和空间的设计。不具备时间因素,只能塑造存在于空间的静止的形态,这就使美术作品的形象具有一种瞬间性和静止性的特点。

(三) 再现性与表现性

美术作品都是通过艺术形象的塑造来体现它的审美价值和社会价值,靠艺术形象来实现它的文化功能和社会功能的。美术形象,形形色色,千姿百态。再现性是指美术再现客观世界,以写实的手法,再现客观中具体的物象,依靠事物的可视的现象和外部形式,反映事物的内在本质联系。表现性是指美术同时表现主观世界,通过作者抽象的思维活动,运用提炼、概括等手段,把生活中的自然形象进行了艺术加工而创造出新的艺术形象。有些抽象性作品是作者对自然物象从视觉形态方面进行了某种省略与舍弃,或仅抽取了某种适合的形式元素,创造出不反映任何现实形象的美术形象。作者内心世界的复杂性,造成了美术作品的多重性和某种神秘性,作品因而显得晦涩和不可思议。再现的美术形象有不同程度的概括、夸张、变形和抽象,表现性的作品多数都依靠客观自然的具体形象的不同形式的表现,而且抽象形式的符号也来源于客观生活,并没有完全脱离自然对象。从罗丹的雕塑作品到摩尔的众多雕塑,从毕加索的立体主义到蒙德里安的抽象表现,都体现了源于生活又高于生活的艺术创造,说明了艺术形象的具象与抽象的有机联系以及再现与表现的自然融合。在中国画领域也一样,从朱耷的鸟到齐白石的虾,从张大千的山水到吴冠中的风景,无不体现了"妙在似与不似"的审美情趣和艺术观念。

美术作品往往是再现性与表现性的统一,具象性与抽象性的统一。把握美术的这一看似矛盾却辩证统一的特性,对我们深刻认识和理解美术有着重要的意义。

[思考与讨论]

为什么艺术家如米罗、毕加索、马蒂斯等的绘画作品越来越接近原始美术和儿童画(如图6-1和6-2)?难道它们之间有什么神秘的联系?

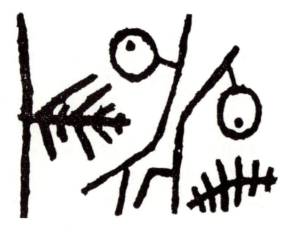 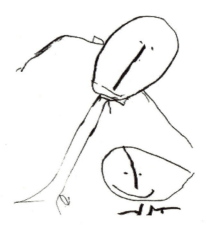

▲ 图6-1 《跳舞的水果》保罗·克利(瑞士画家)　　▲ 图6-2 《妈咪和我》儿童画(3岁)

[实践与训练]

上网或去图书馆搜集一些现代艺术大师们的作品、原始美术作品及儿童画,尝试去比较这些作品的特点,并在课堂和小组中交流、分享。

第二节　学前儿童美术的含义、本质与意义

一、什么是学前儿童美术

学前儿童美术是指学前儿童所进行的美术造型活动和美术欣赏活动,它反映了学前儿童对其周围世界的认识和情感。这个概念可以从三个方面去理解:第一,学前儿童美术是以学前儿童为主体进行的活动,不是以成人为主体对儿童美术创作开展指导的活动。第二,学前儿童美术的内容主要是反映儿童周围生活环境中的人、事、物,是儿童亲自感知过的事物,具有很强的生活性,学前儿童美术就是学前儿童对现实生活稚拙的描绘,其中生活经验是学前儿童进行美术创造的主要源泉。第三,学前儿童美术活动主要是再现性的,情绪、情感在学前儿童美术活动中起着举足轻重的作用,这种再现性有别于成人美术自觉的、纯粹的情感和哲学的思考,而是儿童在直觉的基础上进行的天马行空的想象,能使其愿望得到满足,产生心理上的平衡。

意大利瑞吉欧教育认为儿童有"一百种语言",是指儿童能够用来交流和再现对事物的理解、情感和创造自我的多种多样的方式。这些"语言"包括书面语言、口语、画画、涂抹、雕塑、板块构造、表演、运动、舞蹈、音乐、计算以及其他方式。其中占据大部分的方式就是带有儿童特征的可触可见的"视觉语言",即通过教学中的美术教育活动进行展现的儿童的美术作品。学前儿童创作的美术作品有着独特的美感和审美价值。

拓展阅读
美术作品的审美价值

二、学前儿童美术教育的本质

学前儿童美术教育的本质主要体现在以下三方面:第一,学前儿童美术教育是儿童的一种游戏。第二,学前儿童美术教育是学前儿童的心理发展水平和年龄特点的一种体现和反映。第三,学前儿童美术是解开了解儿童心理的密码。

拓展阅读
学前儿童美术教育的本质

三、学前儿童美术教育的意义

无论是儿童漫无目的的信手涂鸦,还是被成人视之为极具"艺术性"的佳作。孩子们每天都在饶有趣味地进行美术创作,这一活动本身洋溢着儿童天真、活泼的情感,是儿童旺盛生命力的流露。毫无疑问,美术对儿童是有价值的,对儿童的成长具有重要意义,它与玩耍一样,成为他们成长和自娱的重要实践活动。

(一) 培养儿童的美感和审美情趣

艺术活动的最终目的在于:引导人们去发现美、欣赏美,并为我们的世界创造一切美好的事物。儿童美术教育的功能,从艺术学的角度来看,在于培养儿童对美的感受性,引导儿童审美观的发展。

儿童对美的事物的感受带有直觉性,虽然还很幼稚、肤浅,但已有了初步的审美意识。他们喜欢色彩鲜艳、形象夸张的事物。我们可利用周围现实生活中一切美好的事物打动儿童的心灵,如:利用自然界与社会生活中的美好事物向儿童进行美的启示和教育,并为儿童创设一个充满艺术美的生活和学习环境,使儿童对美的感受性得以深化,演化为自身对美的事物的追求与表现,因而变得更富有创造性。我们还可以通过各种不同的美术活动,使儿童把自身对美的体验和真实情感倾注在艺术创作之中,从中体味现实生活的美好,这种艺术创造对儿童来说是很快乐的。

儿童作为未来社会的主人,必须拥有更为敏锐的美感,因为将来的世界为他们所拥有和创造。如果我们在儿童时期就学会了用美的眼光和标准对周围的事物作出思考和价值判断,具有艺术的心灵不被陈规陋习所束缚,成为欣赏艺术和创造艺术的主体,不言而喻,我们将来的世界将会是个什么样子呢?从这一点上来说,美术教育才真正体现了它的价值所在。

(二) 促使儿童的个性得到自然发展

赫伯·里德指出:"教育的目的在于启发培养人的个性,顺应儿童自然本性的发展。"美术教育是表现内心的艺术,儿童通过视觉艺术这一形式来表示个人的感受,从中体验到快乐、成功,确定自身内在的本质和价值。美术活动为儿童提供了自我表现的最佳形式。教师应形成正确的教育价值观,利用现有的课程,创造性的教学形式,在尊重儿童个性差异的基础上,因人施教,因材施教。教师应尊重每个儿童的这一权利,并给予被承认的快乐,使儿童增进自我了解、自我肯定,从而促进其自我成长。

将来的社会是个多元化、个性化的社会,所有独具个性的美的艺术和文化将在这里获得展示,达到融合。因此,美术教育活动的目的之一就是:鼓励儿童拥有自发的艺术倾向和创造。正如罗恩菲尔德所倡导的:"让儿童以异于其他人的方式表达其独特的思想和情感,并以此树立自我表现的信心。"

(三) 挖掘儿童的创造潜能,丰富艺术表现力

艺术活动的目的不在于培养多少职业艺术家,而在于利用这一手段启迪儿童成为他人艺术的欣赏者和

自己艺术的创造者。我们的生活离不开创造,21世纪更需要富有创造性的人才来促进科技的日益进步,使我们生活的世界变得更为美好。而人类社会也正是遵循这一规律朝着更高一层次向前发展,这是教育的总体目标。

每个儿童都具有创造的潜能和天赋。孩子们喜欢敲敲打打,搓弄着泥巴,堆砌着沙堆,趴在地上随意涂画。他们对各种各样的形与色有着浓厚兴趣,总是忘我地投入其中。发展儿童在美术活动中的艺术表现力和创造力的主要方法,是为儿童提供足够的时间和丰富多样的材料,鼓励他们把想到的和感受到的进行自由、轻松、愉快地表现,在这一自然而然的表现过程中使儿童的创造性逐渐丰富。教师切忌用成人的模式去教导、要求儿童。急于让儿童学会写实地表现和掌握技能是不可取的,教师应顺应儿童心理发展的需要,让他们自由表现。美术活动对他们来说应是一种感兴趣的快乐的游戏,一切教育的概念都应立足于这个现实基础之上。但是值得注意的一点是,当儿童感到需要时,教师适时适当地教给他们一些初浅的美术知识和技能,这将会有助于儿童更好地进行创造活动。

(四)完善儿童的人格

未来的社会需要什么样的人,是世界教育共同面临的一个课题。教育应面向儿童的全面发展,其中,培养具有健全的人格,是儿童和谐发展的一个重要方面。

教育的目的不是用世界准备好的知识观念去教导儿童如何接受,而是如何使儿童成为一个真正属于自己的独立个体,具有自主的人格和自由追求生活的理念。美术活动为儿童真正人格的发展,提供了一个得天独厚的条件。从某种意义上来说,儿童美术活动的实质就是人格化的过程。在美术活动创造的实践过程中,包含了儿童对美的事物的感知、领悟,以及把这一体验赋予自己的热情和生命加以描绘,儿童从中领悟了生命的意义和价值的过程,使真、善、美的熏陶得以人格化。正如马克思·德索认为的那样,儿童绘画时,绝不是对客观事物的简单复写,而是表现一个整体的世界。绘画是儿童的一种内部语言,儿童经常借助这一语言,表达自己的情感和美好的愿望,例如宣泄愤怒、流露忧伤。儿童的绘画就像一面镜子,明明白白地映照出他们的思想和心态以及对现实生活的感受和看法。

我们应正确地把握儿童心理发展的实质,敏感地找到教育的定位点,不要以成人为中心,总想试图教给儿童什么,那些刻板的模仿和干扰,只会使儿童变得小心翼翼而带有功利性地去迎合成人的意愿,从而失去其自主的人格。教育应顺应儿童这种天真活泼情感的表现,使儿童成为一个独立成长的个体,这也正是儿童发自本性的人格化的需要。

总之,学前儿童美术对儿童的成长具有重要意义,我们要正确把握和利用这一手段。假定我们今天的教育,只是对儿童灌输以技能训练,或是作为一个旁观者,不加以任何具有积极意义的影响,将很难保证儿童是否能获得一个健康全面的发展。我们要创造条件让儿童喜欢美术活动,通过学前儿童美术教会儿童学会生活、热爱生活,珍惜拥有一切美好的事物,认识自己的能力,愉快地进行创造、表现、体现自身价值,健康充实地成长,成为生命真正的主人。

[实践与训练]

1. 阅读下列书籍,结合本节内容,写读书报告"我是怎样理解儿童美术的"。

(1) 格罗姆.儿童绘画心理学:儿童创造的图画世界[M].李甦,译.北京:中国轻工业出版社,2008.

(2) 玛考尔蒂.儿童绘画与心理治疗——解读儿童画[M].李甦,李晓庆,译.北京:中国轻工业出版社,2005.

(3) 罗泽·弗莱克-班格尔特.孩子的画告诉我们什么:儿童画与儿童心理解读[M].程巍,许玉梅,译.北京:北京师范大学出版社,2010.

2. 去幼儿园搜集不同年龄班幼儿的美术作品,用相机记录下幼儿创作的过程,并录音或录像,分析其美术作品特点及其对儿童发展的意义。

第三节 学前儿童美术教育的指导思想和基本原则

一、学前儿童美术教育的指导思想

《纲要》颁布之后,凸显了学前儿童美术教育中情感教育和审美教育的价值,《纲要》艺术领域的指导要点即学前儿童美术教育的指导思想,具体表述如下:

第一,艺术是实施美育的主要途径,应充分发挥艺术的情感教育功能,促进幼儿健全人格的形成。要避免仅仅重视表现技能或艺术活动的结果,而忽视幼儿在活动过程中的情感体验和态度的倾向。

第二,幼儿的创作过程和作品是他们表达自己的认识和情感的重要方式,应支持幼儿富有个性和创造性的表达,克服过分强调技能技巧和标准化要求的偏向。

第三,幼儿艺术活动的能力是在大胆表现的过程中逐渐发展起来的,教师的作用应主要在于激发幼儿感受美、表现美的情趣,丰富他们的审美经验,使之体验自由表达和创造的快乐。在此基础上,教师应根据幼儿的发展状况和需要,对表现方式和技能技巧给予适时、适当的指导。

二、学前儿童美术教育的基本原则

教育原则是教育规律在教育中的反映,是人们根据需要制定的教学活动的基本准则,它与科学发展水平、人们的认识能力密切相关,是教育指导思想的具体反映。受《纲要》指导思想的制约,学前儿童美术教育应该体现以下原则。

(一)低控制原则

低控性原则即为幼儿的创作提供宽松的心理环境,教师应该尽量少干预,让幼儿自由充分地体验和表达。要贯彻这个原则,教师应该做到:首先,应该给幼儿自由选择内容的机会,包括命题的自由及选择美术工具材料等自由;其次,在教育实施过程中,气氛应尽量轻松、愉快;最后,就是要注意评价方式,多用肯定、自评和幼儿互评的方式,不用教师的统一标准去评价所有的幼儿,评价标准不能以最后的作品或结果为依据,应侧重过程中态度和习惯的评价。

《指南》在艺术领域强调:一要"创造机会和条件,支持幼儿自发的艺术表现和创造";二要"营造安全的心理氛围,让幼儿敢于并乐于表达表现";三要"尊重幼儿自发的表现和创造,并给予适当的指导",其中可以"提供丰富的材料,如图书、照片、绘画或音乐作品等,让幼儿自主选择,用自己喜欢的方式去模仿或创作,成人不做过多要求"等,这些指导建议,都明确表达了对低控制原则的基本要求。

(二)发展适宜性原则

发展适宜性原则蕴含三层意思:一是教育的内容和要求要符合幼儿的年龄水平,不能太难,也不能太容易,让幼儿"跳一跳,摘到桃";二是教育要促进幼儿的发展,即教师要引导幼儿不断提高美术感受、欣赏和表现、创造的能力;三是教师既要关注所有幼儿的全面发展,同时也要密切关注幼儿的个体差异,努力促进每个幼儿在原有水平的基础上获得适宜的发展。

为贯彻这个原则,教师要处理好儿童当前发展需要与长远发展的关系,为儿童的可持续发展服务。不要过分强调技能教育,以避免功利化,要注重儿童艺术潜能的激发,在丰富多元的课程中去发展儿童的美术感受力、表现力和创造力。《指南》也特别强调："鼓励幼儿在生活中细心观察、体验,为艺术活动积累经验与素材""根据幼儿的生活经验,与幼儿共同确定艺术表达、表现的主题,引导幼儿围绕主题展开想象,进行艺术表现""幼儿绘画时,不宜提供范画,特别不应要求幼儿完全按照范画来画",这些教育建议为我们贯彻发展适宜性原则指明了方向,提供了策略。

幼儿美术能力是有规律地由低到高呈阶段性发展的,如:幼儿从涂鸦期到象征期再到形象期是一个渐进发展的过程。这种发展的动力来自两个方面:一是幼儿从自己所做的许多造型尝试中得到成果和发现,如幼儿从涂鸦线中发现有意义的形状,再反过来加以运用;二是随着幼儿视觉理解力的增长,他们对自己初级阶段的造型式样产生不满,于是向着更加高级的阶段探索,如:幼儿开始时没有对自己把一个人画成"垂直—水平"的式样不满,这个式样不能把正在奔跑的人和静止站立的人区别开来,这一缺陷也没有使他们感到烦恼,可是到后来他们希望在自己的作品中看到形象呈现出现实中奔跑的人的那种样子,于是他们尝试探索更加高级的表现形式。

作为教育者,必须按照幼儿美术发展的规律实施美术教育,以促进其发展。为此,教育者首先要理论联系实际地研究和掌握幼儿美术发展的一般规律,在此基础上进一步对每个幼儿的当前水平和经过努力可达到的水平做到心中有数。其次,教育者还应研究美术的内容、方法和工具、材料等的性质,以便恰当地提出符合幼儿发展需求的美术教育目标,找到适当的方法和材料,逐渐形成美术教育的系统课程。最后,教育者要保证幼儿享有足够的美术活动的机会和丰富的美术活动的工具材料,接触那些他们能理解又高出他们已有水平的美术作品,使幼儿在不断的尝试探索之中提高自身的美术能力和素质。这样,有目的、有计划的教育影响与幼儿自身的努力相结合,就可使幼儿的美术能力和素养充分和谐地发展起来。如图6-3和图6-4,就是教师在幼儿原有发展水平的基础上,提供新的材料(扇面和纸盒),引导幼儿用新的表现方式创造出更高审美水平的艺术作品。

▲ 图6-3 幼儿用手印的方法制作扇面
(福建省直屏东幼儿园)

▲ 图6-4 幼儿在纸盒上创作青花瓷瓶
(福建省直屏东幼儿园)

(三)多样性原则

多样性包含丰富的含义,是丰富性与个别性的统一,它既是一个艺术标准,又是幼儿发展上的需求。同一年龄的幼儿,由于他们的遗传素质、家庭生活条件和所受的教育不同,个体的兴趣、爱好、知识、经验尤其是美术能力都是不一样的,教育者在美术教育中需考虑的个体差异有这样几个方面:第一,幼儿的造型能力有强有弱,差异跨度很大。就一个幼儿来讲,美术能力的发展也不是匀速的,而是时快时慢,有飞跃,有反复。第二,有些幼儿在美术方面有特殊的才能,对幼儿的美术才能要加以鉴别,创造条件,给予不同的指导,使他们得以充分发挥。幼儿特殊的美术才可能由以下几方面表现出来:①艺术想象力丰富活跃;②视觉敏锐,观察完整;③手的动作高度灵活准确;④对美术有一定的鉴赏力。相反,缺乏美术才能的幼儿则往往观察力薄弱,注意分散,手不灵活,对美术缺乏兴趣和感受力。第三,美术风格上的差异,虽不能说幼儿已形成完整稳定的风格,但他们每人也都有自己的特点和所长。比如,有的幼儿喜欢画单色画,而且画得很好,而有的幼儿则喜欢把画面描绘得五彩缤纷;有的幼儿擅长组织丰富的大场面,而有的幼儿却沉醉于刻画单一的形象。

由于以上原因,在同样的教育要求下,教育者要考虑到每个幼儿的实际情况,针对每个幼儿的不同特点区别对待,因材施教,使每个幼儿的潜能得以最大程度的发挥。为此,教师要尊重幼儿的个别差异,设立有弹性的美术课程,课程的目标灵活一些、内容贴近生活一些,要对目标、方法材料、达到或掌握目标的程度、达到这些目标的时间期限这四种因素灵活处理,以便为每个幼儿设计不同的教育方案。同时,教师还应向幼儿展示多种多样的表现媒介,让幼儿自己选择,因为幼儿的选择取决于他们的美术能力和兴趣,所以往往是最符合他们的发展需求的。表现媒介的多样性体现在表现手法、风格、材料和工具的变化上。其中,材料的多样性体现在材料的形状、大小、质地、色彩、可塑性等方面,要引导幼儿把这些作为艺术美的要素来思考;工具的多样性首先要适应幼儿美术能力的发展,如画笔,幼儿使用的画笔应有大小不同的规格,如果只有大笔,当幼儿知觉分辨力提高、希望表现细节时,就难以做到,这样就会限制他的美术能力的发展,所以要向幼儿提供多种规格和品种的工具。除此之外,教师也应特别注重开发工具功能,创造性地运用工具。如图6-5,教师为幼儿提供了丰富多样的材料,引导幼儿制作玩偶小人。

▲ 图6-5 利用多样化的材料制作玩偶小人(福建省直屏东幼儿园)

(四) 创造性原则

学前儿童美术教育的重中之重就是发展儿童的创造力。要贯彻这个原则,教师要做到:在日常的教育中,提供多元的教育内容,帮助儿童丰富和积累感性经验;在教育过程中,创设自由宽松的气氛,鼓励每个儿童的自由创造。创造首先是一个过程,同时又是艺术的一个门类——美术的根本特点。幼儿美术创作依赖的心理功能是"象征",即创造与某种具体可视之物同形的另一事物或情感,在美术活动中,幼儿用线条、图形和色彩等将自己头脑中的经验、印象和情感转化为美术形象。这一转化过程就是创造。作为教育者,首先应保证幼儿的美术活动经历"感知—思考—完成作品"这样一个完整过程。这样,就要求教育者运用的教育手段和提供的教育环境能够诱导幼儿进入创造的过程,使幼儿从小学会艺术的思考,而不是只针对某个片断,跨越其他环节,造成只会复制现成形象或作品的后果。

除此之外,创造的过程必然地具有主体性、操作性和求新求异性的特征。主体性即要保证幼儿以自己的方式表达自己的真实感受,也就是说幼儿有权决定自己画什么,做什么和怎样画、怎样做,不是由成人选择和控制、在成人的导演下活动。求新求异性即引导、启发、鼓励幼儿创造新异的作品,不墨守成规、自我重复或抄袭他人的作品,而是乐于追求变化,勇于探索与尝试。操作性注重实际动手,即在课程实施中,教师要引导幼儿在实际操作活动中发展自我的表现力和创造力,避免纯技巧和抽象的内容说教。美术是手脑并用的活动,幼儿更是在操作中完成和实现他们的想象、学习美术的表现方法的。仅仅讲解美术知识对幼儿来说毫无意义,教师要给幼儿充分的动手机会。每周有限的两三次画画做做远远不够,最好有条件让幼儿随时去动手实现他们的创造愿望。受幼儿认知特点的制约,单纯知识技能传授的效果明显不如直接的感官经验。教师要善于设计有针对性的课程,如"老师的长头发""画味道""粗糙与光滑""会变的颜色"等,调动幼儿的多种感官参与。

(五) 兴趣性原则

俗话说,"兴趣是最好的老师"。教师应该把幼儿作为美术活动的主体,引起和保持他们对美术的兴趣和主动态度,使他们能够热忱地投入美术活动,沉浸其中,情感与智力各个方面活跃起来,各种潜能充分发挥,获得愉快的情绪体验,从而喜爱美术、乐于从事美术活动。

幼儿对美术的兴趣和主动的态度由他们从事美术活动的愿望、实现愿望的努力和相伴随的良好情绪构成。这三者来自幼儿已有能力与美术刺激之间的张力,也可以说是知与不知、会与不会之间的矛盾,这将会在幼儿身上产生三种效应。效应之一是当一个美术刺激与幼儿已有能力水平的差距适度时,便被幼儿所意识,引起他们的兴奋和对成功的预感,好奇心与探究心同时被唤起,经过一定程度的思考之后,幼儿产生完成新课题的愿望,并兴致勃勃地投入美术活动。效应之二是新课题向幼儿展示更为广阔的探索空间,为完成新的课题,幼儿将更大程度地挖掘、组合、发挥自己的能力,经过紧张的努力,当新课题完成时,幼儿从中获得由紧张到松弛带来的快感和充分发挥自己能力的满足感。效应之三是新课题的完成给幼儿带来成功的自我肯定和他人的外部肯定。这些都有助于幼儿自信心的形成和增加,构成进一步接受新挑战的内在力量。如果美术活动经常能引起以上三种效应,那么,幼儿将对美术产生稳定持久的兴趣和主动的态度。

教师应在教育过程中注意激发幼儿对美术活动的兴趣。首先,教师应通过轻松自由的活动形式培养幼儿积极、快乐的态度。学前儿童在自然状态的游戏活动中,如能遇到美术的刺激,便会自发地开始美术活动,并产生对美术的兴趣。教育者应注意觉察幼儿萌芽中的兴趣,精心呵护它、保持它、发展它。随着幼儿年龄的增长,日常自然环境的影响便不能满足他们发展的需求,教育者要有意识地向幼儿展示新的领域,开阔其视野,向幼儿揭示周围环境中事物的新特点,提出新的美术活动形式、材料和方法,以唤起幼儿美术表现的愿望。一个中等难度的课题或有趣的线索启迪对幼儿来说具有挑战性,可激励幼儿积极投入美术活动。如图6-6,教师提供矿泉水桶和竹簸箕,鼓励幼儿创作,这比纸张更能激发幼儿的创造意愿。教育者对幼儿的鼓励可加强幼儿对成功的预感,感知自己的潜在创造力,将活动的积极性保持下去。其次,教师应该为幼儿提供多种工具和材料,引发幼儿持续的探究兴趣。如图6-7,教师引导小班幼儿用镂空压印的方法画树,对于幼儿来说,这种特殊的表现方式比传统的纸笔更有吸引力。最后,教师还应当适当运用表扬和鼓励来强化幼儿的美术兴趣。幼儿与同伴间的互相激励、竞赛、观察作品,合作完成任务等会更增添幼儿美术活动的积极性。教师以肯定为主的恰当评价,能帮助幼儿巩固美术创造的信心,并能提示幼儿进一步努力的方向。

▲ 图6-6 幼儿利用竹簸箕和矿泉水桶作画
（厦门市莲龙幼儿园）

▲ 图6-7 用镂空压印的方法作画
（福建省直屏东幼儿园）

另外,不可忽视的是,教师本人对美术的兴趣以及对幼儿的期望,对幼儿美术活动的积极性起着直接或间接的影响。

[思考与讨论]

学前儿童美术教育原则在学前儿童美术教育实践中应该如何贯彻？当理论和实践产生矛盾的时候,应怎么处理？

[实践与训练]

运用学前儿童美术教育指导思想和原则的相关理论,分析当地幼儿园的一次美术教育活动,并进一步提出建议或自己的开展思路。

第四节 学前儿童美术教育的目标

一、制定学前儿童美术教育目标的依据

学前儿童美术教育目标是指导美术活动设计与实施过程的关键准则。学前儿童美术教育目标来源于三个方面：各阶段儿童美术能力发展的规律、儿童美术学科（领域）本身的特点及社会发展对儿童美术教育的要求。

（一）各阶段儿童美术能力发展的规律

儿童美术的发展有其共同的规律,这是由儿童生理发育和心理发展的特点所决定的。儿童绘画、儿

手工、儿童欣赏的发展都表现出大致相同的规律。这些规律能从视觉符号和视觉形象的角度，反映出某个时期儿童认知、情感和社会性发展的总体水平。因此，学前儿童美术教育活动终极目标的制定，必须依据儿童美术发展的规律，才能符合儿童生理发育的特点和心理发展的需求。由于学前儿童美术的游戏性和情感性，《纲要》在艺术领域的总目标没有凸显美术技能，而是以情感、感受和创造力为导向的："能初步感受并喜爱环境、生活和艺术中的美；喜欢参加艺术活动，并能大胆地表现自己的情感和体验；能用自己喜欢的方式进行艺术表现活动。"

迄今为止，人们对学前儿童美术发展的过程已有较明确的认识，2012年颁布的《指南》在艺术领域明确提出"感受与欣赏"与"表现与创造"两个子领域三个年龄段的典型表现和发展目标，就是在对1 200多名3—6岁儿童的观测的基础上而制定的，分别对3—4岁、4—5岁、5—6岁三个年龄段儿童应该知道什么、能做什么，大致可以达到什么发展水平提出了合理期望。教师可以依据《指南》，并结合儿童美术活动过程及其作品，判断儿童美术发展的水平和状况。因此，教师在制定学前儿童美术教育活动的部分目标时，应立足于儿童现有的发展水平，让儿童充分地表现自我，满足自身的需要。同时，另一部分目标应超前于儿童的发展水平，设置在最近发展区内。这样的活动目标能激发和形成儿童当前尚未发展的心理机能，更好地促进儿童美术的发展。

当然，儿童在美术发展过程中还受到美术教育和美术实践的影响，表现出美术发展水平的层次性，反映出儿童个体与众不同的个性、兴趣和需要。因此，具体的美术教育活动目标的制定，教师既要考虑儿童美术的整体发展水平，又要顾及儿童个体表现在美术方面发展的差异，使制定的目标能真正有益于儿童美术的发展。

（二）儿童美术学科（领域）本身的特点

如前所述，学前儿童美术是儿童从事的视觉艺术活动，它有其独特的艺术语言，如线条、造型和色彩等，并通过视觉形象的塑造，表达儿童对周围生活的认识和情感。因此，在学前儿童美术目标中就必然包含了这种说法："了解美术工具和材料的使用方法，并且通过美术符号系统的学习，掌握一定的美术技巧，表达自己的审美感受。"因此，儿童美术学科本身的特点也是制定学前儿童美术教育活动目标的重要依据。《纲要》艺术领域也充分考虑了美术学科的特点，是这样表述的："幼儿艺术活动的能力是在大胆表现的过程中逐渐发展起来的，教师的作用应主要在于激发幼儿感受美、表现美的情趣，丰富他们的审美经验，使之体验自由表达和创造的快乐。在此基础上，根据幼儿的发展状况和需要，对表现方式和技能技巧给予适时、适当的指导。"

（三）社会发展对儿童美术教育的要求

社会发展对儿童教育的面貌和状态起着规范的作用，这是一种来自教育外部的制约性。儿童是未来社会的主人，社会的发展表明，现代社会乃至未来社会不仅需要掌握一定的知识和技能的人才，更需要一个情感丰富、创造力卓越、人格健全的人，即应该具有较多的创造力，感性与理性的统一、人与自然的统一、人与社会的统一的人。这是儿童美术教育的立足点和归宿，也是与《幼儿园工作规程》中提出的"把儿童培养成身心和谐发展的人"的教育目标相一致的。

不同的社会形态影响着儿童美术教育的观念，这些观念直接决定着学前儿童美术教育目标的制定。中西方儿童美术教育观念差异主要体现在是强调美术技能重要还是强调自我表现重要。中国传统的儿童美术教育常常强调美术技能的重要性，认为儿童太小，需要通过观察与模仿来学习，并从中发展各种能力；西方的儿童美术教育则更强调自我表现的重要性，他们认为儿童具有天然的想象力，这是成人没有而儿童独有的能力，因而是极为珍贵的，需要特意保护与深入开发。中国传统的美术教育认为手把手地教儿童，可以使儿童很快学会比较难的动作或完成比较复杂的活动,从而在最短的时间里学会一种技能;而西方美术教育则认为,儿童应该自己去思考和发现解决问题的方法,并依靠自己的力量解决遇到的各种问题,成人手把手地教儿童,使儿童不可能自己领会完成这项任务的方法,也不可能从中有所领悟。中国传统教育认为,技能学得越多、越快,儿童就越聪明;而西方教育则认为,儿童亲身经历越多、体验越丰富,儿童就越聪明。

二、学前儿童美术教育目标的制定

学前儿童美术教育活动目标要以《幼儿园工作规程》《纲要》《指南》所提出的艺术领域目标为指导,结合本班幼儿的发展水平、经验和需要来确定。

(一)学前儿童美术教育目标的结构

根据《纲要》和《指南》所提出的艺术领域目标,我们把学前儿童美术教育目标分为审美情感、审美感知、审美表现与创造三个维度。

1. 审美情感目标

(1)乐于观看大自然、生活中美的事物,以及各种形式的美术作品,能享受到视觉艺术的美。

(2)喜欢用各种"美术语言"表达自己的生活经验以及独特的想法和感受。

(3)对美术活动感兴趣,并积极投入创作、欣赏和评价活动中。

(4)喜欢各种不同风格的美术作品,产生与美术作品含义相一致的感受,并乐于表达这种感受。

2. 审美感知目标

(1)能初步感知和体验自然界、生活中美的事物以及各种形式的美术作品的线条、形状、色彩、质地等形象的美学特征,并能从中获得各种经验。

(2)了解不同的材料、技巧以及活动过程之间的差异性。

(3)知道运用美术媒介和技巧,通过活动过程与人交流思想、表达情感。

(4)知道以安全和适当的方式使用常见的美术材料和工具。

(5)体验视觉艺术与各种文化之间存在着历史的或其他特殊的联系。

3. 审美表现与创造目标

(1)能选择材料和象征性符号表达自己的经验与思想情感,并加以组合和变化,创造与众不同的艺术形象。

(2)能初步运用线条、形状表现力度、节奏与和谐,会初步使用色彩表现自己的情感和幻想。

(3)初步掌握一定的秩序和变化规律,并根据自己的意愿,自由地进行美术创作。

(4)能对自己或他人的美术作品做出初浅的美学评价,能讲述自己的独特观点。

当然,上述美术教育活动目标还是比较笼统的。在实施美术教育活动时,教师要根据不同的活动(如绘画、手工、欣赏等)以及不同的教育对象,细化每种类型活动的年龄阶段目标,甚至细化每个教育活动的具体目标,这样才能便于操作。至于如何细化,在后面的章节中会有详细阐述。

(二)学前儿童美术教育目标的表述

在具体表述一个美术活动目标时,我们可以从行为、过程和表现三个层面进行描述。

1. 行为目标

行为目标表述的是幼儿学习行为变化的结果。这种行为变化的结果是可以观察和测量的。在学前儿童美术教育活动中,行为目标主要体现在:①幼儿外显的美术行为表现,如"画出""印出""做出""折出""剪出"等；②能观察到的这种行为表现的条件，即幼儿的这种美术行为是在什么样的情况下产生的，如"在教师指导下的""独立的""临摹的"等；③行为表现公认的准则，如"画出爸爸妈妈的头像""折出一只小兔子"等。

一般来说，美术知识和美术技能的学习，可采用行为目标的表述法。教师在具体撰写时，应注意行为目标的三个方面的完整性和具体性。如"在教师的指导下，幼儿能用粗细不同的线条画出夏天梧桐树的特征"，就较完整和具体。采取行为目标的表述方式，其优点在于它的具体性和可操作性，有利于幼儿获取基础知识和基本技能。但在幼儿美术教育活动中，并非所有的内容都能用被观察到的行为加以表述，如果仅仅关注行为目标，必然会遗漏许多其他有价值的内容，如忽略幼儿在活动过程中的情感和个性化的审美能力等。

2. 过程目标

过程目标也称为展开性目标，描述的是幼儿学习行为变化的过程，所关注的不是外部事先规定的目标，而是强调教师根据实际的活动进展情况提出的相应目标。它与行为目标的区别在于，行为目标关注行为的结果，而展开性目标关注的是行为进展的过程。

在学前儿童美术教育活动中，幼儿知识技能的提高、习惯的养成、艺术修养和情操的陶冶、人格的健全和完善，是一个长期的注重过程性的教育。这种目标的表述，需要用过程目标的形式来表述。如"对折纸活动感兴趣""养成注意整洁的良好习惯""形成对生活中美的事物的关注"等，便是用过程目标的形式来表述的。这种表述方法有利于培养幼儿的审美兴趣和个性化的审美能力，但是在实践中缺乏可操作性。由于过程目标关注的是幼儿美术活动的过程，教师在撰写这类目标时，应注意深入研究幼儿身心发展的年龄特征，全面了解美术学科本身的性质，熟悉幼儿美术发展的状况。同时，在过程目标实施的过程中，教师要根据活动的实际进展情况，注意灵活机动地调整目标，以促进幼儿更好地发展。

3. 表现目标

表现目标表述的是幼儿在某种活动后所得到的各不相同的结果。在幼儿美术教育活动中，教师希望幼儿能独特而富于想象力地运用和处理美术材料；在解决问题及美术创作方面，不存在单一的正确答案。表现目标鼓励儿童大胆表现、自由创造，体现艺术的本质特征——独创性。表现目标是对行为目标的补充，而不是取代。表现目标关注的是幼儿在活动中表现的某种程度上的首创性的反映形式，而不是事先规定的幼儿行为变化的结果。它只为幼儿提供活动的范围，活动的结果则是开放性的。如"利用教师提供的各种不规则的彩色图形，想象拼贴出一幅美丽的画""学习设计花布，注意色彩和装饰纹样的变化"等，都是表现目标的描述方式。

总之，以上三种学前儿童美术教育活动的目标取向各有所长。行为目标有利于幼儿获取基础知识和基本技能，过程目标有益于培养幼儿解决问题的能力，表现目标则能激发幼儿的创造精神。教师应该看到，每一种目标表述形式在有效地解决某类问题的同时，也会产生难以避免的负面影响。在制定和表述时，教师应特别注意各种形式目标的互补性，用恰当的表述方式来撰写，从而有效地实现幼儿美术教育的总目标。

值得深思的是，教师不应该拘泥于目标表述的表面文字游戏中，要注重学前儿童美术教育长远的目标追求，培养儿童完美和谐的人格和审美素质。在日常的教育活动中，教师应鼓励儿童依靠直觉去创造，激发儿童的情感，让儿童在想象和创作中提高感受、欣赏、创造的兴趣和能力，体验到人与自然、人和人之间的和谐。为此，教师要从理念上深入领会学前儿童美术教育目标的两个关键词，一个是"感受"，另一个是"创造"。针对"感受"，我们要充分利用视觉感官材料丰富儿童的经验和精神世界，利用线条、形体、色彩等视觉造型要素培养儿童对美的感受与体验；针对"创造"，我们要通过积极的创作活动，启发儿童用视觉造型要素表达自我的观念和情感，培养其表现和创造美的能力。总之，教师要深刻认识儿童具有造型的本能，有表达的需求，要肯定儿童的创造性，充分激发儿童的想象。

（三）学前儿童美术教育目标制定应注意的问题

1. 目标的系统性和完整性

第一，要保持目标的纵向一致性，即具体的活动目标在方向上应与总目标、年龄阶段目标一致。具体的活动目标是从上一级目标中逐步分化出来的。因此，教师在制定具体的美术活动目标时，要根据儿童的年龄和发展水平，由浅入深、循序渐进地提出目标，体现目标的层次性。按照"总目标→年龄阶段目标→单元目标→具体活动目标"的方向，由上到下层层落实、由下至上层层贯彻。

第二，要保证目标的横向结构完整，按照前面所讲的教育目标三维立体图的结构，目标中应当包含认知目标、情感目标、技能目标。教师在制定一个具体的美术活动目标时，要综合、系统地体现以上三个方面的目标，既不能过分强化某一方面，也不能忽视或遗忘其他方面。一般来说，认知方面的目标主要反映的是美术知识、技能的获得以及美术能力的发展；情感方面的目标主要是指情感、态度、积极的个性、社会性方面的发展；技能方面的目标主要是指创造性、想象力、综合运用各种工具和材料的能力的发展。

2. 目标的制定要有适宜性

按照"最近发展区"的原理，学前儿童美术教育活动目标不仅要依据幼儿现有的发展水平和需要，还应该着眼于幼儿的发展，使活动目标既适应幼儿已有的发展水平，又能促进幼儿达到新的发展水平。同时，教师在制定目标时，还要考虑语言、科学、社会等其他领域目标的渗透。

3. 具体教育活动的目标要具有可操作性

具体教育活动目标的表述要具体，具有可操作性，避免出现空泛而笼统的目标。如果目标中没有体现具体的行为，也没有指出行为发生的条件，就无法反映出教师是通过何种具体活动来体现和落实对幼儿各种能力的培养。目标如果过于笼统，只指出了教育的方向而没有具体的教育活动的目标内容，就会因缺乏可操作性，对教师的教学失去指导意义，也不便于实施后的评价。

4. 目标制定的角度要一致

活动目标制定的角度要统一，是指一个活动中目标内容应都从教师角度或幼儿角度出发。教师可根据自己的表述习惯采用不同的角度来制定活动目标。由于目标是通过活动对幼儿的期望结果，故从幼儿的角度进行表述会更直接、更确切，同时从贯彻《纲要》的意义上讲，我们也提倡从幼儿的角度表述目标，如"理解……""掌握……""明白……""喜欢……""愿意……""能……""会……"等，而不提倡从教师的角度表述，如"帮助幼儿……""培养幼儿……""使幼儿掌握……"等。

[思考与讨论]

1. 学前儿童美术目标制定的依据在我们今天的幼儿园美术教育实践中有何体现？我们应如何看待和处理这些依据？
2. 当前幼儿园美术教育目标的制定出现了哪些问题？你认为该如何去纠正？

[实践与训练]

1. 4—6个人组成一个学习小组，去幼儿园收集学前儿童美术活动方案，或上网观摩儿童美术教育活动视频，写一份简单的报告，分析其活动目标制定的适宜性。
2. 上网搜索或去图书馆查阅小、中、大班三个不同年龄阶段的学前儿童美术教育案例，分析其教育目标的结构和表述。
3. 案例分析：分析下面案例中美术教育目标制定的科学性和合理性，并尝试进行修订。

案例 6-1

【活动目标】

(1) 知道家人的重要性,了解爸爸和妈妈分别扮演着什么角色。

(2) 培养孩子的想象力和语言组织表现能力。

【活动准备】

丝瓜瓤儿,强力胶。

【活动过程】

一、导入

通过唱歌曲《我有一个好爸爸》引起幼儿的注意力,导入主题。

二、展开

1. 向小朋友们介绍我的家人

——小朋友们和谁在一起生活?

——向小朋友们介绍我的家人。

2. 聊聊爸爸和妈妈的事情

——爸爸、妈妈为了我们做了些什么?

——为了爸爸、妈妈我能做些什么呢?

——爸爸、妈妈有不愉快的时候吗,是什么时候?

——爸爸、妈妈有非常高兴的时候吗,是什么时候?

3. 利用活动单上的准备材料来表现出爸爸扎里扎煞的胡须

——你摸过爸爸的胡须吗? 是什么感觉?

——直接形容一下爸爸的胡须。

① 讨论一下摸爸爸胡须的感觉。

② 把准备好的丝瓜瓤儿撕开。

③ 在画好的图片上粘上撕开的丝瓜瓤儿,表现出爸爸胡须的样子。

【活动结束】

1. 让孩子们把自己做的作品介绍给朋友

2. 教师总结活动

第五节　学前儿童美术教育内容选择的原则

基于贯彻《纲要》和《指南》的要求,同时结合目前学前儿童美术教育的实际,我们认为,学前儿童美术教育内容选择应该遵从以下原则:

一、目的性原则

教师在选择学前儿童美术教育内容的时候,要依据本阶段的教育目标,选择的内容要能够更好地实现学前儿童美术教育目标。如某教师根据本阶段的美术教育目标"体验装饰画的乐趣",选择了"美丽的手帕""制作扇子""制作青花瓶"等内容,就能很顺利地实现目标。

二、兴趣性原则

即所选的内容要尊重幼儿的兴趣,俗话说,"兴趣是最好的老师",在同类的内容中,优选那些幼儿感兴趣的内容,能收到事半功倍的效果。一般来说,幼儿对那些生动活泼的形象感兴趣,对动物的兴趣甚于植物,所以,即便要让幼儿设计服装,也要选择一个孩子感兴趣的衣服。如图6-8是一个6岁女孩的画,她说:"'六一'儿童节快来了,我想上台表演节目,我就给自己设计了一件很漂亮的裙子,我还穿上了妈妈红色的高跟鞋,我感觉自己好像是公主。"

这里值得一提的是,是不是幼儿不感兴趣的内容都不要给幼儿提供呢?这里就需要我们理清兴趣和需要的问题。每个幼儿的兴趣和需要是不同的,兴趣是幼儿对事物喜好或关切的情绪,如男孩喜欢汽车,女孩喜欢公主。而需要是幼儿对内外环境的客观需求在脑中的反映,如幼儿想要把画画得美一些,就需要了解和学习美的相关规

▲ 图6-8 我设计的花裙子(6岁)

律,这个需要却不一定能被幼儿感知,它要求教师根据对幼儿的观察作出专业的判断。专业的幼儿教师要善于观察幼儿的兴趣点,同时在观察中分析和判断幼儿的发展需要,继而在学前儿童美术教育实践中,可以用幼儿感兴趣的方式,适宜地满足幼儿发展的需要,促进幼儿的发展,而不是简单、单纯地跟随幼儿的兴趣。

三、生活化原则

学前儿童美术教育的内容要来自幼儿的生活,幼儿的生活经验在很大程度上影响着其创造能力的发展。学前儿童美术教育的内容要以幼儿的生活经验为基础。幼儿的生活经验较为贫乏,其主要来源是实际生活中的直接感受。教师在选择美术教育内容时应从幼儿的直接经验入手,选择那些幼儿熟悉的、感兴趣、有愉快情绪体验的内容,而不是从教师的主观愿望出发,片面强调美术知识的获得和技能的训练。因为只有那些幼儿直接感受过的美术教育内容才能被他们同化到自己的审美心理结构中去。试想,一个从未见过或坐过船的幼儿怎么能够创作出生动的船呢?如图6-9是一位卡塔尔小朋友创作的《捕鱼》,由于其生活在海边,生活经验十分丰富,所以作品自然朴实,各种人物和水中的细节都刻画出来了。而图6-10也是画同样的题材,由于幼儿没有相关的海边生活经验,只能通过临摹老师的作品来作画,作品显得十分单调。

▲ 图6-9 卡塔尔小朋友创作的《捕鱼》

▲ 图6-10 幼儿临摹教师范画后的作品《捕鱼》

特别要强调的是,这里说的生活不是成人柴米油盐的生活,而是既包括幼儿身边现实的生活,也包括幼儿感兴趣的、虚拟的生活,比如幼儿感兴趣的动画片和玩偶、虽已灭绝但幼儿依然十分喜欢的恐龙等,都是符合生活化原则的内容。

四、适宜性原则

适宜性原则源自维果斯基的"最近发展区"理论,即所选择的内容既要考虑幼儿的生活经验和发展水平,同时要有发展价值,即具有一定的挑战性。教师在选择美术教育内容时,不仅要考虑到幼儿的实际发展水平,包括他们的心理发展水平、美术能力发展水平,以及已经掌握的美术知识和技能,还要考虑到发展性要求,即选择有一些挑战性的内容。如图6-11果蔬手工《螃蟹》就是在幼儿熟悉的蔬菜的基础上,加上一个挑战性的要求,用这些蔬菜创作出螃蟹。在实施这个原则的时候,教师要特别注意适宜性,过高或过低估计幼儿的发展水平,都很难实现预期的教学目标和效果。

▲ 图6-11 果蔬手工作品《螃蟹》

五、整合性原则

整合性原则是指教师选择的美术教育内容应使美术教育这一领域的不同方面的内容、其他不同领域的内容之间产生有机的联系。这是《纲要》对幼儿教师提出的新要求,在贯彻的时候,一方面是把美术教育各个领域的内容,如绘画、手工制作、美术欣赏等以合理的方式加以有机的整合;另一方面是把各种不同教育领域的内容通过一个有主题的美术活动加以适当的整合。如图6-12就是将不同领域的内容通过以美术为主的主题活动"美丽的叶子"进行实施,孩子们在活动中通过采集、观察、贴、画等多种方式探索叶子,在完成学前儿童美术教育目标的过程中,自然整合其他领域的内容,渗透其他领域的目标。

六、系统化原则

为学前儿童选择的美术教育内容要系统化,因为只有系统化了的内容才有助于幼儿心智结构的建构。所谓内容的系统化,是指内容的安排要有序,由易到难,由简单到复杂,层层推进,逐步深化。

幼儿学习造型的顺序可以是这样的:最初是用线和基本形状的组合简单地表现形象;接着是通过各种图形的组合来表现形象的基本结构和特征;然后是表现形象的细节和动态,使所画形象更为具体、生动。

幼儿学习色彩的顺序可以是这样的:最初是在认识颜色的基础上用基本色来表现;接着是选择自己喜欢的颜色来表现;然后是能够选择与实物相似的颜色来表现,即能够随类赋彩;最后是能够注意画面色彩的

▲ 图6-12 主题活动"美丽的叶子"

搭配和装饰。

　　幼儿学习构图的顺序可以是这样的：最初能大胆地画出单独形象；接着能初步表现物体的空间关系，在画面上安排主要形象和次要形象；然后能把形象有层次地安排在画面上；最后是所画形象能围绕主题，并均衡地安排画面形象。

[思考与讨论]

1. 有价值的学前儿童美术教育在内容选择时需遵从哪些原则?
2. 尊重幼儿的兴趣是否意味着幼儿不感兴趣的内容都不能提供?
3. 学前儿童美术教育的内容应如何基于幼儿的生活经验进行选择与设计?

[实践与训练]

1. 分析以下美术教育案例,分析其内容选择的合理性和适宜性。

端午节快到了,中班的李老师开展了一次谈话活动"端午节是怎么来的",然后拿出事先准备好的范图——"五彩的粽子"请小朋友们欣赏,并讲解画粽子的方法,还提醒他们随后要画出彩色的线条。欣赏完毕,小朋友们在李老师准备的A4纸上作画,作画材料是一支黑色的水彩笔和12色的油画棒。经过20多分钟的创作,有很多小朋友临摹李老师的范图,画得跟范图很像,李老师表扬了这些小朋友;但是还有几个小朋友画的包粽子的线是黑色的,李老师便批评说:"刚才不是让你们画出彩色的线吗?"

2. 上网或去图书馆搜集学前儿童美术教育案例,分析其内容的合理性和适宜性。

第七章

学前儿童美术教育的组织与实施

学习目标

1. 领会学前儿童美术教育的指导思想和基本原则,树立科学的学前儿童美术教育观。
2. 了解学前儿童美术教育的实施途径,整理学前儿童美术教育设计与指导的基本思路,并能结合实际进行分析和反思。
3. 能初步运用所学的原理评价具体的学前儿童美术教育实践,并提出自己的观点与建议。

内容概览

学前儿童美术教育的组织与实施是实现学前儿童美术教育目标的关键环节。本章系统阐述了学前儿童美术教育的指导思想和基本原则、途径,从总体上概述了学前儿童美术教育设计与指导的思路,为后面的具体领域的设计和指导提供了参照和方向。

[问题情境]

在一次美术活动中,老师先出示了一张彩色的海底世界的图片,上面有各种颜色、各种形态的鱼,老师引导幼儿说说海底世界有些什么,接着问幼儿喜欢哪一条鱼,为什么?接下来,老师就引导孩子们观察鱼身上颜色的渐变,讲解冷暖色对比用色的技巧。细致地讲解后,老师拿出了没有涂色的鱼,向幼儿提出涂色的要求:用渐变或者冷暖对比的方法来装饰小鱼。可是,在幼儿涂色装饰的时候,老师发现了一个普遍的现象:孩子们几乎用上了所有的颜色,小鱼俨然成了一条条"彩色鱼"。全班42个孩子,只有5个孩子是按照老师的要求进行涂色装饰的。看到这样的情景,老师甚是困惑……

第一节 学前儿童美术教育的实施途径

《纲要》倡导一种新型的大教育观,主张综合利用园内外环境资源开展教育,在这种理念的指导之下,学前儿童美术教育有必要冲出幼儿园班级活动室的樊篱,跳出集中授课的窠臼,在家庭、社区和幼儿园的大环境中生动活泼地开展。

一、幼儿园美术教育

幼儿园美术教育是教师根据学前儿童身心发展规律,通过有目的、有计划地实施美术教育活动来满足幼儿表现、表达和创造的需要,从而构建儿童审美心理的活动过程。

(一) 美术教学活动

教学活动是教师精心安排的用以支持、激发、促进和引导幼儿顺利开展学习和达成有效学习结果的过程。有效教学就是指教师要遵循幼儿园教学的特点和规律,努力追求教师有效的教和幼儿有效的学,充分发挥教师和幼儿双方的主体作用,以有效地促进幼儿的全面发展。

幼儿园美术教学活动不同于中小学的美术课,具有生活性和游戏性两大特点。生活性是指幼儿园美术教学的题材是根据幼儿的认知特点(具体形象思维),从幼儿的生活中挖掘、派生出教学内容。游戏性是来自《幼儿园工作规程》的界定:"游戏是幼儿园的基本活动",即幼儿园的教学活动应该以游戏的方式来开展。

幼儿园美术教学活动是通过美术领域课程(绘画、手工和欣赏三类)以及与美术领域相整合的其他领域的课程来进行的。美术领域课程的三个分类是学术上的分类,在实际的实施过程中,大部分是综合在一起,也可以形成一个小的主题活动,如前面提到的以叶子为中心的主题活动,就是综合了欣赏、绘画和手工三种活动形式。在活动的形式上,可以以某个生活事件或物体为中心开展(如"我的假期""叶子"等),也可以围绕某一美术知识技能展开(如"沙瓶画""美丽的扇面"等)。在组织方式上,可以是全班集体开展,也可以小组合作的方式开展,还可以是以儿童自由探索的方式,如图7-1就是儿童在教师的引导下自由探索的石头画。

美术教学也可以渗透在其他各学科或领域中开展,即渗透在幼儿园的语言、科学、社会、健康等学科或领域

▲ 图7-1 儿童在教师的引导下自由探索画石头
(厦门市莲龙幼儿园)

中开展美术活动,如在社会领域活动中认识不同民族,教师就可以引导儿童欣赏不同民族的服装,开展以设计服装为主题的绘画、手工活动等;又如在语言活动中,教师在引导儿童用语言描述自己对文学作品的认识和感受后,就可以引导儿童用绘画或手工的方式再现文学作品中的形象和意境;再如在音乐活动中,教师可以引导儿童用绘画的方式表现音乐的节奏和旋律。

主题背景下的美术活动是综合性的美术活动,它超越了严密的美术学科知识体系以及其他学科的界限,着眼于儿童美术素质的提高,以及儿童人格全面的发展。主题背景下的美术活动超越了教材、幼儿园的局限,在活动时空上向自然环境、儿童的生活领域和社会活动领域延伸,密切儿童与自然、社会、生活的联系,在美术活动美术目标、活动内容等方面均呈现出开放性。在实施中,主题背景下的美术活动强调引导儿童乐于探究美术活动、勤于动手表现,要求儿童超越单一的接受学习,亲身体验实践活动。在具体的活动过程中,儿童将通过体验自主学习、探究学习、合作学习等学习方式,发展终身学习的愿望和能力,培养美术创造力。主题背景下的美术活动为儿童构建了一种开放的美术学习环境,为儿童获取美术知识和美术技能提供了多种渠道。

(二) 美术区域活动

微课视频
美术区活动

美术区域活动是贯彻《纲要》和《指南》精神的有效活动形式,美术区域活动也被称为"美工角""美术区""美劳区"等,是幼儿园区域活动的一种。美术区的开设,主要作用是满足幼儿的美术兴趣和需要,支持、鼓励幼儿积极参加美术活动并大胆表现,同时帮助幼儿积累美术经验,提高表现的技能。美术区的材料的投放要多样化,以满足不同幼儿的需要。所需材料可发动幼儿、家长、教师来共同收集,并分门别类地摆放,便于幼儿取放。美术区的活动内容应丰富有趣,教师应及时根据幼儿园各年龄班的基本美术教育活动的目标和内容定期更新(如图7-2)。

▲ 图7-2 美术区(厦门市莲龙幼儿园)

▲ 图7-3 美术室(厦门市莲云幼儿园)

美术室可以说就是更大、更独立的美术区,一般设在有较大活动空间的幼儿园,其空间和功能设置要根据幼儿园的实际条件而定。美术室可以是专门的活动室,如泥工活动室、画架绘画活动室,也可以是综合的活动室,如把美术划分为绘画区、手工区和欣赏区。美术室的开放需要全园统筹安排,并由教师进行指导(如图7-3)。

(三) 美术环境创设

《纲要》指出:"环境是重要的教育资源,应通过环境的创设和利用,有效地促进幼儿的发展。"美术环境是幼儿园为幼儿自由欣赏创设的外部条件,它使幼儿于不知不觉中受到美术教育。幼儿园的美术环境从空间和时间上可分为大环境和小环境。大环境是指各班除活动室以外的公共空间,包括幼儿园建筑、室外活动场地、走廊、卫生间、睡眠室等。小环境即美术活动角。美术环境既是幼儿在园活动的物质条件与基础，又是对幼儿进行艺术教育的重要资源。教师要充分发挥空间环境对幼儿的艺术教育价值。幼儿园的环境是一种"隐形语言"，它能通过色彩、造型、空间布局的营造等随时随地对幼儿进行艺术的熏陶与感染，因此，幼儿园美术环境的创设是否具有教育功能、是否富有儿童情趣、能否引起幼儿的参与意识，都将对幼儿的身心发展产生潜移默化的影响。

1. 美术环境创设应该体现的特点

（1）艺术趣味性。空间艺术环境的创设，在造型、色彩上应注意艺术性和趣味性，强调积极的审美意义，尊重并理解幼儿的审美需求。如：多选择幼儿喜闻乐见的动物或人物卡通形象，采用拟人化的手法，让图片的形态稚拙、夸张，色彩鲜艳、明快，均可收到好的教育效果。

（2）幼儿的参与性。一个良好的空间艺术环境布置，要有利于幼儿积极、主动地参与活动，使幼儿成为环境的设计者和制作者。在教师的引导下，幼儿可参与环境的创设、装饰，这样的环境就很容易激发幼儿的创造性，提高幼儿的学习积极性。同时，幼儿在参与活动室的墙面和悬挂物制作的过程中，使环境布置与幼儿产生互动，能有效地促进幼儿的身心发展。如图7-4，幼儿作品成为墙面装饰的主要元素。又如图7-5，幼儿园提供了适合幼儿涂鸦的墙面，方便幼儿在上面涂鸦。以上的环境都能激发幼儿创作的意愿。在日常教育过程中，教师应有意识地创设这样有利于吸引幼儿参与的环境。如在活动室利用一面墙的位置设计出一个精美的"爱心日历"，把一个月的三十天设计成三十个方格，即"日历"，幼儿每天可以自主地将自己认为有趣的事用图画的方式记录下来。又如种植的小苗比昨天长高了多少，当天的天气情况，自己穿什么衣服等等，幼儿都可以把它画出来的图画贴在日历上。这种环境布置除了具有美化环境的功能外，更重要的是能够培养幼儿关心周围环境，关心周围的人和事，培养幼儿爱的情感；另外，也可以丰富幼儿的相关知识，如时间概念、植物生长，同时还可以培养幼儿动手操作能力。更重要的是，通过这种形式为幼儿提供了一个自由表达的机会，使幼儿可以自主地把自己认为可爱的、有趣的事物以不同的方式在专栏里表现出来，使幼儿的需要获得满足、能力获得发展，从而在这种开放性的艺术教育中受益。

▲ 图7-4　幼儿参与的环境（厦门市莲云幼儿园）

▲ 图7-5　容易引发幼儿参与的涂鸦墙
（杭州蓓蕾幼儿园）

让幼儿动手参与空间艺术环境布置，还能增进幼儿对环境的进一步认识，从而使幼儿更懂得保护环境，萌发创设美好环境的意识。而那些忽视幼儿参与的环境创设，要尽量摒弃，如教师在新年到来之前进行制作的环境，常常摆放在幼儿园的入户大厅，视觉效果可能不错，可是缺少幼儿的参与，一段时间之后就拆除了。这样的环境对幼儿发展的意义不大。

（3）年龄差异性。由于幼儿的生理、心理发展水平各不相同，他们对环境的接受能力也不一样，因此，幼儿园的美术环境创设应考虑年龄差异性。如：小班幼儿动手能力差，可在其生活空间里多布置一些美观的小型艺术品,墙饰可选择集体生活、行为规范作为主要内容,多借助可爱的动物形象来表达构思;中班幼儿可选择反应自然常识的内容,可以人与动物融洽共生为主题来布置墙面;大班幼儿的动手动脑能力较强,可在其空间环境中,多布置一些以社会常识性内容为主的半成品,鼓励幼儿发挥其想象力和创造力完善环境,并在过程中提高其动手操作的能力。

(4) 教育渗透性。由于幼儿年龄小,认知能力有限,对他们不能进行空洞抽象的理论教育,应该运用具体的形象,启发他们在看、听、摸、做的过程中建构知识,形成概念。所以,幼儿园美术环境的创设应通过鲜艳的色彩、优美的造型、直观的生活形象展示,启迪幼儿的智慧,净化幼儿的心灵,陶冶幼儿的情操,渗透全面发展的教育内容。

(5) 经济安全性。有些空间艺术环境的布置具有一定的周期性,所以,教师大可不必追求高档的制作材料,重要的是构思巧妙,形式新颖。生活中许多闲置无用的废旧材料也能出精品,变废为宝,既能展示幼儿教师的心灵手巧及审美品味,又能启迪、激发幼儿的创造意识。在布置过程中,有很多层面的操作需要经过画、做、贴、剪、挂等环节,这些过程可由幼儿和教师共同完成,所以教师随时考虑安全性措施是十分重要的事情。如立体墙饰的外形要柔和圆润,切忌尖锐突出,悬挂的墙饰要牢固,制作材料不能有污染或有毒害,这样可以确保每一个幼儿都能在一个安全、轻松、愉快的气氛中参与空间艺术环境的布置。

2. 美术环境的具体创设应特别注意两个方面

(1) 空间的创设与充分利用:①要充分利用户外创设的环境。②设置活动室中区域性活动时,可以根据不同区域的特点,用不同的色卡或卡通画进行划分。③应充分发挥房舍、设备和材料的功能。④应为幼儿提供一个自由欣赏和创造的活动空间——美术角。

(2) 墙面的布置和利用:幼儿园的墙面布置从空间来看大致有外墙主墙面布置、楼梯及走廊墙面布置和活动室的墙面布置等。

二、家庭美术教育

家庭美术教育具有随机性和灵活性的特点。家庭对儿童的美术教育可以在家庭生活的任何时间、任何场合进行,具有极大的灵活性。同时,家庭美术教育和家庭生活紧密相连,渗透在家庭环境的各个方面,对儿童起着潜移默化的作用,并一直伴随着儿童的成长,因此具有长期性的特点。而且,家庭美术教育还能更好地发挥个性化教育的优势,对儿童因材施教,满足儿童的个别需要。

家庭美术教育的方法是:第一,创设良好的家庭美术环境。家长应从儿童早期的涂鸦开始,为儿童创设良好的精神环境和物质环境,鼓励儿童自由创造与表达。第二,引导儿童初步感知美术的基本要素。家长可以和儿童一起进行一些亲子美术活动,在活动中认识一些美术要素,如形状、色彩、造型等。第三,鼓励儿童欣赏美的事物。家长为儿童选择欣赏内容时,要着眼于儿童的生活,要善于在日常生活中发现美,要善于利用居住地的各种自然条件和物质资源。第四,正确对待儿童的美术学习。家长应根据儿童的兴趣选择性地进行美术学习,每个儿童都有自己的爱好,家长应在了解其兴趣和征询其意见后再选择合适的美术学习内容。第五,尊重儿童的美术作品。家长不能对儿童的美术作品妄加评论。家长不能从成人的立场出发,简单地用"像"与"不像"来评价儿童的作品。儿童认识世界,以及表达自己对世界的情感和思想的方法都与成人截然不同。家长要经常鼓励儿童大胆地表达自己的想法,倾听儿童对自己作品的解释,并用欣赏的眼光去看待儿童的作品。

三、社会美术教育

(一) 美术馆、博物馆美术教育

近几年来,随着艺术传播手段的不断扩展,艺术与日常生活日趋贴近。人们的日常生活中充满了艺术品,随时随地接受着艺术的熏陶。与此同时,我国的美术馆、博物馆也从仅为少数人提供观看、研究美术作品服务的艺术象牙塔,转化为以全体大众为服务对象、广泛开展各种艺术普及教育活动的大众学习场所,并成为对儿童进行美术教育的新场所和新形式。

与幼儿园相比,美术馆、博物馆具有场地开阔、材料量大、活动时间充裕、指导人员专业等特征,有利于提高儿童学习美术的兴趣。在美术馆、博物馆中,儿童可以感受到美,并能自由地想象和思考,与自然的和艺术的环境融为一体。儿童在轻松、愉快的氛围中感受艺术、了解艺术并爱上艺术,从由指导人员的引导过渡到自己学会去观察、理解继而发现美的存在,积极地参与到艺术创作活动中,不断激发其内在的潜力。

(二) 多种社会办学形式中的美术教育

以往多种社会办学形式中的美术教育,如各种美术技能训练班、美术兴趣班等往往只注重对儿童美术技能的训练,在方法上多以临摹为主,以传授技法为目的。这就造成了儿童美术作品的概念化、程式化,大多比较呆滞、死板,失去儿童美术的自在性、生动性和独特性等特点。随着美术教育课程的改革,美术教育内容和教学方法发生了很大的变化,教学重点已放到培养儿童的创造力和表现能力上。因此,一些业余儿童美术班也开始对单一的绘画教学进行扩展,注重培养儿童的观察力、想象力和创造力,使儿童美术教育呈现出平面造型与立体造型活动并重、艺术表现与欣赏活动相融洽的新面貌。

总之,学前儿童美术教育的社会机构和设施、场所,能够使儿童获得亲近美术、了解美术的机会和权利,能够给儿童提供学习美术的专业帮助,也能更科学、更合理地利用各种社会资源来培养儿童的美术素养。

[思考与讨论]

有效的学前儿童美术教育途径包括哪些?怎么有效整合?

[实践与训练]

1. 去幼儿园收集不同年龄班的美术教育实例或计划,分析其实施途径,写一份简单的报告。
2. 去图书馆或上网搜集有关幼儿园美术教学或美术区域活动的论文,从中总结出对我们有价值的结论,并写出报告。(如《大班幼儿美术区域课程与教学》)

第二节 学前儿童美术教育的设计与组织

作为教师,必须要考虑学前儿童美术教育活动的最优化设计,即教育者对幼儿园的美术活动进行从整体到局部的精心设计和能动的调整与改进。

一、结合儿童特点,确定适宜的美术教育目标

确定美术教育目标时,教师应根据幼儿心理、生理发展的规律,在客观判断幼儿现有水平的基础上,确定幼儿下一阶段经过努力可能达到的目标,只有这样才能做到目标的适宜性。如当幼儿只能用笼统的图形来创造物象时,教师就鼓励幼儿将图形与线条进行多种样式的组合。当幼儿能画出清晰的图形时,教师就逐步引导幼儿用多种图形组合来创造出不同的图形。当然,目标并不一定都是按教师的主观愿望而制定,有时也可由幼儿提出,总之,教学目标要与幼儿的发展需要相吻合。所以,教师在确定美术教学目标时,必须避免两种提法:一是把画出某一具体图像当作目标,如教幼儿选择用红色画太阳,就容易使幼儿误以为用红色画太阳是唯一的方法,从而失去了对颜色的想象;二是把认识近大远小、重叠、渐变等抽象概念当作目

标,如教幼儿运用大小对比的方式来表现物体的远近,就容易使幼儿产生"小图像必定是表示远方的物体"的印象,从而导致幼儿思维的混乱。

教师还要考虑美术教育目标的一致性和连贯性,即每一个层级的目标必须参照上一级的目标去制定,而上一级的目标也必须层层分解到下级目标中,这样才不会导致有目标无法实现和新增的目标"师出无名"等情况出现。目标制定要完整系统,教师既要考虑幼儿的认知、情感和技能能力,同时也要考虑年龄段特点和其他领域目标的渗透,这样制定的目标才完整。

最后,教师在制定目标时,不要一次性全部固定,要为目标预留一定的空间,也就是说目标不仅要有具体可操作的行为目标,还要有弹性的表现性目标。一般来说,具体活动目标多考虑可操作性和可检测性,而主题(单元)的目标则更多考虑过程性目标和表现性目标。

二、选择适合的美术教育活动内容

选择适合幼儿发展目标的美术教育活动内容要遵循的原则主要有以下四方面:一是符合教育教学目标,幼儿美术创作主要表现在造型能力和表现方法两个方面。造型能力的形成与发展,是与幼儿的空间知觉能力和成熟程度密切相关的。教师应避免用简单灌输和强化训练的方法,力求客观地把握幼儿发展目标,为幼儿搭建"小步递进"的阶梯,以帮助幼儿主动建构自己的造型方式,提高造型技能。在尊重幼儿手部肌肉动作发展规律的前提下,教师应为幼儿提供接触多种工具材料及广泛运用材料的机会,使幼儿不断变化、创造、习得各种表现方法。二是内容要适合幼儿的特点。幼儿学习技能的内驱力来自其在内容的吸引下而产生的强烈的自我表现的愿望。所以,教师应选择那些对幼儿有足够吸引力的内容并进行艺术加工,认真研究内容是否符合幼儿的心理、生理特点,是否能激发幼儿的创造力,使幼儿愉快地活动,从而有效地达到目标。如在美术活动"转动的头"中,教师选择了"观测流星雨"这个热点话题。以"观测小组记录为单位"为内容,启发幼儿尝试表现每个"观测者"的动作,使转动头部动作成为幼儿成功地观察流星的需要。于是,围绕这一有趣的情景画出向不同方向转动的头部动作,就很自然地成了幼儿的主观愿望和需要。三是培养幼儿的情趣。绘画是陶冶幼儿情操的活动,幼儿边画边欣赏作品,使幼儿自己在有趣的活动中学到知识。四是形成美的思想。幼儿欣赏美术作品,感受美好的事物画面,使自己内心充满美好的东西,思想变得健康、活跃,形成美好的人生观、世界观。

三、设计可行、有弹性、有效的活动过程

(一)活动流程的总体设计

当前,很多教师在美术教育活动中,方法死板、不灵活,老是按"看范画—老师示范—幼儿画—评价幼儿作品"这个一成不变的"套路"上课。结果,活动效果不理想,幼儿缺乏创造力,画面单调、不丰富。在美术教育活动中要使幼儿能发挥更大的创造力,真正发挥幼儿的主观能动性,这就需要教师的正确引导与设计出丰富多彩的美术教育活动,以吸引幼儿积极参与到美术教育的活动实践中。

通常幼儿美术教育活动过程由引起兴趣、出示范例、示范讲解、巡回指导、结果评价五个环节组成,这五个环节都以完成技能要求为目的。在实践中,教师可将这五个环节调整为创设情景、提出问题、引导讨论、鼓励独创和展示判断。这种调整是以鼓励创新,激发创造力为目的的。具体来说,创设情景指的是将情景贯穿于教学过程,使其成为诱发创作动机,引导幼儿学习技能的推动力。提出问题指的是围绕内容与方法提出问题(可由教师提问,也可由幼儿提问),让幼儿观察、思考。引导讨论指的是师幼共同参与讨论,引导幼儿按自己的体验,大胆表现,努力超越自我。展示判断指的是给幼儿展示作品的机会,让幼儿通过比较自己与同伴的作品来判断和评价自我。比如,幼儿的意愿画"春天",首先,教师可带幼儿到郊外去放风筝等,

幼儿边走边看,观察春天的情景是怎样的,鼓励幼儿大胆表述。幼儿通过自己的亲身体验和所见所闻,就能画出丰富多彩的"春天"画面。画完后,教师可引导幼儿互相欣赏自己的作品,讲讲自己作品的意义,这样,幼儿能互相学习,取长补短,提高绘画技能。是否有了我们设计出来的好的教学模式,幼儿的绘画技能就提高呢?答案是否定的,它还需要教师的正确引导。

在幼儿集体教学活动过程中,主要有观察欣赏、讲解(示范)、探索、讨论、操作、评价等几方面的程序。在活动程序的安排策略上,教师可以根据表现对象的难易程度和幼儿的特点,将这些活动程序加以调整,使活动程序更加多样化,更能引起幼儿的审美兴趣和审美表现。以下是几种常见的变式流程或策略,教师在实践中也可以摸索出更多的变式:

(1) 观察欣赏—谈论—操作—欣赏—评价。

(2) 探索—观察欣赏—讲解(示范)—操作—评价。

(3) 操作—讲解(示范)—操作—欣赏。

(4) 讨论—观察欣赏—操作—评价—欣赏。

(5) 讨论—探索—再讨论—操作—展示—欣赏。

(6) 操作—展示—欣赏。

……

以上程序,教师可以灵活掌握。如果幼儿第一次装饰伞面,最好从观察欣赏入手。如果在装饰伞面的基础上装饰盘子,可以直接进入操作程序。如果欣赏绘画作品,一般可以从观察欣赏入手,也可以从讨论入手。如果有新的操作技能要求(如第一次使用剪刀)一般先从讲解(示范)开始。如果是操作技能要求比较高的活动,则可以采用"讨论—探索—再讨论—操作—展示—欣赏"的程序进行。如果是已经操作过的或比较简单的活动,则可以采用"操作—展示—欣赏"的程序进行。

从上面的程序中我们可以看出,美术活动的评价环节一般放在活动后面居多,这时的评价一般是对整个美术教学活动的过程和结果的评价。而在实际操作中,评价也可以穿插在其他环节中,特别是对美术教学活动过程的评价,教师可以适时地进行。

(二) 活动时间的安排

在活动时间的安排上,教师应考虑以下因素:

1. 合理地选择内容和做法

内容、画法或做法,也就是欣赏哪些作品,表现什么事物,采用什么方法,是画出来还是用纸折出来等。需要说明的是,自由的美术活动的内容、画法并不由教师决定,但教师为幼儿提供的条件都潜在地划定了活动内容、画法或做法的范围,教师必须意识到这一点。

2. 考虑顺序

这里的顺序是指幼儿对所选内容、做法掌握上的难度顺序和前后连接关系。

3. 关注数量

数量为单位时间中活动的密度和内容容量以及同一内容、同等难度的活动所需时间长度和次数。数量又可分为四个方面:①总量:根据全面发展的要求确定美术活动在各类活动中所占的比例,算出活动的次数和时间长度。②种类:从对幼儿的教育作用上着手,确定幼儿园各年龄幼儿美术活动的种类。③比例:由于各类美术活动的教育作用不同,美术活动应有一个适当的组合,这就要确定各类美术活动应占的比例,然后算出各类活动的次数和时间长度。④顺序:指排出各类活动的时间表,应注意活动的连续性与变化性,调配好同类活动的重复与不同活动的穿插。

以上三个因素考虑好以后,教师可将每一活动内容排进时间表,完成总体设计。剩下的是对每个单位活动的设计,因每个具体活动各不相同,不能一一叙述,总的要求请参照"学前儿童美术教育的原则"中提出的要求,并应与总体设计相辅相成。

能动地调整与改进是使课程结构不断趋于合理的内在调节机制,教师要实现这种不断合理化的调节,就需要在美术活动的过程中保持幼儿的兴趣,注意观察幼儿的反应,遇到新的情况及时做出调整。如果发现原设计有不符合幼儿实际的地方,教师就应对设计作出修正。对幼儿活动成果与过程的评价是调整的重要参考依据。因此,开展周期性的评价是必要的,教师可以根据评价的反馈信息分析美术活动安排上的得失,进一步寻找最有效的教育方式,使学前儿童美术教育活动的安排不断完善。

(三) 美术集中教育活动的一般流程

这里讲的是教师如何带领幼儿进行有组织的美术活动,即集体同步活动、集体合作活动、集体分别活动。有组织的美术活动无论采取什么形式,它都包含这样几个基本环节:幼儿的美术活动过程、教师在活动前的准备和活动后的记录。

1. 活动前的准备

活动前的准备充分与否,是活动能否成功的先决条件。活动前的准备包括以下几个方面:

(1) 活动方案的设计。活动方案指各个具体的单位活动计划,它直接关系到美术教育任务的落实。活动方案的设计要因人而异,因活动而异。有经验的教师对活动的步骤环节掌握熟练,语言运用自如,可以集中精力考虑好活动的主要目的、大的环节和一些关键材料。一般方案包括以下五个基本部分:活动名称、活动目标、活动准备、活动过程和活动延伸等。

(2) 技能和工具材料的准备。这部分的准备主要有以下几方面:①计划制定出来以后,教师要反复熟悉。特别是计划中涉及的技能,教师要事先练习,体会其中的重点和难点,以便有针对性地进行示范和指导。②按照计划将工具和材料准备好,注意适当多准备一些,以备临时增加或损坏时用。③安排幼儿的座位。由于美术活动的特殊性,有时需要调整幼儿的座位,座位的安排首先应根据活动类型的需要。另外要考虑幼儿观看教师示范是否方便和光线是否充足。除此之外,还要注意把能力不同的幼儿搭配在一起,以便互相帮助、取长补短。

2. 活动过程

活动过程大致分为开始部分、基本部分(中间部分)和结束部分。

(1) 开始部分:引起兴趣,激发动机。组织幼儿迅速、安静地坐到座位上去,集中注意力。可以采取听音乐的方法,教师弹琴,幼儿听着音乐渐渐地将注意力集中到音乐上,曲子终了,幼儿也安静地坐好了。或者,教师也可以以游戏的口吻向幼儿说:"现在,我们小朋友像小花猫那样,轻轻地走到自己的座位上去坐好,看谁走得又快又轻。"这样,一般幼儿都能快活地又轻又快地走到座位上端端正正地坐好。教师不要训斥幼儿,要正面引导,否则,会损伤幼儿的自尊心和积极性,直接影响活动的开展。

接下来,教师向幼儿布置任务,引起幼儿的活动兴趣,提出活动的注意事项,或者是对幼儿进行分组。这一步要做得明确、干脆,时间不要过长。然后教师根据活动的类型、内容以及幼儿知识技能的程度,采取相应的方法进行活动指导。采取什么样的方法没有固定的模式,需要教师灵活处理。

(2) 基本部分:幼儿操作,教师引导。基本部分也是中间部分,是幼儿的练习和创造环节。此时师幼互动十分重要,师幼之间的情感交流以及由此产生的积极的心理氛围是促进师幼积极互动的必要条件。在师幼互动中,教师应该关心爱护每一个幼儿,尊重他们的人格,多与幼儿进行积极、平和的互动与交流,多鼓励、赏识幼儿发起的互动行为。在师幼互动中,教师应学会用正向的、平和的心态对待幼儿的各种行为,多予以赞扬等肯定性的回应。对幼儿的不恰当行为,教师也应该以正向引导为主,针对实际情况给予耐心的帮助,让幼儿感受到教师对他的重视与关爱,使幼儿在被重视和赏识的过程中体验到自尊,从而产生更强烈的互动动机。

教师在这个环节要改变传统教学观念,支持幼儿富有个性的创造性表现。《纲要》明确提出:"幼儿艺术活动的能力是在大胆表现的过程中逐渐发展起来的,教师的主要作用在于激发幼儿感受美、表现美的情绪,使之体验自由表达和创造的快乐。"因此,在美术教学活动的互动中,教师应改变传统教学观念,归还幼儿在美术活动中的主体地位,改变单纯传授美术技能的教学方式,支持幼儿富有个性的创造性表现。

(3)结束部分:评价、小结与欣赏。美术教育活动的最后一个环节通常是教师对幼儿的作品予以评价,这一环节既是对幼儿作品的品评,又是对本次活动的总结。幼儿往往把这种评价当做认识自己的重要证据,积极肯定的评价和恰当的师幼互动,会使幼儿获得心理满足,增强其自信心;而消极的评价和否定互动,则会使幼儿产生不自信的心理,进一步怀疑自己的能力,甚至影响幼儿对美术的兴趣。作为教师,要特别认真对待评价环节中的师幼互动,做到评价双向互动。教师在评价这一环节的师幼互动过程中,应该关注是否满足了每个幼儿的情感需求,是否尊重了每个幼儿美术能力上的差异,是否促进了幼儿美术技巧和审美能力的双重发展。

活动什么时候结束应根据活动的内容要求和幼儿的进展情况来定。一般来说,结束工作包括这样几个环节:①教师察看幼儿的进展情况。②收拾作品,当大部分幼儿即将完成时,教师要提前提出下一步的要求,要求幼儿有秩序地等待教师检查作品,在教师检查通过后把自己的作品和使用过的工具收拾好,放到指定的地方。③评议作品,教师与幼儿一起谈对作品的看法。在这一环节中,教师要处理好与幼儿的关系,既要让幼儿充分发表自己的看法,又要把握住方向,谈出有说服力的见解,不可搞一言堂或是由幼儿不着边际地说说了事。在评价时,除了幼儿作品的技能技巧评价以外,教师还要谈谈作品给人以什么样的审美感受。④展示和保存作品,幼儿的作品完成以后可以布置在专栏中供幼儿和家长观看,这对幼儿是一种鼓励。展示过的幼儿作品教师应当好好保存,可分类或分人保存,待学期末作为成果由幼儿带回家中;或选一些作为资料留存在幼儿园。

应该特别注意的是,这三个部分是大致的活动进行流程,在具体的活动计划撰写中不需要出现"开始部分""基本部分""结束部分"这样的字眼。

3. 活动的记录与反思

记录是教育效果考核的重要依据,也是总结经验、提高教育质量的重要工作之一。记录可以在幼儿活动中进行,也可以在活动结束时进行。在活动进行中的记录,教师应该充分利用现代信息技术手段,善于捕捉、拍摄3分钟左右的幼儿活动视频片段,这样在反思的时候可以反复观看幼儿活动的真实情况。如果是文字记录,写记录时要记下幼儿活动中的重点表现与作品完成的情况,然后进行分析。活动结束后的反思是必不可少的,反思是指教师以自己的职业活动为思考对象,对自己在职业中所做出的行为以及由此产生的结果进行审视和分析的过程。反思的实质就是自我批判——自己与自己对话,并借助自我对话来检讨自己、改善自己,是教师个人"专业自修"的一种方法、技术。也就是说,一个教师如果想要在专业上尽快地成长起来,那么他就必须掌握"反思"这种方法,并在实践中将其转化为一种内在的能力,即"反思能力"。专业的反思必须源自正确的理念,所以,教师在平时积极学习和领悟《纲要》和《指南》中的正确艺术教育理念是做好专业反思的关键。

四、创设相适宜的幼儿园美术环境

美术环境是幼儿园向幼儿提供的自由欣赏与创造的外部条件,它使幼儿于不知不觉中受到美术的熏陶教育。幼儿园美术环境创设要体现幼儿的特点,创造条件让幼儿接触多种艺术形式和作品,支持幼儿自发的艺术表现和创造,同时要营造安全的心理氛围,让幼儿敢于并乐于表达、表现。具体做法请参见本章第一节。

[思考与讨论]

你认为应该如何有效地指导和组织学前儿童美术教育活动?除了本节讲述的内容,你还有什么好建议?

[实践与训练]

1. 去幼儿园收集不同年龄班的美术教育实例或计划,分析其组织过程和指导的策略,写一份简单的报告。

2. 去图书馆或上网搜集有关幼儿园美术教学或美术区域活动的论文,从中总结出对我们有价值的结论,并写出报告。(如《大班幼儿美术区域课程与教学》)

3. 依据提供的拓展阅读的内容和附录的幼儿园美术活动案例,分析其指导和组织上可借鉴的地方和存在的问题,小组讨论分析后,由小组代表在全班分享小组的结论。

附录:幼儿园美术活动案例

案例 7-1

中班美术活动: 风

【活动目标】

(1) 通过欣赏抽象画丰富幼儿对秋风的认知。

(2) 运用多媒体手段感知、比较其他不同形态的风。

(3) 鼓励幼儿选择不同的作画工具,大胆地进行美术创作活动。

【活动准备】

(1) 绘画材料:各色颜料、彩色铅画纸、各种作画工具(羽毛、树枝、毛笔、吸管等)。

(2) 录音、视频设备。

(3) 三幅关于风的抽象画。

【活动过程】

一、运用多种感官感知秋风及其他形态的风

1. 幼儿亲身感受风的存在

师:刚才我们在外面寻找了风,你能说一说风在哪里吗?

师:春风吹在我们身上有什么样的感觉?我们身边的树木有什么变化?

2. 听声音感受风

师:听,刮起了什么风?(放录音)它给你什么样的感觉?

师:这是冬天刮的西北风。你们回忆一下,冬天的西北风,刮在脸上和身上有什么样的感觉?

教师小结:西北风比我们刚才找到的风要大多了,它打在脸上很冷、很疼,我们一起跟着音乐学一学西北风刮起来的样子。

3. 看视频"龙卷风",边播放边讲解

师:这是什么风?龙卷风是怎么样刮的?刮龙卷风时,天空变成了什么颜色?再看看周围的环境发生了什么变化?

4. 在游戏中感受不同的风

教师扮演风,幼儿自由选择扮演花草、树木、红旗等,在大自然的场景中幼儿用身体动作表现这些物体在不同的风中的形态。

> **分析:** 引导幼儿通过多种感官、多种渠道感知表现风的形态及特征,对幼儿是一种非常适宜的方法。

二、出示三幅作品，引导幼儿欣赏

1. 你感觉这几幅画中风在哪里
2. 除了风，你还看到风中有什么

分析：孩子们在欣赏的过程中，培养了审美情感，大师们的表现手法与技巧以及多变的图案和色彩引发了孩子们尝试用各种工具表现风的创作兴趣。

三、引导幼儿选择材料进行创作

1. 教师提供各色颜料和作画工具，介绍不常用的几种工具，如羽毛、树枝等
2. 幼儿选择自己需要的颜色的铅画纸进行创作，教师随机进行个别的辅导

分析：孩子们根据需要选择不同的作画工具，自由地表现风的形态，如羽毛蘸上颜料可以在画纸上点、甩、拖，改变了以往一种作画工具单一的表现手法，整个创作过程幼儿都是在玩的过程中进行，兴趣浓厚。

拓展阅读
幼儿作品欣赏

四、展示幼儿作品，幼儿自评

1. 请幼儿观赏他人的作品，鼓励幼儿相互介绍自己的作品
2. 教师有针对性地请个别幼儿给大家介绍自己的作品

☆ 幼儿作品欣赏

（本活动案例选自：徐湘晖、束云华.《中班美术活动：风》）

第三节　学前儿童美术教育的方法

一般来说，由于教学对象和年龄阶段的差异，教学方法会相应不同，这就是通常所讲的"教学有法，但无定法"。按照教学方法的外部形态，以及相对应的这种形态下学生认识活动的特点，我们可将常用的教学方法分为五类：第一类是以语言传递信息为主的方法，包括讲授法、谈话法、讨论法、读书指导法等；第二类是以直接感知为主的方法，包括演示法、参观法等；第三类是以实际练习为主的方法，包括练习法、实验法、实习作业法；第四类是以欣赏活动为主的教学方法，例如陶冶法等；第五类是以引导探究为主的方法，如发现法、探究法等。

一、以语言传递信息为主的方法

以语言传递信息为主的教学方法，是指教师以语言向幼儿传递信息和指导幼儿学习美术的教学方法。在学前儿童美术教育活动中，语言是教师与幼儿之间进行信息、情感交流的主要媒介，以语言传递信息为主的方法是幼儿园美术教育活动中最为常用的教学方法，主要包括讲授法、谈话法、讨论法。

（一）讲授法

讲授法是指教师通过语言描述、说明和解释，向幼儿传递信息，从而使幼儿获得美术知识与技能的教学方法，具体包括讲述、讲解等教学方式。讲述是指教师向幼儿描述学习的对象；讲解是教师对某个概念或原理进行分析和解释。讲授法是幼儿园美术教育活动中的重要方法，常与运用其他教学方法有机地结合进行教学。教师运用讲授法的基本要求是：

1. 讲授内容要具有科学性、艺术性和教育性

科学性是指教师对相关的美术概念、原理等的解释要准确;艺术性是指教师运用艺术性的语言来激发幼儿进行美术活动的兴趣;教育性是指教师讲授的内容要对幼儿的身心发展有益,不可出现对幼儿有负面影响的用语。

> **案例 7-2**
>
> 讲授法在"美丽的蝴蝶"活动中的运用
>
> 在大班美术活动"美丽的蝴蝶"中,教师用谜语"有样东西真美丽,四片翅膀像花衣,春天飞到花园里,停在花上吸花蜜"导入,引出蝴蝶,而后出示蝴蝶、飞鸟等图片或视频,讲解对称对生物个体的作用,以及对称图案的艺术美。在此基础上,教师重点讲解蝴蝶的外形特征和生活习性,引导幼儿观察蝴蝶翅膀对称的花纹,并用对称方法创作……在这个活动中,教师就充分考虑了讲授内容的科学性、艺术性和教育性。

2. 要遵循启发性原则

讲解主要是通过教师讲、幼儿听的方式向幼儿传递信息。在讲解过程中,教师易于控制自己所讲的内容,但也经常会使幼儿处于被动接受的地位。若教师运用不得法,讲解容易使幼儿产生疲倦感,影响学习效果。因此,教师要讲究语言艺术,注重情感,善于运用生动且富有感情的语言来启发幼儿的思维。如,在大班美术欣赏活动"星月夜"中,如果教师这样讲——画家用蓝色、紫色和黄色,色彩鲜明,对比非常强烈,给人一种躁动不安的感觉,就容易让幼儿十分茫然,因为讲解的语言太过于生硬和成人化。如果教师用启发性的语气来讲——画面上有哪些颜色?哪些颜色是让你感到开心和舒服的,哪些颜色让你感到很难过,这样效果就会好很多。

3. 讲授的语言要生动有趣、富有情感,符合幼儿的年龄特点

生动有趣的语言能吸引孩子们的注意力,富有情感的表达会使他们犹如身临其境。为此,教师应根据不同年龄阶段幼儿的特点,运用讲述情境性故事等方法,使用孩子们所能理解的语言,以便他们更好地接受和理解所学内容。

> **案例 7-3**
>
> 讲授法在"门前一条路"活动中的运用
>
> 在中班美术活动"门前一条路"中,教师以"小丸子"的身份出现,说:"我可真羡慕你们呀,你们幼儿园门前的马路又宽敞又热闹,可是我的幼儿园门前马路上没有车、马路边没有商店也没有绿化,出门真不方便。"(出示一条空荡荡的马路)接着教师又问:"你们有什么好主意让这儿变得热闹起来吗?"请幼儿大胆想象,说出自己的想法。教师引导幼儿利用圆形、方形、三角形、梯形等进行图形组合表现物体特征,并进行想象添画,表现马路周边的场景。

4. 坚持体态语与讲解相配合的原则

体态语包括手势、神态、站立、移动等。教师在教学中往往有意或无意地以体态语配合讲解,传递无声的视觉信息。体态语与讲解相配合的原则,要求教师的体态语以适当的强度、得体的表情来辅助讲解。体态语是在人们说话时产生的表达情绪情感的自然形态,运用得当能引起注意、调动情绪、渲染情感、诠释话语、交流沟通,并确立良好的教师形象。例如,在小班美术欣赏"会跳舞的颜色"中,教师引导幼儿欣赏音乐

动漫,一边讲解颜色的变化,一边说:"我的颜色会跳舞……"同时辅以肢体动作,生动地将动作、音乐和美术整合在一起,能很好地激发幼儿的学习兴趣。

(二) 谈话法

谈话法是指教师根据幼儿已有的知识经验,向幼儿提出问题并要求幼儿回答,或是幼儿提出问题要求教师解答,并通过解答使幼儿获得新知识、提升经验的教学方法。教师运用谈话法的基本要求如下:

1. 教师在提问前要有计划性,要注意克服提问的随意性

教师所提的问题要围绕活动内容和目标,问题要明确、清楚、具体、有启发性,要能引起幼儿的积极思考。因此,教师要多提出开放性问题,少提封闭性问题,如"是不是""好看不好看"等,避免提出幼儿可以不假思考齐声回答的问题。

2. 教师要注意提问的艺术性

教师所提的问题要符合幼儿的理解能力,简单明确,同时要给幼儿一定的思考时间,多提一些引导性的、启发性的问题,以引发幼儿思考,并发表自己与众不同的想法。教师还要重视幼儿的回答,并对幼儿的回答给予及时的反馈。

案例 7-4

谈话法在"树叶变变变"活动中的运用

在中班美术活动"树叶变变变"中,教师出示各种树叶,引导幼儿描述自己喜欢的树叶,并进行合理想象。接着,提出引导性、启发性的问题:"仔细看看你喜欢那片树叶?你觉得它像什么?""想一想这两片树叶可以变成什么?""树叶与树叶朋友碰在一起能变成这么神奇的东西,你想用树叶变成什么?"教师让幼儿讲一讲自己喜欢的树叶,通过提问引发幼儿对树叶的观察,并对树叶外形进行合理想象,之后再让幼儿感知树叶的组合;鼓励幼儿进行大胆的想象,并帮助其在想象与树叶之间建立联系,通过幼儿的尝试操作,掌握拼贴技能以及先后顺序,为后续活动的操作积累丰富经验。

▲ 图 7-6 《伪装的猎人》(6岁)

3. 教师应鼓励幼儿提问

对于幼儿的发问,教师知之为知之,不知为不知,对于回答不了的问题,可以抛给其他幼儿来回答,同时教师可以与幼儿一起寻找答案,激发幼儿主动探索美、体验美、创造美的积极性与主动性。如,教师在有关对称的美术活动中,幼儿问:"老师,您说对称的东西很美,那为什么这个看起来也很美呢?"(幼儿拿出一个不对称的物体)这个时候,教师千万不要予以否定,应该要和幼儿一起来探索对称之外的美。

4. 教师应该特别注意用线索启迪法引导幼儿创造

教师要在谈话的过程中,积极提供线索,激发幼儿联想、迁移,制造悬念,诱发创造。线索的种类有事物的局部特征、标志、自然物等,如"长翅膀的礼物"活动中,教师就在新年即将到来之际,提供局部特征线索:"礼物是怎么到达远方好朋友那里呢?"通过谈话,有小朋友说让礼物长翅膀……在"森林里的猎人"活动中,教师制造悬念:猎人来到森林中,动物都发现了他,后来他想了一个办法,动物就看不到了……很多小朋友生动地画出了"伪装的猎人"(图 7-6)。

(三) 讨论法

讨论法是指幼儿在教师的指导下，为认识、解决、探究某个问题而进行讨论，通过讨论获得知识的方法。该方法较适合在中、大班幼儿中使用。讨论的形式，可以是全班讨论，也可以是小组讨论。讨论的时间可长可短，关键在于教师提出讨论的问题和对讨论过程的组织引导。教师实施讨论法的要求有以下三点：

1. 教师要做好讨论的准备

对于活动中要讨论的问题，教师事先要有准备，问题的提出要有吸引力，能引发幼儿的思考。教师要让幼儿明确讨论的问题是什么，有时还要事先搜集有关的资料，做好讨论的准备。如在泥工活动之前，教师发现幼儿团泥的时候，不是太干容易裂开，就是水太多泥黏糊糊的。在活动中，教师就可以把"怎样搓，泥团才不会裂开，也不会黏乎乎的？"这样的问题抛给幼儿，引发幼儿思考，让幼儿充分讨论，然后在讨论的基础上有针对性地操作，会提高幼儿参与泥工活动的兴趣，并快速提升幼儿的泥工水平。

2. 教师要启发、引导幼儿讨论

幼儿的讨论必须有教师的指导。教师要创设宽松的心理环境，鼓励幼儿各抒己见，允许发表奇思怪想的见解，对不同想法可以展开争论。教师不要急于下结论，要相信幼儿通过讨论能够解决问题，并在适当的时候给幼儿提供线索，帮助幼儿找出正在探讨的问题与他们已知事物之间的联系。如，在瓶子装饰活动中，教师让幼儿带来各种各样的瓶子，让幼儿讨论如何把瓶子装饰得漂亮。在装饰玻璃瓶的时候，幼儿发现水粉颜料和各种水彩笔装饰效果不理想。小朋友们争论不休，有的说颜料不够浓，有的说要把玻璃擦干净，有的说涂在外壁的颜色很容易掉，涂在玻璃瓶内壁会更好，教师一一予以支持。后来，幼儿自己发现需要在玻璃瓶外表弄上一层东西才更好操作，于是教师适时启发："弄上一层什么材料，才会保留久一点？"在讨论的过程中，教师适时地出示了细砂这个线索，于是幼儿就讨论并尝试将细砂涂在玻璃瓶外壁，沙瓶装饰就这样轰轰烈烈地开始了……

3. 教师要进行小结

在讨论结束时，教师对于讨论的情况要进行小结，概括幼儿讨论的内容。由于美术学科的特殊性，讨论结果未必都有一致的标准答案，可能是多元的、开放的或不确定的。如在大班镂空剪"小鲤鱼"活动中，教师结合幼儿讨论的结果，做一个小结："小鱼身上的花纹各种各样，有横有竖也有斜斜的，有点子有块面也有条纹的，每条鱼都有它自己的特色。我的鱼儿朋友都在彩纸里等着你去邀请呢，先想一想你会走什么路线去邀请小鱼，记住：路线走得不同，请到的小鱼形状也是不同的，可以先用铅笔轻轻地在纸上设计好走的路线，然后用剪刀沿着路线剪（剪出小鱼的轮廓）。"通过这样的小结，幼儿就会掌握本次活动的重点"镂空连续花纹"是怎样剪出来的。

二、以直接感知为主的方法

(一) 演示法

演示法是教师在传递信息的过程中，向幼儿展示直观教具，示范绘画、制作等过程，以使幼儿获得对事物现象的感性认识的一种教学方式。演示用的教学媒体有实物、标本、挂图、投影、录像、计算机大屏幕投影等等。演示法要根据教学内容的难易程度、幼儿对教学内容的熟悉程度灵活运用。教师运用演示法的基本要求是：

1. 演示的准备工作要充分

演示用的教具应在教育活动前准备齐全，摆放在便于使用的位置；教学用的录像、幻灯片、多媒体资料等，活动前要试放，以免正式放映时出现差错；活动之前还应安排好范例展示的顺序，避免翻找。

2. 演示要选择恰当的时机

演示时机的选择，要与内容进度相契合。在教学过程中，教师出示教具、挂图以及技法、制作的演示时机要适当，最好是在幼儿集中注意力的时候。一般说来，演示法可在下列情况下运用：教学内容具有一定的难度，单纯用语言讲解不能使幼儿充分理解和掌握；幼儿对创作主题不够熟悉；教学刚开始，需要使幼儿对物象有总体的印象。

3. 演示要和讲解有机地结合

运用演示的教学方法是为了帮助幼儿更直观地认识和把握物象的基本特征，使幼儿思考与表现物象的整体形象。在演示过程中，教师要把演示的内容与观察、讲解有机地结合起来。讲解的语言应力求通俗易懂、简洁生动、富有启发性，能为幼儿所理解和接受。这样，通过视觉和听觉两种途径获得的信息能使幼儿更好地把握物象的特征和结构。

（二）观察法

美术活动是视觉艺术活动，离不开观察。启发幼儿观察物象的形状、颜色、结构以及事物间的空间位置、相互关系等，获得对事物的感性认识，是学前儿童美术教育活动的最基本方法。为了培养幼儿的观察兴趣，训练幼儿具有一双敏锐的眼睛，养成随时随地观察的习惯，教师在运用观察法时应注意以下要求：

1. 要激发幼儿对生活及事物的热爱

教师可引导幼儿观察、回忆从家到幼儿园的路上，印象最深的高楼、房屋是什么样的？路上遇到哪些人？先进行交流之后再画。这样有助于启发幼儿通过观察抓住事物的特征，并把自己的感受和联想表现出来，使他们的画面生动而充满儿童情趣。

2. 观察的目的要明确

幼儿由于知识、经验贫乏，认识能力和概括能力有限，往往不会自觉地、有意识地观察，在观察中往往凭兴趣出发，注意力不稳定、不持久，观察也不够全面。因此，教师在指导幼儿观察时，事先要让幼儿了解观察的内容，使幼儿能有目的地观察。

3. 选择适合幼儿观察的对象

根据幼儿的年龄特点，教师要选择那些形象生动、色彩鲜明、能引起幼儿兴趣的观察对象。教师可用游戏的方法引起幼儿的观察兴趣，用富有感染力的语言和情绪去吸引幼儿，并帮助他们有秩序地观察物象的结构、特征、色彩等。

4. 组织幼儿观察的方法要丰富多样

教师要根据观察的目的、幼儿的年龄特点和实际情况灵活运用各种观察方法，培养幼儿观察的习惯和兴趣。教师要重点引导幼儿观察局部与整体的重点特征，可以先观察后讲解，还可以先讲解后观察，也可以边观察边讲解，在观察的时候要巧妙提问，激发幼儿经验重构。对一些生活中不易观察到的事物，注意启发幼儿用形象对比的方法去观察，除了观察实物之外，教师也可以用图片、标本、多媒体等来展示观察对象。

三、以实际练习为主的方法

练习法是指幼儿在教师指导下，进行各种形式的绘画、制作等练习，从而熟练掌握各种美术知识与技能。教师运用练习法的要求如下：

1. 教师要对幼儿提出练习的要求

幼儿还不会自觉地、有目的地去练习各种美术技能。因此，教师在每次练习前要向幼儿明确练习的要求、操作的方法和步骤，培养幼儿操作练习的自觉性，使幼儿目的明确，能按步骤有条不紊地进行操作练习。

2. 教师的指导要有目的性

教师一方面要着眼于全班幼儿,及时发现全班的共性问题和多数幼儿的问题,及时运用讲解、演示等方法予以指导,另一方面要及时发现每个幼儿的问题,因人而异地帮助幼儿解决遇到的问题。

3. 教师应用游戏形式练习

用游戏的形式练习也叫游戏练习法。由于单纯以技能熟练为目的的练习不能引起幼儿的兴趣,所以教师要将练习的方式要多样化,并注意发挥幼儿的创造性,要给幼儿一定的空间,让他们能根据自己的想象进行自由表达。教师还要善于创设一些课程将技能和游戏融合,如在小班课程"帮妈妈绕线团"中练习画螺旋线。

四、以欣赏活动为主的方法

以欣赏活动为主的教学方法,是让幼儿通过对美术作品、自然景物、社会生活中的美好事物的欣赏,获得美的感受,提高表现能力、审美能力的教学方法。在运用美术欣赏法时,教师应注意以下基本要求:

1. 尊重幼儿对美术作品的感受与反映

欣赏美术作品是欣赏者再创造的过程,教师要引导幼儿多欣赏一些中外名家作品和儿童优秀美术作品。每个人经历不同,对美术作品引起的联想就不同,对作品喜欢与否以及喜欢的程度也不同。幼儿由于经验、认知能力有限,有些看法也许是十分幼稚可笑的,但只要是他们在对作品感知和体验基础上产生的,教师都应予以尊重和认可。在欣赏中,幼儿需要有机会来表达他们个人的感受。教师应尊重幼儿,使他们能充分地表达自己的感受,激发他们大胆地表现与创新。如图7-7是西班牙画家米罗的作品,两个中班的小朋友在欣赏的时候,体验是不一样的,一个说:"有一个人很想知道太阳的家在哪里,他就跟着太阳跑啊跑啊,跑了很远很远的路,才知道太阳的家在山谷里。"另一个说:"海龟妈妈在沙滩上生下了一个蛋,它怕章鱼偷走它的蛋宝宝,就一天天地守着,一步也不离开。"

▲ 图7-7 西班牙画家米罗的作品

2. 鼓励幼儿用各种方式大胆地表达自己的感受

幼儿表达的过程是一个体验的过程,也是一个进一步感受和理解美术作品的过程。语言表达是一种表达自己感受最常见的方式。但是,幼儿有多种"语言",他们可以通过绘画、身体动作、手工制作等方式进行表现。教师也可以有意识地用一些优美的语言去感染幼儿,如对画面的一些出色描述,以及儿童读物中对美术作品的描述,让幼儿在一个良好的语言环境中学习。这样做,对培养幼儿的艺术感觉是非常必要的。

3. 增强欣赏活动中的情绪体验

欣赏过程本身是一种感情的投入。移情是幼儿情感发展中的一个很重要的特点。他们常常会将有生命或无生命的物体赋予自己的想法和情感,这为他们的欣赏提供了情感基础。在欣赏活动中,幼儿的审美感受始终伴随着明显的情绪体验。积极的情绪可以提高幼儿欣赏活动的效率,起着正向的推动作用;消极的情绪则会阻碍欣赏活动的展开。因此,在欣赏活动中,教师要增强幼儿积极的情绪体验。

五、以引导探究为主的方法

探究法是指在教师指导下，由幼儿自己发现问题、探索问题和解决问题的教学方法。探究法的主要特征不是直接教给幼儿相关的美术技能，而是只提供有关范例，让幼儿通过尝试找到解决问题的方法。探究法是由教师设置一个情境，让幼儿对某一学习任务经过几次错误的尝试后找到正确答案的教学方法，具体可分成以下四个步骤。

1. 设置情境

设置一个与美术活动主题有关的、新颖独特的教学情境。具体设置的要点有两个方面：

一是教师要善于运用游戏的情境来感染和调动幼儿创作的热情，用适宜的游戏情境刺激幼儿创造。情境表演、看录像、讲故事、变魔术、玩沙、糊纸盒、拼贴石头图片等活动都是幼儿喜欢的游戏，这些游戏里包含着丰富的美术知识，而创设宽松、有趣的游戏环境，更易于幼儿把自己所思所想表达出来。如在"坐飞船去旅行"课程中，教师让幼儿扮演宇航员，就能更好地激发幼儿创造。

二是创设的情境应具有新异性。教师创设的情境一定要新颖、多变，其目的是引发幼儿的新奇感。各种现代教学技术为教师提供了极大的创造空间。不过，能引发幼儿新奇感的情境未必一定要用录像、投影、电脑等现代化的教学设备，关键在于教师对美术活动内容和幼儿发展实际水平的把握。比如，一段录像能将幼儿带入奇妙的植物世界；一幅大型的森林背景能成为幼儿制作的动物们的栖息场所，偶尔开展的比赛或评奖活动能使幼儿群情激奋；一个小小的游戏能唤起幼儿无限的想象。

2. 尝试练习

当遇到这些情况时，如幼儿表现或制作的难度不大，或有一定难度但经过幼儿的努力能够解决，又或者幼儿当时没有意识到困难等，教师可以先让幼儿尝试练习，也可以先尝试某一局部练习、尝试体验某一步骤。

3. 探索讨论

教师应当鼓励幼儿带着问题在讨论中寻找合适的答案，或从搜集的资料中寻找解决的方法，或可以通过新的尝试来解决困难。这是幼儿主动探索、研究和解决问题的过程，更有可能是幼儿发挥小组集体的智慧、合作攻克难关的过程。

4. 讲解指导

对于幼儿实在解决不了并带有普遍性的问题，教师应提供必要的讲解。由于这是幼儿久攻不下的难题，所以此时教师的讲解只是点拨一下而已。但在实际教学中，教师要针对幼儿的具体情况进行个别指导。

从上述这些教学方法中，我们可以看到，有些方法是教师主导型的，如讲授法、演示法等；有些方法是师幼互动型的，如谈话法、讨论法、指导练习法、欣赏法；有些方法是幼儿主导型的，如观察法、尝试法。教学方法的运用会受到美术活动目标和内容的限制，因此教师要根据实际情况灵活、综合地运用各种教学方法。

[思考与讨论]

结合实际分析一下，还有哪些适合幼儿园美术教育的方法？

[实践与训练]

结合在幼儿园看到的具体美术教学案例，思考并分析该教师运用的教学方法？并提出你的教育建议。

第八章

学前儿童美术欣赏活动的设计与指导

学习目标

1. 知道不同阶段儿童美术欣赏能力发展的水平与审美心理特征，能选择适合各阶段儿童欣赏的内容与组织形式。

2. 举例分析学前儿童美术欣赏的目标，明确学前儿童美术欣赏活动的设计与指导的方法，并能结合实际进行设计、分析和反思。

3. 能初步运用所学的原理评价学前儿童美术欣赏教育实践，并提出自己的感受与建议，具有开展幼儿园美术欣赏教育的兴趣与信心。

内容概览

美术欣赏教育是学前儿童美术教育的一个重要组成部分，与绘画教育、手工教育共同构成完整的学前儿童美术教育体系。本章从总体上概述了学前儿童美术欣赏能力的发展，以及学前儿童美术欣赏教育的目标、内容选择与组织形式，并结合具体实例系统阐述了学前儿童美术欣赏活动的设计与指导的方法，为学前儿童美术欣赏活动的设计和指导提供了参照和依据。

[问题情境]

自《指南》颁布以来,幼儿园的老师们越来越重视美术欣赏活动的开展。在一次园内观摩活动中,大班的陈老师选择了一组几米的漫画给儿童欣赏,儿童很感兴趣,纷纷描述画面上画了什么,还发挥想象编了故事。看到孩子们如此活跃,陈老师自己觉得这个活动很成功。但是,在评课时,有的老师提出这个活动不像美术欣赏活动,更像语言讲述活动,因为陈老师并没有引导儿童分析画面美在哪里。大家听了觉得很有道理,但同时也表达了自己的困惑:"老师要从哪些方面引导儿童欣赏美术作品的美?""欣赏的时候孩子们老是爱跑题怎么办?"小班的老师说:"我班孩子在欣赏的时候不怎么会讲,最后都是我告诉他们,这样可不可以?"大班的老师说:"我选了蒙克的《呐喊》给孩子们欣赏,结果他们说好可怕,这个人很像鬼,还做鬼脸,我都不知道该怎么引导孩子们了!"……

第一节 学前儿童美术欣赏能力的发展

学前儿童美术欣赏能力的发展不仅与其生理机能有关,而且还受到其社会认知的制约。据相关研究发现,学前儿童大部分已经具备了敏锐的感受力,他们能够感知到美术作品中的人物、时间和地点,也能够由美术作品产生一定的联想和想象,同样也会对美术作品有情绪与情感方面的反应。随着年龄的增长,儿童的生活经验的增加,他们的感知力、联想与想象能力、情绪与情感的反应也会随之提高。学前儿童美术欣赏能力的发展主要表现为以下几个特点。

一、同龄儿童的美术欣赏能力存在差异性

同龄儿童之间的美术欣赏能力是存在差异的。究其原因,一方面是由学前儿童自身的内因造成的,如不同儿童的认知能力、理解能力、语言表达能力等强弱不同。如:有的儿童在美术欣赏活动中表现得非常活跃,语言表达流畅、用词丰富,对作品的理解很到位,能展开丰富的联想;而有的儿童却始终沉默寡言,对于绝大多数的美术欣赏作品的提问几乎都不能作答,这些儿童在日常教学活动中的表现也不尽如人意,落后于一般儿童。另一方面是由外因造成的,如家长与教师的教育、所生活的环境等,那些对美术作品的感知能力、联想与想象能力以及情绪情感反应都突出的儿童,其家长往往很重视对他们知识深度和广度的培养。

二、不同年龄儿童对美术作品的感知、联想、想象、情绪、情感有各自的特点

一般情况下,3—4岁的儿童最乐于将自己融入画面的情节中,去感受画面人物的情绪、情感,因他们的快乐而快乐,因他们的害怕而害怕。这可能与小班儿童还难以分清美术作品中的情景与现实生活中的情景之间的区别有关,因此在欣赏过程中,容易将自己的感知和情绪融入欣赏的过程。

4—5岁儿童随着观察能力的增强,开始关注欣赏对象的细节,能感受到美术作品中更多的东西。与此同时,儿童的想象能力也较前有了很大发展,对美术作品的联想与想象也更加丰富。

5—6岁儿童虽然观察能力与想象能力有了进一步的提高,但在美术欣赏过程中,他们更加关注的是自己喜好的事物和情景。这个年龄段的儿童随着语言能力的迅速发展,对美术作品的描述能力也比前两个年龄段有很大提高。因此,教师在组织美术欣赏活动中,要多鼓励儿童多看、多想、多说。

三、儿童从感知到联想、想象,进而引起情绪与情感的反应,是相互联系和影响的

学前儿童在欣赏美术作品的过程中,从感知到联想、想象,进而引起情绪与情感的反应,是相互联系和

影响的。如：在名画欣赏中，一名中班幼儿就能细心地发现《抱着玩偶的杰梅尼·奥西德》画中小朋友的手放在布娃娃的肚子上，说她是在给布娃娃揉肚子，自己也想帮助小朋友揉一揉。这不但展示了她细致的观察力，同时也显示了合乎逻辑的联想想象以及丰富的情感体验。还有一名大班幼儿在欣赏《人投鸟一石子》时，是这样说的："这是一个外星人，脚大大的，他的肚子也大，脖子瘦瘦的，眼珠黑黑的，圆圆的头。他走在沙滩上，看到一只红色的小鸟，就用石头丢它，看它会不会飞，真好玩。"由此可见，这个孩子已经能将两个主体形象辨认出来，并且由此推论出一个合理的有情节的场景。这说明这个孩子既可以观察到画面中的很多细节，如"脚大大的，他的肚子也大，脖子瘦瘦的"，也能关注到画面的整体性，如他能通过背景的大面积涂色认为这里是沙滩，且既有"一个人"又有"一只小鸟"。在想象方面，他能将人、鸟以及沙滩联系起来想象，构成一幅互动的画面，就是联想、想象的有力支持。最后，他的一句"真好玩"，透露出这个孩子从画面得到了美好、快乐的情绪体验。

四、对作品内容的感知先于对作品形式的感知

由于学前儿童的美术欣赏能力正处于主观审美感知阶段，当一件美术作品呈现在他们面前，他们首先感知到的是作品的内容，如：画上画了什么，他们在干什么等；很少有意识地注意到作品的形式审美特征，难以做到深入感知、理解美术作品内容所蕴含的丰富意义。如：线条、色彩、构图、作品的情感表现与作品的风格等。这说明学前儿童还没有完全形成一种真正意义上的审美态度，而只是一种"求实"的态度。再加上学前儿童美术欣赏产生的审美体验常常与生活经验相联系，儿童惯于用游戏活动、日常生活这些自己熟悉的内容对欣赏对象进行说明和解读。这些都表明，学前儿童对美术作品内容的把握处于浅表层面。

五、初步关注作品的形式审美特征

如前所述，学前儿童关注作品形式较关注作品内容少。但在教育的干预下，儿童能感知美术作品的某些形式审美特征。例：让儿童比较两幅表现相似情感的美术作品《巴黎市街风景》（莫奈）和《百老汇的爵士乐》（蒙德里安）。由于前者是再现性的作品，儿童能说出它表现了热闹的街道，因为画面上有很多人；而后者是非再现性的作品，因此儿童不能理解作品的形式审美因素。在教师的引导下，有一些儿童能说出《百老汇的爵士乐》这幅画表现了运动，因为有许多小格子像彩灯一样，一直在不停地换颜色，感觉在动。由此可见，学前儿童对作品的造型、设色、构图、作品的情感表现以及风格的感知与理解已有所表现。

（一）在对线条与形状的感知方面

由于学前儿童以具体形象思维为主，所以儿童倾向于联系具体的形象谈论线条和形状。例如：在欣赏《哈里昆的狂欢》时，由于画面中较多使用的是一些弯弯曲曲的彩色线条，儿童形象地称之为"电话线条"。在一项研究中，研究者要求儿童匹配"枝繁叶茂、茎叶成放射状"的树和"弯腰驼背、浑身无力"的树与高兴和伤心之间的关系，大多数儿童能完成这项任务，即"枝繁叶茂、茎叶成放射状"的树表示高兴，"弯腰驼背、浑身无力"的树表示伤心。这些都表明，当线条融合在形象中时，儿童能感受到其中所表达的情感。

（二）在对色彩的感知方面

儿童最先发展的是辨认颜色、正确配对，然后是指认和命名。大多数的研究者认为，儿童认识颜色大致遵循这样的顺序：从常见的几种标准色到色波较长的暖色以及明度较高的颜色，而对间色、复色或色相差别较小的颜色认识较困难。

相关研究显示，儿童色彩视觉效果感受性最强，而色彩的情感效果和象征效果感受性相对较弱。具体表现为：

1. 在色彩视觉效果感受方面

儿童对色彩的冷暖色性有一定的识别力,普遍表现为喜欢暖色调;对色彩的轻重识别力较强,有较好的色彩搭配的感觉;对色彩的审美趣味表现为由偏爱鲜艳、对比强烈的色彩构成向偏爱协调、柔和的色彩构成转变。对于那些非再现性的色彩构成,即使是4岁儿童也已经具有相当明显的先天直觉美感。

2. 在色彩情感效果感受方面

儿童有一些色彩的情感体验,但并不十分强烈、丰富,即从萌芽状态的情感体验逐渐向情感联想发展,学前晚期才显示出较明显的特征。例如,3—4岁儿童对色彩的情感效果体验仅是一种泛化的情绪体验,并不能区别对待不同色彩。5岁儿童对色彩有一定程度的情感体验,能用"高兴""快乐"等词描述暖色调。6岁儿童则具有较强烈的色彩情感体验,且易发生情感联想,如:看到红色能联想到喜庆、热闹、激动等。

3. 在色彩象征效果感受方面

儿童的感受极为微弱,随着年龄的增长,以及在成人的有意识的引导下,他们对色彩情感意味和象征意义的感受以及对色彩的冷暖、轻重的感受逐渐地丰富起来。

虽然儿童在色彩的视觉效果、情感效果和象征效果这三个方面的审美感受存在差异,但均具有一定的审美感受力。

(三)在空间构图感知方面

大班的儿童大部分已经具备了对美术作品的构图的感知能力,可以感受到构图的节奏,并且有随着年龄增长而不断增长的趋势。如:儿童能对作品的构图从疏密搭配、有高有低、大小不同、遮挡重叠等方面进行分析。

(四)在对美术作品的情感表现性的感知方面

在成人的有意识的引导下,大多数儿童能感知到作品的情感表现性,他们通常从作品的内容、自己的情感偏好、想象因素和作品形式等方面来解释作品的情感表现性。儿童对于作品意蕴的把握通常也是用感性直觉的方式。

总的来说,学前儿童已经具备了进行美术欣赏活动的基本能力与兴趣,教师应重视美术欣赏活动的开展,有意识地引导儿童关注身边的美好事物,促进他们的审美感知、审美理解、审美表达能力的发展,让美的种子在儿童心间生根、发芽、开花、结果。

[思考与讨论]

学前儿童美术欣赏能力的发展有哪些特点?

[实践与训练]

收集儿童画作品,请从中分析学前儿童对色彩、线条、情感表现性等感知方面的特点。

第二节 学前儿童美术欣赏教育的目标

学前儿童美术欣赏活动的目标定位,会直接影响学前儿童美术欣赏活动的内容建构以及方法运用。因此,教师应根据学前儿童的年龄特点与美术欣赏能力的发展水平,在《指南》中的艺术领域目标的指导下,正确定位学前儿童美术欣赏教育的目标。

一、学前儿童美术欣赏教育的总目标

依据《指南》的教育理念与学前儿童美术欣赏能力的发展特点,我们将学前儿童美术欣赏教育的目标定位为以下几点:

(1) 对周围美好事物和艺术作品有审美兴趣,在欣赏中获得愉快的经验。

(2) 拓展审美视野,通过欣赏多元艺术,了解人类不同文化之间的相似性及其独特性,学会尊重和容纳世界多元文化。

(3) 丰富审美情感和想象,培养初步的审美感受力、理解力和表现力,能用语言、动作、表情等多种方式表达自己的审美体验。

(4) 对艺术作品有较敏锐的感受力,并具有知觉形式审美特征的能力,掌握简单的艺术术语,能叙述和谈论艺术作品。

(5) 激发潜在的艺术创造力,对美术活动充满兴趣。

在此总目标之下,我们应注重培养儿童对生活和事物的直观感受力,使他们能对大自然的风云变化、四季特征,以及周围环境中值得看的、值得听的、美的事物有感觉,激发和诱导他们产生自然的审美愉悦感,从而使他们对周围世界的审美性质更加敏感,并逐渐过渡到能够欣赏艺术品的美。

二、不同阶段儿童美术欣赏活动的发展目标

(一) 3—4岁儿童美术欣赏活动的发展目标

(1) 喜欢参加美术欣赏活动,体验美术欣赏活动的快乐,初步养成集中注意欣赏的习惯。

(2) 喜欢观看花草树木、日月星空等大自然中美的事物,对不同艺术形式的作品感兴趣,初步感受其色彩美与造型美。

(3) 懂得欣赏同伴的美术作品。

(二) 4—5岁儿童美术欣赏活动的发展目标

(1) 能关注具有美感的事物,能结合自己的生活经验欣赏美术作品。

(2) 欣赏并初步理解作品形象和作品主题的意义,知道美术作品能反映现实生活和人的思想感情,并产生与作品相一致的情感与联想。

(3) 初步欣赏并感受作品中形象的造型艺术、色彩的变化与统一美、构图的对称与均衡美。

(三) 5—6岁儿童美术欣赏活动的发展目标

(1) 能欣赏绘画、工艺、雕塑、建筑等艺术作品,感受作品中形象的造型美、色彩的色调及其情感表现性、构图的对称、均衡、韵律与和谐美。

(2) 了解作品简单的背景知识,进一步感受和理解作品的形象和主题意义,知道美术作品如何反映现实生活和人的思想感情。

(3) 积极主动参与美术欣赏活动,能用语言、动作、表情等表达自己对作品的感受和联想,愿意和别人分享、交流自己喜爱的艺术作品和美感体验。

以上三个年龄段的美术欣赏活动目标体现了连续性与渐进性的特点。我们以5—6岁儿童美术欣赏目标为例来分析,首先,目标指出了该阶段儿童美术欣赏的对象应该是儿童感兴趣的绘画、雕塑、工艺、建筑等艺术作品,培养的是儿童初步的发现美的能力。其次,目标从作品的内容和形式两方面提出了不同的要求:在内容上,要求儿童了解作品简单的背景知识,进一步地感受和理解作品的形象和主题意义,并在感受和理

解的基础上,让儿童知道美术家是怎样用美术作品来反映现实生活和自己的思想感情的;在形式上,要求儿童从造型、色彩、构图三方面去感受作品形式美,具体内容是,感受作品中形象的造型美、色彩的色调及其情感表现性构图的对称、均衡、韵律。目标的最后一条要求儿童对美术欣赏的情感态度应该是积极主动参与,这种积极主动参与的态度不仅仅是小班儿童的"集中注意力欣赏",也不仅仅是中班儿童的"关注具有美感的事物",而是要求用行动上的"语言、动作、表情来表达自己对作品的感受和联想"。

三、学前儿童美术欣赏活动的实施目标

在一次具体的美术欣赏活动中,我们需从审美情感、审美感知、审美表现与创造三方面来制定幼儿园美术欣赏活动的目标,努力促进儿童全面和谐的发展。

▲ 表8-1 美术欣赏活动的实施目标

	3—4岁	4—5岁	5—6岁
审美情感目标	● 喜欢观看、欣赏艺术作品;对美术作品、图书中的各种形象感兴趣 ● 初步体验作品中具有不同"性格"的线条 ● 通过欣赏老师及同伴的作品来培养对欣赏的兴趣	● 能体验作品中的线条、形状、色彩、质地等 ● 通过欣赏产生与作品相一致的感受	● 喜欢各种不同风格的美术作品
审美感知目标	● 知道从自然景物、艺术作品中能享受到视觉艺术的美	● 了解作品的主题和基本内容 ● 感受作品的色彩变化及相互关系 ● 感受作品中形象的鲜明性和象征性,并体验其情感 ● 感受作品的构成,体验作品的对称、均衡、节奏	● 了解作品的形状、色彩、结构等美术要素 ● 能感受作品的色调、色彩之间关系的变化 ● 能感受作品中形象的象征性、寓意性 ● 了解作品的表现手法、艺术风格和创作意图
审美表现与创造目标	● 初步运用动作、表情等表达自己欣赏后的感受 ● 能用简单的线条和色彩进行欣赏后的创作	● 通过欣赏,说出自己喜爱或者是不喜爱作品的理由,并对作品做简单评价 ● 能迁移审美经验,大胆进行绘画、手工创作	● 在欣赏和评价他人的作品时,能讲述自己独特的观点 ● 愿意和别人分享、交流自己喜爱的艺术作品和美感体验 ● 能模仿作品的艺术风格,运用多种工具和材料进行创作

(一) 以美术欣赏活动的总目标和年龄阶段目标为重要依据

幼儿园美术欣赏活动目标是美术欣赏活动总目标与年龄班目标的具体化,要在总目标与年龄班目标之下制定活动目标,才能使目标更具适宜性与可行性。例如,同样是开展美术欣赏活动"漂亮的花瓶",小班、中班、大班的活动目标分别为:

小班的活动目标:
(1) 初步感受花瓶的色彩美与造型美,体验欣赏活动的快乐。
(2) 尝试用印章画装饰花瓶。
中班的活动目标:
(1) 能欣赏花瓶色彩搭配与装饰图案的美,并能大胆表达审美体验。

(2) 尝试运用不同的绘画方法装饰花瓶。

大班的活动目标：

(1) 感受青花瓷瓶的清淡、素雅之美，能用语言、动作表达自己的审美感受与联想。

(2) 了解青花瓷瓶花纹装饰的主要特征，能运用回纹、卷草纹等传统花纹进行装饰。

（二）以提升幼儿审美能力为核心目标

美术欣赏活动目标应充分凸显"审美"这一核心要素，从审美情感、审美感知、审美表现与创造三个方面来制定幼儿园美术欣赏活动的目标。以小班美术欣赏活动"漂亮的袜子"为例，分析美术欣赏活动目标的制定、修改与调整：

1. 最初撰写的目标

(1) 懂得欣赏袜子的美，并能大胆用语言表达。

(2) 能进行袜子配对，培养细致观察的能力。

2. 诊断与分析

(1) 目标1的表述过于笼统，没有指明从哪几个方面欣赏袜子的美，缺乏操作性与具体的实践指导价值，而且"能大胆用语言表达"这一点不符合小班幼儿的年龄特点，小班幼儿词汇量还不够丰富，语言表达能力比较弱，在美术欣赏活动中他们更多的是用表情、动作表达自己对美的感受。

(2) 目标2的表述属于科学活动的目标，偏离了美术欣赏活动的核心目标。

3. 调整后的目标

(1) 初步感受袜子的色彩、图案和款式的美，能大胆表达对袜子美的感受。

(2) 大胆尝试用简单的线条与色彩装饰袜子。

（三）结合作品的时代背景与作者的创作意图拟定切实可行的活动目标

教师要加强自身的艺术修养，在选择名家名作作为欣赏的题材时，应充分了解欣赏作品的时代背景、创作者的思想情感和表现手法，以便拟定出切实可行的活动目标。

例如，在开展大班名画欣赏活动"我与村庄"之前，教师查阅了相关的资料，了解到画家夏加尔创作这幅《我与村庄》的灵感之源与思想情感，解读出画面超现实主义的幻想风格所透露出的画家"夜夜梦回故乡"的思乡之情。拟定的目标如下：

(1) 感受作品超现实主义的幻想风格所带来的梦幻般的美感，能大胆表达审美感受与想象。

(2) 初步理解画家在画面中所寄托的思乡之情，能模仿画家的作画风格进行绘画创作。

总之，活动目标的制定应充分考虑美术欣赏的总目标和年龄阶段目标，活动目标是年龄阶段目标的具体化，这一具体化是根据活动内容所表达的审美价值来制定的。为此，教师要加强自身的艺术修养，充分了解欣赏作品的时代背景、思想情感和表现手法，以便拟定切实可行的活动目标。

[思考与讨论]

1. 谈谈你对小、中、大班三个年龄段的美术欣赏活动目标的连续性与渐进性的认识。
2. 一次具体的美术欣赏活动，其目标主要包括哪几方面？

[实践与训练]

请依据所学的知识，为以下三个美术欣赏活动拟定活动目标：

(1) 小班美术欣赏活动"漂亮的雨伞"。
(2) 中班美术欣赏活动"美丽的风筝"。
(3) 大班美术欣赏活动"名画欣赏：《向日葵》"。

第三节　学前儿童美术欣赏活动的内容与设计

一、学前儿童美术欣赏的内容

教师对于学前儿童美术欣赏教育内容的选择，既要考虑学前儿童的兴趣、经验和接受能力，同时还要考虑欣赏内容的广泛性和前瞻性。学前儿童美术欣赏教育的内容类别可分为绘画作品欣赏、景观欣赏、工艺品欣赏这三大类。

（一）绘画作品欣赏

1. 名画欣赏

古今中外大师的绘画作品是人类艺术的精髓，是美术欣赏必选的题材。幼儿可欣赏的绘画作品主要有水墨画、油画、水粉画、水彩画、版画等。教师可选择写实与抽象两种不同表现形式的名家名作，写实作品如米勒的《拾穗者》，列宾的《伏尔加河上的纤夫》等；抽象作品如现代派艺术大师波洛克、康定斯基、米罗、蒙得里安、现代派国画大师吴冠中的作品等。另外，教师还可选择具有突出的艺术风格的作品，如：印象派大师莫奈的《睡莲》《日出印象》，点彩派大师修拉的《大碗岛的星期天》，后印象派大师梵高的《向日葵》《星月夜》，立体主义大师毕加索的《格尔尼卡》《三个音乐家》《梦》，夏加尔的《我的村庄》，以及吴冠中的《森林》《白桦》等。

2. 幼儿绘画作品欣赏

幼儿绘画作品是幼儿表现自己情感和生活经验的主要载体，内容丰富多样，表现形式也各不相同，具有独特的个性，且幼儿年龄相仿，生活经验相似，表达的情绪情感能引起共鸣，是一种非常有价值的美术欣赏材料。教师可选择富有童趣的、能让幼儿产生共鸣的、能启发幼儿丰富的想象力的幼儿绘画作品作为欣赏对象。

（二）景观欣赏

1. 自然景观欣赏

大自然是幼儿审美教育取之不尽的源泉。壮丽的山川、碧翠的湖水、花草树木、虫鸟鱼兽都是幼儿欣赏的好材料。绚烂的朝霞、绮丽的黄昏、蓝天白云、冰雪树挂都可以激起幼儿的好奇心和想象力。春、夏、秋、冬的自然景物变化，花红柳绿的青山绿水，都可以为幼儿带来美妙的感受，面对这些自然万物，幼儿会提出一个又一个问题，他们对自然有着美的感受和溯根究源的好奇心理，这正是自然美唤起了幼儿情感的愉悦。由这种愉悦感升华到美感，加深了幼儿对自然美的体验。因此，教师应充分利用自然美来培养幼儿的美感。教师在选择自然景物作为幼儿欣赏的对象时，应注意选取幼儿可以观察到的景物，并充分利用散步、春游、参观等机会，随时随地进行自然景观的欣赏。

欣赏自然景物，教师要采取边看、边讲解和停步欣赏的方法。教师要用通俗易懂和形象化的语言描述自然景物，将幼儿的注意力吸引到将要观察的事物上来。教师要从形、色的感知入手，并用故事、儿歌启发幼儿的情感，加深其对自然美的领会。例如，一位教师在带幼儿春游时发现路旁开着一簇簇蒲公英，她即刻有感情地吟道："一个小球毛蓬松，又像棉絮又像绒，轻轻对它吹口气，飞出许多小伞兵……"用这样优美的诗句引导幼儿欣赏活动,要比简单的解释效果更大。而那种在带领幼儿郊游时给他们定很多规矩,不许出声,不准东张西望,手拉手像"急行军"似的做法,自然失去了欣赏自然景物的作用。

2. 人文景观欣赏

(1)雕塑作品欣赏。从制作工艺看,幼儿可欣赏的雕塑主要有雕和塑两类。雕是从完整而坚固的坯体上把多余的部分删削掉、挖凿掉。这类作品有石雕、木雕等。石雕如西汉霍去病墓前的《马踏匈奴》、古希腊米隆的《掷铁饼者》,木雕如根雕。塑是用具有粘结性的材料联接结构成为所需要的形体,这类作品有泥塑、陶塑等。泥塑如无锡的惠山泥人阿福系列、天津的泥人张系列;陶塑如唐三彩等、法国雕塑家罗丹的《思想者》等,这类作品生动、形象,表现出一种生命的活力。

从表现形式上看,幼儿可欣赏的雕塑主要有圆雕和浮雕两类。圆雕是占有三维空间、不附在任何背景之上的立体雕塑。浮雕是在平面上雕出凸起的艺术形象,宜正面欣赏,这类作品如北京天安门的人民英雄纪念碑组浮雕。

(2)建筑艺术欣赏。主要包括以下建筑:

纪念性建筑,如长城、人民英雄纪念碑、法国巴黎的埃菲尔铁塔等。

宫殿陵墓建筑,如故宫、中山陵、埃及的金字塔、印度的泰姬陵等。

宗教建筑,如天坛、布达拉宫、法国的巴黎圣母院、柬埔塞的吴哥窟等。

住宅建筑,如北京四合院、安徽民居、福建土楼、云南竹楼、美国匹茨堡市郊的流水别墅等。

桥梁建筑,如卢沟桥、赵州桥、南京长江大桥、杨浦大桥等。

公共建筑,如我国的天安门城楼、澳大利亚的悉尼歌剧院等。

(3)周围环境欣赏。幼儿可欣赏的周围环境大致有室内环境和室外环境两类。前者如家庭环境、幼儿园教室环境等;后者如广场、园林、庭园等。

(三)工艺品欣赏

从实用性与陈设性看,幼儿可欣赏的工艺美术作品有日用工艺品和陈设工艺品。前者如经过装饰美化了的餐具、茶具、灯具、家具、服饰、玩具等;后者如以摆设、观赏为主的壁挂、地毯、陶艺、玉石工艺、景泰蓝、染织工艺等。

从民间艺术性看,幼儿可欣赏的民间工艺品有剪纸、民间玩具、面具、脸谱、风筝、花灯、皮影、刺绣等。

二、选择美术欣赏活动内容应注意的问题

如前所述,学前儿童美术欣赏活动的内容林林总总,为幼儿选择什么样的欣赏作品,直接关系到创设什么样的欣赏环境,提供什么样的欣赏教育,欣赏活动能否达到预期的目的。那么,从大师的美术作品到生活中的日用品,教师应该怎样甄选适合幼儿欣赏的内容呢?一般说来,为幼儿选择美术欣赏内容,可以从以下几方面考虑。

(一)贴近幼儿的生活

幼儿的眼睛注视的是那些贴近他们生活的或与其性格特点接近的东西,当他们发现图片中有自己熟悉的东西时,总是欢呼雀跃、连续不断地重复着喊"蝴蝶、蝴蝶……花、花……"。绝大多数幼儿对描绘人、动物、花草树木、太阳、星星、月亮等内容的作品都很喜欢,这些作品在幼儿看起来有一种亲切感,易于理解。例如:对中国画的欣赏可以现代名家名作为主,教师应选择与幼儿生活经验贴近的,富有生活情趣的作品,如齐白石笔下的虾和瓜果、蔬菜图;徐悲鸿的马、猫、鹰图;李可染的牧童和牛图;吴作人的熊猫图,吴冠中的天鹅、森林等风景图。

幼儿的欣赏喜好是有共性可循的,那就是他们喜欢那些既与自己以往生活经验有相似度又有所不同的新经验。教师要做的就是了解幼儿生活中所能接触到的、感受到的各种感觉与知觉、联想与想象、情绪与情感等的生活经验,将能描绘、反映幼儿生活经验的美术作品或生活中具有美感的事物找出来与幼儿共享,并引导幼儿从感受、欣赏身边事物的美逐渐过渡到欣赏艺术品的美。例如:欣赏工艺美术作品。工艺美术作品欣赏内容主要是教师要选择一些与幼儿生活有关的生动有趣的工艺美术作品。具体可以这样做:

首先,教师应结合主题和领域活动,欣赏那些幼儿喜欢的、与幼儿生活密切相关的、经过装饰美化的日用工艺品,如餐具、茶具、家具、服饰、玩具等。在"开心一夏"的中班主题活动中,幼儿感受到夏天可以穿漂亮的衣服、裙子,夏天的服装很漂亮,款式很多,色彩鲜艳,于是他们萌发了展示夏天服装的愿望。因此,自然而然生成"漂亮的夏装"这个美术欣赏活动,通过"收集美丽的夏装""夏装展览会""亲子时装表演""装扮美丽的我"等活动,让幼儿从款式、色彩、图案、质地等方面欣赏漂亮的夏装,感受丰富多彩的夏装的美,并在欣赏中获得愉快的审美经验。在小班"小小汽车谜"主题活动中,教师和幼儿共同布置汽车展览馆,以汽车展览会的形式引导幼儿欣赏汽车。汽车是现代普通的交通工具,每位幼儿都有坐汽车的经验和体会,男孩子尤其显得钟爱,所以在教师的引导下,幼儿能从汽车的外形、色彩、图案等方面感受汽车的美,这样孩子们在汽车玩具的世界中,不仅懂得玩,还在玩中感受到玩具所带来的美感。

其次,利用本土资源,欣赏具有地方特色的工艺品。如"福州三宝"与"榕城三绝"中的寿山石雕、脱胎漆器、软木画、纸伞、漆画等都是非常好的欣赏题材,这些本土文化贴近当地幼儿的生活,更容易为幼儿所喜爱。

第三,利用幼儿园环境布置,由欣赏福州特色工艺品到欣赏全国各地的工艺品,如无锡惠山的大阿福、天津的泥人张、江西的景泰蓝、北京的兔儿爷,还有剪纸、宫灯、风筝、中国结、扇子、京剧脸谱等。欣赏工艺品主要是让幼儿欣赏其造型美和装饰美,以及这些形式美所洋溢出的趣味、情调和生活气息,培养幼儿关注生活中美好的事物的良好习惯。

(二)可接受性

古今中外的美术作品多似繁星、难以计数。教师应当根据幼儿的兴趣、经验和接受能力,在众多的美术作品中认真鉴别,选择出符合幼儿年龄特点的作品。这些作品的内容应是幼儿熟悉和理解的,其形象应是生动有趣、造型夸张的,其色彩应是明快、鲜艳、丰富的,其构图应是简单、空间关系明晰的,其艺术境界应是能够引起幼儿共鸣、拨动幼儿心弦的。

特别是建筑艺术欣赏活动内容的选择,教师既要考虑代表优秀文化遗产,又要根据幼儿的心理接受能力。教师应从欣赏他们喜爱的、极为熟悉的建筑艺术开始,如当地民居建筑、天安门等,再由近及远地欣赏他们能理解的建筑艺术,如法国的凯旋门、悉尼的歌剧院等。

(三)艺术性

当然,选择美术欣赏活动内容时,教师要考虑幼儿的可接受性,并不等于降低美术作品的艺术性。相反,我们应当选择具有高度艺术性的美术作品。我们要用名人名作或是为社会公认的、有艺术欣赏价值的且适合于幼儿欣赏的美术作品,以激发幼儿的审美兴趣,培养幼儿健康高雅的审美情趣。名画欣赏既有抽象作品也有具象作品,抽象画主要是以点、线条、形状、色彩构成,这些形式层面的东西符合幼儿自由自在、不受约束的特点,也容易为幼儿理解、欣赏和接受,如:蒙德里安线条、色彩简洁明了的作品《红黄蓝构成》《百老汇的爵士乐》;米罗色彩多样、形状丰富、充满童趣的作品《小天使》《人投鸟一石子》《哈里昆的狂欢》;波洛克的自由挥洒、色彩斑斓的行动绘画作品;吴冠中的充满流畅有力线条的现代国画作品《春如线》《小鸟天堂》等。教师还可以考虑为幼儿提供一些处于抽象和具象之间的作品。如:早期印象派大师莫奈的《日出印象》《睡莲组画》;修拉的《大碗岛的星期天》;德加的《舞者》;后期印象派大师梵高的《星月夜》《向日葵》;立体主义大师毕加索的《三个音乐家》《亚威农少女》《梦》；自成一统的绘画大师卢梭的《睡着的吉普赛姑娘》《丛林组画》等作品，都是很好的选择。

（四）多样性

在为幼儿选择美术欣赏作品时，教师不能根据个人的欣赏趣味，而应充分考虑欣赏形式的多样性和内容的丰富性。教师为幼儿选择的美术作品，可以是中国传统的美术作品，也可以是外国的美术作品；可以是生动形象的现实主义作品，也可以是非具象、无定形的抽象主义作品；可以是绘画艺术，也可以是建筑艺术；可以是名家名作，也可以是民间艺术；可以是成人作品，也可以是幼儿美术……只有这样，才能使幼儿从小接触不同风格的艺术作品、领略不同的风情画韵，开阔幼儿的视野，丰富幼儿的审美经验，激发幼儿自由表现的想象力和创造力。

三、学前儿童美术欣赏活动的设计

考虑到幼儿的年龄特点和对儿童的艺术素质要全面培养的要求，教师在设计美术欣赏活动时，都要与相应的操作活动相结合，使整个活动有静有动，有视觉体验也有操作经验，这样，欣赏带动了创作，创作又反过来可以加深欣赏的体验，两者互相促进，相得益彰。一般来说，一次完整的美术欣赏活动可以考虑设计以下几个环节。

（一）整体感受，自由谈论

美术欣赏教育是一种给儿童以丰富而复杂的心理感受的精神活动。在这种特殊的精神活动中，儿童要获得各种各样的心理感受，把认知对象变为情感体验的对象。对艺术品的初步印象，是儿童进入美术欣赏的第一步，这一步应把儿童鲜活的个人体验放在优先位置，由此出发再来讨论其他问题。

▲ 图8-1 修拉《大碗岛的星期天》

以印象派中点彩派画家修拉的作品《大碗岛的星期天》欣赏活动为例：教师刚一出示这幅作品，儿童就情不自禁地发出一片"哇……"的惊呼，有的瞪大了双眼，有的兴奋地晃动着身体，有的大声叫着"真漂亮""好好看"，也有的说："好乱啊，我眼睛都看花了！"显然，他们是被画面鲜艳丰富的色彩、不同动态的人物所吸引住了，这便是他们对这幅作品的第一印象。这是未被教师修正过的最原始、最真实的直觉体验，它伴随一种创造性知觉活动和思维活动，是儿童产生审美愉悦的重要源泉。

（二）要素识别

儿童欣赏美术作品，不仅要获得对作品的内容、主题、题材等的认识，更重要的还要逐渐养成能够通过画面所描绘的故事、情节和具体的内容，进一步感知和体验潜伏在具象中的抽象形式和意味的习惯和能力。这一步可以以教师"你看到了什么"的提问为线索，引导儿童发现作品的点、线、形、色等要素。教师要放手让儿童认真观察，自由讨论，一开始儿童可能会主要偏重于从作品描绘的具体事物，或这些点、线、形、色所构成的东西"像什么"的角度来观察和感知。

仍以《大碗岛的星期天》为例，教师可以这样提问：

"小朋友，你在画中看到了什么？"

"这些人在干什么？他们有些什么样的姿态？"

"画面上除了人以外，还有些什么？"

"你能猜出他们在什么地方吗？"

"从画面上你能看出这是在一天中的什么时候吗？"

"除了这些，你还看到了什么？"

（三）形式关系分析

所谓形式关系分析是指分析视觉对象之间的关系，也就是作品所表现美的形式，如造型、色彩、构图等形式语言和对称、均衡、节奏、韵律、变化、统一等构成原理的应用。加德纳认为："只有当人们对这些层面恰当地理解了以后，他们的情感生活才会受到影响。随着欣赏成熟起来之后，他与较多的经验熟悉了，于是就有了较细腻的情感。这样，他便能与创作者的兴趣及含义发生共鸣。"可见，形式分析是加深儿童的审美体验、提高儿童的审美理解能力，并最终提高儿童的欣赏能力的必经之路。形式关系分析阶段的指导是学前儿童美术欣赏教育的关键环节。这一环节教师可设计这样的问题：画面上有哪些颜色？你看着有什么感觉？画上有什么样的线条与图形？你想到了什么？

我们仍以修拉的《大碗岛的星期天》为例，来说明如何引导儿童进行作品的形式分析。

首先，教师自己要了解《大碗岛的星期天》的形式美特征：①从线条和形状上看，人物和树木均呈垂直方向，天空和地面的分界线呈水平方向，陆地和水的分界线以及表现阴影的线条呈对角方向。这两条线条也是画面的结构性线条，能使人感受到片刻的清静平和。②从色彩上看，作品的基本色相为红、黄、蓝。混杂的黄色与蓝色油彩细点，烘托出由黄绿到绿色的中景，当它在阳光下显得后退时，其色调是明淡的。前景阴影里的地面，由绿到蓝绿到更暗的色彩。树上的叶簇由黄绿到绿色，水由淡蓝到深蓝。服饰方面，出现在较明亮的背景之前的呈暖色调，出在阴暗的前景里的呈冷色调。③从构图上看，地平线位于画面高处。从前景左边移向背景右边的一条对角线，暗示湖岸向内延伸。人物形式在画面右边的位置愈高，其尺寸变得愈小，轮廓愈不清楚。树干与叶簇相叠，小尺寸的船暗示着距离。这种构图的目的，在于把欣赏者的视线拉向远后方，以造成深远空间的错觉。整个画面在形式上呈现为一种不对称的均衡。

接着，在了解了这幅画的形式特征后，教师可按照上述程序向儿童提问。这种程序起着一种线索作用，旨在引导儿童思考。例如：教师对《大碗岛的星期天》可以提出如下问题：

"请看一看，画面上有哪些线条？"

"这些线条是朝哪些方向延伸的？看上去感觉怎么样？"

"画面上有些什么人物？他们在干什么？你能不能表演一下？"

"画家画这幅画时用了哪几种颜色？这些颜色在画面上是怎么安排的？"

"人物身上的颜色与背景的颜色合在一起，看上去怎么样？"

"画面上的黄颜色使人感觉怎么样?"

"画面的前面画了些什么?后面画了些什么?他们看上去是一样大小吗?"

"画面前面和后面的人物看上去哪个更清楚?为什么?"

"看完整幅画,你感觉怎么样?"

教师在用问题引导儿童进行形式思考以后,还要进行小结,以帮助儿童理清思路,进一步加深体验。

在实际的欣赏活动中,要素识别与形式关系分析这两个环节往往是融合在一起的,因为儿童在识别要素的同时往往就伴随着各种对要素与要素之间所形成关系的感受。这里将它们分成两个环节,主要是为了提示这两个环节各自的重要性与不可替代性,并帮助教师理清思路。在实际的活动组织过程中,教师则可以把它们进行有机地融合,不要截然分开。

(四) 回到整体,深入谈论

这是又一次的整体感受,它建立在儿童对作品的各种要素及其美学意味的深切感受和讨论之上,它与第一印象相比,应该是更深刻和更到位的。这一步教师也可以通过给作品命名并说出为什么要这样命名的方式来进行,因为儿童对作品的命名往往能够反映他们对作品的整体感觉,而考虑起名字的理由则能帮助他们整理和清晰地了解自己的这些感受和思考过程,这里既有直觉的、感受的东西,也夹杂了理性的、逻辑的东西。

以《大碗岛的星期天》为例,教师在引导儿童对这幅作品的部分形式进行感知、描述以后,可以用以下方法来引导他们完整地体验和理解这幅作品的意义。教师请儿童闭上眼睛,把自己想象为画中的人物,然后随着轻柔的背景音乐,跟着教师所说的话展开想象:

我躺在这片嫩绿的草地上……我的身体很放松……我的周围有一些人,他们发出隐隐约约的声音……有各色各样的人……在这里,他们都很轻松地踏着同样的节拍……每一个人都感觉到别人的存在……阳光……树……水……很美妙的休息……我想逗留在这里……

虽然,教师在引导儿童欣赏美术作品之前,已有对作品意义的预期,但这并不意味着儿童必须无条件地接受教师的这种预期。儿童仍然可以有自己的理解,而且,教师还必须鼓励儿童不要拘泥于教师的解释,甚至不必拘泥于创作者原有的创作意图,而是要求儿童根据自己对作品所传达信息的体验和理解,充分发挥想象力、创造力,发表自己的见解。这时,教师可以这样提问:

"画家为什么要这样画?他要通过这幅画告诉别人什么?"

"这幅画使你想到了什么?"

"请你为这幅画取个名字。"

教师在儿童讲述之后可以作较为综合性的、具有一定指导意义的总结,帮助儿童加深印象,提高审美判断能力。如:

《大碗岛的星期天》是一幅油画,大约在一百年以前,一位年轻人名字叫修拉,在法国巴黎的大碗岛作画,画的是巴黎人星期天到岛上散步、钓鱼、划船,还有些人在草地上玩耍。修拉画得很仔细,一辆蒸汽拖船在河上行驶,一对夫妇带着一只狗和一只猴子……修拉在画画时,用很细的笔触,一点一点地把颜色点上去,点得非常均匀,两种颜色靠得很近,一点也看不出涂色的痕迹,这种绘画方法叫点彩画,整个画面看起来使人感觉到很舒服。这幅画非常有名。

从以上一次欣赏活动的几个环节中不难看出,在教师的引导下,儿童对美术作品的欣赏经历了一个"整体—部分—整体"的心理过程,先从整体出发,然后进行部分感知和感受,最后再回到整体,这是符合美术欣赏的一般规律的。教师引导儿童进行心理回忆和构思,令儿童对已欣赏的作品进行心理回忆和对自己将要创作的东西进行讨论、构思,这是承上启下的必要一环。它既是一次欣赏活动的结束,也是创作活动的开始。心理回忆可以采取让儿童闭上眼睛回忆已欣赏过了的视觉意象的方法,以加深儿童对作品的印象和感受。构思时则可以将心理意象和交流讨论结合起来,使儿童为下一步的创作做好必要的心理准备和铺垫。

(五) 创作

在每次欣赏活动结束后,为加深儿童对作品的理解和感受,教师可设计一些相关的创作活动,引导儿童学习艺术大师的创作方式和表现手法,通过自己的创作来感受作品的色彩、线条和造型,尝试用简单的色、线、形表达自己的情感,以拓展儿童的表现空间,提高审美表现能力和创造能力。如:欣赏《大碗岛的星期天》后,让儿童模仿其点彩的画法进行水粉画创作;欣赏蒙德里安的《红黄蓝构成》后,让儿童用大小不同的方形色块进行拼贴画;欣赏福州的纸伞后进行伞面装饰等。

(六) 作品评议

创作之后的作品评议也是不可缺少的一环。它是整个活动的必要和重要的一部分,也是另外一种欣赏活动。此环节以儿童的自我介绍及儿童间的互相评说和欣赏为主,充分发挥儿童的主体性,采取多种方式来进行。如:先画完的儿童可以自由地把自己的作品放在实物投影仪上或放在展览角中进行展示,并小声地互相谈论和评议;整个创作活动结束后可以请儿童自由欣赏,挑出自己最喜欢的作品,并说说喜欢的原因;也可以轮流向大家介绍自己的作品。这样便于儿童把对名作的欣赏经验迁移到对同伴和自己作品的欣赏中来,也能使儿童有一种自豪的体验和成就感。

案例 8-1

大班美术欣赏活动: 春如线

活动:春如线

▲ 图8-2 吴冠中《春如线》

【活动目标】

(1)尝试运用通感的读画法欣赏吴冠中用简洁、明快、洗练、概括的线条创作的抽象派风格的国画,感受体验画面的形式美、意境美。

(2)能细致地观察画面,以流畅丰富的语言表达自己的审美感受。

(3)模仿画家的风格自由作画,体验创作的乐趣,进一步增强运笔、用墨的能力。

【活动准备】

（1）经验准备：幼儿在之前的国画欣赏活动中，对几位著名的国画画家（齐白石、徐悲鸿、李可染）的作品有所了解，具备了欣赏国画的基本能力，并掌握了一定的术语与绘画技巧；开展有关春天的主题活动，引导幼儿欣赏春天大自然的景色，丰富幼儿的生活经验。

（2）物质准备：国画作品《春如线》的幻灯片，多媒体，音乐CD片，幼儿绘画工具（毛笔、宣纸、国画颜料、墨水等）。

【活动指导】

一、导入活动：与幼儿一起回忆熟悉的画家及欣赏过的国画作品，介绍画家吴冠中

引导语：小朋友，你们欣赏过哪些国画画家的作品？他们画得最好的是什么？

今天我们来欣赏画家吴冠中的国画，你们猜猜他最擅长画什么？

二、结合音乐、舞蹈、散文诗等艺术手段，引导幼儿欣赏国画《春如线》

1. 通过多媒体电脑演示国画作品《春如线》，初步感受作品中西合璧、抽象派的风格

提问：

(1) 这幅画与以前欣赏过的国画有什么不同的地方？

(2) 你们觉得这幅画画的是什么呢？

2. 播放乐曲《春光美》，引导幼儿用通感的读画法感受作品的意境美

引导语：这幅国画画的是春天的景色，你们仔细听音乐，看着画面，想象春天的美丽景色，可以和同伴小声地说一说。

提问：

(1) 听着音乐看着画，你想到（或听到）春天的什么？

(2) 你是从画上的什么地方看出的（或听出的）？

(3) 画面上的线条是什么样的？让你想到春天里的什么？

(4) 画面上有哪些颜色？像春天的什么？

3. 播放音乐，幼儿用舞蹈动作表现对作品的审美感受与审美理解

引导语：小朋友想象得非常美，让我们用动作来表现美丽的春天吧！

提问：听着音乐，边表演边欣赏这幅画，你有什么感觉？

4. 教师配乐朗诵与画面内容相吻合、体现画面意境的散文诗《春天在哪里》，进一步提升幼儿的审美理解

引导语：我也觉得这幅画很美，我还为这幅画编了一首散文诗，我们一起来听听吧。

5. 引导幼儿结合自己对画面的理解给国画取名字

提问：你能给画取个名字吗？

小结：小朋友给画取的名字有"春天真美丽、春天的草地、春天花儿开、春天的线条……"你们都能结合这幅画的特点来取名字，真好！吴冠中爷爷给这幅画取的名字叫《春如线》。

三、幼儿自由创作活动

提问：画家是用什么样的笔法画出细细的、流动的线条？

引导语：我们也来画美丽的春天吧！

四、欣赏评价幼儿作品

将幼儿的作品布置在展板上，引导幼儿介绍自己的作品并互相欣赏、评价。

（本活动由福建省实验幼儿园董双红设计与执教）

案例 8-2

大班美术欣赏活动：川剧变脸

【设计意图】

班级有个小朋友从四川带回了旅游纪念品——变脸玩偶,只要按压玩偶的头部,玩偶就能变出不同的脸谱,围观的孩子们可好奇啦:"为什么这个脸谱会变呀?""为什么这个脸谱有这么多颜色和花纹呢?"……这些神秘莫测、不断变化的川剧变脸艺术不仅冲击着幼儿的视觉,也萌发了幼儿感受和欣赏的强烈欲望。为了满足幼儿与优秀的非物质文化遗产近距离接触的愿望,教师巧妙地借助多媒体的技术,运用 AR 游戏、flash 动画等有效的信息技术手段,帮助幼儿感受和发现川剧变脸脸谱独特的艺术魅力。同时,借助玩具拨浪鼓可翻转的特点设计脸谱,支持幼儿在欣赏体验的基础上尽情表现创作。

【活动目标】

(1) 初步感受川剧变脸脸谱的色彩美、对称美、图案美,萌发对中国传统艺术的喜爱。

(2) 乐意尝试设计脸谱,体验艺术创作的乐趣。

【活动准备】

(1) 经验准备：初步感知生活中对称的图案。

(2) 材料准备：

第一类：变脸表演视频、川剧背景音乐、脸谱 flash 动画、脸谱展 PPT。

第二类：平板电脑、AR 变脸软件、变脸人偶。

第三类：拨浪鼓若干、水彩笔、油画棒、勾线笔。

【活动过程】

一、体验川剧变脸的神奇,感受脸谱的色彩美

1. 玩"变脸"游戏,体验变脸的神奇

(1) 引导语：老师带来好玩的游戏,藏在平板电脑和人偶里,大家试一试,说说游戏好玩在哪?

(2) 在川剧音乐背景下,幼儿自主操作,玩"变脸"游戏。

(3) 提问：玩了什么好玩的游戏? 有什么发现?

(4) 小结：原来这个有趣的游戏是变脸,变脸是中国有名的川剧表演绝活。

2. 观看川剧大师的"变脸"表演,感受脸谱的色彩美

(1) 引导语：欣赏川剧大师的变脸表演,看看大师都变了几张脸? 分别是哪些颜色的脸?（红色、黄色、蓝色、绿色、白色）

(2) 引导语：为什么一下子变出这么多颜色的脸呢? 生活中,我们遇到什么事情的时候,脸也会有点变颜色呢? 当时的心情又是怎么样呢?

小结：每个人在心情变化的时候,脸色也会发生变化;川剧变脸也是一样的,当人物的心情发生变化时,就会变出不一样的脸谱。

(3) 引导语：大家喜欢哪张颜色的脸谱? 为什么? 脸谱上有什么颜色搭配? 这样搭配有什么感觉?（同色系很协调;对比色很强烈、色彩鲜明）

小结：暖色在脸谱中常常用来表示正直、忠诚、勇敢的人;冷色在脸谱中用来表示顽强、勇猛或可怕的人。

二、欣赏脸谱,感受脸谱的对称美、图案美

1. 感受脸谱的对称美

(1) 引导语:除了颜色不同以外,找一找,脸谱上有什么地方是相同的呢?

(2) 教师操作课件,引导幼儿观察左右对称的五官、花纹、色块。

(3) 小结:左右两边的五官、花纹、颜色都是一样的,脸谱是以鼻子为中心左右对称的。

2. 感受脸谱的图案美

(1) 引导语:脸谱上的眉毛、眼睛、嘴巴和我们的眉毛、眼睛、嘴巴有什么不一样呢?仔细看一看,比一比有什么不同?

小结1:涂上黑色让眼睛更有神、更亮;上扬的眉毛看起来非常精神、英武;胡子像大将军,特别的威武、神气。

小结2:脸谱上把人物的五官都夸大了,这样让我们远远地看也能看得很清楚。

(2) 引导语:脸谱上除了五官,还发现了什么特别的图案?(后羿射日的太阳、王陵皱眉思考的花纹、财神的铜钱)

小结:不同的图案可以让脸谱变得更加生动,也代表了每个人不同的特点,让大家一眼就能认出他。

三、幼儿设计脸谱,体验艺术创作的乐趣

(1) 介绍拨浪鼓材料,提出创作要求。

(2) 幼儿创作脸谱,教师巡回指导。

(3) 作品欣赏与交流,体验变脸游戏的快乐。

引导语:向同伴、客人老师介绍你设计的脸谱!大家一起来玩变脸吧!

【活动延伸】

(1) 表演区:投放川剧音乐、脸谱、幼儿川剧变脸的作品供幼儿表演。

(2) 美工区:展示幼儿川剧变脸的作品,鼓励幼儿继续创作川剧变脸的脸谱,体验成功的喜悦。

(本活动由福建省直屏西幼儿园顾舒婷设计与执教)

[思考与讨论]

1. 学前儿童美术欣赏的内容包括哪几方面?
2. 选择学前儿童美术欣赏的内容时应考虑哪些问题?

[实践与训练]

1. 请根据所学知识,分析美术欣赏活动"川剧变脸""春如线"的活动环节设计的适宜性。
2. 请根据美术欣赏活动的基本环节,设计一次美术欣赏活动。

第四节 学前儿童美术欣赏活动的指导

一、学前儿童美术欣赏活动的组织形式

学前儿童美术欣赏活动的组织形式多种多样,大致可以分为随机性欣赏、专题性欣赏和渗透性欣赏三种形式。

(一) 随机性欣赏

随机性欣赏是指教师充分利用日常生活、周围环境中的美好事物,在真实的生活情境中为儿童提供广泛的、多种多样的欣赏机会。教师可激发和引导学前儿童自然的审美愉悦感,增强儿童对周围世界的审美认识、提高其对美的敏感性,并能与艺术品相联系。

例如,教师在饭前饭后、午睡前后以及离园前等环节,随机引导儿童欣赏大自然的风云变幻、四季花草树木的特征、幼儿园的环境布置、小朋友的服装佩饰以及玩具等。在外出春秋游时,教师可引导儿童欣赏感受美好的大自然风光和人文景观。如:有一次带大班幼儿到于山春游,教师发现山脚下有一家书画展厅,厅里展示着精美的国画、书法和工艺美术作品,这时教师不失时机地组织儿童进去观看,在上百幅的国画中,儿童感受到工笔画和写意画的不同,领略画家们用笔用墨等技法语言描绘出来的多彩世界的意境、韵味和美感。随机性欣赏要求教师要为儿童营造一个宽松的欣赏美的环境,心中要有引导儿童发现美和欣赏美的意识,让儿童以自己独有的方式领悟周围环境中的美好事物。

(二) 专题性欣赏

专题性欣赏是一种比较正式的美术欣赏形式。它是指儿童在教师的直接指导和参与下,针对某个主题进行比较系统的美术欣赏活动,以获得美术欣赏的基本知识、能力和审美态度。专题性欣赏一般是通过专门的欣赏活动来实现的。例如,组织儿童欣赏中外艺术大师的美术作品、民间艺术、建筑艺术等。

研究发现,全班性的集中欣赏效果并不理想,因儿童人数多,与作品和教师互动的机会少,等待的时间太多,儿童通过观察产生的感受、体验和共鸣没有机会或不能及时得到表达和表现,容易导致儿童失去欣赏的兴趣。因此,一般采用以小组活动形式进行专题性的欣赏活动。即两位教师在同一时间同时组织活动,把儿童分成两组,每组人数控制在20人左右,一位教师带一组,这样每位儿童均有充分的欣赏、感受、表达和创作的机会。在活动前,两位教师共同确定活动目标、内容以及指导方式,活动结束后再相互交流,共同反思。

(三) 渗透性欣赏

1. 美术欣赏在幼儿园环境创设中的渗透

《纲要》指出:"环境是重要的教育资源,应通过环境的创设和利用,有效促进儿童的发展。"在开展美术欣赏活动中,教师应重视多元化环境的创设对儿童审美能力的影响,把形式美的元素渗透到幼儿园的每一个角落,让儿童生活在童话般的乐园中,时时刻刻受到周围环境中美好事物的熏陶,从而丰富审美经验,提高审美能力,促进儿童身心和谐发展。

(1) 园内大环境的创设。正如苏霍姆林斯基说过:"校园环境美化如果与正确的思想世界相结合,就能使儿童得到深刻的感受并揭示出一种真正的美。"幼儿园应精心营造一个安全温馨、充满艺术性、教育性、欣赏性的多元化环境。让儿童身临其中,通过感受环境中的美,丰富儿童的感性经验,培养审美情趣。如:幼

儿园的大幅壁画的画面应形象生动、色彩鲜艳、构图均衡、充满童趣，成为幼儿园的一道亮丽的风景线，吸引儿童的视线；教学楼每一层走廊的柱子和顶面可布置成"艺术长廊"，展示本地、本省、中国和世界的名胜古迹、自然风光、人文景观、民间艺术的图片；顶面可垂吊教师和儿童共同制作的风筝、宫灯、剪纸、中国结、扇子、花伞等造型以及图案、色彩、质地不同的民间工艺品；还可利用楼梯墙面开辟"儿童画廊"，在画廊中展示国内外大师的经典名画、建筑雕塑图片以及儿童美术作品等。除此之外，教师还应精心创设幼儿园的自然环境，使幼儿园尽可能浓缩大千世界的奇妙景观。如：幼儿园操场四周与种植园应种植郁郁葱葱的各种树木和花卉，让一年四季都有美丽的花朵开放，把幼儿园打扮得异彩纷呈。这样，儿童身临其中，在不知不觉中感知周围环境中美好的事物，潜移默化地受到美的熏陶和启迪，既陶冶了性情，又提高了审美能力。

（2）班级小环境的创设。儿童在园的大部分时间是在班级里度过的，所以在班级里创设丰富的美术欣赏环境显得特别重要。教师应以"展示美"为主要原则，和儿童共创具有欣赏性、教育性、趣味性的班级环境，营造浓浓的美术欣赏氛围。如：教师可利用活动室墙面布置"美术欣赏互动墙"，张贴中外大师的经典绘画作品，以及自然风光、花草树木、建筑雕塑等图片；还可以展示儿童欣赏后创作的作品；也可以创设"美术欣赏区"，根据欣赏内容在区角投放相应的操作材料，将美术欣赏和美术创作活动结合起来，调动儿童各种感官加深对作品的理解。如大班欣赏国画活动，教师就在区域投放国画大师的作品图片、笔墨纸砚和颜料，让儿童自由选择进行作画。再如中班开展欣赏活动"美丽的夏装"，教师在欣赏区不仅投放儿童自己带来的美丽服装和各种饰品，让儿童自由选择搭配服饰进行时装表演；还投放笔、颜料、剪刀和各种彩色纸，让儿童设计自己喜欢的夏装。

2. 将美术欣赏活动有机整合到其他领域的活动中

美术欣赏活动应有机整合到其他领域的活动中，充分发挥教育的整体效应。一方面，教师可充分挖掘其他领域活动中美的成分，作为美的欣赏教育资源。如在中班开展探究性主题活动"春天"时，由儿童生成的探究内容"春天的昆虫——蝴蝶"，在儿童探究蝴蝶的花衣裳是什么样的时候，教师利用蝴蝶翅膀的花纹、颜色、图案及对称美等形式美元素进行欣赏，既很好地达到认识蝴蝶外形特征的目的，同时又提升儿童审美能力。另一方面，教师可以利用美术欣赏来丰富其他领域教育内容的趣味性。例如，在语言活动欣赏散文诗"美丽的秋天"，教师配合体现秋天景色的挂图。儿童边倾听优美的散文诗，边看挂图欣赏美丽的秋景，文学的语言辅之以形象生动的教具，帮助儿童运用视、听联觉创造审美意象，得到美的享受。同时，教师也可以利用形象生动的美术作品，增进儿童对语言的理解与想象。

一般来说，专题性欣赏的指导要全面些，随机性欣赏和渗透性欣赏的指导可简练些、突出重点；专题性欣赏是儿童美术欣赏活动的基本形式，随机性欣赏和渗透性欣赏是专题性欣赏的补充和扩展。

二、学前儿童美术欣赏心理特点

学前儿童处于审美理解的初级阶段，由于心理发展水平的限制，他们在美术欣赏活动中明显表现出审美知觉的形象性、多通道性和审美理解的情感性、想象性，以及审美表达的行动性和浅表性等特点。教师在设计和指导学前儿童美术欣赏活动时，一定要从学前儿童美术欣赏的心理特点出发，启发、引导学前儿童进行审美活动。

（一）学前儿童的审美感知具有形象性和多通道性

学前儿童审美感知的形象性是指儿童喜欢简洁明快的美术作品，对作品内容的感知先于对作品形式的感知。这在前面的章节"选择学前儿童美术欣赏活动内容应注意的问题"中已经提到，这里就不赘述。针对这一特点，教师在指导美术欣赏活动时，应有意识地引导儿童将审美注意力集中到美术作品的形式上，通过启发儿童感知、理解美术作品丰富多彩的表现形式，使儿童渐渐学会用"感受形式美的眼睛"来欣赏美术作品。而不是仅仅停留在对美术作品内容的描述上,如"画上画了什么？他们在干什么？"把美术欣赏等同于看图讲述活动。

学前儿童审美感知的多通道性是指儿童的感官发育还不成熟,与成人相比,他们无法一直静观审美对象,常常需要运用多种感官来帮助自己实现审美感知。儿童感官的这种相互协调、相互补充的功能,较好地实现了各种感官的相互沟通和共鸣,形成一种彼此联系、相互感应的综合心理现象,这种现象在心理学上称为"联觉",从艺术的角度来说,这种联觉现象被称为"通感"。因此,教师在开展美术欣赏活动时,要创造条件,多利用实物或带领儿童走进真实的情境中,鼓励儿童通过看一看、摸一摸、听一听、闻一闻等多种感官探索活动,丰富他们的审美感知,使儿童在欣赏中获得愉快的审美体验。

（二）学前儿童的审美理解具有情感性和想象性

学前儿童审美理解的情感性是指儿童心理分化程度低,容易将自己的情感投射到审美对象上,常常以自己的主观爱好为标准进行审美判断。因此,教师应根据儿童的生活经验和欣赏对象的特质,创设适宜的审美意境,引发儿童良好的审美情感。具体实例将在下文"学前儿童美术欣赏活动的指导方法"中详细阐述。

学前儿童审美理解的想象性是指儿童在美术欣赏中,审美理解不是依靠观念、判断和推理来进行的,而主要是依靠想象来实现的。儿童心理发展的自我中心特点以及思维的直觉形象性决定了他们的审美想象可以达到物我不分的境界。教师在组织美术欣赏活动时,应启发引导儿童大胆进行审美想象。

（三）学前儿童审美表达具有行动性和浅表性

学前儿童审美表达的行动性是指在美术欣赏活动中,儿童不仅用眼睛观察、用心灵与作品交流,还常常情不自禁地用语言、表情、动作来表达自己的情绪和想象。所以教师要理解和尊重儿童在美术欣赏时的手舞足蹈、即兴模仿等行为,倡导活动性的欣赏教育,鼓励儿童在活动中感受体验、理解想象和表达创造。如前所述,在美术欣赏后要安排儿童创作的环节,让儿童通过做一做、画一画、剪一剪、贴一贴等活动充分表达自己的审美感受和理解。

学前儿童审美表达的浅表性是指儿童的欣赏更多的是对作品中具体形象的感知和理解,还不能较好地概括形象之间的内在联系,感受作品丰富的形式美感和精神内涵。但有研究表明,学前儿童的审美表达能力会随着年龄的增长、知识经验的丰富和欣赏教育的持续开展逐步提高。因此,在美术欣赏活动中教师不应急于求成,希望儿童在短时间内就有上佳的表现,而应有目的、有计划、有系统地,持续不断地开展美术欣赏活动,不断促进儿童审美能力的提升。

三、学前儿童美术欣赏活动的指导方法

（一）对话法

对话法是指在儿童美术欣赏活动中,教师以语言为中介进行引导、启发儿童,并在教师、儿童与美术作品三者之间展开讨论、交流的一种方法。由于对话的基本结构是问与答,所以此法也称问答法,它是指导儿童美术欣赏的基本方法。

在美术欣赏教育中引入对话法,是为了弥补长期以来学前儿童美术欣赏教育单纯采用的灌输法所带来的遗憾。在美术欣赏教育中运用协同合作式的对话法,教师、儿童与艺术作品之间不再是一种灌输与被灌输的关系,而是一种平等的、对话式的、充满情感的双向交流式的关系。儿童不再是被动接受,而是积极参与,他们的潜力在不断的对话碰撞中得到新的成长。

对话法是一个双向交流的过程。最初,可以由教师讲解分析,并提少量的问题,这样的方式适合小班儿童;以后逐步过渡到问答,教师以提问的方法引导儿童欣赏,这适合于中、大班的儿童;大班后期可以进行一

些儿童与美术作品的直接对话的活动,但要在教师的欣赏提示下进行,最后用语言或其他表达方式反馈儿童的审美感受。

运用对话法指导儿童欣赏时,有些教师不知从何下手。事实上,最简单的方法就是教师首先与美术作品进行对话,找出作品的特点、欣赏的要点,然后将其转化为开放性问题,如:①这幅画上画着什么?(引导儿童欣赏内容)②你看了这幅画有什么感受?(引导儿童进行主动的审美体验)③你为什么会有这种感受?(引导儿童从内容美和形式美方面进行分析)④你喜欢这幅画吗?为什么?(引导儿童理解作者的思想、感情和深刻内涵)教师可以这样层层深入地引导儿童认真读画、自由讨论,少提一些"是不是?""漂亮吗?"等封闭式的问题。

在美术欣赏活动中,作为中介的教师应该怎样与儿童对话才能有效地实现儿童与作品的对话呢?在此,我们借助名画欣赏活动实例对这个问题作进一步的阐述。

1. 学会共情,架起儿童与作品沟通的桥梁

在心理学中,"共情"指的是一种能深入他人主观世界,了解其感受的能力。通俗地讲,就是把自己想象成对方,用他的眼睛看他的世界,认同他的想法与感受。在开展名画欣赏活动之前,教师首先要与名画的作者"共情",站在画家的角度欣赏画面,想象画家创作的灵感之源,深入解读画家的情思意绪,与作品展开充分的对话,从而把握作品的独特之处,预设好与儿童对话的问题,做到心中有数,这样在引导儿童欣赏时主线就非常清晰,就算儿童在对话中出现题外话,教师也不至于手足无措。以名画欣赏《我与村庄》图8-2为例:

> **案例8-3**
>
> **名画欣赏《我与村庄》片段**
>
> **片段一:**
>
> 师:你从画上看到了什么?
>
> 幼儿1:一个人的脸,是绿色的,戴着帽子,还有一头牛,有一个大大的眼睛。
>
> 幼儿2:这个人和这头牛在吵架。
>
> 师:我们认真看看牛和人是在吵架吗?
>
> 幼儿:这个人笑眯眯的,不像吵架,他们是在聊天。
>
> 师:他们会聊什么呢?
>
> 幼儿:这个人说:我很喜欢你,我喂你吃草吧。你看他手上拿着一棵草呢。
>
> **片段二:**
>
> 幼儿:我看到有一个人肩上扛着锄头,还有一个女的摔倒了。
>
>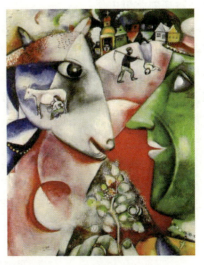
>
> ▲图8-3 夏加尔《我与村庄》
>
> 师:你们仔细看看这个女的是摔倒了吗?我们把画面倒过来看看。
>
> 幼儿:好像不是摔倒,她的两只手在指着一个地方,好像告诉别人路怎么走。
>
> 师:很棒!观察得真仔细,再看看画上还有没有东西也是倒的?
>
> 幼儿:哦,我看到有的房子也是倒的。
>
> 师:为什么画家要把房子、人倒着画呢?
>
> 幼儿1:这样很好玩。
>
> 幼儿2:画家自己想画成这样,我也想这样画,很有趣。

师：对，画上画的都是画家心里想的地方，你们看画上有牛、有扛着锄头的农民伯伯、有尖屋顶的房子，这会是什么地方呢？

幼儿：是乡下吧。

师：对，这幅画是一位叫夏加尔的画家画的，画上的戴帽子的人就是画家自己，他的家乡在一个美丽的乡村里，那里有很多牛，有辛勤劳动的乡亲们……画家离开家乡到别的地方去学画画，好久没回家了，他怎么样了？

幼儿：很想家。

师：对，他经常在梦里见到家乡，画上许多东西都是他梦里见到的，所以有的房子、有的人是倒的。你们看看画上还有地方让你觉得像在梦里一样？

幼儿：我看到一个大大的圆和一个小小的圆粘在一起，很像泡泡，画家是不是做梦吹泡泡呀？

师：对，你想象得真好！这是一个什么样的梦？

幼儿1：五彩缤纷的梦。

幼儿2：有趣的梦。

幼儿3：温暖的梦。

幼儿4：快乐的梦……

从案例8-3可以看出教师对画家的思乡之情有了充分的"共情"，准确把握画面"超现实主义的幻想风格"这一特色，通过不断的追问将画家的情感与画面的美感一点一点地传递给儿童，使儿童的审美体验与审美理解逐渐变得丰盈。

每个人由于生活经历的不同、文化层次高低的不同、性格特征的不同、审美趣味的不同，会导致对同一审美对象有着不同的感受与理解。如前所述，儿童的审美理解具有情感性这一特点，他们对事物的感受和情绪反应都比较泛化，容易将自己的情感投射到审美对象上，常以自己的主观爱好为标准进行审美判断。因此，在名画欣赏活动中，特别需要教师的"共情"以保护儿童独特的审美感受，引发儿童良好的审美情感，实现有效的师幼对话。下面，以两个名画欣赏片段为例。

案例8-4

名画欣赏《格尔尼卡》《人投鸟一石子》

片段一：名画欣赏《格尔尼卡》

▲ 图8-4 毕加索《格尔尼卡》

幼儿1：哎呀！乱七八糟的！
幼儿2：好暗哦，怎么像晚上，我好像觉得"鬼"来了，好可怕啊！
幼儿3：颜色灰灰的，觉得心情不高兴。
幼儿4：这画都没有颜色，我不喜欢！
幼儿5：我不想看了，很害怕！
师：是啊！我感觉跟你们一样，看了这灰蒙蒙的颜色，觉得心里像压着一块石头喘不过气来，心情很不好呢。这幅画里到底画了些什么让我们感觉不舒服呢？
……

评析：从对话可以看出儿童对画面色彩的感觉非常到位，但心理上对这幅画产生排斥，此时教师运用"共情"及时肯定了儿童的感受，并巧妙利用儿童的好奇心使欣赏活动得以继续。

片段二：名画欣赏《人投鸟一石子》

幼儿1：画上绿色的地方是森林，黄色的是沙漠。
幼儿2：黄色凸起来的那块像火山爆发。
幼儿3：白色圆圆的上面有一只眼睛像小鸟的头。
幼儿4：我看到青蛙的脚丫、弯弯的月亮。
幼儿5：红颜色小小的那块是一朵花。
幼儿6：这个白白的东西很像长着一只眼睛的外星人。
幼儿7：是怪物吧，他才一只脚，没有手耶！
师：你们想象得都很有趣，画家给这幅画取的名字是《人投鸟一石子》，你们猜猜画家画这幅画的意思是什么？

▲ 图8-5 米罗《人投鸟一石子》

幼儿1：哦，是这个外星人来到地球，看到一只红色的小鸟，觉得很好玩，就用石头丢它，看它会不会飞。
幼儿2：我觉得是一个人走在沙滩上看到一只鸟，就用脚踢石头逗小鸟玩，因为他没有手啊！
……

评析：在欣赏这幅画的过程中，教师留给儿童一个不受拘束、自由想象的广阔空间，把欣赏与体验的主动权交给孩子，无需顾虑儿童看不懂，也不必担心儿童理解歪了怎么办。在这样的审美意境中，儿童畅所欲言，教师首先做一个倾听者，认同儿童多样化的感受，不轻易发表自己的意见，以免影响儿童丰富的想象与创造性的体验，在适当的时候再做一个引导者，引发儿童与作品更高层次的对话。

2. 学会等待，催生儿童个性化的审美表达

美术欣赏的过程是一个注重体验与感受的过程，也是一个需要教师耐心等待的过程。当一件作品呈现给儿童时或教师提出一个问题之后，要留给儿童足够的时间去观察、感受体验与理解想象，其实也就是留给儿童与作品对话的充足时间。在这段时间里儿童进行独立的欣赏，生发个体的审美感受，为丰富的审美表达提供了支持，师幼对话才能多姿多彩。下面，以国画欣赏《春如线》为例。

案例 8-5

国画欣赏《春如线》

师：这幅国画画的是春天的景色，你们仔细听音乐，看着画面，想象春天的美丽景色。

教师打开课件呈现国画作品的同时播放笛子演奏的乐曲《春光美》，欢快、柔美的音乐使幼儿陶醉在画面美好的意境中，过了一会儿，音乐戛然而止，教师开始提问："刚才你听着音乐看着这幅画想到春天的什么？"幼儿有的皱眉、有的瞪大眼睛、有的一脸茫然，说不出来，显然还没从刚才的意境中回过神来，有的说："老师，我们还想听音乐，你不要关掉好吗？"

教师及时调整策略，先引导幼儿回忆上次去西湖公园欣赏春天美景的情形，再次播放音乐，幼儿再次投入地欣赏画面，有的随音乐的节奏轻轻摆头、有的用手指比划着线条、有的和同伴窃窃私语，教师走到幼儿中间蹲下身子倾听幼儿的讲述，并不时地用微笑、点头鼓励幼儿。见幼儿尽兴了，教师才将音乐慢慢关小声，开始提问："刚才你听着音乐看着这幅画想到春天的什么？"

幼儿1：我想到春天里许多花开了，小动物都到草地上玩。

幼儿2：是画下雨了，彩色的雨，我还听到下雨的声音了。

幼儿3：我想到小芽从土里冒出来了。

……

从这个案例我们可以看出：教师的等待为儿童营造了一个宽松、自主的欣赏氛围，同时很好地联结儿童前期的感性经验，从而引发儿童与教师、同伴、作品之间展开平等的、充满情感的、积极的交流和讨论，使得儿童的审美主动性和创造性得到最大发挥。

另外值得一提的是，在美术欣赏中教师的等待还有另外一层的意思，那就是儿童审美感受力、理解力和表现力的提高是一个缓慢的过程，教师不能过于注重审美结果的获得，期望儿童在一两次的欣赏活动中就有令人满意的表现，而忽视了让儿童真正融入欣赏的过程，让儿童享受欣赏的过程。教师应学会等待，等待美的种子在儿童心间生根、发芽、开花、结果。

3. 学会提升，引导儿童梳理审美经验

美术是一种视觉造型艺术，它与其他艺术最本质的区别在于诉诸人的视觉，利用线条、形体、色彩等造型要素所构成的形式和所传达的内容来体现特殊的美感。在每一次的名画欣赏活动中，教师都要用心聆听儿童的对话，利用有价值的对话提升艺术术语，传递美的基本要素，帮助儿童积累审美经验，使儿童拥有一双善于发现美的眼睛。在与儿童对话时，教师还要敏感地捕捉儿童对作品瞬间的、不确定的、处于萌芽状态的审美感受，灵活地运用追问将儿童的审美感受逐步放大、渲染、强调，使儿童对作品内涵的理解变得逐渐明朗。

艺术术语的提升与审美经验的梳理要在教师与儿童对话的过程中自然而然地进行，避免将美术欣赏活动变成美术知识与技能的传授活动。如：在儿童刚刚接触抽象画时，教师并不急于告诉儿童这是抽象画，而是在儿童进行丰富的联想之后，与具象画对比时引导儿童总结出抽象画的概念；在分析作品的形式美时，儿童必然会关注色彩、线条、形状等，教师可以顺理成章地丰富儿童有关冷暖色调、对比色、近似色等知识，帮助儿童了解线、形、色之间的节奏与韵律、对称与均衡、多样与统一的构成原理。下面，以名画欣赏《我与村庄》（见图 8-3）为例。

案例 8-6

名画欣赏《我与村庄》片段

师：这幅画里有哪些颜色，看了有什么感觉？

幼儿1：觉得很温暖，因为有很多红颜色。

师：除了红颜色，还有什么颜色？

幼儿2：我觉得这张画颜色很漂亮，白的和黑的配，绿的和红的配，还有紫色、黄色、粉红色，很好看。

师：是的，红色和绿色、白色和黑色、紫色和黄色都是对比色搭配，所以特别漂亮呢。

幼儿3：我觉得看了眼睛很花，因为画上有很多东西。

师：是啊，要在一张画上画这么多的东西，画家是怎么安排画面的呢？

幼儿1：前面画得大，后面画得小。

幼儿2：他有重叠着画，你看他把挤奶的人和一头牛画在大牛的脸上。

师：对，近大远小、重叠遮挡的构图方法可以让画面看起来很饱满呢。

经过一段时间的积累，儿童的艺术术语就逐渐丰富起来，对作品的形式美会变得非常敏感，而且能在欣赏活动中灵活地运用。如：在欣赏修拉的《大碗岛的星期天》时，儿童就把所积累的艺术术语都用上了，他们分析出画中多种的对比关系——明暗对比、疏密对比、高矮对比、远近对比、大小对比、冷暖色调对比等。在欣赏李可染的《牧归图》时，儿童的表现也相当出色，他们分析出这幅画中浓淡不同的五种墨色，还说到画中红色所起的衬托、点缀作用；在构图方面儿童说得特别多，如：两只水牛重叠地安排，树林有疏有密、树干有粗有细，近处的水牛与牧童画得清晰、远处的树林和晚霞画得模糊，画中有一片留白的地面给人透气感。

（二）体验法

体验法是指在儿童美术欣赏活动中，教师为儿童精心选择和设计与作品有关的环境、情景，并组织儿童开展相关的操作活动，以丰富儿童的感性经验，激发儿童审美主动性的一种方法。体验法意味着儿童可以在动手、动脑、动口的操作活动中获得亲身的经验，意味着儿童能积极主动地投入到欣赏活动中去，可以使儿童审美活动生动有趣、审美体验更加深刻。

在欣赏作品之前，教师应当尽可能地为儿童创设与作品相关的场景，或将儿童带入作品所表现的自然情景中，必要时还应开展相关的主题教育活动，让儿童进行充分的体验活动，慢慢积淀与丰富儿童的感性经验。

案例 8-7

体验法在国画欣赏《春如线》中的运用

《春如线》这幅画，是现代画家吴冠中的国画作品，他打破传统笔墨的形式特征，用流畅的、有力的、富于韵律的五彩线条和点状色彩表现了春天春雨绵绵、柳枝摇曳、万物复苏的美好意境，充满抽象派的风格。由于画面并没有描绘具体的形象，因此，儿童乍看到这幅画时可能会有一种不知所云的感觉，使得欣赏有了一定的难度。为了让儿童更好地理解画面所蕴含的意境，在国画欣赏活动之前，教师先开展了"春天"的主题活动，引导儿童调动多种感官体验春天里大自然的景色，带领儿童走进西湖公园观察春天的景象,欣赏春风吹过时柳枝婀娜的舞蹈,抚摸柔嫩的小草,观赏竞相开放的花朵,聆听鸟儿的欢唱和春雨的呢喃,感受春的气息。此外,教师还与儿童一起创设充满春天气息的班级环境,在美术欣赏区张贴以春天的美景为内容的图片,在手工区投放各种操作材料(各色皱纹纸、蜡光纸、毛线等),让儿童把对春天的感受用各种方式表现出来。为此,儿童通过听、看、表演、创作等相关的活动进一步加深对春天的体验,为欣赏《春如线》的形式美和意境美奠定感性基础。在教师的启发与引导下,儿童的想象非常丰富,审美理解也很到位。

师:上次我们去西湖公园看到的春天景色能在这幅画中找到吗?

幼儿1:我觉得这些线条像彩色的音符在跳舞。(边说边用手指比画着)

幼儿2:画上弯弯曲曲的线条像柳树的枝条在飘来飘去。

幼儿3:这幅画用了很多绿色,好像春天的草地。

幼儿4:那黄色的圆点很像许多小鸟停在树枝上,它们在唱歌。

幼儿5:这些五颜六色的点像草地上开的花。

幼儿6:黑色的点像小蝌蚪在游,也很像雨点落到湖水里的圆圈。

(三) 对比法

对比法是指在儿童美术欣赏活动中,教师引导儿童观察比较不同作品的表现手法、形式和风格,培养儿童对美术作品较敏锐的感受能力和理解能力的一种方法。引导儿童欣赏美术作品,不仅要使儿童获得对作品内容、主题等方面的认识,更重要的是逐渐培养儿童能够透过画面的具体内容,进一步感知和体验隐含在具体形象中的抽象形式意味及线条、形体、色彩等美术语言的表现力。对比法有助于儿童超越作品描绘的具体事物,将审美注意集中到这些线条、形体、色彩所建构的形式关系上,从而进一步体验它们所表现的情感和蕴含的意味。

在具体的儿童美术欣赏活动中,教师可采用以下几种对比法:首先,教师可以就同一主题的不同美术表现形式进行比较。如:欣赏剪纸活动,将写实的图片猫与剪纸猫作比较,通过对造型、色彩等方面的比较,让儿童生动形象地感受剪纸艺术简洁夸张的造型、单一明快的色彩和虚实装饰的构图特点。其次,教师也可以就相同题材的不同表现手法进行比较,如:欣赏李可染的画牛艺术时,可以引导儿童将《初见疏柳挂新绿》和《暮韵图》进行比较,《初见疏柳挂新绿》是一幅春牛图,画家一反浓墨写牛的画法,用淡墨写牛,全画大面积空白,却仿佛春光明媚,空气清澈得透明;而《暮韵图》则是一幅"流火"的夏牛图,此图可谓浓墨满纸,但并不见塞迫,可见大师笔法非凡。这样通过对人物动态、背景、画面墨色的对比,可让儿童进一步感受画家丰富、神奇多变的艺术语言。此外,教师还可以引导儿童比较不同画家的表现风格。例如,在儿童欣赏过一些西洋画之后,教师可以选择一些儿童从未欣赏过的作品进行一次画家作品风格的鉴别活动,通过观察比较加深儿童对画家风格的识别和理解,培养儿童对美术作品表现风格的敏感性。如:米罗的作品、波洛克的作品、毕加索的作品等。

(四) 拼图法

拼图法是将美术作品的复制品背面衬底纸,切割制成各种形状的卡片,引导儿童根据卡片上色彩、线条和造型拼成一幅完整的图画。拼图法不仅可以加强儿童对作品中点、线、形、色等形式美的识别,而且还可以引导儿童在拼图过程中探讨要素之间的关系,加深儿童对这些形式关系所表现的情感和蕴含的意味的认识。这一操作过程使儿童对美术作品的欣赏经历了"整体—部分—整体"的心理过程,即先从整体出发,然后进行部分感知,最后再回到整体。再次的整体感受是建立在儿童对作品的各部分相当熟悉和进行过具体的操作基础之上的,与第一次感受相比,更深刻、更具体。

刚开始拼摆作品时,教师可以选择儿童欣赏过的一些作品,也可以根据儿童的欣赏水平选择一些儿童没有欣赏过的同类作品,鼓励儿童根据以往的经验大胆尝试;就拼图的数量来说,刚开始可以一次拼一幅图,在儿童已经拼过多种风格作品后,也可以一次将两张甚至两张以上不同风格的作品混在一起,引导儿童认真观察、比较,进行拼摆,以提高儿童对艺术作品敏锐的感受能力和对形式、风格的识别能力。

(五) 综合法

综合法是指教师选择一些与美术作品有关或能加强其感染力的音乐、诗歌、故事等,运用各种媒体再现或创设具有情绪色彩的具体的、生动的形象或场景,以加深儿童对美术作品的感知和理解的方法。其特点是体现了整合的教育观。综合法不仅整合了与美术作品相关的知识,而且整合了与美术作品相关的手段。综合法还构成了良好的美术欣赏环境,特别是媒体技术所创设的声画并茂、视听结合、动静相接、感染力强的欣赏情境,充分调动了儿童的"联觉",更易于激发儿童欣赏的兴趣和情绪。

案例 8-8

综合法在国画欣赏活动中的运用

以国画欣赏活动《春如线》为例,虽然《春如线》这幅画并没有描绘具体的形象,但只要细细品味,就会发现画上一根根富于韵律的线条似乎在载歌载舞,充满了音乐美与诗意美,因此教师以音乐为载体,选用了与画面非常匹配的《森林狂想曲》这首富有线条感、旋律欢快柔美的笛子吹奏的乐曲,曲子开头的雨声与鸟鸣能激发儿童产生丰富的联想,达到了"通感"的境界。因此,当儿童在音乐声中再次欣赏这幅画时,慢慢地找到了感觉,此时教师启发儿童回忆去西湖找春天的情景,引导儿童与教师、同伴、作品之间展开平等的、充满情感的、积极的交流和讨论,使得儿童的审美主动性和创造性得到最大发挥。在音乐这种情感艺术的渲染下,儿童已经完全融入到作品充满诗意美与音乐美的意境中。为了加深儿童对作品的审美理解,教师又创编了与作品内容相吻合,体现作品意境的散文诗《春天在哪里》:

春天在哪里?春天在柔软的柳枝上,春天的风微微地吹,柳条跳起优美的舞蹈。

春天在哪里?春天在茂密的森林里,树叶穿上了绿衣裳,小鸟唱起动听的歌儿。

春天在哪里?春天在清新的田野里,油菜花黄了,豆苗绿了,桃花绽开粉红的笑脸。

春天在哪里?春天在绵绵的春雨里,那细细的、密密的雨丝多像春姑娘手中的线,织呀织,织出了五彩的春天……

当教师声情并茂地朗诵完之后,儿童情不自禁地鼓起掌来,把欣赏活动再次推向高潮。由此可见,综合法的运用体现了《纲要》中整合的教育观,能增强美术作品的感染力,营造了良好的美术欣赏氛围,使儿童如闻其声,如临其境,如触其物,达到欣赏与愉悦并存的境界。

四、美术欣赏活动组织应注意的问题

(一) 做好物质上的准备

欣赏活动的物质准备包括美术作品、教具和呈现方式的选择与准备。美术作品的选择在依据儿童美术

欣赏的特点与作品选择的基础上，还应注意复制品的印刷质量和画幅大小，以便让儿童清楚地观赏。为了营造欣赏氛围，加强审美效果，教师还可以用实物投影、电视录像，辅以录音等方式呈现给儿童。在自然景物和环境布置的欣赏中，如果条件许可，教师最好将儿童带到真实的环境中，使儿童积累相关的感性经验，感受到一种身临其境的美。例如：小班欣赏活动"美丽的桃花"，教师充分利用了幼儿园毗邻西湖这一地理优势，在春天桃花盛开的时节，带儿童到西湖观赏桃花；中班欣赏活动"节日的环境"，教师结合"六一"儿童节，组织儿童欣赏幼儿园的环境布置，使儿童体验节日的欢快气氛，养成关注生活中美好事物的情趣。

（二）做好有关知识经验的准备

在儿童美术欣赏活动中，儿童会接触到不同历史年代和题材的作品，这些作品背后必然涉及一定的历史事件、社会生活和东西文化。所以，教师应当在欣赏活动前开展相关的知识准备活动，丰富相关的知识与经验，有意识地引导儿童把作品背后所蕴含的时代特征联系起来，深入领会作品特有的表现形式和内涵。例如：引导儿童欣赏京剧脸谱之前，教师可以组织儿童听京剧唱段，了解京剧的简单知识，这些活动为儿童理解和欣赏京剧脸谱打下了良好的基础，使儿童不仅对民间美术形式美有所认识，而且在审美体验方面有所丰富，同时激发了儿童对民族艺术的兴趣。又如：在组织儿童欣赏福州三坊七巷的建筑之前，教师查阅了三坊七巷的名人故事，并将故事讲述给儿童听，使得建筑欣赏变得鲜活、灵动，充满了人文气息。

（三）教师要提升自己的审美素养

开展美术欣赏活动对教师的美术素养提出了较高的要求，教师只有自己对艺术的形式有一定的理解与欣赏能力，才能更好地引导儿童进行理解与欣赏。

首先，教师必须理解线条、形状、色彩、构图等形式语言可能的象征意义。例如：在线条上，水平线意味着放松、平静与单调；垂直线意味着静态张力、准备就绪、抵抗力、支撑；曲线的变化缓慢、连绵，可以引发人的注意，使人感到柔和、流动；放射线使人感到舒展充满活力；对角线意味着动作、活力和不平衡；绕成一个形式的连续线，有清楚界定、包容、把持住形式的趋势；断续线比较能够表现开放、自由、柔顺可变的形式；轮廓线暗示着一个形式的三次元实体；边缘线描述一个形式或颜色终止而另一个开始之处。如：凡高的《星月夜》用了许多波浪形、螺旋形的线条，将星星和月亮团团围住，表现了画家强烈的不安和压抑的心情。在形状上，正方形显得稳定、刚直、呆板；圆形则显得活泼、柔和、流动。在色彩上，暖色使人联想到火、冬天的太阳，在画面上显得前凸；冷色使人联想到冬天的池水、晴朗的夜空，在画面上显得后退等（参考克拉因色彩情感价值表）。

教师还必须理解对称与均衡、节奏与韵律、变化与统一等形式美的原理。对称是指中心点两边的形式或配置方式具有类似性，其特点是稳定、庄重，但也显得单调、呆板，如中国古代的许多宫殿庙宇大多是对称式均衡。均衡则有对称式与不对称式两种，对称式均衡是指中心点两侧的相对位置上呈现"镜相反映"的形式；不对称式的均衡是指中国秤式的，即画面上中心点两边力臂不等、形不同，但量相同或近似的形式。节奏是指视觉在画面上所作的有秩序的、连续的运动。韵律则是富有情调的节奏变化。变化是指由大小、高矮、疏密、深浅等性质相异的要素并置在一起时所造成的显著对比的感觉，其特点是活泼多样、有动感。统一是指由性质相同或类似的要素并置在一起时所造成的一种一致的或具有一致趋势的感觉，其特点是严肃庄重、有静感。一幅好的艺术作品应该是既有变化又有统一，应是变化和统一相融合的有机整体。

教师除了提高自己的美术欣赏的能力、丰富自己的美术欣赏知识外，还要适当地教给学前儿童一定的美术欣赏的基本艺术语言与形式美的原理，以帮助他们进一步加深对作品的情感体验。

[思考与讨论]

1. 学前儿童美术欣赏活动的组织形式有哪些？各自的特点是什么？

2. 根据学前儿童美术欣赏的心理特点,教师在开展美术欣赏活动时要注意什么?
3. 为什么对话法是教师指导儿童美术欣赏活动的基本方法?怎样运用对话法?

[实践与训练]

1. 观摩一次美术欣赏活动,分析教师在活动过程中采用了哪些指导方法,以及各方法运用的情况,并尝试提出建议。

2. 通过本节的学习,结合《指南》中艺术领域的目标与教育建议,谈谈你对开展学前儿童美术欣赏活动的认识。

第九章

学前儿童绘画活动的设计与指导

学习目标

1. 知道学前儿童绘画发展的阶段与特征,初步树立科学的学前儿童绘画教育观。

2. 理解学前儿童绘画教育的目标与方式,掌握学前儿童绘画活动设计与指导的基本思路,初步了解绘画活动和其他领域活动整合的策略,并能结合实际进行分析和反思。

3. 能初步运用所学的原理评价学前儿童绘画教育实践,并提出自己的感受与建议,具有开展幼儿园绘画教育的兴趣与信心。

内容概览

学前儿童绘画教育在学前儿童美术教育中的地位举足轻重。本章系统阐述了学前儿童绘画年龄发展的阶段,从总体上概述了学前儿童绘画教育设计与指导的思路,特别是对各年龄段绘画活动的实施与指导做了详细的介绍,为幼儿园的一线实践提供了理论的参照和实践的范式。

[问题情境]

广州的一所幼儿园在进行"下雪喽"的绘画时,王老师观察到乐乐的作品中,雪花都是排队从天空飘下来的。

王老师:"乐乐,为什么今天的雪花都是排队从天空飘下来的呢?"

乐乐:"因为他们要一个跟着一个走,这样就不会迷路了。"

王老师:"你把我们平时排队的本领也教给了雪花,真有爱心!"

(王老师此时两手放在嘴边一边做吹风的样子,一边发出呼呼的风的声音)

乐乐:"风爷爷来啦!"

王老师:"是啊,风爷爷要和雪花做游戏了!

(王老师一边发出风的声音,一边用手指在乐乐的画纸上划了几条弧线)

王老师:"雪花现在会飘到哪里呢?"

乐乐兴奋地说:"飘到了这里!"

乐乐在王老师手指停留的地方画上了一片雪花,打破了画面呆板的布局……

在活动结束的反思研讨环节中,有的老师说王老师课上得很好,有的表示质疑,大家争论不休……

第一节 学前儿童绘画发展的阶段与特点

绘画是儿童最重要的审美活动之一,儿童可以拿着绘画工具做腕和肘部肌肉运动就意味着绘画的开始,这种活动由最初的涂鸦到有目的、有意识地表现主题,经历了一个发展变化的过程,它不仅反映了儿童绘画技能的发展,也揭示了其深层的认知发展。了解学前儿童绘画发展的阶段,不仅有助于我们理解儿童心理发展的历程,而且也是我们开展专业、适宜绘画教育的重要理论依据。

关于儿童绘画发展的阶段,国内外许多学者做了大量深入的研究。其中,罗恩菲尔德在1947年出版的《创造与心智的成长》一书中,将儿童画的发展划分为涂鸦期、图式前期、图式期、写实萌发期、拟写实期、青春危机期等几个阶段。陈鹤琴根据对其长子陈一鸣的431张绘画作品的分析,将儿童绘画的发展分为涂鸦期、象征期、定型期、写实期四个时期。此外,黄翼、屠美如、杜玫等学者都提出了各种对于儿童绘画发展阶段的观点。依据皮亚杰对于儿童认知发展阶段的研究,综合以上各种观点,我们把学前儿童的绘画发展划分为以下几个阶段。

一、涂鸦期(1.5—3.5岁)

学前儿童的涂鸦没有明确的表达意图。虽说涂鸦是个体最初的一种绘画活动,但对学前儿童来说似乎更像是一种快乐的操作性游戏,在这种涂鸦游戏中,儿童享受着由涂鸦动作带来的快感和产生的结果——线条和色彩。而这种涂鸦过程的快乐和画面的线条、色彩又不断强化幼儿的涂鸦动作,促使他们继续进行愉快地探索和操练。

对于学前儿童绘画涂鸦阶段的发展,国内外众多学者的研究结论不尽一致,但一般认为儿童涂鸦线条的发展表现为以下四种水平:

(一)未分化涂鸦(杂乱线)(1.5—2岁):随机、不规则的线

这个阶段是涂鸦的第一个阶段,也是儿童拿起笔绘画的初始阶段,有人也把这个时期称作"杂乱线"。杂乱线是儿童最初的涂鸦线条,显示的是一种未分化的涂鸦。这个阶段儿童绘画的主要表现是:五指抓笔,

手臂运动,画出的是随机的点和不规则的线,没有方向。但是儿童一般会关注自己到底画了什么。如图 9-1 和图 9-2 所示,不管运用什么绘画工具,儿童所展现的造型基本类似。

▲ 图 9-1　未分化涂鸦(17 个月)

▲ 图 9-2　未分化涂鸦(水墨画)(13 个月)

(二) 控制涂鸦 (单一线)(2—2.5 岁): 重复的、有方向的线

控制涂鸦也被称作"单一线",这个阶段的儿童随着其手眼协调能力的发展已经能够画出重复的有方向的线条,主要体验重复动作的节奏。这个阶段的儿童能让线条控制在整张纸以内(见图 9-3)。不只是人类,一些灵长类动物也能发展到这个阶段。如,黑猩猩"刚果"在 2—4 岁期间,先后创作了 400 多幅绘画作品。据悉,"刚果"反应敏捷、机灵,对艺术创作有着强烈的热情。它很快就学会了如何使用画笔和画刷,能用它们来画画,而不是拿着它们玩或者吃掉它们。而且,它在画画的过程中,总是严格地在画纸范围内操作,不会画到纸张外面去。同时,它似乎完全知道自己要画什么、什么时候该停笔,如果没有画完,它是不会放下画笔的(见图 9-4)。

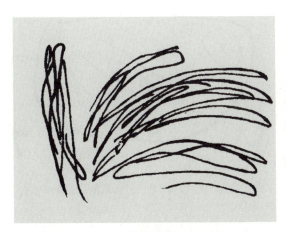
▲ 图 9-3　儿童的控制涂鸦(2 岁 2 个月)

▲ 图 9-4　黑猩猩的控制涂鸦(2 岁 4 个月)

(三) 圆形涂鸦 (圆形线)(2.5—3 岁): 重复画圆,封闭的圆和未封闭的螺旋线

圆形涂鸦也被称为"圆形线",圆形线显示的是一种较高级的涂鸦水平。这个时期的意义在于线条开始封闭形成图形,儿童尝试用这些大大小小的圆形来表现一切事物(如图 9-5)。有很多儿童在将近两岁的时候,就开始有力度地连续画圆圈,肩和肘开始能够做流畅的协调运动,以前画的笨拙的圆圈开始变成较标准流畅的圆形。这种更进一步的发展使儿童以手腕为轴心做运动,就能够画出比较小的连续圆圈了。这种画

连续圆圈的能力,儿童从一岁十个月左右就开始表现出来。这时候,儿童也开始能够做上下往返的竖线涂鸦,手的功能从手腕向手指发展,工具的抓握方法也变得和大人一样了。尽管儿童的作品中出现了小的连续圆圈和上下往返的竖线涂鸦,大的连续圆圈和点状涂鸦仍在继续,并没有消失(如图9-6)。

▲ 图9-5　圆形线作品

▲ 图9-6　有力度的连续圆圈

(四) 命名涂鸦 (命名线) (3—3.5岁): 自言自语, 画完命名

儿童在不断的涂画过程中,一边画一边喃喃自语,说出要画的物体的名称,一边逐渐将图形与线条结合起来,如果偶然认出某些形状或者发现与自己经验中的某些事物相似,就给自己画的涂鸦画取个名字,并自言自语地进行解释和说明(如图9-7和9-8)。此时儿童表现出凭借绘画与别人交流思想的倾向,这是一个很重要的关键期。

▲ 图9-7　命名涂鸦:飞机

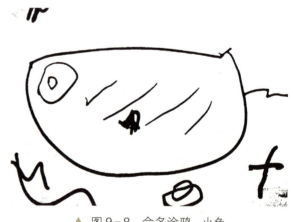

▲ 图9-8　命名涂鸦:小鱼

拓展阅读
涂鸦

涂鸦是学前儿童一种积极的学习活动,是儿童绘画的准备阶段。成人应当为儿童提供必要的涂鸦条件,丰富他们的经验,提高其认知水平(如知道纸笔的用途),并积极鼓励儿童的涂鸦行为。

二、象征期(3.5—5岁)

象征阶段是从涂鸦阶段到图式阶段的过渡时期。3—4岁的幼儿,对绘画主题的表现意图不高,大约有三分之一的幼儿无法画出题意。如果幼儿开始能用极其简单的图形和线条描绘出事物的特征,逐渐表达他们想要表现的事物了,这就成为象征阶段幼儿绘画水平的主要标志。大部分4—5岁的幼儿已经能了解题意,大约有60%的幼儿进入前图式期,另外有30%的幼儿发展至图式期,而停留在涂鸦期的幼儿则不到10%。下面我们从构思、造型、构图、设色等方面来具体探讨这一阶段幼儿的绘画特点。

(一) 从构思上看

这个阶段的幼儿绘画常常是先动笔、后构思,一形多义是这个阶段幼儿构思的一个显著特点。如图9-9是一个小班幼儿在观看电视剧《三国演义》后创作的,图中的圈圈点点代表马匹和战斗队军士;图9-10是小班幼儿在听老师讲完生病的原因之后创作的,红色代表红细胞,蓝色代表坏细胞,咖啡色代表死亡的细胞。在两张图中的圈圈符号几乎相同,但是一个代表士兵,一个代表细胞,这就是一形多义。

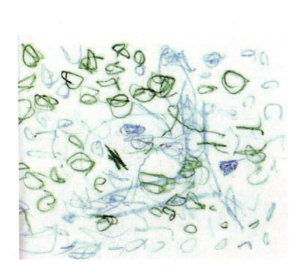

▲ 图9-9 三国演义(小班)

▲ 图9-10 红细胞和坏细胞(小班)

▲ 图9-11 各国幼儿所画的"蝌蚪人"

(二) 从造型看

这个阶段幼儿的心理符号由直觉控制,所以多半凭直觉印象,用简单的几何形组合,用象征符号来描绘物体的粗略形象,这些图形和符号脱离整体没有意义。如图9-9和图9-10,幼儿都是用小圆圈代表他要表达的形象,这些符号如果脱离了绘画的主题,就没有任何意义了。这个时期的幼儿最感兴趣的就是画人,而且几乎都会呈现出一个共同的造型特征,即没有躯干的人,这种造型我们也称作"蝌蚪人",如图9-11所示的是中、美、日三国小朋友所画的"蝌蚪人",他们用圆圈代表头,用几条线代表四肢。人为什么没有躯干?这是因为幼儿受直觉控制,凭着自己的直观印象,认为躯干不重要,但是手脚是有必要存在的。

在人物整体特征方面,这个阶段主要是以几何形状组合的人物,人物细节出现最多的是头、眼、脚、嘴,有30%—40%的幼儿会画出这些细节,有20%左右的幼儿有拟人化的表现。

(三) 从构图上看

幼儿此时最常用的空间表达方式是把每个形象在画面上进行罗列,每个形象之间相互独立,毫无秩序,但也能从某种程度上感受幼儿所要表达的主题。如图9-12,是一个小班幼儿画的自己的生活情景画,画面中两个小朋友在快乐地跑和跳,两个人物和左边的椅子相互独立,没有遮挡关系。有趣的是,这个阶段的幼儿在遇到客观有遮挡关系的事物时,会用"透明"画法,也就是把被挡起来的物体也展现出来,就如同X光透视一般,也有人把这个阶段幼儿的特殊构图方式叫做"X光画法"。如图9-13,是一个中班幼儿画的自己和好朋友在帐篷里玩游戏的场景,帐篷本来是挡住了幼儿,但是她却用这种"X光画法"表现了帐篷里的游戏场景。

▲ 图9-12 我在好朋友家玩(3岁9个月)

▲ 图9-13 帐篷里的游戏(4岁5个月)

▲ 图9-14 小鸡吃虫(3岁10个月)

(四) 从设色上看

这个时期,色彩对幼儿的吸引力超过造型。超过60%的幼儿的涂色控制能力不佳,无意识地使用颜色,使用颜色数目少,一半以上的幼儿使用一至六种颜色。在选择颜色的时候,幼儿大多都选择纯度高、鲜艳明快、自己喜好的颜色来画画,而且常常只用一种喜欢的颜色,中途不换色。在涂色的过程中,他们喜欢用色笔直接画线条,对涂色缺乏耐心和相应的技巧,所以涂色不均匀,色彩也不和谐。如图9-14是一名小班幼儿画的小鸡吃虫子,该幼儿用了自己喜欢的黄色来画小鸡。不过这个阶段,幼儿的辨色能力提高很快,从图中我们可以看出毛毛虫的绿色和鸡嘴的红色,这说明幼儿已经逐渐考虑物体的固有色了。

在4—5岁的幼儿中大约有60%出现良好的涂色控制情形,其余约40%的幼儿则属于涂色控制不佳或者不涂色。幼儿使用颜色数目分散,约有一半幼儿会使用七种颜色以上。

因此,成人应鼓励幼儿大胆地按自己的意愿作画,多与幼儿交流,多倾听他们的想法。同时,引导幼儿初步观察、加深印象,逐步提升绘画表现能力。

三、图式期(形象期)(5—7岁)

图式阶段也称为形象期。四五岁左右的幼儿开始进入图式阶段,他们开始有目的有意识地运用所掌握的图形和线条表现自己的经验和愿望,这一阶段幼儿的绘画水平有很大的发展,在绘画中有着强烈的主观倾向性和丰富的想象力,并开始关注细节,且以其特有的思维方式和绘画表现手段绘画。

(一) 从构思上看

处于图式阶段的幼儿进入到了事先构思的阶段,从涂鸦期没有构思、象征阶段边画边构思,发展到形象期的事先构思,这是一个质的飞跃。这一阶段的幼儿构思体现出强烈的主观倾向性和丰富的想象力,幼儿似乎非常乐于表现自己主观的想象世界。如图9-15是一个大班幼儿画的《我设计的机器人》,想象十分丰富,他的机器人可以像坦克一样跋山涉水,可以修剪树叶、灭火、放广播,还有淋浴喷头可以洗澡……

▲ 图9-15 我设计的机器人(大班)

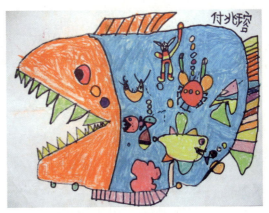
▲ 图9-16 大鱼(大班)

(二) 从造型上看

这个阶段的幼儿喜欢用线条描绘物体形象的轮廓,不再用图形组合的方式造型。如在人物画中表现人物的整体特征的时候,约有一半是属于几何形状组合的人,相当一部分则出现写实的倾向。幼儿不仅能表现出人物的基本部分,还能表现出人物的主要特征和某些细节(如耳朵、头发、衣服的职业、性别特征等),继而开始尝试表现人的动态特征。拟人化的倾向也明显地提高,大约有一半的幼儿有此表现。这一阶段的幼儿造型并不关注物体本身各部分的比例关系,幼儿往往自觉不自觉地夸大自己印象深和认为重要的物体,并对其进行强烈的夸张,而忽略他(她)认为不重要的部分,比如画人吃东西的时候,会夸张嘴的造型,而忽略耳朵、头发、眉毛等。如图9-16,幼儿对这条大鱼进行了夸张表现,他说:"这条鱼太大了,连海底世界都被它吃进去了!"

(三) 从构图上看

随着幼儿知识经验的增长和绘画表现能力的增强,幼儿绘画作品中的形象也逐渐增多,幼儿开始注意到大小比例,但夸张的现象依然十分明显,比例的分寸掌握较差。这一阶段的幼儿已经不满足于基底线的画法了,为了在二维平面上表现三维空间的各个方面,幼儿基于他们的认知水平和经验创造了多种多样的构图方式,其中比较典型的有展开式、多视点构图和透明画等。如图9-17,是大班幼儿描画的过生日的场景,小朋友们围坐在桌子周围,采用了展开式的构图,这种画法也叫"放射线"画法,也有的称之为"太阳线"画法,因为这种构图方式像太阳放射出的光线。同时,我们发现,幼儿采用的是多视点构图,也就是把俯视、平视、仰视等角度放置在一个二维平面上进行表现,如桌面上的食物是俯视的角度,人物是平视的角度,而灯就是仰视的角度,这种画法毕加索称之为"立体主义"。如图9-18是毕加索立体主义作品之一《戴帽子的女人》,画中女人的面容是由正面和侧面两个角度组合而成。同时,幼儿在尽力避免图形重叠,但还不能自发表现遮挡关系。如图9-17,尽管场景很丰富,物象较多,但是物象之间是相对独立的,除了坐在桌子周围的人物的脚之外,没有出现很明显的遮挡关系。

▲ 图9-17 过生日(大班)

▲ 图9-18 毕加索作品《戴帽子的女人》

▲ 图9-19 热气球(大班)

(四) 从设色上看

这个时期的幼儿对色彩产生极大热情,幼儿用色的主观意愿性强,只有少数幼儿不能很好地表现涂色能力。幼儿开始注意到物体的固有色,用色与实物相关者达到三分之二以上,但是较少按物体的固有色彩选色,主要是为了满足其个人美感的需要,作品有明显的装饰性,幼儿会用色彩表现情感。如图9-19,幼儿用了很多自己喜欢的颜色来装饰热气球,装饰意味十分明显。

因此,我们既要鼓励幼儿按照自己喜欢的方式大胆地表现自己的情感、体验和想象,也要对幼儿的表现方式和技能技巧给予适时、适当的指导。

综上所述,幼儿绘画能力的发展变化主要受其动作发展尤其是上肢动作发展的制约,随着动作发展精细程度的不断提高,幼儿在绘画过程中对画笔的把握程度越来越高;另外,从手底流露出来的绘画作品也能反映幼儿的心理发展状况。因此,幼儿绘画能力的发展会随着年龄自然成长,但各年龄幼儿都有其发展的特征。开展学前儿童美术教育时,我们一定要依照幼儿的身心发展水平,注意教育活动的适宜性。

[思考与讨论]

1. 学前儿童绘画能力发展可以分为几个阶段?这几个阶段的主要区别是什么?

2. 学前儿童绘画能力发展的阶段理论对学前儿童美术教育实践有何启示？

[实践与训练]

运用学前儿童绘画能力发展阶段理论分析下列案例中幼儿的绘画能力发展特点与教育策略，并提出你的教育建议。

案例 9-1

大班毕业主题活动之一：再见了，幼儿园

活动目标：
(1) 采用小组绘画的形式表现幼儿园的环境、生活与活动，拓展绘画表现力，培养合作意识。
(2) 能大胆地创作，表达对老师、幼儿园的依依惜别之情。
(3) 发展想象力、观察力、创造力。

活动准备：
(1) 谈话：我们的幼儿园（幼儿概括讲述幼儿园的环境、生活）。
(2) 大张画纸、记号笔、油画棒、颜料、大刷子。

活动过程：
1. 回忆幼儿园的生活，引导幼儿构思幼儿园里印象最深的事
2. 提出组画要求
(1) 分组完成任务：分环境组、人物组，幼儿自由选择参加。
(2) 幼儿每人按任务自由创作，画上不同的活动情景、背景画面。
3. 幼儿作画
(1) 指导幼儿互相合作构图，强调布局的远近、大小。
(2) 涂色时注意运用平涂、渐变多种方法。
(3) 请能力强的幼儿用排水的方法拿大刷子蘸上颜料涂上淡淡的背景色。
4. 展示欣赏幼儿作品，布置在活动区

▲ 图 9-20 幼儿作品

（选自《早期教育》2009.7）

第二节 学前儿童绘画教育的目标

学前儿童绘画教育的目标是学前儿童美术教育目标的下位目标,它和手工教育、美术欣赏教育的目标一起,共同构成学前儿童美术教育目标。《纲要》的艺术教育领域目标是更高层次的目标,对学前儿童绘画教育目标有着指导意义和制约作用。

一、学前儿童绘画教育的总目标

我们根据《纲要》和《指南》艺术领域的目标,从审美情感、审美感知、审美表现与创造三个维度来表述学前儿童绘画教育的总目标:

(1)审美情感:乐于参加绘画活动,体验绘画活动带来的乐趣,喜欢用自己的绘画语言表达自己的想法和感受。

(2)审美感知:知道各种绘画工具和材料的种类和基本用途,知道不同色彩、造型和构图的含义及其在实际绘画中的应用方式。

(3)审美表现与创造:能运用恰当的工具和材料,选择适宜的色彩、造型和构图去表现自己的情感、理解和想象;能用适当的方式评价自己和同伴的作品;能利用各种材料,用色彩、图案和图形组合等方式创造性地表现自己的想法和感受。

在此目标之下,教师应充分发挥艺术的情感教育功能,促进幼儿健全人格的形成。同时,我们要避免仅仅重视绘画表现技能或绘画活动的结果,而忽视幼儿在活动过程中的情感体验和态度倾向。幼儿的创作过程和作品是他们表达自己的认识和情感的重要方式,教师应支持幼儿富有个性和创造性的绘画表达,克服过分强调技能技巧和标准化要求的偏向。教师应在激发幼儿感受美、表现美的情趣的基础之上,丰富幼儿的审美经验,使之体验自由表达和创造的快乐。同时,教师还应根据幼儿的发展状况和需要,对表现方式和技能技巧给予适时、适当的指导。

二、不同阶段儿童绘画活动的发展目标

(一)3—4岁儿童绘画活动的发展目标

(1)喜欢参加绘画活动,对绘画活动有兴趣,能快乐、大胆、轻松地作画,体验到绘画活动的快乐。

(2)认识并爱护油画棒、蜡笔、水彩笔、水粉画笔和纸等绘画工具和材料,掌握其基本使用方法,握笔方法和作画姿态正确。

(3)会画基本线条(直线、曲线、折线)和简单形状(圆形、方形等),能有控制地、手眼协调地表现线条的方向、曲折、粗细、疏密,感觉线条的变化,并将线条和形状用于表现日常生活中熟悉的、简单的单个物体的轮廓特征及其变化。

(4)能辨别红、黄、蓝、橙、绿、棕、黑、白等不同颜色,并说出它们的名称;对色彩感兴趣,并会选择使用多种颜色作画。

(5)会区分并尝试画出主体色和背景色,能用主观感觉大胆画出主体形状和衬托背景的色彩。

(6)知道画面的主要物体要比其他部分大,会在画面的中心位置安排主要形象并把它画大些;画面有简单的对称感、节奏感和均衡感。

(二)4—5岁儿童绘画活动的发展目标

(1)能在小班的基础上进一步用多种绘画方法(如蜡笔画、水粉画、水墨画等)作画,体验绘画的快乐。

（2）能较正确地把握形状的基本结构，理解形状符号的象征意义；能用各种线条和形状表现感受过的物体的基本结构和主要特征。

（3）能打破模式画的干扰，大胆地按自己的主观意愿作画，线条富有表现力。

（4）认识12种常见颜色，能辨别同一种颜色的深、浅，对色彩敏感，能注意色彩的变化，并能用较丰富的色彩表现事物。

（5）能初步在画面上安排物体的上下、左右关系，能表现有韵律感、对称感的画面。

（三）5—6岁儿童绘画活动的发展目标

（1）会利用多种绘画工具和材料，运用不同技法表现自己独特的思想和感受，体验创造的快乐。

（2）能运用较有表现力的线条、形状和色彩，画出物体的变化和运动，组成内容较为丰富的画面，并注意画面的均衡、协调。

（3）能分辨色彩的浓、淡、鲜、灰，掌握深浅、冷暖颜色的搭配；能根据画面的需要，大胆、恰当地使用颜色表现自己的情绪情感。

（4）能根据线索、记忆，较完整地表现感受过的或想象中物体的动态结构以及某些事件的简单情节，运用自己的构思和联想画出具有独特性的作品。

（5）能表现两个及以上物体之间的关系，能表现一定的方向以及前后、远近等简单的空间关系及主体与背景的关系。

（6）能在各种几何形纸（如圆形、三角形、菱形等）和生活用品纸形上，用一些简单的、具有民族特色的花纹有规律地进行装饰，能用同类色或近似色装饰画面，使画面层次清楚、色彩和谐。

以上三个年龄阶段的绘画活动发展目标依据儿童的年龄发展水平和特点，体现了儿童发展的阶段性和连续性。首先，不同年龄阶段，有明显的阶段性特点。如在色彩方面，3—4岁儿童要求"能辨别红、黄、蓝、橙、绿、棕、黑、白等不同颜色，并说出它们的名称；对色彩感兴趣，并会选择使用多种颜色作画"；到了4—5岁，则提高为"认识12种常见颜色，能辨别同一种颜色的深、浅，对色彩敏感，能注意色彩的变化，能用较丰富的色彩表现事物"；5—6岁的要求最高："能分辨色彩的浓、淡、鲜、灰，掌握深浅、冷暖颜色的搭配；能根据画面的需要，大胆、恰当地使用颜色表现自己的情绪情感。"当然，这些阶段性目标不应该成为幼儿绘画水平的唯一标准，应尊重儿童的个体差异，将这些目标视为典型性表现比较合适。其次，该发展目标体现了连续性，儿童的绘画水平不是跳跃性发展的，而是波浪形、螺旋形发展的，但是总体是由低到高发展的。如在构图方面，3—4岁儿童要能做到"知道画面的主要物体要比其他部分大，会在画面的中心位置安排主要形象并把它画大些；画面有简单的对称感、节奏感和均衡感"；而在4—5岁，儿童要在之前的基础上"能初步在画面上安排物体的上下、左右关系，能表现有韵律感、对称感的画面"；到了5—6岁，儿童在延续之前的能力的基础上，"能表现两个及以上物体之间的关系，能表现一定的方向以及前后、远近等简单的空间关系及主体与背景的关系"。这些水平上的差异，其实是连续发展的。最后，该发展目标强调审美和情感教育功能，对绘画感兴趣以及"用适当的方式表现自己的情感、理解和想象"，这应是绘画教育的核心。教师应清醒地认识到其重要性，并在实践中贯彻落实。另外"认识并爱护油画棒、蜡笔、水彩笔、水粉画笔和纸等绘画工具和材料，掌握其基本使用方法、握笔方法和作画姿态正确"这样的目标没有在每个年龄段提及，是因为该项目标应该贯穿于儿童绘画的始终。

三、学前儿童绘画活动的实施目标

由于各年龄阶段儿童的认知、经验和操作能力具有差异性，在具体的绘画教育活动实施过程中，教师还需要从审美情感、审美感知、审美表现与创造三个维度制定美术教育的目标：

▲ 表9-1 学前儿童绘画活动的实施目标

	3—4岁	4—5岁	5—6岁
审美情感	喜欢参与绘画活动,能愉快大胆地作画	喜欢用自己独特的绘画语言表达自己的想法和感受	乐于用独特的绘画语言和独创的材料创造;愿意和同伴合作创造
审美感知	初步懂得绘画工具和材料的种类和基本用途;会辨别红、黄、蓝、橙、绿、棕、黑、白等几种基本的色彩,并能说出各种名称;学会辨别和感受直线、曲线、折线等各种线条的变化	能较准确地理解形状的基本结构,理解形状符号的象征意义;认识12种常见颜色,能辨别同种色的深、浅,对色彩敏感,能注意色彩的变化,并能用较丰富的色彩表现事物	明白物体的整体结构和各种空间关系;有基本的配色意识,掌握颜色并能辨析色彩的变化;知道运用不同的绘画工具和材料能表现不同效果的作品
审美表现与创造	能使用蜡笔、水彩笔、棉签等工具进行涂染;能画出直线、曲线、折线、并能表现线条的方向、粗细、疏密;学会用圆形、方形等简单图形表现物体的轮廓特征;能在涂抹的过程中把画面涂满,初步学会用图形和线条组合创造各种图式	能运用图形组合的方法,表现物体的基本部分和主要特征;会选择与物体相似的颜色,初步有目的地设色、配色;引导儿童围绕主题安排画面,能表现出物体的上下、左右位置;能大胆按意愿,用图形组合、图案拼接等方式创造自己想要表现的物象	能较灵活地表现各种人物、动物的动态;能运用对比色、相似色、同种色等多种配色方法,注意色彩的整体感与内容的联系;能有目的地安排画面,表现一定的情节,并变化多种安排画面的方法。能初步体会均衡、对称、变化等形式美,并能用这些规律安排画面;能将图形融合,尝试用轮廓线创造多种图画,形成自己的图式;综合运用多种绘画工具和材料进行绘画创作

可见,以上目标结构和具体年龄阶段目标针对3—6岁不同年龄儿童提出了不同的教育要求。在材料工具、造型、色彩、构图方面要求逐渐复杂、逐步加深、层层提高,充分考虑了儿童的最近发展区,为单元目标和具体活动目标的制定指明了方向。但是任何目标都只是参照,教师在具体课程实施过程中不要针对每一条目标及其表现设计集体教学活动,不要刻板地从每一条目标及表现中找"内容",也不要把每个领域甚至每一条目标孤立起来设计和组织活动,或者从不同领域中找出几条目标表面、机械地拼凑在一起完成所谓"综合"。同时,教师也不要机械地看待对目标的年龄要求(期望),而忽视儿童学习与发展的"累积"效应。

以下是以不同年龄班、不同绘画内容的目标为例进行的分析,见案例9-2。

案例9-2

绘画活动目标分析

1. 小班绘画活动"我喜欢的房子"目标分析

最初撰写的目标:

(1)能用三角形、半圆形等图形以绘画的形式表现房子。

(2)能适当进行添画,情节合理。

(3)用过的蜡笔归回蜡笔盒。

活动过程简要如下:①引导幼儿回忆自己家的房子的外形特点;②出示范画,交代作画要求;③幼儿作画,教师指导,教师指导幼儿绘画的位置、大小及房子的基本形象和主要特征;④总结与评价。

诊断与分析：

（1）审美表现的目标偏难。小班幼儿绘画发展能力处于以涂鸦期为主并逐步向象征期过渡的阶段，即使能够添画，而对他们的添画作品要求"情节合理"则是偏难了。

（2）目标忽视审美情感，即幼儿丰富的审美愉悦体验，重技能技巧的传授。《纲要》中提出要"引导幼儿接触周围环境和生活中美好的人、事、物，丰富他们的感性经验和审美情趣，激发他们表现美、创造美的情趣"。而在该活动中，教师依赖一张自己的范画，并不能给幼儿丰富的审美愉悦体验。同时，《纲要》提出幼儿艺术教育必须"克服过分强调技能技巧和标准化要求的偏向"，在该案例中，教师注重讲解范画，忽略了小班幼儿也有进行自我表达的需求，从而扼杀了幼儿的创造性，使自主绘画变得不自主。

（3）目标的主次不分。"用过的蜡笔归回蜡笔盒"是应该作为一个日常必备的行为习惯常抓不懈，放在绘画活动中可以，但是不一定要写进活动的目标中。

调整后的目标：

（1）喜欢参与绘画活动，能愉快大胆地作画。

（2）能用圆形、方形等简单图形表现房子的轮廓特征，会用图形和线条组合创造两种以上不同的房子。

（3）会辨别红、黄、蓝、橙等几种基本的色彩，并能用喜欢的色彩装饰自己画的房子。

2. 大班绘画活动"安全标志我设计"目标分析

最初撰写的目标：

（1）认识各种安全标志，感知禁止标志和警告标志的特征。

（2）尝试设计标志，体验创作的快乐。

（3）进一步巩固安全意识。

活动简要过程如下：①交通标志导入课题；②感知禁止标志和警告标志；③深入讨论，引出其他安全标志；④设计标志；⑤展览作品，幼儿讲述、介绍。

诊断与分析：

除了"尝试设计标志，体验创作的快乐"这个审美情感目标属于美术领域，其他目标已经严重偏离了美术教育领域，美术教育的重点不突出。

调整后的目标：

（1）明白各种安全标志在造型、构图和色彩上的区别，以及不同造型、构图和色彩所表达的安全警示意义。

（2）乐于用独特的绘画语言和材料，与同伴合作设计标志，体验合作创作的快乐。

（3）能初步用均衡、对称、变化等规律设计自己理解的安全标志。

制定学前儿童绘画教育活动的目标，教师必须做好以下三点：一是让目标回归美术领域，体现美术教育的价值，不能"张冠李戴"，和其他领域的目标相混淆；二是要符合《纲要》和《指南》精神，重视审美和情感教育，不能过分强调技能技巧；三是作为具体活动的目标，一定要明确具体、有操作性，不能太宽泛。

[思考与讨论]

学前儿童绘画教育目标为何从审美情感、审美感知、审美表现与创造三个维度进行制定？对学前儿童美术教育实践有何启示?

> [实践与训练]
>
> 1. 分析大班绘画活动"丰富多彩的贺卡"的目标,并作出调整:
> (1) 探索尝试设计贺卡,充分想象画出与众不同的、自己喜欢的画面。
> (2) 掌握贺卡的制作技能,能用不同的力度和色彩表现画面的主次层次。
> (3) 在学会制作不同类型的贺卡的基础上,让幼儿创造性地装饰各种图案,发展幼儿的创新能力。
> 2. 请以"春天"为主题,设计该活动在不同年龄班的绘画教育活动目标。

第三节　学前儿童绘画活动的设计与指导

一、传统学前儿童绘画教育存在的问题

传统的绘画教育更为重视绘画知识技能的传授,追求绘画教育的专业性与绘画结果的完美。教师常常以示范的方式向儿童展示"正确"的绘画技能技巧,并鼓励儿童依样照葫芦画瓢,从而抵消和压抑了直觉的认识作用,也抹杀了儿童的艺术灵感和创造天赋。

目前,绘画教育主要存在以下几个问题:

第一,注重临摹范图,忽视儿童的个性表现。

第二,以专业视角安排教学进度,教材内容脱离儿童实际。

第三,以"像不像"为评价标准,压抑儿童创造力的发展。

二、激发创造的学前儿童绘画教育策略

(一) 引导儿童在直觉基础上大胆表现与创造

儿童观察物象时眼睛最先接触到的并不是可度量的现象,而是接受视觉刺激后得到的直接的、原初的感染力,儿童把吸引了他们注意力的东西加以选择和强调,从而表现出对象的特征。从审美的角度看,被感知的意象就是感知物的本质。《指南》建议教师要"鼓励幼儿在生活中细心观察、体验,为艺术活动积累经验与素材",就是基于这样的考虑。比如4岁儿童看一辆车,他知道车身近似方形,车轮是圆形,这是车的基本特征,尽管有时他们在一个方形下面画许多圆,但仍能看出这些圆是代表滚动的车轮,在这里数量并不重要(如图9-21);儿童画鸟时,会画一个椭圆代表身体,在椭圆的一端有时用三角形而有时用线代表喙,在椭圆的上下两侧画两条线或画两个三角形代表翅膀。可见,儿童年龄越小,造型越抽象、越概括。随着儿童年龄的增长,他们的观察记忆力增强了,所表现的物象也越复杂,越接近真实。他们表现形的能力由简单到复杂,这是他们认识发展的自然过程。如图9-22,是一名中班儿童在从不同角度观察滑板车之后的自由创作,经访谈了解到,该儿童的绘画水平在班级中是"中等偏下的"(带班老师的话)。但是,我们从作品中发现该儿童已经能够自发表现物体的不同角度,而且呈现出成人透视画法的萌芽。可见,引导儿童观察,鼓励儿童用直觉去创造,对发展儿童的审美能力和表现力是何等的重要!

教师要引导儿童在直觉的基础上创造,首先应要求儿童注意观察。儿童一般会习惯去画记住的形象,常常认为摆在面前的实物,与自己画画无关,不认真观察,只画记住的概念形象。通过观察就可以帮助儿童克服造型的概念化。其次,要教儿童学会观察。尤其是记忆物体的形象,如物象的形状特征、与其他物象的

▲ 图9-21 儿童观察玩具车之后的自由创作(中班)

▲ 图9-22 儿童从不同角度观察滑板车之后的自由创作(中班)

区别、物体形象的具体内容和细节、物体之间的关系、物体空间距离、色彩的感受与变化等。如图9-23,是教师用家园合作的方式,让家长配合引导儿童观察游泳池中的人,儿童通过仔细地观察,发现岸上的人和水中的人的心态是不一样的,于是,回到幼儿园创作了一张很有质量的作品,在作品中儿童表现了不同角度的人。再次,绘画教材要系列化。通过运用多种媒体,如通过实物、录像、图片、幻灯等观察,形成有相互联系的教材内容,一环接一环地扩大儿童的知识面,进行感官刺激,激发儿童创作热情。教师可运用多种手段,如名作欣赏、生活体验、触摸、语言描述、启发联想、鼓励独创精神等方法。同时,教师还要密切贴近儿童生活,以提高他们的绘画兴趣和创作热情。

▲ 图9-23 儿童在观察游泳池中的人之后自由创作的作品(大班)

(二) 开展游戏化的绘画教育

我国著名教育家陈鹤琴曾经指出:"小孩天生是好动的,是以游戏为生命的。"《纲要》更明确要求:"幼儿园教育以游戏为基本活动。"由此可见,教师必须将游戏作为一种内容和形式融入幼儿园教育,并充分考虑游戏与教学的优化结合。教师应把幼儿的绘画过程看作是游戏的过程,充分体现寓画于乐、寓教于玩的幼儿教育理念。国外的幼教界也非常重视幼儿绘画的游戏化心理,认为艺术过程的体验比结果更为重要,注重幼儿绘画要体现游戏与生活,强调应引发幼儿内在情感的自然流露。在幼儿绘画教学实践中,教师应积极运用游戏式的教学方法,让幼儿在丰富多彩的游戏活动中学习绘画,有效激发孩子们学习绘画的兴趣和灵气,是很有必要的。

首先,教师要以充满游戏色彩的口吻和做游戏的形式导引入题,激发幼儿对绘画活动的兴趣。幼儿的思维是以具体形象思维为主,并且对一件事情的兴趣保持的时间很短,因此,教师应采用生动有趣的游戏化语言提示、指导或鼓励幼儿,使幼儿在绘画活动中保持积极的情绪状态。教师要根据幼儿强烈的好奇心来设计生动有趣的开场白,把幼儿的注意力迅速吸引过来,为接下来的活动营造良好的情绪氛围。然后从激发幼儿的兴趣入手,赋予幼儿适当的角色,运用游戏、故事等形式导入,以调动幼儿参与活动的积极性。比如在大班绘画"中国龙"的活动中,老师讲了一个十分有趣的故事,说是一条蛇十分贪心,它想要鱼的身体和尾巴、鳄鱼的脚、鹿的角、月亮的脸……孩子们在听完这个故事之后,先进行了游戏表演,而后创造的"中国龙"栩栩如生,形态各异(见图9-24)。

▲ 图9-24 大班幼儿创造的"中国龙"

其次,在边做边玩中提高幼儿的绘画技巧。幼儿年龄越小,越没有明确的目的,他们往往把绘画活动当作一种有趣的游戏,"玩"起来显得十分投入,而且无拘无束。因此,教师应经常设计一些有趣的游戏作为绘画教学的元素与手段。以娱乐、玩耍的方式,使幼儿饶有兴致地反复学习和操作,引导幼儿在看看、想想、画画、做做、玩玩中学习绘画,这种方法符合幼儿的年龄特点。如图9-25是小班幼儿在玩水墨游戏的基础上画的树,形象稚拙,充满童真;图9-26是大班幼儿在观赏flash动画、进行动作模仿表演之后创作的,作品中人物的肢体动作丰富,由于没有压力,幼儿选用的色彩也活泼明快。

▲ 图9-25 水墨画游戏——树(小班)　　▲ 图9-26 动作表演之后的创造——武功(大班)

幼儿园绘画教育的实践也一再证明,教师采用"在玩中观察—在情景中产生兴趣—在活动中思维想象—在鼓励中创造表现"这一教学模式是行之有效的。

（三）重视欣赏在绘画教育中的重要价值

上述"引导儿童在直觉基础上大胆表现与创造"中的直觉和这里所说的欣赏都是要引导儿童观察,但是直觉是观察生活中的美,这里所说的欣赏特指欣赏成人绘画作品。成人绘画作品尤其是现代艺术大师的作品,具有重要的欣赏价值,教师要学会分辨并合理利用。现代绘画艺术家们通过绘画这种艺术形式来宣泄自己的情绪与情感,试图将主观的精神世界凭借外在的造型、色彩、构图呈现出来。这一点和儿童绘画不谋而合。儿童也喜欢通过夸张的形象传达对所经历的事物的感受,或根据生活经验,通过联想创造出虚构的形象或场景,同时还会自发地把生活中的事物加以排列组织、装饰或美化,使其具有美感。囿于生活经验,儿童的绘画表现题材相对单一和贫乏。如图9-27,是一个大班儿童创作的,"奥特曼大战怪兽"来自日本的动画片,从画面来看,造型和构图能力很强,但是情节十分单调,这种单调不是他的错,由于这样的影视作品每天充斥在儿童的生活中,所以直接制约了儿童对绘画题材的选择。

▲ 图9-27 奥特曼大战怪兽(大班)

所以,当儿童的绘画能力不断提高时,作为教师,不要急于传授更多、更高的技能技巧,而是要及时扩大儿童的审美视野,丰富其绘画经验。图9-28是教师提供给儿童欣赏的现代大师毕加索的作品,图9-29是儿童在欣赏作品之后的创造,从这幅模仿大师再创造的作品中,我们发现儿童是能够领会现代大师的创作

▲ 图9-28 毕加索作品《戴帽子的女人》　　▲ 图9-29 儿童在欣赏毕加索作品之后的创造(大班)

精髓的,这名儿童在没有老师提示的情况下,自发地运用了毕加索的"立体主义"表现手法,让人叹为观止。

除了绘画作品之外,还有诸如戏剧人物、自然奇观等的图片和视频,绘本、插图等都可以成为儿童绘画创作之前的欣赏题材。如图9-30和图9-31就是大班儿童在欣赏戏剧人物图片和视频之后的创作。图9-30"杨门女将"整合了"千手观音"的元素,图9-31"武生"都上舞台准备演出了,天花板的射灯照着主角,台下的观众(黑色的)正聚精会神地观看,两幅作品造型生动,情境感很强。很难想象,如果没有事先的欣赏环节,儿童绘画的结果会怎样。

▲ 图9-30 在观看戏剧人物"杨门女将"后的创作(大班) ▲ 图9-31 在观看戏剧人物"武生"后的创作(大班)

关于如何更好地开展美术欣赏教育,上一章"学前儿童美术欣赏活动与指导"有详尽阐述,这里就不赘述了。

(四) 提供丰富的绘画材料以激发儿童创造

在绘画材料使用的难易程度上,小年龄儿童以油画棒、粗的记号笔等工具为宜。教师可以直接引导儿童用手指、棉签、吸管等材料,通过压、印、吹的方法来作画(见图9-32)。随着年龄的增长,小肌肉运动的发育日趋成熟,儿童可选择彩色水笔、毛笔、马克笔等工具。在使用的数量上,小年龄儿童以单一的工具为主,逐渐发展到交替使用两样工具(记号笔、油画棒),直至多种工具的交替使用。绘画材料的提供也应根据儿童的年龄特点,小年龄儿童可在长方形或正方形纸上作画,以白色为主。以后,可逐步提供给儿童不同材质、颜色和形状的纸张。教师要依据绘画的内容与题材选用适宜的绘画工具材料,绘画如果要表现形象的基本结构和内容,那么选择蜡笔、油画棒、水彩、广告颜料等都可以;如果要表现形象的细节部分,则要提供较细的马克笔、彩色铅笔或是彩色水彩笔。教师可以让儿童适当接触水墨画,因为有很多内容很适合用水墨画的方式来表现。实际教学表明,儿童很喜欢水墨画,一方面水墨很容易着色,另一方面,水、墨、宣纸等材料带给儿童新奇的绘画体验(见图9-33)。另外,教师可以充分拓展生活中可供绘画的材质,将生活中常见的物体作为绘画的材料,如图9-34是大班儿童在椅子上创作的绘画作品,色彩丰富,创意非凡。图9-35是在教师指导下,儿童用硬纸板制作的版画。

▲ 图9-32 手指印画《小人》(小班)

▲ 图9-33 水墨画《秋天的树林》(大班)

▲ 图9-34 画椅子(大班)

▲ 图9-35 纸版画《兔子》(中班)

三、各类型绘画教育活动的指导

（一）物体画的指导

物体画是儿童在观察的基础上表现出物体的形状、色彩、结构、特征的绘画表现形式。物体画以培养儿童的造型能力为主要目的。物体画教学对发展儿童的观察力、辨别力有重要的意义。

1. 要引导儿童观察物体的基本结构和主要特征

教师应根据不同年龄班儿童的特点引导儿童观察物体。由于小班儿童认识能力较差，还不会观察物体的基本结构和特征，因此教师只需引导小班儿童观察物体的大致轮廓，形成对物体的基本视觉印象。随着认识能力的提高，中班儿童已能逐步地有目的地作画，教师可引导中班儿童观察物体的基本结构和主要特征。如图9-36是一名中班儿童在观察玩具小牛之后用5分钟时间创作的作品，画中的小牛栩栩如生，说明中班的儿童已经能表现物体的基本结构和主要特征了。大班儿童已积累了较多的知识经验和绘画造型技能，教师可引导大班儿童细致地观察物体的形状、颜色、结构和特征，并要求儿童能辨别物体的异同。如图

9-37是一个大班儿童在观察玩具车之后的写生,除了创造性地表现车轮之外,他将车"开"到马路上,表明这个阶段的儿童不仅关注物体的外形特征,还注重装饰性和情境的表达。

▲ 图9-36 玩具小牛的写生(中班)

▲ 图9-37 玩具车写生想象(大班)

2. 要引导儿童从不同的角度表现物体

物体画主要是表现物体的结构和特征,如果观察的角度有限,那么儿童在画纸上表现的物体形象就比较单一。因此,教师应帮助儿童学会从不同的角度来观察、描绘物体的不同造型和特点(见图9-22)。

(二) 情节画的指导

情节画是儿童根据主题内容的需要,把与之相关的物体形象恰当地安排在画面上的绘画表现形式。情节画能使儿童学会将多个形象进行有机的组合,并正确地表现出各种形象之间的相互关系,从而构成一幅具有一定主题的画面。情节画要以儿童的构图能力为基础。因此,在指导儿童画情节画之前,教师有必要了解儿童构图能力发展的水平与特点。根据儿童构图能力的发展水平和特点,教师可以从以下几个方面进行指导:

1. 有意识地引导儿童观察

儿童天生就是艺术家,教师应引导儿童用自己的眼睛去观察世界,用自己的心灵去感受世界,从而用儿童自己的"语言"去表现世界。儿童已开始尝试运用自己掌握的图形大胆地表现现象。教师应引导儿童在日常生活和学习中多观察,帮助儿童建立起象征符号与现实中各种事物之间的联系,从而累积起比较丰富的视觉经验和情感经验,为其艺术表现打下基础。

2. 开展多种形式的构图练习

教师要结合不同年龄儿童构图发展的特点选择适合他们的练习形式。对于中班儿童,教师可先提出一个主题,然后让儿童根据主题,选择一些与之相关的图片进行构图练习。对于大班儿童,教师可运用合成、连画等形式进行构图练习。如图9-38就是教师结合端午节这样一个主题,引导儿童运用基底线构图创作的一幅情节丰富的作品。图中人物众多,船头的人呐喊声震耳欲聋,船尾的人全在睡觉,这是这个年龄阶段的儿童能够表现的一种幽默。

▲ 图9-38 情节画《赛龙舟》(大班)

3. 通过感情体验来表现空间关系

在绘画的早期阶段里，儿童主要是通过情感体验来感知和判断空间关系的。因此，教师在指导时，应尽可能地使所画内容和儿童的生活经验、情感体验相联系。

4. 通过欣赏感受大师作品中的构图形式

在儿童积累了一定的构图经验后，教师可以让儿童欣赏一些大师的作品，从中感受不同的构图形式所带来的不同视觉效果，以此了解相同的主题可以有不同的构图方式。欣赏大师的作品，能帮助儿童丰富构图的形式，逐渐发展自己的构图技巧（见图9-28和9-29）。

（三）图案装饰画的指导

图案装饰画是利用各种花纹、色彩，在各种纸形（如圆形、长方形、正方形、三角形、菱形）和各种不同生活用品纸型上有规律地进行装饰的绘画表现方式。图案装饰活动不仅能提高儿童手部动作的灵活性、准确性，培养儿童耐心、细致、按顺序操作的习惯，还可以发展儿童的想象力和创造力。一般从中班开始进行图案装饰画教育。儿童在图案装饰活动中表现出两个特点：一是儿童喜欢用具象的花纹，而不太喜欢抽象的点、线条、几何图形等；并且在选用图案花纹上表现出明显的男女性别差异；二是儿童不能掌握图案构图的规律，图案不对称、不均衡、不规则的现象经常出现。

根据上述儿童在图案装饰画中的表现特点，教师在进行图案装饰画的指导时，要注意以下几点：

1. 多欣赏图案装饰画作品，开阔儿童的视野

图案装饰美在我们的日常生活中随处可见。教师可以引导儿童欣赏一些装饰性强、造型独特、具有民族特色、多样化的装饰花纹和图案构成，这些欣赏活动，能开阔儿童的视野，培养儿童对图案装饰美的感受，认识和理解图案装饰的实用价值，初步了解图案装饰的规律，激发儿童对图案装饰画的兴趣。如图9-39就是教师有意识引导中班儿童欣赏京剧脸谱之后，鼓励儿童运用对称的方法创作的装饰画《京剧脸谱》。再如，儿童在区域活动中进行装饰画"京剧花旦"可创作。

微课视频
大班手工区域
活动：京剧花旦

▲ 图9-39　装饰画《京剧脸谱》（中班）

2. 引导儿童循序渐进地学习图案装饰画

图案装饰画的描绘过程比较规范、精细。因此，教师要为儿童安排循序渐进的学习顺序，让儿童由浅入深、由易到难地学习图案装饰画。从提供装饰的物品上看，小年龄儿童可以在规则纸型上进行装饰；大年龄

儿童可在不规则纸型上进行装饰。从装饰的色彩上看，小年龄儿童可用两至三种颜色进行装饰；大年龄儿童可用多种颜色较为协调地进行装饰。

3. 图案练习的方法要多样化

图案装饰画的描绘过程规范性较强，如果教师只是要求儿童反复地用一种形式练习某种表现技法的话，会在不同程度上抑制儿童的想象力和创造力的发挥，使图案装饰画的练习变得枯燥乏味，也容易让儿童失去图案装饰的兴趣。因此，教师要采取多样化的练习方法培养儿童对装饰的兴趣，让儿童在轻松的氛围综合掌握装饰的技能。如图9-40是教师指导大班儿童采用油画棒画出短线的方法装饰，而图9-41则是教师指导儿童采用分割图形、将不同方向的线条相结合的方法来装饰，使儿童的兴趣盎然。

▲ 图9-40　用油画棒短线装饰（大班）

▲ 图9-41　用分割图形和不同方向的线条装饰（大班）

四、不同年龄班儿童绘画教育活动的指导

（一）小班

1. 特点

在绘画内容和题材上，小班儿童的认知能力较差，生活经验较少，所接触的事物的范围较小。因此，小班儿童主要是画出日常生活中经常接触的、熟悉的和最感兴趣的、轮廓简单的物体。当儿童学会画长方形、正方形、三角形、半圆形等基本图形的同时，也就初步能用图形与线条组合的方法创造图画。教师要注意设计那些儿童有一定知识经验、形象鲜明生动、有创造空间的内容。

在造型上，小班儿童属于涂鸦后期和象征期的早期，因此他们还不能表现出物体的基本结构和特征。在构图上，呈现出比较典型的零乱式，从形象的主次关系看，小班儿童常将物体一个个罗列在纸上，在儿童最早的绘画里，物体在空间里的互相关系并没有任何法则。

小班儿童的绘画教育主要在于培养其画画的兴趣，认识基本的绘画工具和材料，能用简单图形表现物体的轮廓特征。因此，对于小班儿童没有情节画和装饰画的教学要求（图9-42）。

▲ 图9-42　小班幼儿绘画作品《小鸡吃虫子》

2. 指导方式

教师在指导小班儿童绘画时可从以下几个方面着手：

（1）为儿童准备涂鸦的工具和材料。给儿童创造一个相对属于自己的绘画天地，使他们能经常接触到绘画的工具材料。涂鸦的早期阶段，最佳的材料是油画棒和平滑的大张纸。这些材料适合儿童完成他的动作，因为这些材料有助于儿童将自己的运动经验以最清晰的方式表示出来。

（2）鼓励儿童大胆地作画。对于刚入园的儿童来说，能大胆地在画纸上自由自在地进行表现，便是一个好的开端。由于该阶段的部分儿童还处在涂鸦后期，因此教师不必苛求儿童画出像样的东西来，而是要鼓励儿童大胆画画，让儿童在看看、想想、玩玩的过程中进行绘画表现。到了小班后期，教师可引导儿童在观察的基础上表现单一的物体。

（3）为儿童创设绘画的情境。小班儿童常凭主观直觉印象来描绘物体的粗略形象。由于他们的兴奋强于抑制，情绪多变，很容易受外界因素干扰，因此小班儿童在作画时没有明确的目的，往往由所画的图形联想到自己经验中的某些事物，绘画的内容在不断地变化。所以，教师可为儿童创设一个绘画的情境，以便他们在教师创设的环境中，能有目的地进行绘画。

（二）中班

1. 特点

中班儿童绘画的内容应在小班内容的基础上，学习描绘出各种物体的主要部分和基本特征，应有顺序地从较为简单的物体，通过观察转到更为复杂的物体上去。为中班儿童设计物体画的课题，应有顺序地从由两个基本形状组合成的结构简单的物体，转移到由两个以上基本形式组合成的较复杂的物体上去。

在儿童掌握从整体（基本部分）到局部（主要特征）的作画方法后，教师可启发儿童学习变动组合的位置，画出正面直立的人物、动物，并要求儿童能用不同的几何图形表现出人物的形体特征。

中班儿童在情节画中，主要是在画面上作简单的布局，也就是将景物都画在基底线上，并能画一些辅助物来表现简单的情节。因此，教师在为中班儿童设计情节画课题时，可以先从简单的课题着手，即要求儿童在画纸上重复地画某一物体，然后再在主要物体旁添加背景或辅助物以构成简单的情节；经过一段时间后，再为儿童设计一些复杂的情节画，把几个物体相互连接起来，添上背景以构成简单的情节。

中班儿童主要学习一些比较简单的图案花纹，能用对比色涂出鲜艳、美观的画面。为中班儿童设计图案课题时，主要侧重于纹样的变化，色彩要求鲜明。刚开始，教师可设计一些画"花边"的课题，让儿童在长方形纸上用简单的花纹装饰。在设计"花边"课题时，在纹样上的变化应由简到繁、由易到难；一段时间后，可以为儿童设计画"花手帕""花台布""花围巾"等课题，让儿童在正方形的中心、四角、四边进行装饰。

在色彩的使用上，教师要引导儿童不要同时使用过多的颜色，以免造成画面色彩的混乱。根据儿童颜色视觉发展的特点，可选二至三种对比度较大的颜色（如红、黄、绿），让儿童学习色彩的装饰。

中班儿童在与外界接触的过程中已经表现出了较高程度的社会意识，在这个阶段儿童的作品中已经可以看到，他们不仅表现了自己和事物间感情上的关系，同时还表现了一种空间关系。从构图上看，他们已形成并列式的构图方式，已有了初步的表现目的，虽然画中的形象并不都是与主题相关；他们也不太注意物体之间的大小关系，但已开始试图表现物体之间的空间关系。

2. 指导方式

教师可通过下列方式来指导中班儿童构图：

（1）通过多种形式观察物体。由于此时的儿童已经开始表现出事物的空间关系，因此教师应引导儿童注意观察、积累生活经验，让儿童比较物体在不同空间的关系。同时，教师还要引导儿童把不同的事物联结起来，从单一的表现过渡到表现一定的情节。

写生是培养儿童空间知觉能力的有效方式。在写生之前教师要引导儿童观察自己所看到的物体的空间位

▲ 图9-43 中班幼儿芦荟写生作品

置,然后用绘画的形式表现出来,让儿童了解同一物体可以从不同的角度进行观察和描绘(如图9-43)。

(2)进行简单的构图练习。教师可以给儿童提供与主题相关的各种单张图片,引导儿童根据主题进行构图。随着年龄的增长,到了中班后期,教师可提供部分图片,其余的由儿童添画来完成一幅完整的作品。

(3)通过情感体验来表现空间关系。罗恩菲尔德指出:"第一个空间关系通常是透过感情来体验的。"儿童早期的空间关系受到价值判断很大的支配,因此,教师在指导时,应尽可能地使儿童所画内容和其生活经验、情感体验相联系。

(三)大班

1. 特点

大班儿童已经积累了较为丰富的知识经验和作画技能,所表现的内容日益丰富。因此,大班儿童要学会画形体上更为复杂的物体,并能描绘出物体的细节部分及各种动态。

教师应为儿童选择那些他们极感兴趣的又有一定动作要求的内容来让儿童学习表现动态。儿童主要是从直觉印象出发来画这些动态的,开始可能画得不合理,但兴趣会促使他们努力观察。当他们能独立地画出一两个动态后,学习的积极性就会大增,从而使动态更为生动和富于变化。

大班儿童的绘画活动可侧重于情节画教学。在为大班儿童设计课题时,教师可从设计描绘儿童所熟悉的生活的一些事情开始,要求儿童把熟悉的生活画面表现出来,并能表现出各种物体形象间的主次关系、相对位置等。

在表现较复杂的空间关系的物体时,大班儿童常用透明的方式加以表现。因此,教师可以引导儿童学习重叠关系的表现方法,即教师要引导儿童通过实际观察,注意表现物体之间明显的重叠关系。

经过一段时间后,大班儿童已能独立地构思画面,表现简单的情节。此时,教师可为儿童设计一些连贯地表现情节发展过程的课题。教师既可以根据儿童的生活实际情况设计课题,也可以为儿童设计一些表现故事、儿歌内容的情节画课题。

大班儿童除了运用中班学过的知识、技能以外,还应学习一些简单的、具有民族特色的花纹,并能用同类色或近似色装饰画面,使画面层次清楚、色彩和谐。

教师为大班儿童设计的图案画课题,应侧重于构图的变化,色彩在鲜艳中求和谐。大班儿童开始学习在更复杂的几何图(圆形、菱形)的中心、边缘、角上装饰图案。在排列花纹时,他们不仅要考虑花纹的间隔距离,还要考虑方向的变化。经过一段时间的学习之后,教师可让儿童在菱形纸上装饰图案。

另外,教师可为儿童设计一些在日常生活用品纸形上装饰图案的课题,指导儿童根据实物的特点进行装饰。教师还应为儿童设计一些学习民族花纹的课题,通过学习民族花纹装饰,初步了解民族文化的特点。如图9-44,大班的"创意青花"活动就很好

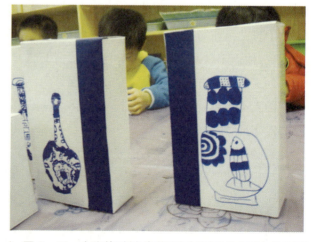

▲ 图9-44 大班的"创意青花"活动(福建省直屏东幼儿园)

地渗透了中国传统文化。而美术活动"嬉墨画春"能够很好地帮助儿童领略与表现中国水墨画的韵味与美感。

> **案例 9-3**
>
> 大班绘画活动：嬉墨画春
>
> **活动目标：**
> (1) 乐意运用印画、添画的方式表现水墨画的韵味美感，感受诗中有画、画中有诗的艺术意境。
> (2) 欣赏水墨画的合理构图，体验不同的画面布局带来的美感。
> (3) 喜欢参加美术活动，感受艺术创作带来的乐趣。
>
>
>
> 大班绘画活动：嬉墨画春
>
> **活动准备：**
> 展示板、横长轴、画纸、颜料、毛巾、春天的水墨画等。
>
> **活动过程：**
> 1. 自由欣赏春天的水墨画，感受水墨画韵味悠长的艺术意境
> (1) 教师提问：你觉得这些春天的水墨画美在哪里？
> (2) 师幼共同小结：春天像一首首诗，春天像一幅幅画。
> 2. 欣赏水墨画课件，了解水墨画的构图，感受不同画面布局带来的美感
> (1) 教师提问：
> ① 景物在画面的什么位置？
> ② 画面的留白带给你什么感觉？
> ③ 不同疏密的画面有什么不一样的感受？
> (2) 师幼共同小结：
> 每一幅画都选择了不同的景色来表现春天，画家在景物的布局、疏密、留白的巧妙构思，表现韵味悠长的国画意境。
> 3. 提出作画要求与常规
> (1) 提出作画要求：运用印画、添画的方式表现春天水墨画。
> (2) 交代作画常规：及时用布清理手部，适当位置盖上姓名印章。
> 4. 幼儿自由创作表现水墨春天的景色
> 5. 欣赏交流作品
>
> (本活动由福州市晋安区教师进修学校附属幼儿园张嘉臻执教、林云芝与林明燕指导)

从案例中，可看出进入大班阶段的儿童出现了散点式构图。到了大班后期，有一部分儿童已能用遮挡的方式来表现物体之间的关系，在形象的主次关系上，能以空间关系来安排形象，并形成主题和背景。因此，对他们在绘画构图上应该提出更高的要求。

2. 指导方式

教师可通过下列方式来指导儿童构图：

(1) 鼓励儿童进行情节画的创作。到了大班以后，孩子们便逐步开始使自己所画的人、物都能围绕着绘画的主题。这个阶段的儿童画具有一定情节。因此，教师要鼓励儿童把自己表现的人、物与周围的环境联

系起来,在充分观察、体验的基础上,借助绘画形式表达自己独特的感受。

(2) 开展多种形式的绘画活动。大班儿童已具有一定的绘画技能,并能综合、灵活地运用各种绘画工具和材料。因此,对同一个主题,教师可为儿童准备各种绘画工具和材料,让儿童自由选择,并用自己喜欢的工具材料来创作。另外,中、大班儿童的合作能力和意愿逐渐增强,教师完全可以将绘画活动组织成小组合作的形式,一方面可促进儿童之间的合作与交流;另一方面能培养儿童的画面控制和协调能力。(见图9-45)

(3) 注重与儿童生活经验紧密联系。在这个阶段的指导过程中,教师经常会碰到的问题便是如何处理创造性与技能之间的关系。如果技能教得太多,会限制儿童的创造力、想象力的发挥,使孩子们的绘画作品如出一辙;但是不教技能,儿童又无法把自己内心所想的东西用画笔表现出来,往往需要用语言来补充说明画面的内容。所以,教师在指导儿童绘画时,要把技能技巧的学习和儿童的生活经验、情感体验紧密地联系起来,给儿童创设自主感受美、体验美、创造美的时间和空间,鼓励儿童探索自己的审美语言和图式,在儿童需要时给予适时适宜的技能指导。如图9-46,大班儿童能在欣赏花瓶和绘画作品的基础上,创作出饱含情感的作品。

▲ 图9-45 小组合作绘画(中班) ▲ 图9-46 《母亲节送给妈妈的花》(大班)

特别应该注意的是,由于《纲要》明确提出"幼儿的创作过程和作品是他们表达自己的认识和情感的重要方式,应支持幼儿富有个性和创造性的表达,克服过分强调技能技巧和标准化要求的偏向"。所以,不管什么年龄班的绘画活动指导,教师都应该正确理解儿童绘画的意图。儿童绘画有其独特的视角和看待事物的方式,教师有时不能理解这些单纯和质朴的表现方式,结果错误地评价了儿童的绘画,伤害了儿童的心理。因此,教师在评价儿童绘画作品时,要先搞清儿童的意图,不应过分强调技能技巧和标准化要求,应该把对儿童作品关注的重点放在绘画的内容上,而不是过多地把焦点放在色彩、线条等成人化的造型语言上,不要盲目下否定结论,也不要以成人眼中的"好不好""像不像"来评价儿童绘画。教师应做个有童心的人,走进儿童的内心世界,感受儿童脑中的奇思妙想和五彩斑斓的世界。(相关的理论阐述参见本书第一章相关内容)

拓展阅读
幼儿园绘画活动设计范例二则

[附]幼儿园绘画活动设计范例二则

[思考与讨论]

1. 学前儿童绘画发展要经历哪几个阶段?各阶段的发展特点是什么?在实践中应该如何应用?

2. 儿童绘画中到底要不要使用范画？试举例说明利弊。（可参阅文章《华爱华：范画究竟教会了幼儿什么》）

[实践与训练]

1. 分析下面的绘画教育活动，并提出自己的教育建议。

在大班美术活动"美丽的家园"中，老师在教室里先让幼儿欣赏一些美丽家园的图片，然后请幼儿展开想象，画出他们心目中的美丽家园。不少幼儿无所适从，孩子们仍是大多坐在教室里，手握画笔，并不敢大胆地在纸上涂画，最后大部分作品还是临摹的欣赏图片……

2. 组成一个4—6人的学习小组，去幼儿园观摩幼儿的绘画教育活动，并收集3—5幅儿童绘画作品，记录幼儿对作品的解读，运用学前儿童绘画能力发展阶段相关的理论，评析这幅作品及其教育活动，并提出你的教育建议。

第四节　幼儿绘画教育活动与其他领域教育的整合

艺术教育与其他教育领域的整合是指艺术教育与其他教育领域之间的多元渗透、有机兼容、协调统一。《纲要》明确提出："各领域的内容相互渗透，从不同的角度促进幼儿情感、态度、能力、知识、技能等方面的发展。"《纲要》从目标到内容，以及指导要点，都充分肯定了艺术和整合教育在培养幼儿健全人格中的重要作用。这是一种理性的整合，是在挖掘和吸收各种优质有效的教育资源的基础上，通过多领域整合、链接的艺术教育，让幼儿通过多种感知获得审美体验，不仅培养幼儿的艺术能力，还可以使他们具有关爱、友善、尊重、分享、开放等品质，促进幼儿形成积极的情感态度和健全的人格，产生教育各领域的合力，以实现最大程度的教育成效。《指南》也明确提出了："鼓励幼儿在生活中细心观察、体验，为艺术活动积累经验与素材""根据幼儿的生活经验，与幼儿共同确定艺术表达表现的主题，引导幼儿围绕主题展开想象，进行艺术表现""和幼儿一起感受、发现和欣赏自然环境和人文景观中美的事物""和幼儿一起发现美的事物的特征，感受和欣赏美"等教育建议，这些教育建议都指向积极的领域整合教育。

近年来，关于艺术教育与其他教育领域整合的研究层出不穷，而本节所要阐述的"幼儿绘画教育活动与其他领域教育的整合"是从属于前者的一个子领域。下面从实践策略层面，谈谈如何更好地整合绘画和其他领域。

一、重视并充分利用儿童的"图像语言"

"图像语言"是意大利瑞吉欧教育工作者对儿童"符号性的视觉表征活动"的另一种叫法，是瑞吉欧课程体系的一个显著特色。瑞吉欧的教师鼓励儿童运用他们的自然语言和表达风格，自由地表达和相互交流——包括语词、动作、手势、姿态、表情、绘画、雕塑等，其中图像语言尤其备受关注。在轰动世界的名为"儿童的一百种语言"的展览中，儿童用图像语言（包括素描、颜料画、纸工、泥工、拼贴画、雕塑等）所表达出来的对事物的认识和对世界的感受几乎感动并征服了所有的参观者。瑞吉欧孩子们的工作表明他们借助于图像语言进行表达、交流，并从中获得认识发展的能力，比我们假定的容易完美得多，这使我们意识到在一定程度上我们低估了孩子们的图像表征能力，以及图像表征对孩子们认知和身心发展的价值。

受具体形象思维的制约，儿童擅长用图像语言表达自己对外界事物的认知。教师只要重视并充分利用儿童的这个特点，就会让各领域的教育事半功倍。下面就以一个科学探究活动"我的影子朋友"为例来说明图像语言在促进儿童科学认知中的作用。

案例9-4

探索影子

教师先让儿童画出对影子的理解(见图9-47),接下来,教师带领儿童到户外实地探究影子,对比观察到的影子和画中的不同,不仅在阳光下探究,还在夜晚探究(见图9-48),经过探究之后,儿童再次用图像语言表现影子,从画中我们发现,儿童对影子的认知已经大为改观,接近科学(见图9-49)。此外,在日常的科学活动中,儿童通过绘画的方式记录动植物生长情况,用绘画的方式展示"天气预报",这些都是绘画活动和科学活动整合的经典案例。

▲ 图9-47 儿童在探索前用绘画方式表现自己对影子的认知

▲ 图9-48 儿童实地探索影子

▲ 图9-49 儿童在探索后用绘画方式表现自己对影子的认知

在健康和社会领域,图像语言也发挥着重要的作用,如洗手池旁边的步骤示意图,能够引导幼儿更快熟悉洗手正确程序。又如在健康活动"我们生病了"中,幼儿会用绘画的方式表现生病时身体里的"战斗"(如图 9-50)。在社会领域教育活动"过年"之后,教师让幼儿用绘画的方式表现过年的开心事,加深了幼儿对"过年"的理解,巩固了对春节的认知(如图 9-51)。

▲ 图 9-50　幼儿用绘画的方式表现生病时体内的战斗(中班)　　▲ 图 9-51　幼儿用绘画的方式表现过年后的开心事(大班)

在社会教育活动"我们是一家"中,教师引导幼儿用绘画的方法进行"家庭"环境的创设,正面墙壁被幼儿的自画像填满,这样独特的方式很受幼儿欢迎(如图 9-52)。

▲ 图 9-52　中班幼儿用自画像布置的《全家福》

在其他领域的学习中,如果不是以图像语言、绘画为主,教师就不用单独弄一套分离的绘画技能来教授,图像语言应该是与儿童的工作、学习融合在一起,作为还不善于读写的孩子们的另一种语言渗透在一日生活的过程中。图像语言为儿童提供了一种他们能够驾驭的表征手段,来记录且交流自己的想法、观察、记忆和感受,这不仅为教师了解儿童已有的知识经验打开了窗户,更为儿童探索知识、建构已有的认识以及与同伴共同建构认识提供了一种共通的、可以快捷有效的交流工具,从而有力地辅助、促进了幼儿园一日活动的开展。而儿童在自己感兴趣、有意义的主题探索过程中,主动、积极、自然地运用图像语言,反过来又极大地练习、提高了儿童的图像表现能力。

二、语言和美术是最佳搭档

绘画与语言是两个不同的学科,它们的艺术形式、培养目标、学习方式是不同的。从脑科学的范畴分析,脑的左半球具有语言等抽象思维能力,语言活动是经过对事物的理解和内化后进行表达;脑的右半球具有绘画等形象思维能力,绘画活动是幼儿的情感通过绘画工具加以宣泄。如果一个脑半球得到刺激,同时又能得到另一个脑半球的配合时,整个大脑的思维运转成效将是惊人的。所以,将儿童绘画活动与儿童语言活动相互融合、相互渗透是儿童身心发展的需要。而从儿童的绘画发展规律来看,儿童的绘画与语言发展有着密切的关系。从涂鸦期到图形的组合,那是一个语言内化的操作过程。绘画活动不再是单单的绘画活动,绘画活动中可提高儿童的语言表达能力,促进儿童的全面发展,已是一个受教育者关注的问题。陈鹤琴曾经说过:"绘画是语言的先导,是表示美感的良器。"这表明了绘画与语言有着密不可分的关系,在儿童的绘画活动中,存在着大量的语言教育因素。儿童绘画和语言一样是儿童的一种特殊的表达方式,绘画和语言有机整合,对两方面都有促进作用。

如前所述,在整个幼儿期,相对于口头语言来说,儿童的图像语言发展更占优势。很多难以用语言表述的内容,儿童大多会以绘画的方式表现,而且,儿童会一边画一边说,画好了,语言就成型了。如在中班语言活动"怎么救他下来"中,教师让儿童想办法救一个被气球带到天上的小朋友,儿童想了很多办法,并用绘画的方法表达了自己的想法(见图9-53至图9-56)。

▲ 图9-53 用飞机来救

▲ 图9-54 用火烧

▲ 图9-55 用降落伞帮忙

▲ 图9-56 小鸟来啄

在大班"我的日记画"活动中,教师利用"句子游戏""括句游戏"等,让孩子们把看到的、自己经历的事情,用绘画的方式或者孩子讲述、成人记录的方式记录下来,这样的活动,孩子们把所见所闻,用画面讲述了出来。比如:在句子游戏"春天来了"中,孩子们是这样绘画和描述春天的:"春天到了,公园里的树绿了,柳树长小芽了,后来慢慢长出穗穗了,风把小穗穗吹到地上了,柳树又长出小绿叶了,风一吹,枝条像小猫的尾巴摇来摇去。"何阳小朋友这样描述和绘画:"春天来了,花儿开了,小草发芽了,春姑娘给小花穿上了漂亮的衣服。小朋友把小蝴蝶、小蜜蜂叫来,小朋友和小鸟、蝴蝶、小蜜蜂一起玩,春天是个快乐的季节。"在进行扩句游戏"柳树"时,孩子们把柳树一词进行丰富,加一加、变一变,就编出了不同的描述柳树的句子和画面,许多小朋友还结合歌曲《柳树姑娘》中的歌词描写,说:"柳树姑娘,辫子长长,风儿一吹,垂到池塘,洗洗干净,多么漂亮……"有的孩子说:"柳树的形状像伞,柳枝像鞭子,柳叶像辣椒……"稚嫩的画面、富有童趣的讲述,让孩子们体验到了生活中美好事物带给他们的快乐。

可见,语言表达可以帮助孩子们丰富绘画作品所表现的情感体验,孩子们的"话"为他们要创造的"画"提供了支持。而来自不同孩子的不同的"画"又为丰富孩子们的"话"提供了支持。这种互生互补、相互融合、相互支持的活动,既促进了幼儿与同伴之间的相互交流、相互启发,又能对幼儿想象力、创造力的发展起到非常好的推动作用。

在语言领域中,有一个与绘画自然融合的子领域,那就是绘本阅读。幼儿很习惯地将在图画书(绘本)阅读中获得的经验迁移到绘画中,如果教师加以引导,就能变成一个很有意义的阅读拓展活动:自制图书。图9-57所示的就是一名小班幼儿在看完绘本《大大的,小小的》之后,心血来潮,也想自己做一本图书,于是

▲ 图9-57 幼儿自制图书《大大的、小小的》(节选)

(来源:奕阳教育"阅读启迪童心 创意引领未来"大赛2007年度获奖作品《大大的和小小的》,作者:安徽省军区机关幼儿园小二班 付羽飞)

他自己绘画、口述,在教师的辅助下配上书面文字,图书制作成功了。

三、美术与游戏的自然交融

游戏和绘画对于幼儿来说,都具有情绪表达和宣泄的功用。在绘画活动中,幼儿自始至终都有情感的表现。他们会把自己的喜悦、烦恼都倾泻在画面之中,用自己的语言和画面来表达真实的内心世界。现实的生活和美好的事物会在孩子们幼小的心灵里留下美好的印象。在整个绘画活动中,从活动前交流到活动后讲述,自始至终都有幼儿情感的表现,促进了幼儿想象力和创造力的发展。

在幼儿看来,绘画本身也能成为游戏。如在水墨游戏中,老师在清澈的水中,滴一滴浓浓的墨汁,引导孩子观察水面的变化,接着老师将一张宣纸轻轻地盖在水面上,再拿起来,宣纸上就有了水墨交融的多样变化。老师又启发孩子说一说像什么。接下来,老师请孩子们自己来试一试,看大家能变出什么来,于是,孩子们变出了各种各样的造型。老师又启发孩子们等待宣纸稍稍晾干后,在画面上按照自己的想象勾勒出眼睛、鼻子、外形轮廓等,然后再将自己的画面讲给大家听。渐渐地,孩子们对水墨、毛笔、宣纸产生了浓厚的兴趣,大家情不自禁地来到老师及时设置好的水墨区,尝试着画了起来。为了激发幼儿充分享受水墨交融的奇妙手法,老师避开执笔、用笔等枯燥的技能训练,而是把水墨绘画融入游戏中,首先从孩子们已经用油画棒绘画过的动物入手,利用讲述、创编等方法丰富幼儿绘画的内容,激发幼儿在绘画中享受情节、享受绘画的过程。如大班孩子开展的水墨讲述游戏"长颈鹿的悄悄话""大鸟你说啥""小企鹅的故事"等,孩子们在讲述中丰富了语言词汇,更增强了绘画创作的兴趣,每一个小朋友的绘画作品都表现着不同的内容和主题。又如,在教师引导下,制作会变化的图,能长时间吸引幼儿的注意力,幼儿乐此不疲,将之视为游戏。如图9-58是教师示范制作的一幅会变化的画,教师先将两张红色卡纸三边粘贴好,形成类似文件袋的样子,然后把一张卡纸按等宽裁剪成镂空的条状,插入一张白纸,在白色的部分画好蝌蚪,最后抽动白纸,直至蝌蚪不见,再在白色部分画上青蛙,这样来回抽动白纸,就形成一种类似动画的错觉:蝌蚪变成了青蛙。幼儿往往对诸如此类的美术游戏活动兴致极高。

▲ 图9-58 会变化的画《蝌蚪变青蛙》

(制作者:福建幼儿师范高等专科学校附属第二幼儿园教师 蔡桂清)

在游戏中，幼儿大多会沉浸在玩耍之中，除了那些需要绘画补充游戏材料才能完成的游戏环节（如在超市游戏中设计超市的广告牌等）外，幼儿很少有作画的时间。但是幼儿会热衷于在游戏之后通过绘画的方式来记录游戏精彩的片段，这类似于成人的日记或回忆录。图9-59是幼儿在玩沙游戏之后的回忆图，在作品中，她生动地再现了她和小伙伴儿一起在沙池中挖沟放水（红色带状），用沙子做蛋糕（绿色）玩生日游戏的场景，这样的画面记录了幼儿快乐的游戏时光。

▲ 图9-59 中班幼儿在玩沙游戏之后的回忆画

绘画活动除了在以上领域和游戏中整合之外，还和同属于艺术领域的音乐领域也能够很好整合，如在音乐活动中运用图谱，就是美术和音乐的整合。另外，更为广阔的整合出现在主题活动和生活化的教育之中，如在主题背景下的美术活动就是以主题为线索，以幼儿为中心，以经验为基础，以美术为手段来培养情感丰富、乐于探究、敢于创造、个性健康的人，为幼儿的终身发展奠定基础。这种活动，打破了学科界限，强调课程的综合化，而且这种综合不仅是形式上的综合，更关注的是幼儿各种经验的综合，使幼儿的整体素质得以发展。生活中的绘画整合则以幼儿的现实生活为背景，以幼儿的生活经验为基础，以幼儿熟悉的人、事、物为内容，注重生活与美术教育的紧密结合，尊重幼儿的个性发展，让幼儿审美情趣的形成过程回归于生活。如，通过展览、绘画、利用废旧材料等进行的美工制作；通过分类让幼儿发现一些包装盒上的可回收标记，理解节约资源的道理，逐渐形成物尽其用的意识和行为；再通过孩子们的双手变废为美，成为一幅幅美丽的画卷，更能让幼儿在美术活动的同时进一步感受环保，更懂得去爱、去保护环境。

除了园内教育领域之间的整合之外，绘画教育活动与家庭社区也存在融合的可能性。教师可以在《纲要》提出的"幼儿园、家庭、社区"大教育理念的指导下，邀请家长和社区中的相关人士共同参与，通过绘画教育活动产生有意义的互动，并在活动中充分发挥幼儿的主体性。

当今国内外教育界业已把课程的整合性、综合化放在非常重要的地位，很多研究有很重要的理论、实践价值和借鉴意义，但国外的研究有其特定的文化和学术背景，有特定的师资条件、家长支持和社会资源条件，不能直接运用于我国的幼儿园，教师应该在"兼容并包"的前提下，进行深入的本土化研究。目前，国内整合教育很多还停留在经验层面，缺乏理性思考，如只是将各个领域零散地组合起来，容易出现"拼盘"现象，而非真正的整合。这些认识和实践上的误区在一定程度上制约着整合教育的有效推进。

四、STEAM教育给我们的启示

STEAM是科学（Science）、技术（Technology）、工程（Engineering）、艺术（Arts）和数学（Mathematics）英语单词首字母的组合。STEAM教育就是集科学、技术、工程、艺术、数学等多学科融合的综合教育。STEAM是一种教育理念，有别于传统的单学科、重书本知识的教育方式，它是一种重实践的超学科教育概念。任何事情的成功都不仅仅依靠某一种能力的实现，而是需要介于多种能力之间，比如高科技电子产品的建造过程中，不但需要科学技术，运用高科技手段创新产品功能，还需要好看的外观，也就是艺术等方面的综合才能，所以单一技能的运用已经无法支撑未来人才的发展，未来，我们需要的是多方面的综合型人才。我们由此探索出STEAM教育理念。STEAM教育强调：教育不应是在桌椅整齐的教室上课，而是在充满木板、锉刀、画笔、电线、电路板、芯片、3D打印机，以及各种新奇教育科技产品的工作坊进行"创造"。

STEAM教育是对基于标准化考试的传统教育理念的转型,它代表着一种现代的教育哲学,更注重学习的过程,而不是结果。

如折纸活动,教师不是一招一式地"教幼儿如何去折",而是让幼儿首先学会认识折叠图,然后依图而折。其目的在于"倘若孩子们都不能学会阅读图表,长大后,他们又如何学习统计学、微积分、地理学、生物学、物理学等科目呢?"[*]这一主导思想所强调的是通过手眼脑的协同合作,来锐化幼儿的感知觉,同时借助双手的操作来诠释几何结构、物理性质、数理关系等,以此发展幼儿良好的思维品质和创造才能。这正是艺术教育在以艺术特有的把握世界的方式,向揭示客观事物本质的科学认识世界的方式相互转换和迁移的体现,也是两个领域目标和育人功能一致性的体现,并从这里将孩子们带入美妙的艺术世界和神奇的科学世界……

又如剪雪花,几乎是所有幼儿园都开展过的教育活动,可以基于STEAM理念,换一种组织方式。比如,在地处北方的幼儿园,可先让幼儿玩雪和赏雪,如堆雪人、画雪地画等,在这一过程中逐步引导幼儿对雪花进行自然状态下的感性认识,进而借助仪器进行更细致的科学认识和观察活动,并以此激发和满足幼儿探索、发现雪花的形状和结构特点的好奇心;然后将采集的雪装入器皿,观察其溶化过程,再对溶化的雪水进行加热让幼儿观察雪水的蒸发过程;最后进行剪雪花的教学活动……如此,科学教育与艺术教育自然而然地融合,活动形式丰富多彩,幼儿参与程度高、探索欲望强,幼儿既对雪花以及水的三态有了科学的认识,同时也在轻松愉悦的氛围中掌握了相关的艺术技能,使得剪雪花这一教学活动变得更加有意义。

我们要想培养逻辑思维与形象思维相结合的新型复合人才,就必然要加强科学与艺术之间的联系,必须要从科学教育与艺术教育内容的融合性和综合性上着手。

儿童在区域活动(如科学角、建构角、种植角等)和一日生活中遇到的实际问题都为活动主题的开发提供了丰富的生活化资源,教师要具备STEAM意识,敏锐发现并开发出具有研究价值的活动主题。例如,如果儿童在建构区开展搭建类活动时出现建筑不稳固的问题,"如何用材料搭建一个稳固的建筑"就可以成为一次有意义的活动探究,教师可以将活动情境与儿童经验结合,同时基于"稳固"的核心概念以替换活动材料和情境迁移方式,鼓励并引导儿童探究如何用吸管、雪糕棍等材料为小动物搭建一个"家"等。儿童在此类活动中不仅需要工程设计和使用技术实现设计方案,还需要了解小动物的身体特征和生活习性来确定"家"的大小,进一步将科学和数学知识有机地融入到问题情境中,同时儿童对工程作品进行装饰设计,在交流分享中可以丰富语言词汇,锻炼表达能力,提升自信心和自我效能感。

在STEAM活动中,材料的选择要能促进儿童多方面智能的发展。实物材料的形象程度决定着儿童对抽象概念的理解能力,这是儿童主动将实践活动和抽象概念进行意义建构的重要桥梁。教师如果能运用好材料工具和学习支架等学习资源,就能够发展儿童的语言能力,丰富词汇量和准确使用句式。对于技术工具类材料,教师要为儿童提供安全性示范,让儿童在观察中领悟到操作要领,保证独立使用的安全性和有效性,例如使用剪刀沿轮廓剪出由曲线构成的圆形,要做到边线平滑、大小吻合。同时,活动材料应来源于实际生活,这样有利于将活动延伸到园外,促进儿童的知识迁移。幼儿园STEAM教育中高精尖技术并不是必需品,但是儿童要具备利用现代技术优化学习生活的意识。

另外,在STEAM活动中,活动材料的结构化程度要与教育目标相适应。材料层次过于丰富,会干扰儿童的判断与选择,不利于解决问题过程中儿童的深度思考。适量的试误性操作可以增加任务的挑战性,激发儿童科学探究的兴趣,但儿童积累过多的失败感,会提高学习困难体验的风险。儿童容易被色彩丰富、形状奇特的活动材料吸引,因此,在观察体验和动手操作前,教师应选择恰当的投放时间,采取分层次投放的方式,来降低材料对儿童不可控行为的刺激,从而保证STEAM活动的顺利进行。

---

[*] 刘伟唐.折纸——从民俗到教育[M].香港:中华书局(香港)有限公司,1993:83—84.

案例 9-5

造型游戏：图腾柱（中、大班）*

活动目标

(1) 以绘画、手工等造型方式绘制和制作各种表情的人物、动物的脸或头像。

(2) 通过图腾柱的搭建活动，感知搭建材料所具有的不同性质，进而探索体验由于物质材料有别，造型也因此而有无穷的变化。

(3) 强化幼儿的合作意识。

材料准备

(1) 室内：各种质地的空瓶罐、积木，各种大小不一的包装箱、各色纸张、画笔颜料、胶水等。

(2) 户外：各种柱体物、小石头、纸箱、砖头、木块、泥沙等。

(3) 有关图腾柱的图片资料、幻灯或多媒体设备。

经验准备

观察爸爸妈妈、老师、小朋友的各种表情的脸；收集各种动物图片；观察日常生活中的各种柱体物的形态和特征。在观察、比较、感受的基础上，积累有关知识经验，引发幼儿造型兴趣。

活动过程

1. 引导幼儿观察人物和动物的脸

教师提供多种绘画或手工材料，指导幼儿表现各种状态和表情的脸。如笑脸、狰狞的脸、悲伤的脸等。

2. 指导幼儿分工合作

教师指导幼儿以分工合作的方式将画好的脸或制作的脸粘贴（固定）在大小适宜的包装盒或积木上。

3. 组合搭建图腾柱

(1) 教师引导幼儿将粘贴好脸型的包装盒（积木）依据大小、形状进行由低到高的垒积，并形成图腾柱。

(2) 提醒幼儿在垒积过程中注意各种脸形的方向、色彩，平面与立体脸型的搭配。

(3) 引导幼儿体验、理解图腾柱的结构，例如，如何搭建才能使图腾柱稳固而不倒，怎样使用材料能使图腾柱搭建的更高等。

4. 可指导幼儿将制作好的各种脸形悬挂或粘贴在室内的柱形物上作装饰

5. 利用其他操作材料搭建图腾柱

如各种瓶、罐等，让幼儿在垒积过程中了解各种材料的轻重、大小关系及物理属性；体验各种材质与图腾柱的搭建关系。

活动延伸

在室外开展图腾柱的造型游戏，如砖、石的搭建造型，泥沙建构活动等，进一步让幼儿在操作中充分体验和比较不同材质的造型方式和结果。

---

* 稻尾博子，等.幼儿造型游戏[M].何玛莉，译.台北：世界文物出版社，1993：176—177.

以上活动的设计与实施就是从科学、艺术两位一体出发，有效整合交叉关系，并且活动过程集玩、做、学、启、用为一体，易于激发幼儿的好奇心、满足操作和探索欲望。需要说明的是，教师在活动设计伊始和幼儿与环境的交互过程中，应尽可能多地让幼儿接触、体验各种物质材料，为幼儿的创造性操作提供多渠道认知条件、扩大幼儿认知范围，为幼儿奠定丰富的造型基础和科学认知基础。同时，通过活动中幼儿间的合作、交流、模仿，让幼儿发现和寻找解决不同物质材料的应用问题和加工处理方法，创造出有意义或立意清晰、新颖的造型作品。这一活动过程及其结果的呈现方式是艺术的，但操作过程和幼儿所习得的经验却不囿于艺术范畴本身。一方面，充分体现艺术领域中美的丰富性和满足幼儿操作的需要；另一方面，幼儿在活动中体验到了生活环境中各种材料的物理性质及其作用，极大地丰富了幼儿认知经验，并能在现实的生活中、未来的学习过程中加以运用。这都为幼儿探索能力的持续发展和能力迁移奠定良好基础。

好奇、好问、好动是幼儿的天性。那些能动的、会响的、光亮的事物，昆虫、小动物，奇花异草等都是他们所关注的，这既是幼儿喜欢的艺术表现内容，也是吸引他们进行科学探索的事物。如何利用幼儿所关注的对象，并通过好奇、好问、好动的天性养成科学观察、自觉求知、动手动脑、探索尝试的良好学习品质，继而培养幼儿创新意识和初步的实践能力是科学教育与艺术教育的共同关注点和关键所在。所以，实施"两位一体"、有计划有目的的科学与艺术整合教育活动不失为一种有效的途径。

[思考与讨论]

1. 学前儿童绘画教育活动和幼儿园的哪些领域容易产生融合或整合？对我们有效开展绘画教育活动有什么启示？

2. 在学前儿童绘画整合教育中，应该怎样区分美术领域和其他领域，防止领域教育的喧宾夺主？

[实践与训练]

分析下面的绘画教育活动案例，提出有关整合教育的建议。

在绘画活动"心情晴雨表"中，在活动开始时，我首先让孩子们自由观察杜飞的作品《幸福的花》和凡高的作品《自画像》，并请孩子们说说观察后的感受，孩子们很热烈地讨论起来。孩子们纷纷发表自己的想法："那个画像上的人好像被压在石头里，真难受""不对，我看像是砌在墙上的，那个人都快哭了""你看那墙的颜色，又灰又黑，还有点泛蓝色和紫色，看了心情都不好""我喜欢看那些花，有红色、粉色、橘色、黄色，很漂亮，感觉很舒服"……无需我多言，孩子们通过讨论已经把握了两幅画所传达的情感，并感受到冷暖色调带给人的不同心情与感受。当我要求孩子们用绘画的形式表达自己的情绪时，宁浩小朋友激动地大声说："张老师，我去恐龙园玩被雨淋了，我很生气，我要画乌云、暴雨和生气的我表达心情！"受宁浩影响，很多孩子也一边和周围的小朋友交流心情，一边绘画，几乎每个孩子都沉浸在自己的绘画世界中，为美好心情而欢笑、为不愉快的事情而伤心……

第十章

学前儿童手工活动的设计与指导

学习目标

1. 知道学前儿童手工能力的发展特点及教育目标,并能结合实际选择与分析。
2. 明确学前儿童手工教育活动设计与指导的基本思路,并能结合实际设计、实施与反思。
3. 能初步运用所学的原理评价学前儿童手工活动实践,并提出自己的感受与建议,具有开展幼儿园手工教育活动的兴趣与信心。

内容概览

学前儿童手工活动是美术教育的重要组成部分。本章系统阐述了学前儿童手工能力的发展特点及各阶段的教育目标,从总体上概述了学前儿童手工教育活动的内容设计、组织指导的思路,为后面的具体领域的设计和指导提供了参照和方向。

---

* 本章图片主要由联勤保障部队第900医院幼儿园提供。

[问题情境]

中班手工活动中,孩子们拿着手工纸,按自己的想法折叠。很快就有孩子折出了大象、小狗、青蛙,娇娇却依旧在"埋头苦干"。老师好奇地走过去,发现娇娇正在折熊耳朵。娇娇托着下巴想了想,把熊的耳朵左折折,右翻翻,最终,折出了尖尖的熊耳朵,她有点得意。这时,老师看见了说:"你的熊耳朵怎么是尖尖的?熊耳朵是圆圆的。"娇娇说:"故事里说熊竖起耳朵仔细听音乐,如果是圆耳朵,那怎么竖起来?"老师陷入了沉思……

第一节 学前儿童手工的本质及其内涵

一、手工与美的关系

手工的本质就是艺术的本质,在美术起源的各种说法之中就有劳动起源一说。在人类最早的造型活动中,人们关于形式和功能关系的意识以及创造活动逐渐发展起来,如我国已发现的"山顶洞人"佩戴的石珠、骨官等装饰品,又如法国拉斯科洞窟的岩画等。人们的艺术活动和劳动总是有着密切的联系,同时创造活动本身给人们带来各种愉悦,上升到一种精神活动;又因为手工制作活动离不开人对物质的创造或改造,往往与造型相关。由此可见,人们进行手工活动过程的本身是"美"的感受和体验,是潜移默化的心理过程。

拓展阅读
学前儿童手工制作

二、对学前儿童手工制作的科学理解

学前儿童手工在广义上指的是学前儿童所从事的手工操作或手工制作活动。这里的手工制作,一般是指有一定操作材料、有制作成品的手工活动。学前儿童与成人手工活动的最大区别,从本质上来看是手工的意图或目的的区别,学前儿童手工活动缺少明确、具体的目的,更多的是一种儿童生物性本能、游戏性本能及社会性本能的反映。

三、学前儿童手工的特点

(一)造型性

手工作品的一切内涵都要通过外形的塑造来呈现,以固有的可以触摸的形态诉诸视知觉,从而向受众传递作者的内在精神世界。

(二)视觉性

手工作品的创作从根本目的来说就是为了让人欣赏的。由此我们可以从两个方面来理解:其一,直观性,手工作品是直接作用于视觉器官的;其二,审美性,即视知觉选择优先。

(三)表现媒材

手工作品总是基于具体的物质材料,并施以相应的造型手段形成的。物质材料既是手工作品的载体,又是其存在的方式。通过不同的物质材料和不同的造型手段,手工作品会传达出风格迥异的视觉体验和感染力、表现力。

▲ 图 10-1　纸箱艺术与皮影游戏
（南京 ART 儿童工场）

▲ 图 10-2　纸张镂空取景装饰

[思考与讨论]

学前儿童手工的本质是什么？如何科学理解这一本质？

[实践与训练]

去幼儿园收集一些学前儿童的手工作品，分析作品所体现的学科特点，并在班级进行交流。

第二节　学前儿童手工发展的阶段与特点

手工活动与绘画活动一样同属于学前儿童的美术创作活动，不仅具备美术学的一般性质，更强调造型媒材自身的特点发挥与利用。学前儿童手工一般包括泥工、纸工和综合制作。学前儿童手工创作的发展也经历了与绘画发展大致相同的过程，但由于它是一种三维创作，因而学前儿童的手工发展也有其自身的阶段特征。

一、无目的的活动期（2—4 岁）

这个时期的儿童由于手部小肌肉发育不够成熟，认识能力有限，所以手工活动并没有明确的目的，而只是一种纯粹的玩耍活动，他们对手工工具和材料十分好奇，满足于摆弄和操作它们，感受着自主活动的快乐。但此时的儿童还不理解手工工具和材料的性质，也不能正确地使用这些手工工具和材料。

在泥塑活动中，这一时期的儿童还不能有目的地制作出形象。起初他们只是握拿、抓捏或拍打油泥，时而掰开、时而又揉成一个团块，感受油泥和黏土的触觉感以及它们形态的变化感。在这一阶段，儿童能用黏土制作出圆球，并用圆球来代表其他的事物，比如人、房子和动物。这与他们在涂鸦期画大大小小的圆来代表一切事物是一致的。

在剪纸活动中，儿童并不知道剪刀的用途，只是想拿剪刀玩耍。逐渐地，在成人的示范和指导下，儿童学会用手拿剪刀，但不会正确使用。儿童使用剪刀常出现的问题主要有：纸常常被绞在剪刀里或从剪刀里滑出，手指有时不能从剪刀的柄环中灵活穿入；操作时左手不能配合着右手动作移动纸片，边剪边拉，形象周围不整齐，剪出的纸片奇形怪状，有的轮廓线有明显撕拉的痕迹等。只有在不断的尝试和练习中，儿童才能逐步学会剪出较直的直线和较光滑的曲线。

此外，在粘贴活动中，此时的儿童还不明白糨糊的作用，常不能涂在需要的位置，涂抹得也不均匀。

成人应为这个阶段的儿童多提供手工活动的机会，特别注意一定要给他们提供安全、卫生的操作工具和材料。在泥塑活动中，教师不能因为黏土容易弄脏衣服就限制儿童操作，可以给儿童提供围裙、护袖等，让儿童自由操作。在剪纸活动中，教师不能因为剪刀有危险就不让儿童尝试，这样不但会影响儿童手工技能的发展，甚至在一定程度上影响儿童人格的发展。教师应充分考虑儿童的手的动作和力气的大小，为他们提供儿童专用剪刀，纸张也不能太厚，要确保安全、便利。同时，教师还要引导儿童正确使用剪刀，教儿童练习拿剪刀，用大拇指和其余四指分别握住剪刀的两个柄环处，运用手指张合的力量和利用剪刀刀口的开闭来剪纸。

二、基本形状期(4—5岁)

这个时期大约相当于儿童绘画中的象征期，儿童由无目的的动作逐渐出现有意图的尝试。他们常在制作开始时就宣称要做什么，然后开始制作。

在泥塑活动中，儿童从拍打黏土进入用手团圆、搓长的阶段。起初出现的是与绘画中的直线形式相对应的棒状形式，然后出现一个由棒状体组成的最简单的结合体，还有些儿童用棒状形式代替画出的线条并把它们排列在同一个平面上，很像一件浮雕作品。到这个阶段的后期，棒状出现了粗细、长短的变化，之后还会出现"厚纸片"形式。但儿童用粗细、长短不一的棒状和"厚纸片"制作的物体还只具备所要制作物体的基本部分，即使有两部分形状的连接，也只是形体的机械相加，作品的整体感不强。

由于手的动作发展得不成熟，此时的儿童还不能很好地表现物体的细节。在剪纸活动中，儿童开始时剪得较为顺手，但只限于剪直线，并且直剪往往持续很长一段时间而没有多少进步。

基本形状期是儿童手工发展从无目的的活动走向样式化时期的过渡阶段。成人应多鼓励儿童大胆地按照自己的意愿进行尝试，表达自己的意图，培养他们对手工活动的兴趣。同时，成人还要教给儿童基本的制作方法，帮助他们实现自己的创作意图。

三、样式化期(5—7岁)

这一时期的儿童由于手部精细肌肉不断发育，手眼协调能力有所增强，又掌握了一些操作工具和材料的使用方法，因而他们的表现欲望很强烈，喜欢用各种工具和材料来操作，表现自己的意愿。

在泥塑活动中，此阶段的儿童能搓出各种弯曲、盘旋的棒状物，并能把它们组合成三维形象。他们还能制作出立方体和圆柱体，并能把它们和棒状物组合成较复杂的物体。同时，儿童还能用较为流畅的方法来连接，使制作出的物体成为一个有机的整体，而不同于前一阶段的机械相加。此时的儿童还会借助于辅助工具来表现物体的细节和特征，方法之一是在物体的主干部分上增加若干细小的修饰，如捏出小鸡、小鸭的嘴，为小动物增添眼睛等；方法之二是在物体的主干部分上刮出或挖去若干部分，如用牙签为人物刮出眼睛、嘴巴等。

在剪纸活动中，儿童不仅能连续剪直线，而且能双手配合着剪曲线。此时的儿童已经基本能剪出自己希望的形状，比如窗花等。在对乒乓球、纸盒等物体进行的立体造型中，这一阶段的儿童不仅能采用剪、挖、粘贴等多种技法进行建构，还能对作品进行细节的装饰，如给作品着色、添画图案等，力求表现更完美的作品。

儿童手工发展要稍稍落后于绘画的发展，我们既要遵循其发展的一般规律，又要关注其各自特点进行恰当而有效的指导。对于这一阶段儿童的手工活动，成人应给他们提供多种手工工具和材料，并注意引导他们正确使用这些工具和材料，还要鼓励他们尝试用不同的方法来制作，用各种各样的形式来表现自己的创作意图。另外，成人还要在正确使用工具材料的基础上，有意识地培养儿童的创作意识和创造能力。

[思考与讨论]

学前儿童手工发展的阶段特征具有个体差异性吗？如何处理差异性与共性特征的关系？

[实践与训练]

上网或去幼儿园搜集一些各阶段儿童的手工作品,记录幼儿对作品的解读,运用学前创作能力发展理论评析这幅作品,并提出你的教育建议,在课堂和小组中交流、分享。

第三节　学前儿童手工教育的目标

学前儿童手工教育的目标是学前儿童美术教育总目标在手工领域的进一步展开与具体要求的体现。手工制作也是一种由内而外的过程,它强调用塑造和制作形体来表现,也比较侧重于培养儿童对美的表现力与创造力。

一、学前儿童手工教育的总目标

依据《指南》的教育理念,以及学前儿童的手工能力发展特点,我们将学前儿童手工教育的目标定位为以下三个方面:

(1) 能大胆地塑造和制作多种平面和立体的手工作品,用以美化周围环境和进行游戏活动。

(2) 能积极投入手工活动,体验手工活动的乐趣。

(3) 初步尝试不同手工工具和材料的基本使用方法,养成良好的手工活动习惯。

二、不同阶段儿童手工活动的发展目标

(一) 3—4岁儿童手工活动的发展目标

(1) 愿意参加手工活动,愿意尝试各种手工工具和材料,体验手工活动的乐趣。

(2) 初步学习用糨糊、胶水等粘贴沙子、种子等点状材料,学习撕、拼贴、折(对边折、对角折)、印纸等面状材料,学习用搓、团圆、压扁、黏合的方法塑造简单的立体物象。

(3) 初步养成安全、卫生、整洁的手工活动习惯。

(二) 4—5岁儿童手工活动的发展目标

(1) 喜欢参与各种手工活动,能经常使用多种手工工具和材料表现自己观察或想象的事物。

(2) 能用较为丰富、复杂的点状材料(如木屑、纸屑、泡沫屑等)粘帖出简单的物象,学习用纸折出(按中心线折、双正方折、双三角折)、剪贴出简单的物象,学习用捏的方法塑造出简单的立体物象,并学习用泥塑造平面的物象。

(3) 初步学习用其他点状、线状、面状和块状的自然物体和废旧材料制作玩具。

(4) 养成安全、卫生、整洁的手工活动习惯。

(三) 5—6岁儿童手工活动的发展目标

(1) 积极参与各种手工活动,能用多种工具、材料或不同的表现方法创造性地表达自己的感受和想象。

(2) 学习运用多种点状材料拼贴物象表现简单的情节,学习用多种技法将纸折出物体的各个部分,组合成物体物象;学习用目测的方法将纸等面状材料分块剪、折叠剪来拼贴平面的物象或制作立体的物象;学习用拉伸的方法并配合其他泥工技法塑造结构比较复杂的物象,表现其主要特征和简单细节。

(3) 能综合运用各种工具、材料和技法制作教具、玩具、礼品、演出服饰、道具等布置环境、美化生活,并

注意装饰美。

(4) 手工活动中能与他人相互配合,也能独立表现。

(5) 养成安全、卫生、整洁的手工活动习惯。

三、学前儿童手工活动的实施目标

根据《纲要》和《指南》艺术领域的目标,以儿童为主体,从审美情感、审美感知、审美表现与创造三个维度,将各阶段儿童手工教育活动的目标界定如下:

▲ 表 10-1 学前儿童手工教育活动的目标

目标维度	3—4岁	4—5岁	5—6岁
审美情感	通过玩泥、撕纸等体验手工活动的快乐	通过泥工、纸工及自制玩具的活动来积极投入手工作品的创作,培养对手工活动的兴趣	体验综合运用不同手工材料制作作品的快乐;喜欢用手工来表达自己的想法和情感
审美感知	了解泥的可塑性质;了解纸的性质	进一步熟悉泥工、纸工及自制玩具的工具和材料	了解各种纸张的不同性质,知道不同性质的纸张具有不同的表现效果;对自制玩具的材料加以分类,以获得选择、收集这些材料的经验
审美表现与创造	掌握泥工中团圆、搓长、压扁等基本技能;学习撕纸、粘贴,初步撕出简单的形状并粘贴成画;初步学会用自然材料(石子、豆子、树叶等)拼贴造型;学会用印章、纸团、木块等材料,蘸上颜色在纸上敲印;能大胆运用印章、纸团、木块等材料在纸上按意愿压印	能正确使用剪刀剪出方形、圆形、三角形及组合形体,并拼贴成画;掌握折纸的基本技能,折出简单的玩具;学习用泥塑造出物体的基本部分和主要特征;掌握撕纸的基本技能,撕出简单的物体轮廓;能大胆地运用泥按照意愿塑造;能大胆地用纸按意愿撕、剪出各种物体轮廓	用泥塑造出人物、动物等较复杂结构的形体,能表现出物体的主要特征和细节;能集体分工合作塑造群像,表现某一主题或场面;能用各种纸张制作立体玩具;能用无毒、安全的废旧材料制作玩具并加以装饰;能综合运用剪、折、撕、贴、连接等技能,独立设计制作玩具

> **案例 10-1**
>
> 手工教育活动目标的制定
>
> 我们以大班手工活动"泥塑汽车"为例,分析手工教育活动目标的制定、修改与调整:
>
> 最初撰写的目标:
>
> (1) 引导幼儿用彩泥想象塑造汽车。
>
> (2) 引导幼儿恰当地使用辅助材料和工具。
>
> (3) 培养幼儿的团结合作精神。
>
> 诊断与分析:
>
> 本活动目标统一用教育目标来撰写的,目标主体是教师。但当前课改更为倡导以幼儿为主体的发展目标,加上目标的表述过于笼统,缺乏操作性与具体的实践指导价值,需要予以调整。
>
> 调整后的目标:
>
> (1) 能将大块泥按所需分量分为几部分,戳、压成各种形体,再组建成自己设计的汽车。
>
> (2) 能用牙签、彩色纸、瓶盖等装饰自己塑造的汽车。
>
> (3) 与同一组的伙伴共同商量建构一个停放汽车的场景,体验合作完成任务的愉快心情。

[思考与讨论]

不同阶段学前儿童手工活动的发展目标有哪些异同？对手工活动内容的选择及指导有哪些启示？

[实践与训练]

1. 4—6位同学组成一个学习小组，下园收集或观摩学前儿童手工活动，写一份简单的报告，分析其活动目标制定的适宜性。

2. 尝试选择大、中、小各年龄班的一次手工活动，分别制定该手工活动的目标并进行分析。

3. 上网搜索或去图书馆查阅三个不同年龄阶段的学前儿童手工活动案例，分析其目标的结构和表述。

第四节 学前儿童手工活动的设计与实施

学前手工是专门研究学前儿童手工制作特点、造型规律、表现媒材和手工教育的一门学科。学前儿童通过手工活动可以促进手脑协调能力的发展和培养审美观念，加强动手能力和创造力。

一、学前儿童手工活动的内容

手工活动是学前儿童发挥自己想象力与创造力，直接用双手或简单的操作工具，对具有可塑性的各种形态（点状、线状、面状、块状）的物质材料进行加工、改造，制作出占有一定空间的、可视且可触摸的、多种艺术形象的一种教育活动。手工教育活动可促进儿童了解手工构成原理、造型规律、装饰手段，发展手部动作的灵活性、准确性，提高手眼协调能力、想象力与创造力，形成耐心细致、勇于实践等个性品质。

由于手工活动是涉及多种制约条件和具有复杂结构的活动，因此，分类角度和分类标准不同，就会划分出不同的手工活动的类别。例如，可以根据使用材料的不同，把手工划分为纸工、泥工、木工、布工、金工等不同的材料工种；也可根据制作工艺的不同，把手工划分为雕刻、塑造、编织、扎染、刺绣、缝纫等不同的工艺品种；也有根据作品的功能性质把手工划分为观赏性手工、实用性手工、娱乐性手工和科技性手工。幼儿园的手工活动主要是根据幼儿制作的特点和教师指导的特点，分为平面手工（主要有粘贴、剪贴、撕贴、印染等形式）和立体手工（主要有泥塑、折纸、衍纸、厚纸制作和废旧块状材料的立体造型等形式）。

微课视频
大班手工区域活动：扎染

（一）泥塑

泥塑是幼儿经常开展的立体造型活动，它是幼儿运用双手的操作和简单工具，将泥塑成立体的形象。泥塑在锻炼幼儿的手指肌肉动作的灵活性，发展幼儿的手眼协调能力，培养幼儿的空间知觉和立体造型能力等方面都有很好的作用。

1. 常见的材料和工具

主要有黏泥、橡皮泥、超轻黏土、软陶、面团、泥工板、竹刀，以及其他如豆子等辅助材料。

2. 指导要点

（1）引导幼儿了解泥塑材料的性质。如黏泥是柔软的，可以任意变形，能够相互连结；指导泥工板是放泥用的，小竹刀是用来刻画细节和修整作品的。

（2）结合创作指导幼儿学习泥工的基本技法。这些技法有搓长、团圆、拍压、捏、挖、分

微课视频
大班手工区域活动：黏土青花瓷瓶

泥、连接，运用这些基本技法可塑造出球体、卵圆体、圆柱体、立方体、长方体、中空体和组合体等基本几何形体。教师切忌将技能学习变成技能训练，应在幼儿充分感受欣赏的基础上，用语言启发幼儿自己动手尝试练习，之后再让幼儿观察教师是如何用这些基本技能来塑造基本形体的，以求更好地掌握塑造的技法。

（3）指导幼儿学习使用辅助材料。例如，瓶盖可以做出动物的眼睛，吸管可以做成各种动物触角等，使泥塑作品更加生动、有趣、逼真。

▲ 图 10-3 陶泥作品

▲ 图 10-4 软陶作品

（二）纸工

1. 剪纸

剪纸的主要工具是剪刀，幼儿所用剪刀以幼儿专用剪刀为好，这样的剪刀头是圆的、两个柄环能伸进幼儿的大拇指和其余四指，幼儿使用起来较为安全且不易疲劳。幼儿用剪刀主要是来剪纸。一般来说，幼儿剪纸所用的纸张以不薄不厚为宜。

教师指导幼儿学习剪纸的第一步就是引导幼儿学习怎样使用剪刀，方法是将大拇指和其余四指分别伸进剪刀的两个柄环里，通过大拇指拉和四指一张一合，剪刀也随之张合，把纸剪开。

在此基础上，教师要指导幼儿学习以下几种剪纸方法：

一是目测剪，即在没有画痕的纸上依靠目测剪出形象。幼儿靠目测剪的大多是线条、几何形和一些轮廓线简单的形象。由于目测剪没有什么限制，剪起来比较自由，因而，在幼儿开始学习用剪刀时可以采用这种剪法；在幼儿年龄稍长，有了一些剪纸经验后，教师可要求他们先考虑好自己要剪的形象，然后再下剪刀。

二是沿线剪，指按照纸上画好的轮廓线剪出所需要的图形。轮廓线可由教师画，也可由幼儿自己画。通常，幼儿年龄越大，自己画的成分越多。无论由谁画，均需注意，所画形象应大些，轮廓线要简练些，不能有太多的凹凸。教师可在美术区角中陈列一些废旧画册或者图书，供幼儿在游戏时间里练习沿轮廓剪，剪下的形象可供粘贴用。

三是折叠剪，指将纸折叠后剪出纹样。使用折叠剪剪出的纹样具有对称、均衡感。折叠剪既可以目测剪，也可以沿线剪。折叠剪的第一步是将纸折叠，由于幼儿手部肌肉发育不成熟，纸的折叠层数不宜太多，一般以折叠2—3层为宜，叠的层数太多，幼儿有可能剪不动。长条纸反复折叠后，可剪出花边；正方形或圆形纸围绕中心放射折叠后，可剪出团花。

▲ 图 10-5 剪纸作品

▲ 图 10-6 幼儿画完沿线剪作品

指导要点

(1) 在剪纸顺序上，目测剪和沿轮廓剪要注意先从大的轮廓开始，再剪小的细节，最后逐渐修剪成形。而折叠剪则要按照从里向外、从大到小、从细到粗、从局部到整体的顺序来剪，最后再整修。

(2) 无论是目测剪、沿轮廓剪还是折叠剪，教师都应提醒幼儿，剪时应左手配合右手的动作转动纸片，防止边剪边拉造成形象周围不整齐。

(3) 剪贴时，幼儿应将剪下的碎纸屑要放在指定的容器里，要保持桌面、画面、地面和衣服的整洁，养成良好的卫生习惯。

▲ 图 10-7 大班折纸作品——鱼

▲ 图 10-8 大班折纸作品——提线小人
（少儿美术馆）

2. 折纸

折纸是我国民间传统手工活动之一，其特点是按照一定的程序，将平面的纸折叠成立体的形象。折纸不仅可以锻炼幼儿手部动作的灵活性，也能培养他们的目测能力、空间知觉能力和对图形变换的思维能力。折纸取材方便，报纸、挂历纸、广告纸等薄而有韧性的纸均可用来折叠。

指导要点

(1) 让幼儿欣赏折好的样品，帮助幼儿对要折的形象建立一个整体的概念。

(2) 尽可能伴随折叠各种形象，指导幼儿学习折叠的基本技法、术语和规则要求。为帮助幼儿在学习折纸时能较容易听懂教师的讲解，看清教师的动作，教师应先有目的地选几种简单形象教幼儿折叠，以便于幼儿学习并掌握那些使用频率较高的基本折法和术语，如：边、角、中心线、中心点、边对折、对角折等。同时，教师应要求幼儿按规则折叠,即对齐、对准、抹平、压实,也要让幼儿知道,如果对不齐、抹不平,折出来的物体形象就容易歪歪扭扭、松松垮垮,既不美观又不结实。随着折纸难度和复杂程度的增加,教师再进一步教给幼儿更复杂的技法。幼儿可学习的折纸技法主要有:集中一角折、集中一边折、双正方折、双三角折、四角向中心折和组合折等。

(3) 循序渐进地引导幼儿学习看图示折纸。由于折纸的特点,折完一步以后,前面折的部分即被掩盖,所以幼儿不容易从已折出的样子中看出折叠的步骤来。有些跟不上教师节奏的幼儿在学习中就会遇到困难。因此,教师可事先画好步骤图,图上线条要简明;事先指导幼儿认识和熟悉折纸符号,培养幼儿的识图能力,为独立折纸打下基础。在幼儿第一次学习看图折纸时,教师可边教他们识图边演示,让幼儿理解步骤图上的折叠符号。演示时,教师用的纸要大些,有正反面,手的动作要明显,每折一步都要指明折叠的依据和标准部位,语言要简练。待幼儿理解图示后,教师再逐步过渡到仅演示难点,其他部分让幼儿自己看图折叠。当幼儿看懂了折纸的图示后,教师就可引导幼儿将它迁移到各种折纸活动中,这样折纸难的问题就迎刃而解了。

3. 纸造型

纸造型是指运用卡纸一类略硬的纸,通过剪、折、贴、卷、捻、衍、组装等技法制作出立体的形象,故而也被称作厚纸制作。通过制作可使幼儿认识纸从平面到立体的变化,发展其空间知觉能力、联想能力、造型能力。纸造型有一定的难度,最好在幼儿园大班进行,也可组织成小、中班的亲子手工活动。

▲ 图 10-9 动物手偶

▲ 图 10-10 我的妈妈

指导要点

(1) 教师指导幼儿制作时,先要指导他们制作基本形体,如圆柱体、正方体、长方体、圆锥体等,这是纸造型的基础。

(2) 教师根据"因材施艺"的原则,指导幼儿用所学过的技法进行联想造型。教师可以用"减法",对基本形体做剪、挖、切等加工;也可以用"加法",在基本形体的上面进行贴、粘接、镶嵌、插接、盘绕、组合等加工。例如:在圆柱体上面贴上弯曲的纸条就成了小桶;将直立的圆柱体的上方剪开成条,卷弯成树枝状,再用彩色纸剪成树叶贴在上面,就成了各种树;而用长短不同的圆柱体则可制作成动物的头和身体,再用小棒插入做脖子,贴上尾巴、耳朵、眼睛等五官就制作出各种动物。

(三) 拼贴

拼贴也称为平面手工,幼儿拼贴主要有粘贴、剪贴、撕贴等形式。

1. 粘贴

粘贴是指用现成的点状、线状、面状材料粘贴出凸起的形象。它对于发展幼儿的触觉和质地感有很好的作用。主要包括以下两种方式：

第一种方式是粘沙。粘沙可以是在涂好胶水的形象上撒上细沙，然后再将多余的沙抖去，图画纸上就出现一幅沙画；也可以将沙子泡上颜料，晾干再用来粘贴，就是一幅彩色的沙画。粘贴的工具和材料主要有细沙、小塑料片、毛笔、胶水、各色底纸。

第二种方式是拼贴。拼贴是幼儿园开展较多，深受幼儿欢迎的美术活动，其中以树叶、花卉拼贴为代表，是典型的利用自然材料的手工制作。拼贴的工具和材料主要有剪刀、双面胶、各种树叶、植卉、果实、各色底版纸。

指导要点

（1）做好活动前的准备工作。在活动开始前，教师要发动幼儿和家长一起收集各种形状和颜色的植卉，并欣赏各种奇特的形状、天然的叶脉肌理及其丰富的色彩；之后，进行分类，压平保存。

（2）引导幼儿观察欣赏植卉造型，根据形状、质地的特点，激发联想。制作时，教师要引导幼儿反复、仔细观察植卉的形状、色彩等，找出它们的特点，启发幼儿思考每种植卉与什么相像，如白果树叶像扇子，像小姑娘裙子；枫叶像金鱼的尾巴；柳叶像一叶小舟等。教师也可以启发幼儿由质地进行联想，如有的树叶光滑细腻，有的灰暗粗糙，可以利用这种特性做成哪些不同的东西。之后，教师引导幼儿将这些植卉在底纸上拼摆。幼儿拼摆满意了，便可以在反面贴上双面胶。

2. 剪贴

剪贴是指用剪刀将材料修剪成所需要的形状，然后拼贴出形象。各种纸、布、树叶等也可作为剪贴的材料。剪贴的难点在于剪，可参考剪纸的指导方法。至于怎么拼贴出形象，其中一部分技能属于绘画，其余技能是拼和贴。

▲ 图 10-11 变废为宝剪贴

▲ 图 10-12 幼儿画完沿线剪作品

指导要点

（1）了解幼儿的拼贴特点，知道幼儿是在边剪边拼摆的过程中完成构思。教师在粘贴之前应让幼儿充分地修剪和拼摆材料，待拼摆满意时，再将材料一一沾上。

（2）提醒幼儿糨糊不要蘸太多，适量即可，涂抹要均匀。

（3）教师要注意培养幼儿良好的操作习惯。如：合作协商使用工具，剪剩的材料放入容器中等。

3. 撕贴

撕贴也是幼儿手工活动的常见形式,能最大限度地锻炼幼儿手指肌肉动作的控制能力。撕贴的材料一般是较薄的纸,其韧性不能太强。撕纸与剪纸最大的区别在于撕纸是把手指作为工具,用双手手指配合撕出所需形象,再粘贴成图画。用手撕出来的形象,轮廓线蓬松、柔软、毛茸茸的,具有自然、浑厚、稚拙的独特美感。

指导要点

（1）撕贴活动重点在于撕,教师要指导幼儿学习撕纸的基本方法。具体方法为:两手分别相对捏住要撕部分的两侧,大拇指在纸的上面,其余四指在纸的下面,撕纸时两手向相反方向用力,每次撕口不要太长,一点一点撕出所需要的形象。不能撕开一点小口后,就顺势撕下去,这样撕不出特定的形。

（2）撕纸方法可引导幼儿从自由撕,逐渐到按照轮廓撕和折叠撕。

▲ 图 10-13 撕贴

▲ 图 10-14 撕贴

（四）染纸

染纸是用吸水的纸和水性颜料,通过渍染和点染的方法染出色彩丰富的纹样,是让幼儿在学习染的技法的过程中,了解感受颜料的渗化性和色彩交融所产生的变化以及色块重复排列带来的美感。染纸手工的制作方法,主要可以分为折叠、染色、打开、粘贴四个相互衔接的步骤。

染纸的材料和工具主要是吸水性强的纸(如:生宣纸、餐巾纸、毛边纸等)、毛笔、水性颜料等。为了增加渗透能力,可以在颜料里滴进少许白酒。

指导要点

（1）首先要让幼儿了解材料的性质和特点。例如:让幼儿用生宣纸、卡纸等不同性质的纸以及粉质颜料和水性颜料来浸染。通过尝试,幼儿知道必须用吸水性强的生宣纸和渗透性强的颜料作材料才能染出漂亮的作品。

（2）教师要指导幼儿将纸折叠。折叠应根据制作的需要,染纸中常见的折叠方法有米字格、田字格、放射形和自由折等,折叠要整齐、压实,不宜折得太厚。折叠也可以根据需要把纸剪成生活用品的形状,如衣、裙等。

（3）教师要引导幼儿学习染纸的方法。染纸一般分为渍染和点染两类。渍染是指将折好的纸插到颜料里,让纸自动地吸入颜料汁。教师在指导幼儿进行渍染时,应注意把握染色时间的长短。由于颜料的渗透性和纸的吸水性,如果要染到三分之一的长度,那么就必须在水色还没有渗到三分之一处时把纸提出染料,这样才不至于超过预先设想的染色面积。点染是指在无法渍染的部分,用毛笔蘸染料染色。点染有时不容易一下把纸染透,如遇未染透,可在同一部位的反面或将纸掀开在里面再进行点染。

对幼儿来说比较难的是最后一步,就是完整地把折叠着的染纸揭开,幼儿很容易将纸揭破。教师可以指导幼儿先把染纸阴干或接近阴干,然后再揭开;也可以用干净的吸水纸放在染纸上压吸,再揭开。

(五) 拓印

拓印充满了趣味和变化,常常让幼儿很容易地获得成功的体验。印章很容易获得,生活中有肌理的物件(如:笔盖、瓶盖、塑料可乐瓶底部等)、可以雕刻的蔬果(如:马铃薯、红萝卜等)、橡皮泥、泡沫板以及其他小浮雕品都可用作印章,硬纸板层层剪贴成有凹凸感的图案后也可以作为印章。把印章表面蘸上印油或颜料,按在纸上,就印出印记来了。拓印是可以重复的,能够很容易地印出有规律的连续图案。在一步步完成拓印作品的过程中是很快乐的,因而它是深受幼儿喜欢的美术活动之一。

各种各样的纸都可以用来印刷(如彩色纸、白纸),如果采用油印,最好不用渗透性太强的纸。彩色墨水、水粉颜料加黑颜色能印出很美的作品。如果用覆盖性强的颜料在深色纸上印,视觉效果更佳,更具有美感。

指导要点

(1) 教师引导幼儿欣赏印画的肌理变化美及规律美,激发幼儿印画的兴趣。
(2) 教师引导幼儿与家长共同收集材料,并认识工具和材料,了解各种材料的肌理。
(3) 学习用多种材料制作浮雕印章,刻出图案,感受印画活动的乐趣。

幼儿初学时可先不雕刻印章,可选生活中的小物件,利用现成的肌理,印出色块,可以组成各种图形或形象。之后,幼儿逐渐再学习制作印章,刻出图案进行印画活动。

▲ 图 10-15 海绵垫制作印章

▲ 图 10-16 硬纸板制作模板

(六) 编织

编织就是用线、绳、带子交织制作工艺品。这是一项古老的工艺,基本的编织法则从古至今都没有更改过。早在石器时代的人就掌握了用稻草、芦苇和其他自然物编织篮子的技术,后来,史前人开始用纤维来编织,并用其来做衣服。

幼儿可以用毛线、玻璃绳、皱纹纸、海绵纸等材料,用简易的方法进行编织,织出一片片织物,然后做成实物或装饰品。在编织活动中,幼儿很满足于穿来穿去的操作过程,对色彩、纹理和图案的要素越来越敏感,手指也将发展得灵活自如。

指导要点

(1) 在学习编织的过程中,教师应让幼儿观赏其他时代和其他文化以及古人的编织作品,感受那些可借鉴的编织式样,欣赏其富有创造性的表现。这对于幼儿是一种极好的文化艺术熏陶。

(2) 在幼儿学习编织的方法时,教师应注意循序渐进,先从单维度再到双维度慢慢过渡,最后能熟练地操作,也就是纬线在经线上下交错穿梭的方法,以及其他更复杂的编织方法。

(3) 编织方法与其他领域的整合。教师可以用编织这种方法教幼儿学习数字和色彩搭配。例如,在竖放的白纸条上,标上字母、颜色、名称或数字,指导幼儿按字母、数字掀起第一条和第三条,第二条和第四条等。

▲ 图 10-17 绳子编织

▲ 图 10-18 毛线编织

(七) 综合制作

综合制作即运用多种技能与工具材料进行造型,对于幼儿的动手能力、想象力、创造力的培养有非常重要的意义。

综合制作中材料的收集和选择十分重要,教师应组织幼儿广泛而有目的地收集材料,并及时将材料分类保存,这里特别说明,综合制作经常会用到生活中的废旧材料,经过艺术加工后,变成手工艺术品,所以教师可以在班级设置百宝箱,收集各种废旧材料,清洁、消毒后分类保存,在需要时选择适当的材料进行制作。

▲ 图 10-19 纸盒造型——一家人

▲ 图 10-20 快乐的春天

指导要点

（1）引导幼儿学习综合制作中修剪和连接的方法。综合制作的一项技能是对材料进行修剪，使之适于造型的需要。例如：在纸盒造型中，将一个纸盒切割制作成动物的躯干的样子。在综合制作中，连接是一种非常重要的技法，教师要将其作为重点、难点对幼儿加以指导。具体的连接方法有以下几种：

粘合法，即用胶水、糨糊、橡皮泥等将造型所需要的各局部连接起来。

缝合法，即用针、线等进行连接。

接合法，即用订书机、双面胶等进行连接。

插接法，即把材料切开，将另一部分插入，使之连接在一起。

（2）教师要重点引导幼儿想象，启发幼儿发现、思考材料的特质，再根据质地大胆进行创作，让幼儿在这样的探索中发展他们的想象力和创造力。

二、学前儿童手工活动的实施

学前儿童手工与绘画活动一样，既是儿童生物性本能的反映，又是审美创造活动。它是儿童的生活，同时又是教育；它需要如同游戏般轻松，同时需要实现教育的发展。由此，学前儿童手工教育活动在实施过程中需要从学前儿童的本能出发，发展和培养他们对手工的审美与创作的本能。

学前儿童手工活动有其自身的特点，它大约经历了从意图到构思与设计，再到制作与修饰这样一个流程。每一个阶段又有不同的特点，教师应根据这些特点进行有针对性的指导，帮助幼儿获得成功感，使之体验手工制作的乐趣。

（一）产生意图阶段

意图是指制作一件手工作品的动机。意图的出现既是创作的前提，又是创作的开端。幼儿手工制作的意图主要有自发型和诱导型两种。早期幼儿手工制作的意图多为自发型，他们的手工制作就是玩耍，并没有预先的目标。例如：幼儿拿到橡皮泥，用手戳一个个洞，或者用手将泥掰成大大小小的块状，这时并没有想到用橡皮泥制作什么，只是满足于玩的过程。随着教育的深入，幼儿在手工制作中加深了对手工工具和材料的了解，学习了手工制作的各种技法，他们的手工制作逐步地由模仿走向独创，其手工制作的意图也逐渐明朗，从无目的转向有目的。此时的幼儿在从事手工活动前，能事先想好做什么，然后再动手制作，表现出一定的意图。

意图制约着一切行为的方向和途径。在此阶段，教师应注意帮助幼儿逐步地将意图明朗化。

1. 为幼儿创设与工具材料充分接触的环境和机会

如前所述，幼儿的意图大多是在与材料接触的过程中逐渐地产生的，因而要为他们创设与材料充分接触的环境和机会，支持幼儿自发的手工活动的表现和创作。为幼儿创设一个富有艺术情趣的客观环境，从家庭、幼儿园到整个社会全方位的熏陶感染幼儿，调动他们的直觉，尽量多地为幼儿配备手工活动所使用的工具和材料，让他们在撕、揉、卷、折叠、剪、贴等活动中了解纸的软硬程度以及纸的可折叠、可分解等特性；在拍打、压、滚、团、搓、捏等活动中，了解泥的可塑性等。这样，幼儿便会在与材料相互作用的过程中，对手工制作产生兴趣。

2. 在手工游戏与欣赏手工作品的过程中逐渐明确制作的意图

对于幼儿来说，手工活动就是游戏活动，他们能在这种玩耍手工材料的过程中得到满足。幼儿对手工制作的明确意图是在教师的引导下逐渐产生的，因而在手工游戏中，教师可以通过创设游戏环境，设计游戏的形式，将手工成果当成游戏道具等方式来开展手工活动，将幼儿的手工活动朝有目的的方向引导。例如：在幼儿无目的的制作过程中，教师可以启发他们联想"你在做什么？"或"你想做个什么东西？"等。教师在引导幼儿进行手工作品欣赏的过程中，可以把剪纸作品与撕纸作品放在一起来欣赏，通过欣赏与比较，让幼儿感知用手撕出来的形象,其轮廓线蓬松、柔软、毛茸茸的,具有自然、浑厚、雅致的美感;而剪刀剪出的形象,其轮廓线光滑,具有投影化和刀剪味的特点。同时让幼儿尝试着撕一撕,剪一剪,可以向他们提问"你想不想也来撕一个""你打算剪什么"等,以此激发幼儿的创作兴趣,使他们产生明确的手工制作的意图。

3. 帮助幼儿获得成功感,使之体验手工制作的乐趣

在手工活动中,幼儿有时虽然有一定的创作意图,但由于其手部肌肉发育不成熟、手指动作不灵活、手眼不协调等原因,这些意图不能完全实现,从而给他们带来一定的失败感,甚至可能使幼儿对进一步的手工活动失去信心。因而,教师应在技术上给幼儿一定的支持,使他们能产生一种成功的体验,激发他们对手工活动的兴趣。例如,在染纸活动中,当幼儿已经染好颜色,要把折叠的湿纸打开遇到困难时,教师应适当提供帮助,并教会他们打开湿纸的方法,让幼儿看到自己的作品,并感受成功的快乐。如果幼儿这时因为打不开而前功尽弃,这对培养幼儿对手工活动的兴趣很不利。

(二) 构思和设计阶段

构思就是立意、构想。构思是指在头脑中通过想象和思维,对手工作品的造型、结构、色彩、装饰、成品效果、性能等各构成因素及其相互关系,以及与手工作品本身相关的各种外部制约条件进行全面的计划与思考的过程。这是一种实现创作意图,开辟创作道路,而又支配创作过程的形象思维活动,同时也是手工创作的核心环节。

具体来说,构思分为三个环节:一是选择形象、捕捉形象,即制作者在头脑中搜寻、选择已有表象,把这些表象作为创作新形象的基础。二是对这些已选择好的表象进行造型、构成、色彩诸方面的加工、改造与重组,在脑中呈现出初步完整的新形象。在这一过程中,也可能同时出现其他设计方案。三是通过比较,筛选出最佳方案。

由于材料是构思、设计得以物化的基础,不同的物质材料具有不同的工艺性能和审美特征,也就分别适应于不同的造型要求,因而构思还要考虑选用什么材料以及如何使用这些材料。"因意选材"与"因材施艺"是与材料相关的艺术构思的两大原则。

"因意选材"指的是从意图与构思出发,选择与使用相关设计材料,它反映出意图与构思的准确,而充分的表达必须以相应的材料作为依托,也反映出意图与构思是互为依存的关系。例如:要进行染纸操作,其材料必须选用吸水性强的纸张和水性染料等。

"因材施艺"即通过对一个抽象的形体痕迹联想到某一具体事物,并创造出形象来。这种现象表现为"迁想状物"(即根据眼前的物体形状联想出某物的形状)、借迹造型、借形造像等形式。这种思维方式属于逆向思维,在民间传统工艺的创作构思中占有重要地位,如传统的手工根雕便是"迁想状物""借形造像"的典范。学前儿童尤其是3岁儿童,他们的手工活动多表现为"迁想状物",例如在自由泥工活动中,儿童将图案在手中团、搓、捏、压,随着泥团的变圆,他们会突然联想到"球""汤圆"等形象。学前儿童在材料特点的利用与发挥上,虽然不能与成人相比,但这种"迁想状物""借形造像"的构思方式在学前儿童的手工制作中占有重要的地位。根据儿童发展心理学理论分析,这一时期儿童正处于想象的萌发期,表现在儿童的想象活动中,其想象的主题不稳定,易受外界刺激物等的干扰而变换。因此,可以说"迁想状物""借形造像"的构思方式是儿童成长过程中自然形成的,教育者应充分利用这一特点,因势利导将儿童"迁想状物""借形造像"能力转换成儿童手工制作的思维方式,帮助儿童的手工制作更富有个性和创造性。

拓展阅读
教师的指导要点

教师的指导要点:

1. 帮助幼儿积累多种手工活动所需的立体表象。
2. 引导幼儿在熟悉多种手工活动材料的基础上进行联想。
3. 引导幼儿多感受欣赏手工艺术品,学习其造型、色彩、构成等艺术手法。

(三)制作与装饰阶段

制作是借助人的加工技巧对材料进行加工,改变材料的形态,从而实现设计方案的施工过程。制作的方法大致有三种:一是利用原材料直接加工成型;二是把原材料裁切成零部件,再对零部件进行加工,然后组装成型;三是通过中介环节(例如制作模具)来间接成型。

幼儿的制作与成人的制作的最大区别就在于幼儿的操作受其生理发育的影响,不如成人那样的灵活与精确。幼儿的肌肉发育正经历着从手臂大肌肉动作向手腕小肌肉动作再向手指精细肌肉动作发展的过程,这是一个逐渐成熟的过程。与此同时,幼儿的手眼也正逐步地从不协调向协调发展。因而,他们在手工制作中动作不协调、不精确、不灵活,在操作过程中所采用的技法也相应地比较简单,手工作品显得粗糙、不整齐、不平滑。幼儿的制作的第二个特点就是他们的制作中有构思、有设计,制作与构思、设计同步,融为一体。随着年龄的增长,幼儿逐渐地先构思、再制作,但制作过程中仍有明显的构思活动。

装饰是手工创作的最后一个阶段,它是指对手工制品进行恰如其分地涂绘与修饰。装饰的目的是为了增强审美性,或出于对作品保护的实用功能。这些要求是进行装饰的依据。幼儿的装饰常用添加的方法。幼儿装饰的目的有两个:一是为了作品的完整,例如:他们在塑好的动物泥工作品上添加细小的豆子来作为眼睛;二是为了美观,他们常常按照自己的审美趣味在手工作品上添加一些丰富多彩的纹样。在该阶段,教师应注意做到以下几点:

1. 引导幼儿学习多种工具和材料的基本用法,掌握手工制作的基本规律

对于手工工具和材料使用方法的掌握是手工制作的关键所在,否则,构思再好也难以实现。因此,教师首先要注意根据幼儿身心发展的年龄特征有选择地引导幼儿学习各种工具和材料的基本使用方法,而不是不顾幼儿身心发展的年龄特征,一股脑儿把关于手工制作的技能技巧全部灌输给幼儿。例如:要求3岁幼儿学习剪"S"形曲线就太难了,而要求6岁幼儿学习剪直线则显得太容易。另外,教师在选择具体的操作材料时,还要注意季节性,例如树叶贴画适宜在夏、秋季节制作。

在学习过程中,教师还应注意让幼儿弄清其原理和步骤,以帮助幼儿形成技能,并将技能迁移到其他手工制作活动中去,提升自己观察、反思的学习能力。为此,教师可让幼儿自己先进行思考,发现问题所在,然后再用确切的语言讲解制作技法的原理和步骤(着重讲解重点与难点),让幼儿通过自己的思考在理解的基础上掌握技能技巧。例如:泥工活动中,教师可让幼儿先思考如何将泥团搓长,并让幼儿自己尝试"搓"的动作,然后再示范"搓"的动作,引导幼儿找出自己与老师的操作之间的差别,发现问题所在。在此基础上,教师再对"搓"进行示范,并注意示范的速度,让幼儿仔细观察自己的示范动作,并进一步讲解"搓"的动作要领,最后让幼儿通过活动掌握"搓"这一技能。幼儿掌握了"搓"的技能后,再将这一方法迁移到其他泥工活动中。

对于具体的手工活动技能的学习,教师还可以通过放手让幼儿自主操作,通过不断尝试以及尝试错误的方法来反思学习。例如学习染色的方法,在指导幼儿进行渍染时,教师可让幼儿通过自己动手尝试来把握染色时间的长短,摸索怎样才能不使染色的面积超过设想的面积,从中积累颜料的渗透性和纸的吸水性的相关经验。

2. 提供操作机会,帮助幼儿逐步积累手工活动经验

手工技能的学习需要有一定量的操作练习才能达成。这种操作练习包括分部练习与整体练习。幼儿在操作练习中不断积累经验,体验材料的特性,体验制作技法的多样性,体验丰富的审美性,体验同伴间的合作性以及体验成就感等,这些体验转换成幼儿的学习经验后就上升为技能。既锻炼了幼儿手部动作的灵活性,又让幼儿学会用手工作、用眼睛观察、用心思考的学习方法,这是操作活动带给幼儿最大的收获。

教师还应注意幼儿练习时间的合理分配。按照动作形成的规律,幼儿的练习时间应遵循先密后疏的原则。但教师切忌把这种练习变成一种枯燥的技能训练,应注意以游戏的形式来引导幼儿进行操作练习,减少教师教的痕迹,让幼儿在玩中学,在游戏中愉快地掌握新的手工技能,以增加幼儿对手工制作的兴趣。如通过"开商店"的游戏,让幼儿扮演角色练习制作各种"商品"。

3. 指导幼儿将模仿与独创相结合

在制作阶段的指导中,教师可以根据幼儿的不同发展水平,因人施教。教师可以引导幼儿把握自己的学习方法,可以把临摹与独创结合起来。当幼儿操作活动遇到困难时,教师可以引导幼儿采用模仿的方法,帮助幼儿掌握手工制作所使用的工具和材料的基本使用方法和手工制作的基本技法。在此基础上,在幼儿积累相关经验后,教师要鼓励幼儿努力创新,制作出与众不同的形象。这种将模仿与独创相结合的方式,能帮助幼儿在技能与创造力方面获得协同发展。

4. 引导幼儿将手工制作与绘画、游戏活动有机结合

手工制作以其审美价值与绘画和欣赏一起成为美术的一部分,是美术活动内在的融合。教师如果把手工制作与绘画结合起来,就可以让二者起到相互促进的作用。在手工制作中添加绘画能激发幼儿对手工制作的兴趣,发展其手工制作与装饰的能力。如撕纸活动"逛动物园",可让幼儿先自由撕,然后对撕下的造型进行想象后添画,变成一个关于动物园的故事,使画面更加饱满丰富,更加富有表现力。

拓展阅读
手工活动与游戏结合的形式

爱玩是幼儿的天性,幼儿喜欢游戏,将手工活动与游戏活动相结合,能够潜移默化地寓教育于游戏之中,达到游戏与教育的双重效果。手工活动与儿童游戏活动结合起来主要有三种形式:一是可以在游戏环境中进行手工操作;二是可以用游戏的形式来开展手工活动;三是可以将手工活动的成果作为游戏的道具。

5. 正确评价幼儿的手工作品

学前儿童手工教学的评价是学前儿童手工教学的一个重要环节,由于幼儿手部肌肉发育不成熟,有可能在最初只被他们当做把玩的游戏材料,他们的手工作品不可能像成人作品那样精美。因此教师在评价幼儿的手工作品时,应了解并倾听幼儿手工创作的想法与感受,领会并尊重幼儿的创作意图,对于幼儿作品中显示的独特想象力和个性特征,应表示尊重与认可,因为其在题材、方法、表现效果上的差异和多样性是可贵的。在学前儿童手工制作评价过程中,教师应及时发现问题,及时调整教学方法和支持指导方式,而不应该只是简单地评价最后的成品。评价应该是激励手段,而不是评判,教师不可简单用"像不像""好不好"等成人标准来评价幼儿的作品,应用欣赏的态度赏识每一件作品,激励幼儿进步,帮助幼儿树立自信心。

6. 关注幼儿学习品质的培养

学习品质是指个体在学习活动中表现出来的、影响学习效果的稳定的心理倾向或个人特征。学习品质不是指学习者所要获得的具体学科或发展领域的知识技能,而是指学习者以怎样的学习态度、方式和效率去获得具体学科或发展领域的知识技能,也就是中国人常说的"授人以鱼不如授人以渔",具体包括坚持、专心、细致、观察、反思等。

手工活动具有培养幼儿良好的学习习惯和行为习惯的教育价值,因此,教师应充分加以利用,在手工活动中既关注幼儿审美能力和创造能力的发展,同时关注一般教育意义上幼儿自身各种行为习惯、意志品质方面的发展。例如,在折纸活动中,幼儿学习识图后,尝试按步骤图自我学习,遇到困难向同伴或教师求助,自我调整后,完成折纸作品,并将工具材料收拾整齐,放回指定位置。

三、学前儿童日常手工教育活动

一日生活即教育,教师应将手工活动渗透到日常教育活动中,使幼儿园日常手工教育活动成为基本美术教育活动的补充和延伸。日常手工教育活动具有较强的游戏性,它给幼儿充裕的操作时间、充足的材料

和充分的自主性，因而能让幼儿处于一种积极的活动状态。日常手工活动对发挥幼儿的主体性，陶冶幼儿初步感受美的情趣，进而发展幼儿表现美、创造美的能力具有不可缺少的作用。因此，教师应将日常手工活动看成幼儿美术教育的重要组成部分，统筹安排，具体规划，将其常态化，成为一项经常性的教育活动。

一般而言，日常手工教育活动可以有美术区手工活动、日常环境布置活动、节日或游戏中所需要的服饰与演出道具的制作活动、日常手工欣赏活动、渗透于其他教育活动中的手工活动、家庭亲子手工DIY活动等。教师在组织这些日常手工教育活动时，可以采用小组活动和个体活动的形式，必要时也可以采用集体活动的形式。

（一）美术区手工活动

幼儿园的区域活动不仅可以为幼儿提供多样的、不同层次的手工活动工具材料，满足不同幼儿对手工活动的需要，使幼儿与工具材料互动更加灵活机动，为他们更好地进行手工活动提供平台；还可以弥补集体活动不足，便于教师进行个别教育，使每个幼儿都能有所提高。如：在手工教学中一般都会用到剪刀，但对初学的幼儿来说，剪刀的使用并不是很娴熟，所以，在活动前的区域活动时，教师就可以提前让幼儿接触剪刀，并教给他们剪刀的使用方法，为更好地开展手工教学活动打下基础。此外，在手工教学活动结束后，有的幼儿未能很好地完成自己的作品，还有的幼儿还想继续制作，为了满足孩子们更大的创作欲望，教师就可以将手工材料投放在区域活动中，让幼儿继续进行创作。

手工区域活动材料的摆放应为方便幼儿操作服务，教师可以按照不同材料分类摆放，并做好标识，便于幼儿整理、取放。

▲ 图 10-21　美工区手工活动

▲ 图 10-22　美工区手工活动
（大声艺术馆）

（二）日常环境布置活动

日常环境布置是幼儿美术活动与美化环境相结合的一种日常手工活动。在应用手工技能参与布置环境的过程中，幼儿可以体验到参与的乐趣和成功的喜悦，对于自己布置的成果，也会更加精心地爱护与珍惜，这对培养他们的主人翁精神有着重要的作用，同时也能真正让"环境布置儿童化""儿童是环境创设的主人"等教育理念落到实处。为此，教师要消除那种"幼儿作品粗糙、幼稚、不精致"以及认为幼儿参与环境布置是"帮倒忙"的错误观念，积极鼓励幼儿发挥自己的自主性和创造性，美化自己的生活、学习环境。对于日常环境布置，教师可以结合班级每一阶段的教育主题，组织幼儿制作相应的手工作品来进行，也可以把幼儿在日常手工活动中的作品进行艺术展示，从而起到装饰环境的作用。对于大班幼儿，教师还可以多鼓励他们自己独立地设计、制作和布置环境。

▲ 图 10-23　手工作品布置自然角

▲ 图 10-24　手工作品布置活动角

（三）渗透在其他领域教育中的手工教育活动

现在的教育课程提倡各个领域之间的整合，因此，教师在进行其他领域的教育活动时，要有整合观念。一方面，教师要充分挖掘活动中美的成分，将其作为手工活动的一种教育资源。另一方面，教师可以将手工活动作为一种手段来促进其他领域的教育，做到相辅相成。而在其他领域的教育活动中，手工活动也占很大的比重。如：科学领域中的活动"数的认识"，需要制作点子卡（图 10-25），教师就可以让幼儿亲自动手进行制作；社会领域中的活动"孝敬老人"，其目标要求幼儿能亲手制作礼物送给老人，这又会让幼儿动动自己的小巧手进行制作了。再如，在游戏活动中，服装店的商品都是幼儿的手工作品，有用编织方法制作的衣服（图 10-26），有用废旧材料制作的环保服装（图 10-27）等，这样，不仅使游戏开展得更加丰富有趣，也进一步扩展和深化了游戏主题。总而言之，只要教师在进行教育活动时设计合理，就能在任何领域的教育活动中为幼儿创造一个充分展示自己的空间。

▲ 图 10-25　语言区中的"阅读沙盘"

▲ 图 10-26　"服装店"与编织活动整合

（四）节日活动中的手工活动

节日活动能让幼儿美术能力和情趣得到充分展示的机会，教师应加以利用。幼儿园的节日活动通常以演出和游戏活动为主，在这些活动中，教师可以充分发挥幼儿自主性，发动幼儿按照意愿自己制作并装饰简单的演出服饰、道具、游戏材料，装饰、布置节日环境，甚至给小演员装扮等，让幼儿参与其中。当操作活动结束后，教师可带领幼儿欣赏自己和同伴的作品，体验自己的手工能力得到充分发挥后的乐趣，使幼儿园的节日活动真正成为幼儿自己的活动。

▲ 图 10-27 铠甲战士装扮　　▲ 图 10-28 幼儿自制照相馆背景

（五）日常外出中的欣赏活动

除了以游戏的形式组织好手工教学活动之外，教师还应在其他的日常外出活动中有效渗透手工教学活动。幼儿园的外出参观、远足、散步等，是教师引导幼儿感受欣赏美的大好机会，可以帮助幼儿积累视觉表象，积累美的创作素材。教师可以带领幼儿接触博物馆、展览馆、商店、公园等地方，帮助幼儿在头脑中储存大量具有生成性和创造性的审美意向，同时感受美的事物带来的愉悦。如：在幼儿园组织的春游活动中，教师应充分挖掘优美的自然环境中所蕴涵着的宝贵教育价值。教师有意识地引导幼儿感受大自然的美丽景色，拉近幼儿与大自然的距离的同时，还可以利用周围的花草树木等引导幼儿进行制作。如：制作草帽、花环、柳笛等，让幼儿充分体验到制作的快乐。只要教师做一个有心人，就一定能抓住适宜的教育机会向幼儿进行手工教育。

（六）随机性的手工教育活动

日常生活中，教师要发挥自身的教育机智，抓住每一个契机，进行随机性的手工教育。如：幼儿的衣服、帽子，教师的胸针、围巾，新买的玩具等都可以作为随机欣赏的对象。

（七）亲子手工 DIY

亲子手工活动是幼儿园手工教育活动的辅助部分，也是家园一体化教育的重要组成部分。教师要让家长了解幼儿园的教育计划及幼儿园一日活动的内容，并积极引导家长参与到幼儿园的教育工作中来，并拓展到家庭的亲子活动中。家庭中的亲子手工活动，可以是结合幼儿园当前的手工教育活动所进行的一些延伸与扩展，也可以是家庭生活中所发生的、适合进行手工活动的事件。当幼儿感兴趣时，家长应及时地支持幼儿进行手工制作。亲子手工活动最大的价值就是幼儿与工具材料的互动方面，家庭投放的工具材料可以更加多样化，如：热熔枪、锯子等这些工具材料，幼儿园常因考虑到安全因素不敢投放，在家庭中由于是一对一的亲子互动，就可以让孩子在家长的帮助下操作工具，拓展工具材料的使用范围，其手工活动的内容也将更加丰富、更加生活化。

▲ 图10-29 生活中的欣赏活动

▲ 图10-30 亲子手工DIY

附录：
1. 大班手工活动：超级大眼镜
2. 中班亲子手工活动：创意便当

拓展阅读
大班手工活动：超级大眼镜

拓展阅读
中班亲子手工活动：创意便当

[思考与讨论]

1. 学前儿童手工的种类、基本造型规律有哪些？
2. 学前儿童手工发展有哪些阶段，各个阶段的指导要点是什么？

[实践与训练]

1. 尝试做一件手工作品，并谈谈你的想法，涉及的技能符合哪个年龄班幼儿的发展水平。
2. 去幼儿园观摩幼儿园手工活动，针对教师的环境创设、材料投放、指导策略、师幼互动效果等方面对手工活动进行评析；收集幼儿手工作品，并听听幼儿对作品的解读，尝试评价手工作品。
3. 学前儿童手工教学活动设计、模拟教学以及试教活动。4人组成一个项目实训小组，去幼儿园与幼儿园教师互动，根据实习园班级的课程背景及幼儿的实际情况，确定手工主题，完成手工教学活动的设计作业，并开展实习前的模拟教学与试教活动。

第十一章

学前儿童美术教育的评价

> **学习目标**
>
> 1. 举例分析学前儿童美术教育评价的指导思想和基本原则,初步树立科学的学前儿童美术教育质量观。
> 2. 掌握学前儿童美术教育评价的基本方法,明确学前儿童美术教育评价设计的基本思路,并能结合实际进行分析和反思。
> 3. 能初步运用所学的原理分析、评价学前儿童美术教育活动及儿童的美术作品。

> **内容概览**
>
> 学前儿童美术教育的评价是学前儿童美术教育课程的终点,又是下一个阶段课程的起点。本章系统阐述了学前儿童美术教育评价的指导思想和基本原则、方法与标准,为幼儿园一线实践提供了理论支撑。

> [问题情境]

在一次大班绘画活动"马路上的车"中,瑞瑞小朋友画了很多既像长方形又不像长方形的车,这些车无规则地行驶在马路上,开车的司机个个面目狰狞,车之间和马路边站着歪歪斜斜的人,有人双手捂着耳朵,有人飞在半空中,天空一片乌黑。老师让他自己来说说自己的画,他说:"一次和奶奶过斑马线,一辆很大的车突然喇叭大叫,并从奶奶的身边飞快地开过,奶奶吓得摔倒在地上,后来我们都很怕过马路了。你看,路上好多车,有些车开得好快好快,把人们吓得站不住了,还有人被吓得飞到天上呢,希望以后司机们车能开慢一点,要遵守交通规则……"老师耐心地听着,并肯定了瑞瑞的想法,可晚上回家后,爸爸看到他的画,问他:"你怎么回事,别的都画得好好的,怎么那个太阳是黑色的?"妈妈也过来说:"哎呀,你怎么把人和汽车都画到树上去了?"……第二天,瑞瑞来到幼儿园就把自己的画撕了,老师问他怎么了,他一直不肯说……

学前儿童美术教育评价是有目的、有系统地对学前儿童美术能力发展和学前儿童美术活动进行客观了解的过程,其目的是为进一步更好地开展和指导美术教育活动提供依据。通过评价和反思,可对学前儿童未来的发展作出预测,并进一步制定出新的教育目标和相应的教育方案。学前儿童美术教育活动评价包括两个方面:一是对学前儿童美术能力发展状况的评价;二是对学前儿童美术活动的评价。

第一节 学前儿童美术教育评价概述

一、学前儿童美术教育评价的目的

《纲要》明确提出:"教育评价是幼儿园教育工作的重要组成部分,是了解教育的适宜性、有效性,调整和改进工作,促进每一个幼儿发展,提高教育质量的必要手段。"

学前儿童美术教育评价的作用大致有两个方面:其一是可以满足教师、课程专业人员、幼儿园行政管理人员以及其他负责课程编制人员的需要,以便通过课程评价,检验或完善原有的学前儿童美术教育课程,或者开发和发展新的美术教育课程。其二是可以满足幼儿教育政策制定者、幼儿园行政管理人员以及社会其他成员获得教育方面信息的需要,以便科学管理课程,正确制定出影响课程的各种决策。

由于课程评价具有诊断功能,因此,它常常被用于及时发现课程中所存在的问题,并以此为依据,调整和改进课程,使原有的幼儿园课程更为完善;或者从根本上改革课程,开发和发展新的幼儿园课程。作为编制课程的教师、幼儿园课程专业人员、幼儿教育行政管理人员或者其他课程编制人员,有可能通过课程评价的过程,提高课程编制的水准,从而更有利于原有课程的完善或新课程的开发和发展。

学前儿童美术教育的评价是一种整体的评价,不仅包括对儿童美术教育学习结果和儿童美术发展状况的测量和评价,还包括对美术教育活动中教师的活动设计、活动组织、活动指导和活动效果的评估。学前儿童美术教育评价应达到如下几个目的。

(一)诊断目的:了解学前儿童当前的发展水平

通过评价,教师了解幼儿当前的水平,包括他们的美术能力水平和美术活动过程中的身心发展水平。《纲要》中指出,通过"了解幼儿的发展需要,以便提供更加适宜的帮助和指导""全面了解幼儿的发展状况,防止片面性,尤其要避免只重知识技能的掌握,忽略情感、社会性和实际能力倾向"。根据评价的结果,教师可以总结出学前儿童美术发展的规律和一般特征,为今后设计美术教育活动提供依据。

（二）调整和改进目的：对过去的美术教育进行反思

通过对学前儿童美术教育的评价，教师可以及时发现美术教育过程中的新问题、新情况，验证教师制定的美术教育目标、选择的美术教育的内容、活动的组织过程等是否符合儿童的年龄特点、发展水平，从而对教育活动的各个环节作出反思，总结出成功的经验和失败的教训。

（三）发展目的：促进儿童美术能力的发展

对美术教育进行评价的根本目的是促进儿童美术兴趣和能力的发展。美术教育的发展有赖于学前儿童美术能力和美术教育质量的提高。经过对学前儿童美术能力及美术活动的评价和反思，教师还应根据对学前儿童以往发展水平的了解和自己的教育知识与经验来预测儿童未来的发展，并进一步制定出新的教育目标以及与之相适应的教育方案，更好地促进美术教育的发展。

二、学前儿童美术教育评价的内容

学前儿童美术教育的评价内容包括两个方面：一是对学前儿童美术能力发展状况的评价，包括两个内容：①评价学前儿童美术活动的过程；②评价学前儿童美术作品。（详见本章第三节"学前儿童美术能力发展评价"）二是对学前儿童美术活动的评价，包括对美术活动目标、内容、活动过程和活动效果等方面的评价。（详见本章第二节"学前儿童美术教育活动的评价"）

三、学前儿童美术教育评价的原则

一直以来，幼儿园美术活动中评价的主体是教师，而幼儿则是被评价者，且作为评价的客体常处于被动地位。幼儿教育的重要资源和作为合作者的家长，也长期被置于评价主体之外。幼儿、教师、管理者、教育专家、家长等多主体共同积极参与、交互作用的评价仍停留在理念层面。以往教师常常以自己的意见为主，独自决定幼儿作品的好坏与优劣。教师往往扮演"裁判者"，唱独角戏。虽然有时教师也让幼儿参与评价，但由于平时缺乏这一方面能力的培养，幼儿评价基本处于走过场状况。这就导致评价主体多元、多向的价值，尤其是幼儿自我评价的价值未得以实现。

在美术活动中，教师往往依据主观猜测和经验，进行预定的教学设计并组织教学，从而导致幼儿在活动中积极性不高，真正意义上的师幼互动很难发起，教学的有效性大打折扣。同时，由于缺少对幼儿美术活动过程中的评价和指导，幼儿得不到及时的点拨，导致评价在激发幼儿兴趣、灵感、开阔幼儿思维、大胆表现自我以及以评价促发展的功能无法真正实现。

我们认为学前儿童美术教育评价应该遵循以下原则。

（一）客观性原则

美术教育评价的客观性原则，是指进行评价必须把握美术教育和美术教育评价的客观规律，实事求是，以客观事实为依据，从客观实际出发获取真实信息，依据科学的标准，对美术活动的过程和结果进行分析判断。

贯彻美术教育评价客观性原则，要求评价者做到以下几点：

（1）确定评价指标必须符合评价的目的要求，反映被评价对象的本质特征。

（2）评价标准要合理，评价者要正确理解和把握评价标准，克服主观随意性和感情因素的影响。

（3）评价方法的选择要与评价内容的性质相适应，多种方法相结合。这样，才能使评价信息的收集更为全面准确，评价结论更为可靠。

（二）激励性原则

美术教育评价的激励性原则，是指评价应促使被评价对象形成继续努力或在进一步的活动中克服不足之处，增强提高活动的动机或期望。这是由美术教育评价要激励评价对象前进、促进其发展的目的所决定的。

贯彻美术教育评价的激励性原则，要求评价者做到以下几点：

（1）要使美术教育评价过程及其结果客观、公正、准确。

（2）制定美术教育评价目标和具体标准时要从评价对象的实际出发，充分考虑评价对象的客观环境和条件，不要过高或过低。

（3）要求评价的实施者注意评价对象个体的心理状态，了解并尊重评价对象的意见，及时反馈评价结果，以激发评价对象在进一步的受教育过程中保持优势、克服不足之处的动机和行为。

（三）实效性原则

美术教育评价的实效性原则，是指评价要有实际作用，即要有指导美术教育实际、改进工作的效用。美术教育评价活动，如果不能帮助被评价对象找出工作或学习中的问题，并对其改进提出有价值的帮助，那么这种评价就不具有现实意义。

[思考与讨论]

我国学前儿童美术教育评价存在哪些问题？

[实践与训练]

去幼儿园观摩美术教育活动，重点观察教师是如何评价幼儿的美术学习过程和幼儿作品，或调查幼儿园美术教育评价的方式方法，结合"学前儿童美术教育评价的原则"，写一份观察或观察报告，说明其美术教育评价的科学性和适宜性。

第二节　学前儿童美术教育活动的评价

《纲要》指出："教育工作评价宜重点考察以下方面：（一）教育计划和教育活动的目标是否建立在了解本班幼儿现状的基础上。（二）教育的内容、方式、策略、环境条件是否能调动幼儿学习的积极性。（三）教育过程是否能为幼儿提供有益的学习经验，并符合其发展需要。（四）教育内容、要求能否兼顾群体需要和个体差异，使每个幼儿都能得到发展，都有成功感。（五）教师的指导是否有利于幼儿主动、有效地学习。"在评价学前儿童美术教育活动的时候，我们要参照以上五项指标。

一、评价标准

为了使学前儿童美术教育活动评价真正起到促进作用，评价时首先要确定评价的标准。美术教育活动评价标准的制定，对幼儿园的管理工作以及教师的自我调整、自我提高具有指导性作用。具体包括以下几个因素。

（一）美术教育目标

美术教育目标是制定美术教育活动评价标准的主要依据。制定美术教育活动评价标准的第一步就是要对美术教育目标进行恰当的分解，以便制定出切实可行的评价标准。

（二）实际情况

因为不同地区、不同幼儿园、不同班级的教师、幼儿及环境、物质条件是各不相同的，所以在制定美术教育评价标准时不要单纯追求统一的标准，忽视实际情况，否则会挫伤教师与幼儿活动的积极性。

（三）具体操作

美术教育活动评价标准最终必须具体化，成为便于操作的评价工具。在评价工具中，各项评价标准要切合实际，不能要求过高。评价标准应尽量具体，描述明确，为操作者所理解和接受，否则就失去了存在的意义。

二、评价内容

美术教育活动的过程如何，既是体现幼儿能力发展水平的标志，也是评价教育者对美术活动组织质量的一个标志。这里将从改进教育工作的目标出发，主要针对教师的行为表现来谈学前儿童美术教育活动的评价。评价教师在美术教育活动中的行为可以从以下几方面着手。

（一）活动目标

设计的目标是否明确，结构是否合理，内容是否为幼儿所理解、所接受，方式方法是否具有独创性。活动目标是指教师期望通过活动达到的教育结果。评价活动目标应从两方面入手：一是活动目标与分类目标、年龄目标以及总目标的联系是否紧密一致；二是活动目标与本班幼儿的实际情况是否相适应。判断活动目标是否合理，一定要结合上级目标和本班幼儿的实际情况。

（二）活动内容和工具材料

活动内容和工具材料与活动目标是相互联系、相互影响的，因此，在评价活动内容和工具材料时，必须考虑相关的因素，从活动的整体效果来评价各个因素存在状况的合理性。活动的工具材料的准备要充分，并且要根据美术活动的主题准备相应的工具材料。各种绘画材料都有其不同的用法和不同的风味、特性。具体来说，要重点考察以下三个方面：

(1) 活动内容是否与活动目标相一致。
(2) 活动内容和工具材料与活动目标是否相适宜。
(3) 活动内容的组织安排是否突出重点，突破难点。

（三）活动准备

活动准备主要包括知识经验准备与物质材料准备。具体来说，包括教师有没有熟悉活动内容，了解幼儿的知识水平与技能水平的高低，了解幼儿一般水平和个别差异，对活动所需的材料、工具、场地因素的考虑是否充分等。

（四）活动过程

一是活动组织：包括教师能否发挥和调动大多数幼儿的活动积极性、主动性，教师能否有次序地执行教育活动的计划，教师能否灵活地根据幼儿的实际情况调整活动目标与计划等。

二是活动指导：主要包括讲解演示是否准确熟练、生动清晰；是否了解幼儿的活动意图，帮助他们实现自己的构思；是否通过提问等手段有效激发幼儿感受美、体验美、创造美的兴趣和积极性；是否适时适宜地给予幼儿帮助，做好个别指导工作等。

(五)活动效果

活动效果主要看活动中幼儿的情绪是否愉快,注意力是否集中,是否坚持完成作品,完成作品的积极性、主动性如何,幼儿作品质量如何等。

活动过程和活动效果的具体评价指标请参考表11-1,其中"二级参考指标"体现了儿童的能力或表现的等级。

▲ 表11-1 学前儿童美术活动过程评价指标一览表

评价项目	二级参考指标
兴趣与情感	1. 拒绝参加美术活动或对美术活动无动于衷 2. 活动前犹豫不定,活动中企图放弃或张望别人在做什么 3. 愉快地从事美术活动,活动中自然地流露出愉快之情 4. 自觉从事美术活动,投入极大的热情,完全沉浸在活动之中
构思	1. 只有动作活动,没有作品创造,表现在随意摆弄工具材料 2. 先动手后构思,由动作痕迹出发,想到什么画(做)什么 3. 构思局部内容,完成后再构思下一步内容 4. 积极构思,并在操作前能事先构思好 5. 围绕着构思进行创造
主动性	1. 在教师的要求下进行活动 2. 别人做什么,自己跟着做什么,完成作业 3. 由特定材料引发,开始进行美术活动 4. 由自身兴趣和愿望支配,自觉进行美术活动
专注性	1. 不能最终完成,中途改变或停止活动 2. 需要鼓励才能完成活动 3. 中途偶尔离开,但还能回来,直到活动结束 4. 能在本年龄段幼儿一般可持续的时间内从事美术活动、表现出与年龄相符的坚持性 5. 能较长时间从事已经选定的美术活动内容,不受外界影响自始至终完成作业
熟练程度	1. 使用工具笨拙有误,只能重复动作,不能最终完成作品 2. 能正确使用工具材料,但笨拙、操作迟缓,准确性差 3. 掌握工具材料的使用方法,动作平稳,但不够准确,作品质量较好 4. 掌握工具材料的使用方法,姿势正确,操作动作连贯、准确、作品质量好
独立性	1. 接受并在他人帮助下完成作品 2. 模仿他人完成自己的作品 3. 主动请教别人,考虑别人的意见和建议,自己完成作品 4. 自己决定活动主题和内容,拒绝别人干涉,独立解决问题并完成作品
创造性	1. 只能按照别人的造型、式样、方法、技能进行模仿 2. 重复学习过的造型、式样、方法、技能进行操作 3. 重复新组织学习过的造型、式样、方法、技能进行创作 4. 能与众不同地进行构思,利用学习过的方法和技能进行多种造型的美术活动
常规	1. 只能完成局部内容,作品半途而废 2. 想到什么做什么,作品有缺陷,能在教师和同伴的提醒下整理美术活动的工具材料,但效果差 3. 美术活动步骤欠合理,发现后能主动纠正完成作品,能在教师和同伴的提醒下整理好工具材料 4. 按顺序有条理地完成作品,并能主动整理好工具材料

【来源:汝茵佳主编:《幼儿园美术教育活动指导》,人民教育出版社2011年版】

评价标准和内容确立了之后,评价者就要着手拟定评价方案,也就是评价工具。由于美术教育活动评价的具体目的、内容、评价者有所不同,在实际评价过程中,收集评价资料的方法、选择的评价工具以及分析、研究的工作方式也各不相同。所以在设计美术教育活动的评价方案时,我们必须综合考虑相关的因素,针对具体的目的、需要、条件来制定评价方案和选择、设计评价工具。下面提供一个参考的案例,教师可以根据本班幼儿的实际,制定出更加适宜的评价方案。

案例 11-1

学前儿童美术教育活动评价的设计方案(参考)

▲ 表 11-2 幼儿美术作品评价记录

作品名称_____ 班级_____ 日期_____

姓名	构图				造型				色彩				创意			
	1	2	3	4	1	2	3	4	1	2	3	4	1	2	3	4

▲ 表 11-3 幼儿美术作品评价记录

姓名_____ 班级_____ 日期_____

作品名称	构图				造型				色彩				创意			
	1	2	3	4	1	2	3	4	1	2	3	4	1	2	3	4

表 11-2 通过记录该群体幼儿同一作品中在构图、造型、色彩、创意四方面的情况,可以了解这一群体幼儿的一般水平和个体之间的差异,使教师在教学中做到心中有数。这种评价资料积累了很多以后,经过整理,可以总结出学前儿童美术能力发展的一般趋势和规律。

表 11-3 通过记录幼儿个体许多幅作品中造型、构图、色彩、创意四个方面的情况,纵向比较该幼儿在美术活动中美术能力的发展情况,为进一步教育提供依据。

▲ 表 11-4 幼儿美术活动综合评价记录

活动名称_____　时间_____　地点_____
班级_____　教师_____

	原始情况		分析评价
活动目标			
活动内容			
工具、材料			
活动过程	教师表现	组织	
		示范讲解	
		指导	
	幼儿表现	情绪	
		注意力	
		积极性	
		作品情况	

表 11-4 是在分析原始资料后进行的评价。本表可用于领导和同事对执教教师的评价,也可用于执教教师的自我评价。通过将评价意见反馈给执教教师,并与其一起探讨存在的问题与解决方法,或是执教教师将自我分析、评价的结果向领导或教研组汇报,并征求他人的意见和建议,也可作为教师个人工作资料的积累,以备后用。

三、教师的评价行为

评价作为一种价值评判过程,对教育教学具有监控、反馈和调节的功能,是教育教学必不可少的一个环节。《纲要》就明确提出了实施发展性评价的要求:"教育评价是幼儿园教育工作的重要组成部分,是了解教育的适宜性、有效性,调整和改进工作,促进每一个幼儿发展,提高教育质量的必要手段。"教育评价也"是教师运用专业知识审视教育实践,发现、分析、研究、解决问题的过程,也是教师自我成长的重要途径。"评价改革作为学前教育课程改革的重要组成部分,一直以来处于相对滞后的状况,美术活动的评价也不例外。但从教师的实际教学行为来看,美术活动的评价获得了教师的广泛认同,并成为自觉实施频次最高的行为。

拓展阅读
教师的评价行为存在的问题

(一) 教师的评价行为存在的问题

剖析目前教师美术活动中的评价行为存在的问题,对于将发展性评价的理念转变为教师的具体教学行为、提高教师专业化水平、实现美术教育对幼儿终身可持续发展的内在价值具有现实的意义和作用。主要有以下几方面:

(1) 实施评价的目的出现偏差。
(2) 评价标准划一,忽视幼儿发展的个体差异。
(3) 评价内容片面,发展性功能未能全面实现。
(4) 评价方法单一,不能反映评价对象的真实发展状况。
(5) 评价主体缺失,被评价者处于消极的被动地位。

（6）注重对结果的评价，忽视过程性的评价。

（7）评价语言不艺术，缺少激励性。

（二）正确的评价行为

1. 树立正确的美术活动评价观

（1）以评促发展的发展观。教育的意义在于引导和促进幼儿的发展和完善。评价作为教育过程的一个环节，其目的应与教育目标一致。评价不仅应考虑幼儿的过去，重视幼儿的现在，更应着眼于幼儿的未来；还应更多地体现对幼儿的关注和关怀，通过不断收集每个幼儿发展过程中的信息，根据幼儿的具体情况，判断其存在的优势与不足，从而在此基础上提出具体的、针对性的改进建议。教师通过评价，不仅要达到教育培养目标的要求，更要发现幼儿的潜能和特长，帮助幼儿认识自我，建立自信，快乐全面地成长。在此过程中，教师也可以通过不断地反思实践，改进教学，获得自我成长，体验职业生涯的快乐。

（2）科学的幼儿美术教育价值观。幼儿美术活动的最终目标是要培养幼儿的审美能力，发展幼儿的智力和创造才能，促进幼儿认知、情感、能力、个性诸方面的有效发展。这与培养幼儿对美术活动的兴趣，传授简单的美术知识和技能，培养初步的表现力的基本目标并不矛盾。两者好比渡船与过河的关系：到达河的对岸是最终目的，而渡船是过河的工具，是为过河服务的。因此，在幼儿美术教育中，教师的首要目标是帮助幼儿借助美术这一载体顺利地表达自己的想法、情感，然后在此基础上，根据幼儿已有的基础及兴趣爱好，提出美术的知识技法及想象创造的进一步要求。教师在美术活动中的评价行为应以美术活动的最终目标为出发点，评价中既不能只强调美术技能技巧，也不能不要技能技巧。当评价出现矛盾冲突时，教师应把培养幼儿的绘画兴趣、想象力和创造力、促进人格的全面发展作为重要的判断指标。

2. 把握幼儿美术活动的年龄特点

（1）美术活动是幼儿表达自我的"一百种语言"之一。人自降生到这个世界，就具有了社会的属性，每个人都有表现自我和与人交流的需要。幼儿虽然尚不能自如地运用语言文字与人沟通，表达自我，但他们有自己的"一百种语言"。心理学家发现：美术是比语言文字更早被儿童用以认识事物、表达思想、抒发感情、想象和创造自己世界的一种有效途径，它更是儿童、特别是学前儿童自我表现的一种重要方式。虽然学前儿童的这种表达技能无法与成人世界接轨，在色彩、造型上有时无法还原真实的世界，但却是他们独特视角的反映，是他们童真、童趣和独特个性情感的表达和表现。

（2）美术活动是幼儿获得快乐和自我满足的重要过程。追求快乐和获得自我满足是人的本能，也是人追求一切目标实现的内在动力。童年期也是游戏期，获得快乐和自我满足是幼儿游戏的直接目的。幼儿从事美术活动没有任何功利性，仅因为"创作"的过程或形象、色彩的变化结果能让他们感受到情感的满足和情绪的宣泄，由此带来身心的愉悦和成功的自信。

（3）美术活动是伴随幼儿主动建构的实践过程。幼儿美术活动是在幼儿生活经验的基础上，通过视觉形象的塑造，激活思维，引起情绪、情感共鸣，产生美感萌芽的一种活动。为了表现与创造，幼儿不断地对自己的已有经验进行着筛选、比较和加工，同化和顺应心理活动交替进行着，伴随着艺术与各领域的连接和沟通，幼儿积极主动地建构着自己的知识结构。随着美术活动的反复进行，不断深入，幼儿对外界事物的认识不断加深，感受美、表现美和创造美的能力不断提高。

3. 注重评价内容全面、多元，关注幼儿发展的个体差异

教育的终极目标是培养全面发展的人，不仅是未来社会的合格公民和人才，还应是一个有能力追求幸福生活的个体，通过教育学会做人、学会做事、学会合作、学会学习，幼儿美术教育的目的也在于此。因此教师在对幼儿美术活动进行评价时，应注重评价内容的全面、多元化。具体说来，教师在对知识技能方面的评价上应包括构思、造型、艺术材料运用、构图、表现、着色等指标；在情感、态度与价值观的评价上则应注重对

幼儿活动中的兴趣性、主动性、自信心等；而对学习过程与学习方法的评价就应包括幼儿活动的持久性、习惯、表现方式、创作偏好等。

评价内容的全面、多元化能帮助教师从多个角度去了解幼儿，发现幼儿各自的长处，从而让每个幼儿都获得成功的体验，在自尊、自信中快乐地成长。当然，为了保证将评价内容和评价标准落到实处，教师还必须通过实践和探索将各项评价内容进行分解，概括关键要素，提出评价的具体指标，以增强评价的可操作性、有效性和一致性。

4. 综合运用多种评价方法，促进幼儿富有个性的发展

评价的全面性、过程性和注重儿童发展的个体差异性等新的评价理念要求改变原有的评价手段单一的现象。同时，任何一种教育评价方法都不可能是万能的，每一种评价方法都有自己的适用的范围和局限。因此，教师在进行美术活动评价时，应注意综合运用多种评价方法，把定性方法与定量方法，自评与他评，结果评价与过程评价，诊断性评价、形成性评价与终结性评价相结合，根据不同的情境和要求及教师与幼儿的实际情况，运用不同的评价方法，促进幼儿的个性发展。在评价前，教师应通过多种活动了解每个幼儿发展的基本情况，做到心中有数；在评价时，教师应注意广泛收集信息，既包括对幼儿在美术活动中当时表现出来的行为水平，也包括对幼儿的活动成果或作品的观察和评价，使评价不局限于幼儿在美术教学活动中的表现情况。只有这样，教师才能真正做到淡化幼儿之间的评比（相对评价），实现幼儿的纵向比较（个体内差异评价）与课程标准的比较（绝对评价），强调在多种比较中客观地了解幼儿内心的真实感受，坚持评价的结果是现在的、暂时的，通过评价帮助幼儿正确地认识自我和悦纳自我。

教师在实施评价的过程中还应关注评价获取信息的信度、效度及评价的实际作用，使评价真正起到促进幼儿成长和教师发展的实际作用，克服"走过场"的现象。

5. 评价主体多元化，充分发挥各方的主动积极性

《纲要》和《指南》重视引导幼儿走入社会和自然中去探究和体验，观察生活中美的因素，启迪幼儿绘画创作的灵感，强调充分发挥幼儿园、家庭、社会等各方面对幼儿绘画活动的影响，培养幼儿的审美情趣。如今，倡导发挥被评价者本人在评价中的主体作用成为现代教育评价的发展趋势。幼儿虽年龄小，经验少，需要成人关心照料之处很多，但依然是独立个体的人，主体精神的培养应从小开始。因此，教师在幼儿美术活动评价中，应改变过去教师唱独角戏、幼儿被动接受评判的状况，充分发挥家长、幼儿的主动积极性，通过共同"协商"达成评价结论。评价主体的多元化优势在于：一方面可以从多个方面、多个角度进行评价，保证评价更全面、更客观、更科学；另一方面，使评价各方处于一种主动的积极参与状态，有利于教师、家长、幼儿不断地对自己的教育活动和学习活动进行反思，对自己的活动进行自我调控、自我完善、自我修正，从而不断提高教育的质量和效率。

教师在具体实施过程中，首先应让参与评价的多主体明确评价的标准、内容与要求，并给予相应的指导。例如，家长对幼儿进行评价，应主要集中在幼儿在家中的美术活动兴趣、习惯及学习态度、学习方法的观察和评价上；幼儿之间的互评也要有明确的评价内容和评价标准，在幼儿的互评中教师则应着重引导幼儿关注他人的长处和优点，进而改进自己的行为。其次，教师还应创造条件使评价的多个主体都从中受益。如让幼儿进行自我评价，目的是培养幼儿的自我评价、自我反省与自我监控能力；让幼儿对同伴进行评价，目的是让幼儿在清楚地认识到自己的优势和不足的基础上，提高批判性思维能力，并学会交流、合作与分享；而让家长参与评价，能够让家长清楚地了解孩子的学习情况与成长过程，教师也能从家长那里得到更多有关幼儿发展的信息，从而更有针对性地对孩子进行教育。

6. 评价与教学融合，实现评价的过程性、动态化

在新的评价理念下，教师对美术活动的评价应是伴随着教学并与之发生持续的相互作用的，即教学以评价为基础进行设计和实施，教师根据观察和评价调节教学，促进幼儿审美能力的全面发展。这就要求教

师对幼儿美术发展的评价不仅关注结果,更关注过程,即通过对幼儿发展过程的关注和引导,在一定的目标导向下通过评价改进教学,不断促进幼儿的发展。同时,也只有过程性、动态化的评价才可能使幼儿在一定程度上按照自己的学习进度学习,这也就决定了评价必须与课程相融合。评价既是辅助教学的手段,又是教学活动的重要组成部分,贯穿其中的每一个环节。评价要求教师首先要认真实施教学前的诊断性评价,客观地了解幼儿的心理准备状态,并充分考虑到幼儿的生活经验和实际需求,让幼儿成为活动的设计者,对美术活动产生浓厚的兴趣;其次,在教学实施过程中,将美术活动指导与评价结合起来。幼儿的发展离不开教师的指导,当幼儿进行艺术创作和表现,而又缺少一定知识技巧时,教师的指导和介入是最适时和最有效的,但这种指导应是以评价为基础的,是评价的深化与升华,应重点指出幼儿发展变化的优势及不足,并在此基础上对自己今后的教学和幼儿的发展提出具体、合理的改进意见,将评价的过程性真正落到实处。关注每个幼儿的发展是教师的责任,促进每个幼儿的提高是教师的艺术。教师只有善于通过评价不断反思自己的教学过程,不断总结经验,改进教学,提高自身善于观察、发现、适时指导的艺术,才能更快地提高自身的专业化水平。

7. 评价语言生动恰当,体现激励性和发展性

美术活动评价是提高美术活动质量的手段,幼儿处在"镜像自我"的阶段,对外界的评价很敏感,往往将成人的评价作为认识自己的重要依据。有研究表明,经常受到表扬和激励的幼儿,能较好地悦纳自我,增强做事的自信心;反之,则易产生自卑心理。因此,教师在美术活动评价中,应注重评价的语言艺术,通过评价既能激发幼儿绘画的兴趣和积极性,发现自己的能力和才干,体验到成功的快乐;又能认识到自己的不足,明确今后应当努力的方向。具体说来,评价首先要基于教师对幼儿的了解,通过观察、对话,理解和发现幼儿独特的创意、个性化的表现方法和表达形式。特别是当幼儿的作品"离谱"的时候,教师应站在幼儿的视角去试图理解其意,并当幼儿本身也不能清楚表达自己意图的时候,善意地给予诠释。在进行评价时,教师则要注意根据幼儿的不同年龄采取不同的表达方式,总而言之,无论对哪个年龄段的幼儿,教师都应善于发现每个幼儿活动过程中表现出来的闪光点和不同点,从多种角度开展评价,而不仅仅局限于美术技能的评价。教师可以用肯定赞赏的语言为他们鼓劲,给予每一位幼儿以激励性的评价,激发其继续大胆作画的欲望和热情;同时又要准确把握、及时发现幼儿的不足,通过改进自身的教育教学方法或制定个别化教育方案促进幼儿能力的进一步提高。请教师记住:永远不要对孩子说"你错了",因为艺术是无对错的。

[思考与讨论]

如何评价一次学前儿童美术教育活动才更为科学和合理?

[实践与训练]

1. 参考本节的"表11-1学前儿童美术活动过程评价指标一览表"和"教师的评价行为",观摩幼儿园的美术教育活动,对其开展过程进行评价,并撰写评价报告。

2. 参考本节的"学前儿童美术教育活动评价的设计方案(参考)",尝试设计一份学前儿童美术教育活动评价方案。

第三节 学前儿童美术能力发展评价

对学前儿童美术能力发展状况的评价一般包括两个方面:一方面是评价学前儿童美术教育的活动过程,另一方面是评价学前儿童的美术作品。《纲要》强调:"幼儿的行为表现和发展变化具有重要的评价意义,教师应视之为重要的评价信息和改进工作的依据。"所以,我们在评价的时候,应该重点评价幼儿的美术活动过程及其作品。《纲要》的艺术领域指出:"幼儿的创作过程和作品是他们表达自己的认识和情感的重要方式,应支持幼儿富有个性和创造性的表达,克服过分强调技能技巧和标准化要求的偏向。"《指南》的艺术领域也明确提出:"幼儿对事物的感受和理解不同于成人,他们表达自己认识和情感的方式也有别于成人。幼儿独特的笔触、动作和语言往往蕴含着丰富的想象和情感,成人应对幼儿的艺术表现给予充分的理解和尊重,不能用自己的审美标准去评判幼儿,更不能为追求结果的'完美'而对幼儿进行千篇一律的训练,以免扼杀其想象与创造的萌芽。"教师应"尊重幼儿的兴趣和独特感受,理解他们欣赏时的行为",也要"了解并倾听幼儿艺术表现的想法或感受,领会并尊重幼儿的创作意图,不简单用'像不像'与'好不好'等成人标准来评价。"基于以上要求,我们必须要建立一套科学、合理的学前儿童美术能力发展评价体系。

一、对学前儿童参与美术活动过程的评价

学前儿童参与美术活动过程是儿童从某一艺术表现的构思到完成作品的过程,其中既有内部的心理活动,又有外部的行为表现,这两方面在实际活动中融为一体。通过观察学前儿童美术活动中的行为表现,记录和整理后作出评价解释。

表11-5是从构思、主动性、专注性、创造性以及操作的熟练性等方面对学前儿童的美术过程开展评价的参考标准。其中,"二级等级指标"由1到4体现了从高级到低级的水平和能力的差异。

▲ 表11-5 学前儿童美术的活动过程评价表

一级指标	二级等级指标
构思方面 构思方面是观察和评价学前儿童是否能在创作之前预先想好创作的主题和内容的标准	1. 事先构思出主题和主要内容,动手之后围绕构思进行创作 2. 预想出局部内容,完成一项后再作新计划 3. 动笔后构思,由动作痕迹出发,想到什么画什么 4. 只有动作活动,没有形象创造,表现为在纸上随意涂抹或反复玩泥、撕纸
主动性和兴趣性方面 主动性和兴趣性方面是观察和判断学前儿童是否主动发起、是否情愿投入美术活动,在活动中是否有热情,感到愉快和满足的标准	1. 自觉从事美术活动,对美术活动投入极大的热情,完全沉浸在活动中 2. 欣然从命,愉快地从事美术活动 3. 活动前犹豫不定,活动中企图放弃或张望别人做什么 4. 在成人的要求下勉强进行美术活动
专注性方面 专注性方面是观察评价学前儿童对美术活动的注意集中与持久程度的标准	1. 能较长时间地持续从事已选定的活动,不受外界影响 2. 能在同年龄幼儿一般可维持的时间内持续从事活动,中途偶有离开的现象发生,但还是能坚持到活动完成 3. 需要鼓励才能把活动进行完毕 4. 活动中途改变或停止活动
创造性方面 创造性方面是判断学前儿童在美术活动中是否具有独创表现意识和能力的标准	1. 别出心裁地构思与利用材料进行造型 2. 重新组织以前学过的造型式样、方式和技能进行造型 3. 重复以前学过的造型式样、方式和技能进行造型 4. 只能按教师当时示范的造型式样、方法和技能造型
操作的熟练性方面 操作的熟练性方面是判断学前儿童从事美术活动的动作是否灵活、准确的标准。这与儿童的年龄大小、美术能力的发展及兴趣有关	1. 掌握工具姿势正确、轻松,操作动作连贯、迅速、准确,作品质量好 2. 掌握工具姿势正确,操作动作平稳,但欠准确,中途修改,作品质量较好 3. 掌握工具动作正确但笨拙,操作动作迟缓、准确性差,有失误不知修改,作品显得粗糙 4. 掌握工具的姿势笨拙有误,只有重复性动作,不能完成作品

【以上评价表改编自公开出版的几种教材,详见后附的参考文献】

二、对学前儿童美术作品的评价

美术作品是学前儿童美术教育的结果,它清晰地反映学前儿童的美术能力。作品是静态的,教师可以长时间反复地分析一幅作品或将不同的作品放在一起对照并比较,因此学前儿童美术作品分析是一种简便易行的评价方法。

在对学前儿童美术作品的评价上,罗恩菲尔德和潘元石先生都给出了自己的评价指标。

现代幼儿美术教育的价值在于培养、提高幼儿的审美素质,最终促进幼儿人格的和谐发展;让幼儿充分体验美术活动的乐趣,从中得到有效的审美素质教育,最终促进幼儿"审美型"人格的形成。儿童美术教育的目的,是由儿童美术教育的价值所决定的,价值对于目的的影响是巨大的。儿童美术的教育的过程,又贯穿着对儿童绘画作品的评价,如何欣赏和评价儿童绘画,无论是对成人或儿童都应该加以重视。教师要评价、欣赏儿童绘画首先应该了解、理解儿童的各个方面的特点。不要用成人画的审美观来要求儿童画,以成人画的标准评价儿童画,要站在儿童的立场来看待儿童画。成人的态度和评价对儿童会有相当的影响。如果评价不好,可能会打击、挫伤儿童绘画的积极性。

拓展阅读
对学前儿童美术作品的评价

怎样才能更好地评价学前儿童的绘画作品,发展他们的审美能力呢?可以从以下六个方面来分析。

(一)看作品是否真实地反映了儿童的生活经验

儿童的生活经验很容易反映在作品中。很多儿童绘画的内容空泛,形象概念,构思和表现内容雷同。例如:画"和平"就一定要画和平鸽或者各国小朋友手拉手站在地球上;画"爱祖国"就一定要画天安门与长城等。绘画中表现的内容应该体现出儿童对生活的认识和感受,体现出儿童自己的态度。不能只注重技法、技巧的学习而忽略观察、感受生活的这一重要环节。教师应该提醒儿童描绘具体的生活,画自己熟知的事物,小中见大,逐渐养成观察生活的好习惯,使自己的绘画内容更加充实、饱满。如图 11-1《遛狗》,我们第一眼就被狗夸张的造型吸引住了。当我们问及小画家的生活,了解到孩子有在自己生活的小区看邻居遛狗的经历,并且和邻居一起遛狗给孩子留下了深刻的印象,回到家孩子便兴奋地画下了这幅画,由此可以看出这幅儿童画是有自己的生活积累的。

▲ 图 11-1 《遛狗》表现了小朋友的生活情景(吴东翰 6岁)

(二)看作品能否较好地表达和抒发儿童的情感

有情感的作品才是有灵魂的作品。儿童绘画情感表现的培养也是情感教育的一种有效途径。儿童画是孩子情绪情感表现的一种方式,儿童绘画作品饱含着他们情感的变化,反映着儿童的经验和感受,体现着他们与周围事物的情感关系。在绘画作品中,教师应注意幼儿是如何表现其内心活动的,如何将绘画与个人情感表达联系起来的。如在图 11-1《遛狗》这幅画创造过程中,我们通过小画家吴东翰的妈妈和他本人了解到,他特别喜欢小动物,尤其是小狗。他为了画自己喜欢的狗的主题作品,有时连饭也顾不着吃,可见这幅画凝聚了小画家的丰富的情感和创作热情。

(三)看作品是否较好地表现了美感效果

在评价作品时,看孩子作画材料和作画技法、技巧运用是否得当也很重要。美术作品的构成因素很多,材料、技法、技巧学习对于完成作品也是比较重要的。儿童的想象力、创造力再强，如果没有技法、技巧的运用能力，也是很难出好作品的。不同的内容要运用不同的美术技法和技巧、选择运用不同的美术材料，这样才能更好地表达自己的意图，达到内容和形式的统一，取得更好的美感效果。如图11-2陈超然小朋友的《树的写生》充分表现了小画家的表现力。他选用橙色的色卡纸作为绘画用纸，有强烈的视觉效果；同时选用幼儿常用的水彩笔勾线，方法轻松、自然，方便表达。在着色上，他用水彩颜料完成，用点彩的方法表现，使秋天丰富的色彩、凌乱而富有层次的树叶跃然纸上……特别是几点的浅黄色树叶，既丰富了画面，又使树叶多了一层光感。相比而言，图11-1的《遛狗》在作品的美感效果的体现上，显得有些不足。

▲ 图11-2 《树的写生》充分表现了小画家的观察力和表现力(陈超然 6岁半)

儿童画出的线条、色彩、形象等绘画构成因素有着自己的特点，对于绘画的效果也有着自己的审美态度。不同的儿童画，画面的形式语言是否统一，是否表现独特的视觉效果，可以通过绘画的审美规律来看出，比如：色彩的构成、韵律、节奏等。图11-1的《遛狗》在形式上有着强烈的大小对比，大的狗、小的人，色彩上用深色的天空衬托浅黄色的狗，但总体色彩上显得灰暗，在小狗造型上参考成分较多，影响了整幅画的艺术效果。所以，当我们尊重儿童的自我表达的同时，应给予儿童适当的技巧指导。

（四）看作品是否表现了儿童的个性特点，有一定的创造力和想象力

从开发智力的角度出发，创造力的体现也是评价儿童绘画的一个重要方面。绘画学习是儿童素质培养的一种有效的手段，可以有效地促进儿童的智力发育。其中，想象力的培养又是儿童绘画学习中的重要方面，也是创造型人才必备的能力。在绘画过程中儿童可以通过这种活动锻炼和发挥自己的想象力。如图11-2《树的写生》中叠加的树干、多层次的树叶、大小树干的穿插，充分表现了小画家的观察力。观察力训练也是美术教育重要的一部分，是绘画学习的第一环节。儿童在绘画学习过程中应该不断地培养观察能力，有了敏锐的观察力才能更好地感受生活中的形象和事物。这体现在绘画作品中，就是看儿童是否能够表现出自己的感受，是否表现出别人没有发现的或者别人没有表现过的内容。写生是培养儿童观察能力的良好方法。

（五）看作品是否有明确的主题或情节

很多的儿童画表现的内容是有一定的主题和情节的。一位大班小朋友在看了许多有关战争的电影、电视剧，又听老师、妈妈讲的故事后创作了一幅《我讨厌战争》的画。在创作的过程中，小朋友身心很投入，不断地用画笔去描绘自己的内心世界，这幅画成为他心灵的一面镜子。这样的绘画作品在制作过程中能使儿童在心理、情感、智力等多方面得到锻炼。绘画作品要有主题或情节，就需要绘画者有较强的想象力、形象思维能力和对生活的感受力，这也是有较高的创作水平的一种表现。

（六）看作品表现是否与儿童的年龄特征相符

在众多的儿童绘画作品中，不同年龄的儿童，绘画表现也不同。如果有很小的儿童能画出成人所画的形象，这并不代表其绘画水平高。因为绘画水平的高低标准并不完全是看谁临摹得像。儿童一味临摹成人的范画，有碍儿童独立观察和思考，不利于儿童自己的绘画语言的发展。儿童绘画作品的表现应该是与儿童的年龄相适应的。

儿童的绘画水平的提高也不只是绘画技巧的提高。如果其他方面的整体能力没有提高，技巧的学习也

是会受到限制,特别是创作水平是难以提高的。从儿童绘画中可以体察到儿童的洞察力、想象力、概括能力、归纳能力、分析能力等能力的强弱,从某种意义上说,儿童绘画的发展就是其自身的整体发展。

学前儿童更喜欢感知描绘熟悉的物体和令人愉快的现实主义美术作品,以及色彩明快的美术作品。我们除了了解儿童的绘画表现、绘画心理,对于儿童学习绘画过程中的习作也应该用欣赏的眼光来看待。教师要看看幼儿是否完成了学习的要求,是否大胆地尝试,是否有求异、求新的好习惯。当教师发现幼儿好的地方时,应给予积极的、具体的评价;发现不足时,应建议幼儿重新观察、思考和尝试,而不应笼统地给予消极的批评或泛泛的表扬。

儿童美术让我们欣喜地发现另一个美妙的世界。我们应该始终以欣赏的目光注视着儿童,用积极的态度激励儿童。正确欣赏、评价儿童绘画,对儿童审美型人格的发展必将起到积极而深远的影响。

表 11-6 是儿童美术作品等级评价参考指标体系,其中,"二级等级指标"和表 11-1 类似,从 1 到 4 体现了从低级到高级的水平和能力的差异。

▲ 表 11-6 儿童美术作品评价表

一级指标	二级等级指标
绘画线条和形状	1. 无规律的涂鸦 2. 象征性的某个形象 3. 以圆形、方形为主表现物体形象,但形象的整体性不强 4. 线条(直线、曲线、折线)和形状(圆形、方形、三角形)表现准确熟练、流畅,并能把它们有机地组合起来,表现物体的基本形象和主要特征
结构特征	1. 无结构特征或结构特征错误,不能反映物体形象 2. 具备了物体的基本部分,但结构不合理或特征有遗漏 3. 形象的各组成部分基本齐全,特征显著,但结构欠合理 4. 表现出物体的基本特征和细节,结构合理紧凑,各部分之间关系基本正确
造型的创造性	1. 完全模仿,没有创造,能用单一形状来表现形象,但形象不完整或特征有遗漏 2. 以模仿为主,局部有创造,能组合基本形状来表现形象,形象较完整但比较概念化 3. 能组合基本形状来表现形象,形象完整且特征明显 4. 能用流畅的线条和准确的形状表现形象,富有创造性,形象生动且富于表情
使用固有色	1. 随意使用 1—3 种颜色,不按照物体的固有色表现作品 2. 所表现作品的颜色有 1—6 种,与物体的固有色相似 3. 所表现作品的颜色有 7—9 种,与物体的固有色相似 4. 所表现作品的颜色有 10 种或 10 种以上,与物体的固有色相似
色彩的丰富性	1. 无规律地涂色 2. 颜色的种类较少,作品色彩单调 3. 选择颜色种类较多,作品色彩鲜艳,但主调不明显 4. 选择颜色种类多,作品色彩丰富鲜艳,能主动地表现主题
色彩的情感表现性	1. 无意义地择色和涂色 2. 模仿范例色彩表现 3. 有主观感受,但色彩表现不强烈 4. 不受表现对象固有色的束缚,表现自己感受到的色彩,有情绪性
构图	1. 画面空洞,所画形象与主题无关,形象各自孤立,无背景,形象组织杂乱无章,互不联系 2. 画面呆板,能画出一些与主题有关的形象,形象间无联系、背景概念化,作品偏于一角,或过大或过小 3. 画面较饱满,能画出多种与主题有关的形象,形象间有联系但变化少,欠生动,主体与背景之间较协调,整体布局不太合理 4. 画面饱满,形象与主题有关,而且形象主次分明,布局合理,富于变化,主体与背景之间较协调,具有一定的均衡感、整体感

(续表)

一级指标	二级等级指标
空间感	1. 缺乏空间观念,表现内容无逻辑联系 2. 有地平线观念,但无大小、前后、内外观念,表现物体逐一排列,形象等高等大 3. 能表现物体的大小、内外关系,但不能表现前后关系 4. 能表现物体的大小、前后、内外关系
主题表达	1. 完全不理解主题意义,表现物象与主题无关 2. 能表现一些与主题有关的物象,但物象之间缺乏联系 3. 内容较丰富,互动关联,基本表现主题,但不够生动 4. 内容丰富,情节生动,主题清晰、准确
操作技巧	1. 随意操作,不会用技能表现作品 2. 所用技巧是作品整体的一部分 3. 所用技巧适合表现作品 4. 充分发挥技巧,创造性地表现作品
作品组织	1. 作品粗糙,只能表现基本特征 2. 作品中某一部分有细节表现 3. 作品中有一部分表现了真实情景 4. 作品能表现真实的情景

【参考孔起英著:《学前儿童美术教育》,南京师范大学出版社(1998年版),有适当改编】

[思考与讨论]

结合实际,谈谈当前学前儿童美术能力发展状况评价存在哪些问题?如何克服?

[实践与训练]

1. 观摩一个学前儿童美术教育活动,结合表 11-4 和 11-5 中的指标(也可根据自己的理解和幼儿园的实际自编指标)对幼儿美术能力发展状况开展评价,并写一份简要的评价报告。

2. 参考之前的表格和附录的文章《谈幼儿园绘画活动的评价策略》,设计一份幼儿美术能力发展状况评价方案。

附录:《谈幼儿园绘画活动的评价策略》

拓展阅读
谈幼儿园绘画活动的评价策略

03

第三部分

学前儿童综合艺术教育

内容导览

第十二章 学前儿童综合艺术教育活动探索　309

331　**第十三章** 学前儿童创造性戏剧活动探索

第十二章

学前儿童综合艺术教育活动探索

学习目标

1. 说出综合艺术教育的理论基础与同构的内涵，举例分析综合艺术教育对学前儿童发展的价值，明确学前儿童综合艺术教育的目标。

2. 解释将音乐、美术、文学、戏曲、动画等各种艺术形式有机同构的综合艺术教育活动以及主题性综合艺术教育活动的设计原理，能初步设计并实施幼儿园综合艺术教育活动。

3. 举例分析学前儿童综合艺术教育活动设计与组织的基本要点，初步树立科学的学前儿童综合艺术教育观。

内容概览

儿童的学习与发展是一个有机的整体，我们需在发展各领域艺术能力的同时，综合运用音乐、美术、文学、戏剧等各种艺术符号，提取其共同的审美要素，按照同构的原理进行沟通，根据学前儿童的兴趣与经验选择适宜的主题设计与组织系列活动，提高学前儿童多种心理功能的协调作用，引导学前儿童学会用心灵去感受和发现美，用自己的方式去表现和创造美，促进学前儿童的审美体验与审美能力更加深刻、直观、全面地发展，最终达到完整审美心理结构的塑造。

[问题情境]

在一次对6岁儿童进行的艺术教育实验中,老师提出一组形容词:热闹、伤心、快乐、神秘,要求儿童用彩色纸自由贴画。结果发现:80%以上的儿童选择红、黄等暖色和圆形、卵圆形、弧形来表现"热闹"和"快乐",选择黑色、白色、浅蓝色等冷色调以及长方形、三角形、尖锐的角等表现"伤心"和"神秘",他们拼贴的图形绝大部分都是抽象形式表现。这个实验说明了什么?学前儿童是否存在外在的力与内心情感同构的直觉天性?

艺术是学前儿童感受美、表现美和创造美的重要形式,也是他们表达自己对周围世界的认识和情绪态度的独特方式,而学前儿童的审美体验与艺术表达形式则是丰富多元的。《纲要》与《指南》都十分强调要把儿童的学习与发展作为一个有机整体来看待,倡导通过艺术教育促进儿童全面和谐的发展。因此,我们需逐步深化对艺术教育各形式之间相互渗透、有机融合的意义与机制的认识,在发展音乐、美术、文学等各领域艺术能力的同时,综合运用音乐、美术、文学、戏剧等各种艺术符号,提取其共同的审美要素,按照同构的原理进行沟通,引导学前儿童学会用心灵去感受和发现美,用自己的方式去表现和创造美,促进学前儿童的审美体验与审美能力的发展更加深刻、直观、全面,最终达到完整审美心理结构的塑造。

第一节 学前儿童综合艺术教育概述

在我国,学前儿童综合艺术教育的研究起源于20世纪80年代末期,南京师范大学教育科学学院学前教育专业的楼必生、屠美如、许卓娅、孔起英等一批专家,根据格式塔心理学派的"异质同构"的理论假说以及中科院哲学研究所的滕守尧研究员关于审美心理与审美教育研究的系列理论,着重探讨了在幼儿园集体教学活动的设计和实施中,如何帮助幼儿发展几种不同艺术形式知识经验之间相互"融会贯通"能力的可能性。近年来,幼儿园综合艺术教育课程的设计理念和技巧又有了长足的发展,发展的结果并不是形成某种固定的模式,而是呈现出"百花齐放、百家争鸣"的局面。

一、综合艺术教育的理论基础

格式塔心理学派对综合艺术教育产生了其他学派无法比拟的巨大效果。20世纪初德国的格式塔心理学派的同形同构或异质同构的理论假说,再次被美国新一代格式塔心理学家们从艺术审美与艺术审美教育的角度提出。中科院哲学研究所的滕守尧研究员撰写的《审美心理描述》与《艺术与创生》、美国心理学家鲁道夫·阿恩海姆的《艺术与视知觉》与《视觉思维》等一大批论著相继问世或译为中文,成为综合艺术教育研究与实践的重要基石之一。

长期以来,对于人们在瞬间直觉地感受到无生命或无意识的物体具有人类的情感表现力原因的解释众说纷纭。格式塔学派从主客观的相互关系中来解释原因,认为自然物与艺术形式之所以有人的情感性质,主要是外在的力(物理的)与内在的力(心理的)在形式结构上的同形同构或异质同构。物理的力与心理的力具有不同性质,但由于它们本质上都是力的结构,所以能在大脑生理电力场中达到契合,当心和物具有相同的力的结构模式时,外物看上去就具有人类的情感性质。格式塔心理学代表人物阿恩海姆指出:一棵垂柳之所以看上去是悲哀的,并不是因为它看上去像一个悲哀的人,而是因为垂柳柳条的形状、方向和柔软性本身传递了一种被动下垂的表现性,也就是说,构成垂柳的"力"与悲哀的"力"达到了"异质同构"。一个具有审美知觉的人会透过形状、色彩、空间及运动等外在的形式感觉到它的力的作用。那苍老的劲松、翩翩起舞的飞鸟、怒放的花朵、狂风骤雨、陡峭岩石、飘零的落叶,甚至是一条抽象的线条、一片孤立的色彩都与人类的情感具有同样的表现性,这种外物的"力"的形式,与人类生理、心理"力的图式"取得一致的现象,构成"异质同构"。

研究表明,艺术中的情感因素是最强烈的,能沟通音乐、美术和文学艺术等几种主要艺术形式,并产生整体性的审美效应,促使学前儿童的审美感知经验向整体、综合的方向聚合、转化,以逐渐形成一种独特性的综合性艺术智慧。

二、同构的内涵

人们常用"画中有诗,诗中有画",形容诗歌与绘画意象的沟通性;用"凝固的音乐、彩色的诗篇、立体的图画"来形容建筑物或雕塑,说明音乐、绘画、雕塑、诗歌等艺术之间的情意沟通性。这些审美意象与审美艺术形式结构方面的沟通性,就是同构。同构活动是各种艺术样式中形式美和内容美的内在沟通和心灵上的整合,不是表面上的拼凑。具体来说,同构的内涵主要体现在以下两方面。

(一)不同艺术作品间内容情感表现性的相似性,使主体产生情感态度与体验的相似性

1. 艺术作品情感基调表现的相似性

无论是音乐、美术还是文学,只要是作品的情感基调相同,人们在欣赏时都会产生相似的情感体验。例如:

优美的作品,使人愉悦、欢快、舒服、轻松、温馨、幸福。

崇高的作品,使人激动、奔放、敬仰、自豪、崇敬、仰慕。

喜剧美的作品,使人感到风趣、诙谐、痛快、幽默、滑稽。

悲剧美的作品,使人震惊、愤怒、悲哀、震撼、伤心、同情、沉重等。

2. 艺术作品中人物情感或内容情感的相互沟通性

音乐、美术、文学等艺术形式都可以通过各自不同的情感符号,表现人物的情绪或情感。

美术可以通过色彩、线条和形状来表现情绪情感。如绘画时,通过脸部突起的棱角及头发的生硬上翘表现生气、愤怒,通过脸部与头发柔美的线条表现温柔、亲切;通过红色、橙色渲染丰收的喜庆情绪,通过黑色来体现恐怖、低沉的情绪等,观者可以通过画面直接感受到其中的主题,理解其中体现的情绪。

文学作品的情绪情感主要是通过人物与事件的细节描述得以体现,如《七色花》故事中有如下一段描述:

珍妮扯下一个蓝花瓣,来到了北极。可是北极好黑啊!好冷啊!珍妮孤零零一个人在黑暗的北极。突然,七只白熊从大冰块后冒出来,朝珍妮跑来。珍妮吓坏了,她用冻僵的手指扯下一个绿花瓣。"飞哟,飞哟,小花瓣儿,带我马上回到家!"瞧,珍妮又回到温暖可爱的家啦!

上述故事通过细节描述及直接的情感语言,把珍妮孤独、恐惧、焦急的情绪都体现出来了,读者可以通过理解和想象,在头脑中产生有情有义的画面。

音乐的情感不像文学和美术那样需要寄托于人物的特定表象,音乐的形象和情感都是不确定的,但可以借助旋律的线条、音色、速度、力度等要素让人体验到强烈的情感,勾起听者相类似的情感记忆,从而产生可视性的形象。如孩子们听到《春节序曲》欢快的节奏、流畅的旋律,都会感到心情愉悦,联想起过年过节、玩游戏等愉快的情景;当听到音色优美、音量较弱、节奏舒缓的《摇篮曲》,常会联想起妈妈哄自己睡觉的情景,不自觉地做出拍宝宝睡觉的动作。

(二)艺术作品主要构成要素所唤起情意象征的沟通性

1. 色彩

(1) 色彩能够引起温觉效应:

冷色调——引起凉、冷的感觉。

暖色调——引起热、暖的感觉。

（2）色彩具有触觉效应：

鲜明色——引起轻、薄之感。

浑浊色——引起沉重、坚实之感。

（3）色彩还具有情意象征性：

绿色——象征着大自然的勃勃生机，象征和平，给人温馨、宁静、纯真、安全之感。

红色——象征着喜庆与快乐，给人热烈、庄严、热情、活泼、勇敢、豪爽的感受。

黑色——象征死亡、危险，使人产生恐惧、压抑等体验，给人以凝重之感。

需要指出的是，色彩与心灵之间的同构关系不是一一对应、固定不变的，色彩的象征及其偏好，受到民族、个性、个人习惯以及具体心境等因素的影响。

2. 线和形

线和形的情意表现与内心体验具有一定的同构，如：

竖直线——给人以挺拔、坚毅、呆板、凝固的感觉。

水平线——给人以平静、沉稳的感觉。

粗直线——带给人沉重、有力之感。

细直线——带给人轻快、灵活之感。

放射线——给人以开朗、伸展、高兴、生长的活力之感。

正三角形——给人以稳定感。

倒三角形——给人以倾斜、危险之感。

斜三角形——给人以运动、方向感。

……

3. 节奏

节奏是组织起来的音的长短关系，乐曲的节拍就是一种匀速的节奏。节奏不仅是音乐的基本要素，也广泛存在于其他艺术品中。当颜色、动作、形象、语词等以有序的时空距离重复出现时，都会产生一定的节奏，如诗歌的节奏、舞蹈的节奏以及画面中线条、色彩、构图的疏密排列也体现了画面的不同节奏。

节奏的不同组合及其变化，既表现了作品情绪的起伏，也能引起欣赏者的情绪变化。如：

缓慢的节奏——可引起舒缓、平和、疲劳、沮丧的感觉。

快速的节奏——使人兴奋、活跃、紧张和焦急。

4. 声音和旋律

声音有高低、强弱、长短、顿挫、连绵、纯杂之分，无论音乐还是文学都有各种声音的处理，声音与情感的关系也十分直接。一般来说，不同的声音表示不同的情感，如：

语音高扬顿挫——表示欢快或着急。

语音缓慢弱沉——表示悲哀低沉。

语音曲折旋转——表示怀疑，或有意调侃、诙谐等。

当然，声音与情感也不是一一对应的简单关系，它与节奏、表情、动作、音色等共同发挥效应。

三、综合艺术教育对学前儿童发展的价值

在早期儿童艺术教育中，音乐、美术、文学、戏剧等作为审美教育的重要组成部分，各种艺术形式之间存在某些共同的审美要素，他们之间可以通过审美直觉、通感、情感同构而相互迁移、渗透和沟通，实现对儿童

发展的整体促进。

综合艺术教育对学前儿童发展的价值主要表现在：为完满型人格的塑造奠定基础；有助于全脑功能的开发；有助于艺术综合智慧和创造力的发展；有助于发展儿童的艺术兴趣和天赋，使童年获得更多的欢乐。

拓展阅读
综合艺术教育的价值

四、综合艺术教育的目标及课程的目标体系

综合艺术教育的目标是：发展音乐、美术、文学、戏剧等艺术中共同的审美要素，按照同构的原理加以沟通，提高多种心理功能的协调作用，以不同的艺术形式使儿童获得美的熏陶。因此，综合艺术教育给予儿童的不是简单的技艺知识，而是一种结构、一种能力及一种把握世界的方式，最终达到审美心理结构的塑造。

综合艺术教育课程与传统的注入式学科教学课程不同，它是以开发与培育主体内在的、内发的价值为目标，以人为中心的课程，同时还吸收了以学科为中心的课程中的某些精髓。从教育目标的角度来看，综合艺术教育是要利用最富人性的学科，充分发掘儿童的感性潜能来达到个性自我实现和全面发展；从教学方法的角度来说，综合艺术教育主张在自由气氛中，在师幼相互信赖和尊重的条件下，摒弃教师的强制性教学，以儿童为主体，把儿童的兴趣、需要、经验摆在重要地位；从教材的组织结构来说，综合艺术教育强调学科的综合性和课程的整体性。

综合艺术教育课程的目标体系见下图：

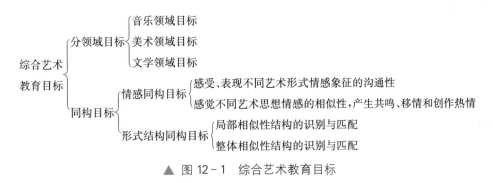

▲ 图 12-1　综合艺术教育目标

[思考与讨论]

什么是同构？请结合教材、上网及图书馆的资料收集，以自己及学前儿童的生活经验为依据，举例说明音乐、绘画、雕塑、诗歌等艺术符号之间存在审美意象与审美艺术形式结构方面的沟通性。

[案例与分析]

孩子们聆听了《野蜂飞舞》后，脑海中出现非常紧张的画面，他们用螺旋形、蜗形等线条来画出自己对音乐情绪的感受，创编出妖怪追捉孩子、孩子拼命逃跑，最后妖怪掉进很深的山洞里摔死了等故事，并把自己编的故事画出来。

请结合上述事例，分析综合艺术教育对于学前儿童发展的价值。

[实践与训练]

去幼儿园时，向幼儿园教师了解该幼儿园开展综合性艺术教育的情况，并在课堂和小组中交流、分享。

第二节　学前儿童综合艺术教育活动的实施

根据幼儿园教育的特点，幼儿园在开展综合艺术教育活动时既可以抓住音乐、美术、文学、戏剧等不同艺术形式的审美要素进行有机同构，也可以根据学前儿童的兴趣与经验，选择某一人文主题来设计与组织系列活动，将各种艺术形式通过主题线索进行有机整合，从而使儿童产生更加整体、深刻的审美体验。

一、不同艺术形式有机同构的综合艺术教育活动

（一）音乐与美术有机同构的综合艺术教育活动

音乐和美术是具有不同审美特征的艺术，二者既相异又相通。音乐是以流动的有节奏的音响为媒介来表达人的内心情感的艺术形式，而美术则是运用色彩、线条和形体等为媒介的造型艺术；音乐诉诸人的听觉，而美术诉诸人的视觉。黑格尔在《美学》中言简意赅地说出了音乐与绘画的关系："音乐与绘画有较密切的亲族关系，两门艺术内心生活的表现都占较大的比重，绘画可以越过边境进入音乐的领域。"所以，音乐是流动的画面，而美术则是凝固的音乐，音乐与美术在意义、色彩、旋律、节奏等方面存在诸多的内在联系，二者之间的有机同构能有效增强儿童的艺术通感。

目前，音乐与美术有机同构的综合艺术教育活动在幼儿园中主要有以下几种活动形式：

1. 画音乐

画音乐是指引导儿童在充分感受音乐的基础上，借助于绘画的方式创造性地表现自己对音乐的理解与想象。学前儿童可以通过主题画、线条画以及涂抹色彩等方式表现对音乐内容、性质等的理解与想象。

（1）音乐主题画。即引导儿童运用绘画的方式表现自己对音乐所反映主题的理解与想象。如在欣赏音乐《狮王进行曲》之后，教师组织幼儿运用边听音乐边绘画的方式表现音乐，孩子们画出了形态各异、情节生动的各种画面：有的儿童画了狮王一家，有威风凛凛的狮王、妩媚的狮妈妈、可爱的狮宝宝；有的儿童画的是森林里凶猛的狮子在追一群小动物；有的儿童画了狮子带着一群动物在森林里巡逻的情景……最后，孩子们看着自己的画，编出了生动有趣的狮王故事。

（2）音乐线条画。音乐的旋律线与美术的线条之间有着极强的内在联系，幼儿可以用线条直观表现出对音乐情绪、结构等的感受。儿童实际上是十分擅长并喜爱音乐线条画的。如幼儿在画《摇篮曲》时运用的线条十分平缓、柔和，而对于音乐《野蜂飞舞》，他们则运用杂乱的线条、螺旋形的线条等表现该音乐的紧张感。对于同一首音乐，儿童也能用不同的线条表现音乐不同段落的情绪变化。

（3）音乐色彩画。教师可以通过有趣的色彩涂抹、填色等游戏让儿童领略到音乐色彩的艺术魅力，并引导儿童根据自己对音乐情绪等的理解，用赤、橙、黄、绿、青、蓝、紫的色彩大胆描绘五彩斑斓的音乐视觉画面。

在引导儿童画音乐的过程中，教师一定要充分调动儿童的思维与想象，让儿童真正主动参与到活动之中，大胆画出自己听到与想到的音乐内容，用儿童认为最合适的美术方式表现音乐，并努力画出自己的风格与特色。

2. 音乐与美术作品欣赏的有机结合

音乐与美术作品之间的确有许多共通的一致性。美妙的音乐借助于相适宜的美术作品，能更生动、直观地展示各自的艺术美，使得各自的艺术形象更加饱满，也能使儿童的审美体验更为深刻，并赋予音乐、美术更强的艺术生命力。正所谓"画中有乐、音中现画"，如在欣赏中国的古筝名曲《春江花月夜》时，配合欣赏中国水墨画，便给人以更美的艺术享受；在欣赏中国民乐《春节序曲》时，若与中国年画艺术的欣赏有机结合，则会收到很好的艺术效果。

3. 雕塑与舞蹈的有机结合

雕塑是静止、固定的物质实体塑造的立体艺术形象,音乐中的舞蹈则是以人体为媒介构成的动态形象。一个擅长于表现形体上的高度凝炼集中的境界,一个擅长于表现人物的情感起伏和变化的具体过程。然而,舞蹈动作在短暂停顿时却具有与雕塑相似的造型美,同样,雕塑在形体上表现出来的节奏与旋律的美又甚似舞蹈,二者又有不可忽视的美的一致性。

> **案例 12-1**
>
> 音乐与雕塑:《糖果仙子的美丽雕像》(中班)
>
> 【作品分析】
>
> 本次活动的音乐取材于柴可夫斯基《胡桃夹子组曲》中的《糖果仙子舞曲》。该曲音乐旋律优美流畅,比较适合用身体动作进行表现;该曲中有几处典型的乐句,幼儿很容易感受为魔幻仙乐,作为造型的音乐信号。而五尊小雕像来自美术写生中的塑像,造型优美,动态各异,易于幼儿用身体动作模仿。
>
> 【活动目标】
>
> (1) 感受乐曲优美的旋律,尝试用身体动作表现音乐。
>
> (2) 感受各种塑像的造型美,尝试用身体动作进行个人与集体组合的造型表现。
>
> (3) 发展动作表现能力,在游戏中体验音乐与造型艺术综合活动的快乐。
>
> 【活动准备】
>
> 五尊不同造型的人物塑像;音乐《糖果仙子舞曲》。
>
> 【活动过程】
>
> 1. 故事导入:教师用游戏化的口吻讲述故事,引发幼儿的遐想
>
> 师:一群可爱的糖果仙子来到我们城市,每到晚上,她们就听着音乐跳起美丽的舞蹈;早晨太阳升起来时,她们就变成一尊雕塑,站立在我们公园的广场上,供大家欣赏,给我们的城市带来美丽与生机。
>
> 2. 音乐欣赏
>
> 欣赏音乐《糖果仙子舞曲》,感受音乐优美的旋律,幼儿尝试用身体动作表现音乐。
>
> 3. 雕塑欣赏
>
> 播放音乐背景,幼儿认真欣赏雕像,感受雕像的造型美。
>
> 4. 舞蹈表现:幼儿尝试运用身体动作进行模仿
>
> 幼儿按各自兴趣,围在自己喜欢的雕像四周,互相分享各自对雕像美的感受与认识,比较各自的模仿动作,互相学习与借鉴,最后,各小组组合成一个该雕像的造型组合。
>
> 5. 分享与交流:各组幼儿随乐用动作完整演绎整个故事
>
> 音乐响起,夜晚的糖果仙子舞会开始,糖果仙子们随着音乐翩翩起舞;音乐最后,结束音乐响起,天亮了,太阳升起了,糖果仙子们就围着塑像摆出各种造型,形成一道美丽的风景线。
>
> (本活动由程英老师设计)

(二) 文学与音乐、美术有机同构的**综合艺术教育活动**

相比于音乐与美术,文学作品的情感更为大众化,与学前儿童的生活情境十分贴切,最容易为学前儿童所感受。教师可以利用文学培养学前儿童丰富的情感,让儿童带着文学的情感经验和丰富的表象,欣赏美术与音乐,就会对音乐和美术中的社会情感产生联想、想象、

微课视频

大班综合艺术活动:春之声

体验和移情;也可以在文学作品欣赏中,加上能使儿童心灵直接受到震动的音乐,辅以可以进行描述微妙情感细节的美术手段,利用音乐情感的直接性和视觉情感的鲜明细节性,加强文学情感的感受、体验与表达。这样,文学与音乐听觉、美术视觉的共同参与和相互沟通,有助于营造良好的艺术情感氛围,对儿童形成强烈的情感冲击波。

以文学为欣赏对象,以音乐、美术为背景的同构活动主要有以下两种形式:

1. 文学与音乐的有机结合

如欣赏文学作品《树妈妈和树叶娃娃》时,教师做了如下安排:教师在低沉缓慢的音乐声伴奏下开始讲述,当讲到"天冷时,树叶不得不离开树妈妈飘走了",教师停止讲述,唱起了伤心的歌;间歇几秒钟后,播放欢快的乐曲声,教师调整情绪与语调,开始讲述春天的故事,当讲到"树叶重新长出后",教师再次停止讲述,唱起欢乐的歌。本次活动中,由于教师的动情和音乐的情绪熏染作用,有三名幼儿流下了眼泪。事后,教师询问他们为什么哭了,其中两名幼儿说离开妈妈,孩子太可怜了;另外一名幼儿回答说妈妈没有孩子,没人照顾了。孩子本来就有母子之情的经验与情感,加上音乐的情感直觉性,幼儿对文学情感的体验共鸣更加深刻与强烈。

2. 以文学作为对象与美术、音乐、舞蹈的同构

如,在欣赏童话故事《三只蝴蝶》时,教师将侧重点由理性教育转向情感的熏陶,利用色彩、舞蹈、音乐和语词的结合,有意识地烘托情绪气氛,以蝴蝶和太阳的心灵美、色彩美、动作美高度整合的形象去打动儿童的心灵。教师从以下三方面进行设计与组织:

第一,教师对该童话进行重新定位,突出该童话积极向上的情感基调,以故事中快乐——焦急——再快乐的情感发展为主线,通过花的傲慢与冷漠、太阳的同情心与博爱这两条鲜明对比的副线设计与组织活动。

第二,教师选择与童话作品情感变化相一致的乐曲《化蝶》进行烘托,营造曲文一致的情绪氛围;运用与作品情感基调和人物情感相一致的语言进行叙述和对话。

第三,在儿童对作品处理理解和感受的基础上,以对话和师幼共同表演(教师扮演太阳)的形式进一步体验花、化蝶和太阳的不同情感。当身披薄纱、头顶光环的"太阳公公"翩翩飞来、给大地洒满阳光时,孩子们非常激动,都不约而同地鼓起掌来。

在上述活动中,孩子们自始至终沐浴在情感之中,很容易直观地感受与体验因花和整体气氛的不和谐而产生批判的情绪倾向,获得与社会评价相吻合的认知经验与情绪情感经验。

(三) 戏曲与音乐、美术有机同构的综合艺术教育活动

戏曲是艺术宝库中的一颗璀璨的明珠。中国各地都有丰富多样的地方戏曲,根植于各地的本土文化及乡音乡韵之中,各地幼儿园可基于本土文化特色进行选用。京剧作为中国的国粹,以其精湛的艺术魅力、优美的舞蹈动作、华丽的服饰和荡气回肠的唱腔扬名海内外。京剧表演中的人物动作夸张、表情丰富、唱腔有韵味,这些都是儿童感兴趣、爱模仿、易表现的活动题材。教师可以选取京剧或是儿童喜闻乐见的本土地方曲艺片段,吸取传统戏曲的精彩片断,或是带领孩子们一起创编自己喜欢的剧情,共同制作服装、头饰、道具、布景等,开展富有中国曲艺文化特色与儿童童趣的音乐曲艺活动。

下面,我们以京剧为例,介绍音乐曲艺活动的组织与指导。本活动旨在让儿童初步感受并了解我国的京剧艺术的特色,感受京剧花脸、旦、丑等不同角色的特征,激发幼儿热爱京剧的情感,体验京剧表演的乐趣。我们选取京剧"锣鼓经""月色美"等经典片段,与学前儿童一起开展如下系列活动:

活动1:欣赏"戏说脸谱",讲述相关故事,了解京剧脸谱与角色、京剧角色与动作等特点。

活动2:欣赏京剧片段,了解京剧的服装、道具、京剧唱腔等,进一步了解并初步学习京剧的角色与动作。

活动3:通过家庭、社区等资源,加深对京剧的了解与喜爱。

活动4：儿童分小组,自编剧情、设计动作、分配角色。
活动5：儿童自己设计与制作服装、道具,搭台表演。

案例12-2

儿童音乐京剧本：京角大串烧
（本剧本取材于《中国戏曲曲艺词曲》,程英设计）

场景：京剧舞台

准备：锣、鼓各一面；花脸（蓝脸的窦尔敦、红脸的关公、花脸的孙猴、白脸的曹操、黑脸的张飞）、花旦、丑角脸谱与戏服各若干套。

第一幕：花脸群英会

伴随欢快、明朗的"京调"戏曲声,部分儿童着各样脸谱与服装在锣鼓点子声中出场亮相。

× — × — | × × × — | × × × × | × 0 0 0 ‖
匡   匡   答 台 仓   仓 答 把 仓 才 仓.

（儿童装扮成蓝脸的窦尔敦、红脸的关公、花脸的孙猴、白脸的曹操、黑脸的张飞等,分别表演各自的动作上台并亮相）

蓝脸的窦尔敦作偷马、牵马动作,拖着京剧腔说道："你们可知我是谁？看看我偷的是什么马？"

旁白：蓝脸的窦尔敦偷皇帝的御马。

红脸的关公挥舞着青龙偃月刀道具,随着"匡—才—匡—才……"的锣鼓点迈着跨步,做杀敌动作亮相："哈哈哈哈,你们知道俺是谁？"

旁白：红脸的关公战场把敌杀。

花脸的孙猴挥舞着金箍棒道具,上蹦下跳,作一猴子照镜亮相："哪里有妖怪？俺老孙来也。"

旁白：活泼淘气的孙悟空专门打妖怪。

白脸的曹操迈着方步,"匡—才—匡—才……",点头奸笑道："哈哈哈哈哈哈。"

旁白：聪明、狡猾的曹操来了。

黑脸的张飞手擎丈八蛇矛道具,急躁地叫着："啊啊啊啊啊啊啊,关羽哥哥等等我。"

旁白：黑脸的张飞脾气暴躁,生气发脾气时喳喳乱叫,很远的地方都能听见呢。

伴随《戏说脸谱》的音乐,几位儿童一边跟唱一边分别在自己负责的部分做角色动作造型,共同表演《戏说脸谱》。

拓展阅读
《戏说脸谱》
歌曲乐谱

第二幕：美旦角登场

伴随欢快、活泼的京剧鼓点,几位儿童身着旦角服装,扮成"花旦"以"我—来—了——"的唱腔,作兰花指、小碎步进场。

‖: × × × × × × × × | × × × — — ‖
   台 台 台 台 台 台 台 台   台 台 台。

一花旦在最后拍点处,摆出兰花指造型,说道："我的手指是捏着的,大拇指和中指靠在一起,其他手指翘起来,这种手指叫什么？"

旁白：兰花指。

一花旦伴随鼓点轻盈走着,说道:"我走路快吗?我的脚离地面近吗?我走的时候是用脚跟还是脚尖先着地?"

旁白:脚贴着地面,脚跟先着地,你走的是圆场步。

一花旦边做造型边问:"我的衣服美吗?是什么颜色的?"

旁白:和玫瑰花的颜色一样;衣服绣了很多花,有很多亮亮的花片。

众花旦作一亮相动作,齐声说道:你们看看,我们美不美?

旁白:美、美、美。

第三幕:滑稽小丑角

伴随"台—台—台—"欢快、活泼的京剧鼓点,几位儿童身着丑角服装,扮成"丑角",入场。

儿童大胆表演滑稽有趣的丑角动作,指着鼻子问道:"我鼻子上的这块是什么?"

旁白:豆腐块。

众丑角伴随音乐创造性地表演各种滑稽有趣的丑角动作造型,齐声唱道:我也丑、你也丑、你丑我丑大家丑。

旁白:哈哈哈哈哈哈哈!

第四幕:群角大亮相

播放京剧《月光美》选段,儿童在音乐前段时共同自由表演,在音乐中段时随乐分角色表演。最后一段音乐时,几个角色共同表演自选亮相动作。

(三)民间游戏与音乐、美术有机同构的综合艺术教育活动

幼儿在日常生活中常常玩一些有趣的民间游戏,如跳绳、踢毽子、炒豆子、斗鸡等游戏,以及通过猜拳、出三指、黑白配等方式决定谁先玩等。在玩这些游戏的过程中,幼儿常常哼唱一些脍炙人口的歌谣。如跳绳时,幼儿常常有节奏地哼唱《马兰花》。民间体育游戏与民间游戏的有机结合,能有效激发幼儿游戏的兴趣,增强游戏的快感,同时,还有助于培养幼儿在合作、协商、遵守规则等方面的社会能力。

下面,就以《跳房子》为例,分析民间游戏与音乐美术有机同构的艺术综合活动的具体组织与指导。

案例12-3

跳房子

准备:在场地上布置音符的房子、节奏记录卡、数字挂卡、音符卡片;各种可以自由建构房子的物品如纸棒、筷子、钱棍、橡皮筋、万通板等;粉笔、有色的碎砖块等,可以在水泥地上画房子。

活动1:幼儿学习歌曲以及音乐游戏《跳房子》。

活动2:幼儿分组探索运用不同材料摆、画各种造型的房子。

活动3:幼儿探索运用变换音阶节奏及游戏的新玩法。

如第一遍用:

拓展阅读
《跳房子》歌曲乐谱

| 1 | — | 2 | — | 3 | — | 4 | — | 5 | — | 6 | — | 7 | — | i | — |
| do | | re | | mi | | fa | | so | | la | | xi | | do。 | |

第二遍可改为：

1 1	**2** 2	**3** 3	**4** 4	**5** 5	**6** 6	**7** 7	**i** i
do do	re re	mi mi	fa fa	so so	la la	xi xi	do do。

依此类推。根据幼儿的节奏感与动作协调性的发展水平，教师允许并鼓励他们自主选择与创编各种音乐节奏，有机融入民间体育游戏活动中。在分组探索跳房子的新跳法和新唱法中，幼儿潜移默化地感受到变换节奏的乐趣。

活动4：交换组别尝试新玩法。教师鼓励幼儿不断挑战自己，创新玩法。

（四）动画与音乐、文学有机同构的综合艺术教育活动

动画是幼儿喜爱的艺术形式。在幼儿喜爱的动画电视或电影中，有许多美妙的音乐插曲、风格各异的旋律以及打击乐节奏等，能很直观地帮助幼儿理解音乐形象，发展他们的音乐感受力与表现力。

音乐与动画同构活动在幼儿园中运用的方式主要有以下几种：

第一，观看动画（电影）。感受情节发展过程中的背景音乐的强弱快慢变化，进一步加深对电影、动画情节的理解，并尝试合乐表演、游戏。

第二，为动画或电影片段配音。引导幼儿分别观看无声电影或动画片段，然后根据自己的理解，将动画或电影片段与音乐相匹配，发展幼儿的音乐感受性与视听同构的能力。

第三，为动画片或电影片段自选乐器、自配节奏型进行伴奏。

案例12-4

小班音画同构活动：丑小鸭

【作品分析】

《丑小鸭》是幼儿十分熟悉与喜爱的童话故事，孩子们为丑小鸭最终变成了白天鹅而感到高兴，对于丑小鸭孤独无助到处流浪时的悲伤感受不够深刻。在《丑小鸭》动画片中配了两段对比性较强的音乐，是为了让幼儿更深刻地感受文学作品的思想感情，进一步理解丑小鸭从悲伤到快乐的心情变化。根据小班幼儿的年龄特点，本活动从情感入手，抓住丑小鸭的情感变化，引导幼儿欣赏伤心、快乐的音乐，并将音乐与动画片进行匹配，鼓励幼儿大胆地用动作、表情表现自己的感受。

【活动目标】

（1）喜欢音画同构活动，积极主动地参与活动。

（2）理解丑小鸭前后不同的心情表现；感受悲伤、快乐这两段音乐的情绪，体验两种不同的心情，并尝试用动作、表情大方地表现悲伤、快乐的心情。

【活动准备】

课件《丑小鸭》；与之匹配的音乐；场景布置"池塘""草地"；白天鹅、丑小鸭的头饰。

【活动过程】

1. 完整欣赏消音动画片，引导幼儿进一步理解丑小鸭前后不同的心情表现

提问：丑小鸭在干什么？发生了什么事？它的心情怎么样？

2. 分段欣赏音乐

教师引导幼儿进一步感受 A、B 段音乐的情绪并与动画片进行匹配,并鼓励幼儿大胆地用动作、表情表现。

A 段:倾听悲伤的音乐,说说听了心情怎样?和丑小鸭哪个时候的心情一样?

B 段:倾听快乐的音乐,说说听了心情怎样?和丑小鸭哪个时候的心情一样?

3. 游戏

完整播放动画片,幼儿带上头饰扮演丑小鸭,随动画片自由表演,体验音画同构艺术活动的快乐。

【分析与反思】

幼儿对音画同构活动较感兴趣,能积极地投入到活动中。通过这个活动,幼儿对《丑小鸭》这一文学作品的理解更加深刻了,能分辨悲伤、快乐两种不同的音乐性质,并正确地与画面进行匹配;能感受丑小鸭前后不同的心情。大部分幼儿能用语言表达出丑小鸭的心情,如:"没人要跟它玩,它很伤心""它找不到妈妈,哭得很大声""它被小动物打,很痛,哭了""妈妈不要它,它很难过""它变漂亮了,很高兴"等。在动作表现方面,由于幼儿这方面的经验还不够,动作、表情的表现较单一,表现得不够得体,只有个别幼儿能从动作或表情中表现出悲伤、快乐的心情。今后,我们将多渠道地丰富幼儿的同构经验,多为幼儿提供表现的机会,使幼儿在音画同构活动中得到更大的发展。

(本活动由泉州鲤城区第一幼儿园陈坚文设计)

(五)武术与音乐有机同构的综合艺术教育活动

中国武术又称中国功夫,是中华民族智慧的结晶与宝贵的文化遗产,也是幼儿十分熟悉喜爱的文化内容。武术与音乐密不可分,各种常见的武术动作所呈现的力,如果能与伴随音乐的力在力度、节奏、速度等方面完美融合,就可以迅速激起幼儿的审美共振,也让幼儿对中华武术的美感体验油然而生。如,少林武术刚劲有力、虎虎生威,太极拳则柔和缓慢、刚柔相济,二者对比明显且易为幼儿所感知与模仿。为了帮助幼儿感受与表现这两种中国优秀武术文化,在案例中,教师选择了《中国功夫》和《菊花台》两首特色鲜明、音乐旋律结构反差较大,又能与少林武术和太极拳相呼应的中国传统音乐作品。其中,《中国功夫》音乐节奏鲜明,鼓点强劲有力,再加上音乐背景中"哼哈"的声势叫声,十分具有少林武术刚劲、迅速的特点,非常适宜于少林功夫的律动表现;而中国民乐古筝演奏的《菊花台》,音乐旋律优美、连绵不绝,与太极拳连绵不断、气息游走在身体中的感觉不谋而合,有助于帮助幼儿直观体验中国音乐的旋律美与中国武术动作美的完美融合。

案例 12-5

大班武术与音乐同构活动: 中国功夫

【活动目标】

(1)感受少林与太极的刚劲与柔美,并随乐用相应的动作表现。

(2)尝试随乐创编功夫动作,喜欢与同伴合作表演。

(3)喜欢中国功夫,初步萌发用中国功夫健身的意识。

【活动准备】

(1) 经验准备：观看中国武术电影视频，初步了解几种典型的中国武术；调查、寻找对武术有学习经验的幼儿。

(2) 材料准备：《中国功夫》和《菊花台》音乐选段；功夫视频。

【活动过程】

1. 随《男儿当自强》音乐律动入场，激发幼儿想学习功夫的意愿

2. 观看视频，感受音乐和中国功夫的融合

引导语：请你们认真观看视频，找出视频里有哪两种中国功夫？你是怎么看出来的？

3. 欣赏《中国功夫》音乐，学习与创编

(1) 欣赏音乐，感受音乐并大胆描述。

提问：音乐给你什么感觉？你觉得这首音乐适合表演哪种功夫？

(2) 欣赏"师傅"展示少林功夫，激发幼儿愿意模仿、学习的兴趣。

引导语：你喜欢哪个动作？一起来学一学。

(3) 跟着"师傅"练习，感受动作在音乐中的节奏感。

(4) 请幼儿跟着音乐初次尝试自主创编动作。

(5) 用少林功夫动作完整表现音乐，感受创编律动带来的成就感。

4. 欣赏音乐《菊花台》，学习与创编

(1) 欣赏音乐，感受音乐，鼓励幼儿大胆表达。

引导语：音乐的速度是怎么样的？给你什么感觉？这音乐让你想起什么功夫？

(2) 欣赏"师傅"展示太极拳，激发幼儿模仿、学习。

引导语：你喜欢吗？喜欢哪个动作？

(3) 跟着"师傅"学一学，模仿律动感受音乐。

(4) 请幼儿跟随音乐尝试自主创编动作。

(5) 用太极动作完整表现音乐，喜欢创编，体验创编带来的成就感。

5. 幼儿分组，展示创编动作

(1) 幼儿自由选择加入少林和武当两个门派，听音乐小组合作创编属于本门派的动作。

(2) 门派互相"切磋"，展示自己门派创编的功夫动作，引发幼儿的集体荣誉感。

【活动延伸】

请幼儿回家和爷爷奶奶、爸爸妈妈一起表演切磋武术。

(本活动由福建省直象峰幼儿园臧路佳、赖徐华老师设计)

二、主题性综合艺术教育活动

主题性综合艺术教育活动是根据学前儿童的生活经验、兴趣能力及幼儿园阶段教育的主题等因素，有针对性地选择某一人文主题，有机渗透与融合音乐、美术、文学等多种艺术形式以及各领域教学内容而开展的系列综合性艺术活动。

一般来说，学前儿童主题性综合艺术教育活动的人文主题主要包括"人与人""人与社会""人与自然"等方面，其基本线索如表12-1所示：

▲ 表 12-1 人文主题的基本线索

人文主题	基 本 线 索
人与人	学前儿童与父母、儿童与教师、同伴之间以及儿童与生活联系紧密的人之间相互关爱的情感
人与社会	学前儿童与民间艺术、文化习俗、人们劳动、节日庆祝、历史等
人与自然	学前儿童与动植物、自然山水、四季、日月星辰、环保主题等

实践表明，在学前儿童主题性综合艺术活动中，教师所选择的主题越人文、越贴近儿童的生活、越有机地融入真善美的要素，主题间各学科内容的内在联系就越强。教师在主题活动设计过程中，要将各学科领域的内容、知识技能有机融入主题之中。

（一）按照"人与人"主线开展的综合性艺术教育活动

人生活在社会中，总要与社会中各种各样的人交往、交流，总会产生各种关系与情感。而家庭中的亲子之情则是世界上最原始、最持久、最美好的情感，伴随儿童一生的成长。

下面，以大班"爱的家庭"主题活动为例，探讨以"人与人"为主线的主题系列活动的具体实施方式。

案例 12-6

主题性艺术综合活动：爱的家庭

（本系列活动由程英设计）

【主题的由来】

爱，是人世间最美的情感。因为有爱，生命才有意义；因为有爱，生活才丰富多彩；因为有爱，人生的道路才充满阳光与欢笑。而家庭的爱，是幼儿离得最近、享受最早、影响最大最深远的爱。"爱的家庭"主题活动由亲子阅读《猜猜我有多爱你》、音乐欣赏《吉祥三宝》、美术活动"吉祥如意一家亲"、亲子歌唱"猜猜我有多爱你"、音乐欣赏《七只小乌鸦》等系列活动构成，目的是通过这一系列活动的实施，用艺术的情感感染、打动儿童的心灵，使儿童直观体验到亲子之间的温情，真切感受到家庭成员之间和睦共处的快乐，初步懂得运用各种方式表达自己的爱，萌发对父母感恩的情怀。

系列活动一：亲子阅读《猜猜我有多爱你》

【作品分析】

《猜猜我有多爱你》的作者是山姆·麦克布雷尼，爱尔兰人；绘图者是安妮塔·婕朗，英国人。这本经典作品在全球销量超过1500万册。

这本图画书里有一只像幼儿的小兔子和一只像爸爸的大兔子。小兔子像所有的幼儿一样爱比较，它们俩在比赛谁的爱更多一些。小兔子想尽办法用各种身体动作、看得见的景物来描述自己对大兔子的爱意，直到累得在大兔子的怀中睡着了。大兔子用智慧赢得了比赛和比小兔子稍微少一点的爱，可小兔子用它的天真和想象赢得了大兔子多出一倍的爱，两只兔子都获胜了。小兔子亲切可爱的形象、两只兔子相互较劲的故事构架以及形象、新奇的细节设置都对幼儿有着极大的吸引力，整个作品洋溢着爱的气氛和快乐的童趣。

【活动目标】

（1）通过自主阅读、亲子阅读、讨论交流等方式理解图书内容。

(2) 用语言和动作大胆表现大兔子与小兔子的对话与神态。

(3) 感受亲子阅读的快乐,体验亲子间的爱与亲情,知道可以用各种方式表达相互间的爱。

【指导要点】

1. 本次亲子阅读活动适宜安排在晚上,在儿童临睡前半小时进行

2. 教师可以通过问题的方式帮助家长掌握指导儿童阅读时的引导方法

(1) 儿童自主阅读前的指导:

——这本书说了谁和谁的故事?(大兔子和小兔子。)

——看完书后选出你最喜欢的一页,用书签夹好,讲给爸爸妈妈听。

(2) 儿童给家长讲述后的指导:

——你最喜欢的画面是哪一页?说说你喜欢的理由。

(3) 亲子共同阅读时的指导:

——亲子共同阅读整本图书,然后相互交流、讨论几幅重点画面。

① 第4、6页——张开双臂。

讨论:小兔子和大兔子在干什么?他们说了些什么?他们张开双臂的样子是什么样的?我们一起试试看。为什么他们要把双臂张得很开?张开双臂和爸爸妈妈比一比,看谁爱谁更多?

② 采用同样方法,引导儿童阅读书中的有关"举起手臂""跳起来"等内容。

③ 第24、25页——大兔子把小兔子放在用叶子铺成的床上。

讨论:大兔子的动作看起来怎样?他为什么要轻轻的?爸爸妈妈抱宝宝上床睡觉时是怎么做的?

(4) 爸爸妈妈轻轻抱抱宝宝到床上,听爸爸或者妈妈配乐讲述故事一遍后,宝宝安静入睡。

3. 延伸活动

请家长在家中,和孩子一起交流:还能用哪些动作、神态来表达自己对爸爸妈妈的爱。

案例 12-7

系列活动二: 音乐欣赏《吉祥三宝》

【作品分析】

《吉祥三宝》是一首一家三口对答式的蒙族小曲。它曲调旋律优美、结构简单,歌曲通过一家三口温馨幸福的对唱,传达出家庭亲子之间和谐与美好的情感。歌词中体现的太阳月亮星星、花儿草儿果实、爸爸妈妈和幼儿等,内容简单易懂,富有生活情趣与童趣;歌曲优美的旋律与rap(说唱)对答深受年轻家长与孩子们的喜爱;而本首歌曲最打动人的还是其中表达的一家人相亲相爱的亲情与至爱。

【活动目标】

(1) 欣赏歌曲《吉祥三宝》,体验歌曲意境,感受一家人相亲相爱的美好亲情。

(2) 初步了解与歌曲内容相关的蒙古族生活习俗。

(3) 初步跟唱歌曲,体验说唱的乐趣。

【活动准备】

(1)《吉祥三宝》flash 动画。

(2)歌词图谱一组。

【活动过程】

1. 播放歌曲录音,儿童初步感受歌曲

师:这首歌曲的名称是什么?有几个人在唱?

2. 再次欣赏歌曲

师:你听到歌里唱了些什么?

教师按照儿童的回答出示相应的图谱。

3. 通过谈话,了解这首歌曲的创作背景

师:你们知道这首歌是哪个民族的?是谁唱的?他为什么唱这首歌?

教师先引导儿童畅谈,并根据儿童了解的情况进行总结:这是一首蒙古族歌曲。在美丽的蒙古大草原上,有一个幸福的家庭,爸爸妈妈和一个三岁的女儿,他们一家三口天天在草原上放牧、散步,可爱的女儿总有问不完的问题问爸爸、妈妈,爸爸妈妈总是耐心地解答。后来,爸爸就写下了这首好听的歌。

4. 欣赏《吉祥三宝》蒙语版 flash,进一步直观感受歌曲的民族风格与蒙族的文化习俗

师:画面上都有哪些内容?你从哪里发现这是蒙古族的歌曲?

通过视听结合的方式,儿童能更直观地感受蒙古族的文化与习俗,如茫茫的草原、奔腾的骏马、演奏马头琴的牧马人以及蒙古族人居住的蒙古包等等,从而对蒙古歌曲委婉动听的旋律以及歌词所反映的内容有了更直观的感受与更深刻的印象。

5. 分段欣赏歌曲

儿童根据歌曲内容,自主选择匹配的小图片贴在歌曲图谱的相应位置。

6. 再次完整欣赏歌曲,儿童在边欣赏边跟唱中进一步感受歌曲中浓浓的亲情

师:歌里唱了哪些东西是吉祥如意的一家?(太阳星星月亮、花儿叶子果实、爸爸妈妈和幼儿)

师:为什么说他们是吉祥如意的一家?你们喜欢这样快乐的一家吗?

7. 幼儿介绍自己快乐的家庭趣事

师:你们和爸爸妈妈也是吉祥如意的一家吧!爸爸妈妈是怎样爱你们的?你们又是怎样爱爸爸妈妈?说一说你们家快乐的事情。

案例12-8

系列活动三:美术活动"相亲相爱一家人"

【活动目标】

(1)在观察生活与相互交流的基础上,大胆运用各种美术手段表达一家人相亲相爱的各种情景。

(2)通过语言交流与动作表现,与同伴分享一家人快乐生活、相亲相爱的美好体验,感受家庭的温情与相互帮助的乐趣。

【活动准备】

(1) 在班级布置"相亲相爱一家人"的主题照片展。

(2) 各种美术工具材料。

【活动指导】

1. 组织儿童参观"相亲相爱一家人"的主题照片展

2. 请儿童用语言与动作等方式介绍各自家庭照片中的故事,分享家庭快乐的幸福体验

师:你们一家人是怎样相亲相爱的?你们经常用哪些方式表达你们对爸爸妈妈的爱?爸爸妈妈平时又是用哪些方式表达对你们的爱?

3. 播放《吉祥三宝》背景音乐,儿童自选材料与创作方式,运用美术手段表达一家人相亲相爱的情形

师:我们现在要把你们一家人相亲相爱的故事画下来。

教师提示儿童可以采取连环画等各种方式进行表达。

4. 展示、欣赏与评价

在活动室专门创设主题墙,张贴儿童的美术作品,请儿童进行介绍。

案例 12-9

系列活动四: 亲子歌唱活动"猜猜我有多爱你"

【活动目标】

(1) 通过亲子间合作创编歌词与合作演唱等方式表达相互间爱的情感。

(2) 尝试用歌声、动作、体态、眼神等大胆表现相互之间爱的情感,感受亲子之间浓浓的亲情。

【活动准备】

(1) 事先请家长与幼儿讨论相互间的爱可以用怎样的方式表达?并用绘画的方式画出来。

(2) 音乐伴奏带,儿童与爸爸互相关爱的照片。

【活动建议】

1. 教师出示阅读大书《猜猜我有多爱你》,复习相关故事情节

(1) 引导小朋友:小兔子是怎么表示他对爸爸的爱?(把手臂张开,开得不能再开;把手臂举高,高得不能再高;倒立起来,把整个人拉长;跳得高高的,高得不能再高;走得远远的,从这里一直到月亮那里)

(2) 引导幼儿爸爸:大兔子对小兔子的爱有多少?

(3) 引导亲子用动作表现童话中大兔子与小兔子的爱:张开双臂和爸爸比一比,看谁爱谁更多?(举高手臂;跳起来;说说看,你们的爱有多远,从哪里到哪里?)

2. 引导儿童交流爸爸对自己的关心与爱,体会父亲平时的关心与照顾

引导语:平时爸爸是怎么爱你们的?

3. 启发儿童向爸爸表达自己的爱

引导语:爸爸那么爱宝宝,为宝宝做了那么多。宝宝爱不爱自己的爸爸?每位宝宝轻轻告诉爸爸自己有多爱爸爸。

4. 教师提供节奏型,引导儿童与爸爸将相互关心与爱的方式编成儿歌,伴随音乐有节奏地读给对方听

如:

	× ×	× ×	× ×	× 0	× ×	× ×	× ×	× 0
(宝宝)	爸 爸	我 爱	你,		爸 爸	我 爱	你,	
(爸爸)	宝 宝	我 爱	你,		宝 宝	我 爱	你,	

	× ×	× ×	× ×	× × ×	× ×	× ×	× —
(宝宝)	猜 猜	我 有	多 爱	你,	和 你	比 远	近。
	每 天	为 你	捶 捶	背,	帮 你	洗 手	帕。
	猜 猜	我 有	多 爱	你,	从 头	到	脚。
	……						
(爸爸)	猜 猜	我 有	多 爱	你,	和 你	比 高	低。
	经 常	带 你	出 去	玩,	给 你	讲 故	事。
	猜 猜	我 有	多 爱	你,	一 直	到 天	上。
	……						

5. 以歌曲旋律为背景音乐,亲子边感受音乐边共同绘画,把相互的爱用图谱的方式表达出来
6. 教师选择几幅有代表性的图画,全体家长与儿童共同分享,后配合音乐旋律集体演唱
7. 分成宝宝队与爸爸队,以对唱的方式表达相互间的关心与爱
8. 听音乐,亲子自由对唱自己创作的歌曲

【延伸活动】

教师将亲子创作的歌词所制作的图谱贴在墙上,制作成卡拉OK的音乐,供儿童自主演唱。

案例12-10

系列活动五:音乐欣赏《小乌鸦爱妈妈》

【活动目标】

(1) 体验歌曲抒情的演唱风格,感受小乌鸦对妈妈的孝心,初步了解"乌鸦反哺"的含义。
(2) 懂得从小尊敬、爱护老人的道理,萌发感恩父母的情感。

【活动准备】

(1) 歌曲录音带,相关课件;"坏鸟占巢"的故事录像。
(2) 把活动室布置得像森林一样。

【活动建议】

1. 情境导入

师:今天老师要带你们到大森林里去走一走,看看那里发生了什么事情?

2. 播放"坏鸟占巢"的故事录像,激发儿童对不孝顺小鸟的愤怒

师:森林里发生了什么事情?这只鸟小时候爸爸妈妈是怎么哺育它长大的?长大后又是怎么对待自己的爸爸妈妈?你喜欢这只小鸟吗,为什么?

师：刚才，小朋友看到的是一只很不孝顺的、令人讨厌的小鸟。可是，森林里也有一些非常孝顺的小鸟，下面，就给大家讲一个乌鸦反哺的故事。

3. 教师充满激情地讲述"乌鸦反哺"的动人故事，激发儿童对小乌鸦的好感

师：你们喜欢小乌鸦吗？为什么？你们能给这个故事取个合适的名字吗？

4. 幼儿欣赏歌曲

师：小乌鸦爱妈妈的故事深深地打动了我们的心，为了让大家都知道这个故事，人们把它编成一首歌，歌名就叫《小乌鸦爱妈妈》，现在就让我们一起来欣赏。

（1）幼儿欣赏歌曲录音。

师：你喜欢这首歌曲吗？歌曲里说了一件什么事情？

（2）教师结合课件有感情地范唱歌曲。

师：七只小乌鸦飞来飞去在做什么？它们叼来虫子给谁吃？

师：路边开着漂亮的菊花，多好玩呀！小乌鸦有跑去玩吗？它们飞来飞去的时候，心里一直记着什么事情？

（3）教师再次范唱，幼儿一边欣赏一边跟着音乐轻轻拍节奏。

师：你喜欢小乌鸦吗？为什么？

5. 听音乐玩游戏

幼儿扮演孝顺的小乌鸦，教师扮演乌鸦妈妈，听音乐玩游戏。

第二遍游戏时，"小乌鸦"叼来虫子一个一个上来喂"妈妈"时，每只小乌鸦都要对着妈妈说一句感谢妈妈、关心妈妈的话。

6. 总结延伸

师：小朋友应该向小乌鸦学习什么呢？你们在家里可以怎样感谢养育你们的爸爸妈妈？

（二）按照"人与社会"主线开展的综合性艺术教育活动

人是社会的人，每个生命个体都不可避免地要与周围的各种社会人进行接触，并要与他人以及社会产生各种关系。学前儿童处在人生的初始阶段，其认知、心理尚不成熟，加上家长对幼儿过度保护，导致许多幼儿缺乏自理自立的意识与能力，缺少与同伴以及社会的交往机会。为此，幼儿园需要针对幼儿的实际，开展相适宜的系列活动。

如在中班开展的主题性艺术综合活动"能干的小手"，教师按照"人与社会"的主题线索，整合艺术、社会、语言、科学等领域内容，有机融入"会做事的小手""会说话的小手""会帮助人的小手""会画画的小手"等几方面内容，使得主题的教育价值更为深入、有效。本主题活动可以由以下系列活动组成：

活动1：歌表演《小弟弟早早起》，重点通过歌唱与表演，初步懂得自己的事情自己做的道理。

活动2：讲述活动"能干的手"，通过观察、讲述、故事、韵律活动等各种方式，初步了解警察、指挥家、工人、农民等各行业工作者勤劳能干的手，尝试用语言讲述自己的认识，并运用身体动作模仿与表现这些人的劳动。

活动3：歌唱活动"好朋友"，通过歌唱过程，明白可以运用小手与同伴相互帮助的道理。

活动4：美术活动"我的手儿真能干"，通过绘画、手工等方式，尝试用美术方式描绘自己的理想，抒发用灵巧的手创造美好生活的情感。

(三) 按照"人与自然"主题线索开展的综合性艺术教育活动

大自然是人类之母,蓝天白云,青山绿水,春华秋实,人类一直享受着大自然的恩泽。学前儿童也是在大自然中生活和成长起来的,理应从小就树立热爱自然、保护自然、学会与大自然和谐相处的观念。

在大班主题性艺术综合活动"美妙的森林"中,教师按照"人与自然"的主题线索,有机整合科学、社会、艺术、语言等领域内容,萌发幼儿产生热爱森林以及森林动物的情感,培养初步的环保意识。本主题可以由以下系列活动组成:

活动1:科学活动"森林里的动物",引导幼儿通过观察、故事等方式,进一步认识森林里的各种动物,初步形成对动物的喜爱与保护之情。

活动2:音乐欣赏《森林狂想曲》,引导幼儿感受森林里某些动物的音响,感受森林中动物与自然和谐相处的美妙意境。

活动3:美术活动"可爱的森林动物",提供森林背景图,引导幼儿运用绘画、剪贴、折纸等方法,制作《可爱的森林动物》的美术作品。

活动4:故事创编"森林里的故事",引导幼儿边听音乐边发挥想象大胆创编与森林以及动物相关的有趣故事。

活动5:化装舞会"森林狂欢节",引导幼儿根据自己的意愿装扮成各种动物与植物形象,在《森林狂想曲》《动物狂欢节》等音乐伴奏下,开展各种表演活动。

三、学前儿童综合艺术教育活动的指导要点

通过多年的实践,我们认为,学前儿童综合艺术教育活动首先要从学前儿童的生活和兴趣出发,有机整合各领域内容;在开展综合艺术教育的过程中,要以儿童的现实生活为背景,以儿童的生活经验为基础,以儿童熟悉的人、事、物为内容,注重生活与艺术教育的紧密结合,让艺术教育内容回归于儿童的生活。这样能够使儿童快乐地接受教育,并在教育中完善儿童的人格,挖掘儿童的创造潜能,培养儿童的创造能力,促使他们的个性得到自然和谐的发展。

其次,主题性的综合艺术教育适宜从人文主题出发,合理选择艺术教育的不同形式,实现儿童艺术教育中不同艺术形式的有机综合。综合的关键在于融合的恰当与有机,要避免综合过程中的"大拼盘"等误区,较为适宜的做法是将艺术的知识与技能巧妙融合在人文主题内,实现二者的有机融合。

再次,在主题性的综合艺术教育中,艺术应该成为儿童自我表达的重要方式。教师应将儿童需要学习的技能技巧转化为他们的学习需要,注重每个儿童的自我表达与个性化的表现,引导儿童通过同伴间的分享、交流,丰富他们艺术表现的形式与内涵。同时,幼儿园的课程是一个有机的统一体,儿童的发展应是整体的和谐发展,教师应把音乐、美术、语言教育与其他学科领域的教育以及社会、家庭教育等有机结合,真正实现综合教育的目的。

然而,在目前一些幼儿园开展的主题活动中,音乐有时仅仅作为一种活动形式参与,但很多时候呈现出边缘化的态势。音乐独特的情感功能未被挖掘与充分利用,教师如何以音乐为主线,潜移默化地运用音乐的情感特征,有机渗透社会性、语言、科学、健康以及其他艺术形式方面的教育?我们的理念是:儿童在教师创设的音乐情境中不知不觉地获得一种正确的价值导向,在快乐的音乐探索与操作实践中潜移默化地获得全面和谐的发展。

主题性艺术综合教育活动是以单元的形式展开的,每一单元中的多个活动围绕某一人文主题相互之间形成有机的联系。其内在逻辑是双线索的,既要体现人文综合主题的内在联系,又要体现学科知识技能由浅入深、循序渐进的发展线索。其中,人文主题是明线,艺术及其他学科知识技能是作为隐线渗透的。

[思考与讨论]

音乐、美术、文学、民间游戏等各种不同艺术形式之间有机同构的综合性艺术活动,在设计与组织时应该注意什么问题?

[实践与训练]

1. 了解幼儿园教师对综合性艺术教育的认识,并调查分析当地幼儿园开展综合性艺术教育的情况,在课堂和小组中交流、分享。

2. 请设计一个两种及以上艺术形式有机同构的综合艺术教育活动,去幼儿园组织活动并记录幼儿的表现,写出教学反思。

3. 选择"人与人""人与社会""人与自然"中的一个主题,以幼儿关心与感兴趣的一个内容为切入点,设计一个系列的主题性综合艺术教育活动,并尝试在幼儿园组织实施。

第十三章

学前儿童创造性戏剧活动探索

> **学习目标**
>
> 1. 解释儿童戏剧教育的概念与本质,理解创意戏剧教育对学前儿童发展的价值以及儿童戏剧教育三个层面的内容,举例分析戏剧教育中儿童与教师的角色定位。
> 2. 梳理主题式、区域式、渗透式创造性戏剧教育活动以及戏剧工作坊在幼儿园具体运用的基本思路,并能初步设计与实施。
> 3. 能积极参与戏剧表达、戏剧创作及表演活动,不断提升个人戏剧教育艺术素养,初步树立科学的戏剧教育观。

> **内容概览**
>
> 在所有艺术中,戏剧最具有综合性,综合着文学、音乐、美术、舞蹈、建筑等多种艺术门类以及科学、社会等领域,这种天然的综合性给艺术教育开辟了一条崭新的道路。戏剧是学前儿童生命状态的体现,创造性戏剧不强调表达与表演的技巧,而在于探索与发现的意义,让儿童有机会用自己喜爱和擅长的方式去表达对世界的想法,它更像是一种充满欢笑与想象的游戏。作为一种促进学前儿童全面发展的手段,创造性戏剧对儿童的审美、想象、创造、社会适应性和情感等方面发展有其特有的教育价值。

[问题情境]

在一次"冬天里的小鸟"的戏剧活动中,教师先讲述了这样一个情景:"在一个寒冷的冬天,一只小鸟在飞往南方的路上受伤了,它需要找一个地方养伤,这时,它遇到了自私的树和友好的树。"后面,则由孩子们设想接下来发生的故事情节,并装扮成受伤的小鸟,面对伤痛、寒冷和饥饿,想出各种办法来寻找帮助;而面对受伤的小鸟,大树(由教师扮演)也有自己的想法。你在幼儿园见过这种类型的创造性戏剧活动吗?在这种活动中,儿童和教师都分别承担着什么角色?创造性戏剧教育追求的是表演的技巧吗?如果不是,那又是什么呢?

拓展阅读 戏剧

在所有艺术中,戏剧最具有综合性,综合着文学、音乐、美术、舞蹈、建筑等多种艺术门类以及科学、社会、艺术等领域,它的这种天然的综合性给艺术教育开辟了一条崭新的道路。在当代中西方的儿童教育体系中,不论是在学前教育阶段,还是在学校教育阶段,创造性戏剧以其独有的教育价值,已经成为一股神奇的教育力量,给儿童教育带来了鲜活的生命力。

第一节 儿童戏剧教育概述

一、儿童戏剧教育的发展及其本质

(一)儿童戏剧教育的发展

早在古希腊时期,戏剧就开始进入到西方儿童教育中。直到20世纪初,随着"新教育运动"的发展,为了打破原有的知识中心、课本中心和教师中心的旧教育模式,戏剧才真正地成为西方儿童教育的一个组成部分。经过100多年的发展和变化,西方儿童戏剧教育逐渐形成了创造性戏剧(creative drama)、戏剧教学(drama in education)和剧场教育(theatre in education)以及戏剧心理治疗(remedial drama)等多种流派,并且呈现出各种流派相互吸收、相互渗透、相互融合的态势,这标志着西方儿童戏剧教育已经从单一走向多元、从片面走向整合、从幼稚走向成熟。

中国的戏剧教育发展比较晚。1922年《儿童世界》创刊后发表了许多儿童剧,叶圣陶、郑振铎、周作人等都涉足过儿童剧的创作或翻译,黎锦晖伴随"新音乐运动"创作了《麻雀与小孩》《小小画家》《葡萄仙子》等大量的儿童歌舞剧,在当时的中小学中广为流行,成为中国现代儿童戏剧兴旺发达的一个重要标志。

在中国的学前教育领域,戏剧是一个较为陌生的概念,但戏剧教育的元素一直存在,并呈现了多种形态,最直接的就是木偶戏、哑剧、故事表演了,表演游戏、角色游戏等游戏活动也具有戏剧的因素。但戏剧教育在幼儿园一直是比较缺失的,始终没有像音乐、美术、舞蹈等艺术活动那样得到充分的重视。而且,幼儿园为数不多的戏剧教育仍以剧场式、表演型为主,要么把儿童当做成人演员一样为节日演出做排练准备,要么就是儿童在教师编导下进行整齐划一的表演教学,儿童在戏剧教育中的主动性、愉悦性与创造性等被长期忽视。这与我们倡导的创造性戏剧教育还有较大的距离。

面对当前幼儿园课程改革的新趋势,寻找一种综合的艺术形式来丰富幼儿园的艺术教育内容已势在必行。在探寻过程中,戏剧教育尤其是创造性戏剧教育正在慢慢地进入我国学前教育工作者研究与实践的视野,戏剧以其独特的魅力一定会给幼儿园艺术教育带来崭新的活力。

（二）戏剧的本质是儿童生命状态的体现

学前儿童以下的表现是成人经常可以看见的：他们在不睡觉的情况下，常会把小脸蛋枕在妈妈的怀里在假装睡觉，表达睡在妈妈怀中的温暖和安全；他们会在不喝水的情况下，拿着空杯子做出喝水的动作，表达喝水前的口干舌燥和喝水后的畅快；他们会在不梳头的情况下，用梳子做出梳头的动作，表达梳理、感触的顺滑与舒服。学前儿童的身体假装是自发的、快乐的、自由的，而不是被教的。儿童的身体与思想不可分割，身体的表达正是儿童调动已有感觉经验，经过头脑幻想的过程与结果。此外，他们总是不断地发明自己的幻想游戏，虚构想象的朋友、敌人、仙女和妖怪，在幻想世界里体验现实世界无法带来的神奇和快乐，尤其像"扮鬼脸""过家家"一类的假装现象一直在儿童身上延续着。可见，儿童的戏剧表达自然地流淌在身体与思想的对话中，戏剧是儿童生命状态的体现。

最初，人们将儿童戏剧教育理解为一种以培养和展示儿童的表演技巧为目的的表演活动。随着教育理念的不断更新及研究的不断深入，戏剧教育已经开始走向儿童日常的游戏与生活。儿童戏剧教育不再是一种表演技能的培养与展示，而更多的是一种体验活动，包括对角色的体验、对优秀文学作品的体验、对生活的体验、对音乐的体验等。对于学前儿童而言，戏剧教育更是一种想象与探索活动，它是开放的，儿童能够超越文本进行大胆地想象与探索，并创造性地运用动作、语言、表情来充分展现自己对表演内容的理解。在《澳大利亚课程标准》的艺术课程标准中，戏剧被认为是一门对儿童情感、社会、运动和创造性发展都至关重要的艺术课程，它为儿童提供了表达自己对社会想法的机会。

因此，对于学前儿童而言，戏剧是儿童表达自我的方式之一，戏剧教育的本质不是表演，而是儿童生命状态的体现。儿童早期特有的生活是游戏的、艺术的，如果将这种游戏的、艺术的生活用整合的方式加以考察，在一个活生生的儿童身上，我们将会看到儿童擅长用身体表达思想，用富有幻想的头脑去行动，即"用身体去想，用脑袋去做"。身体与思想的对话是学前儿童的天性，是学前儿童自然的生命状态，在语言表达不够丰富、流畅或无法恰当表达的情况下，身体假装是他们最擅长的"语言"。因此，戏剧让儿童有机会用自己喜爱和擅长的方式去表达对世界的想法，这里不强调表达与表演的技巧，而在于探索与发现的意义，儿童不需要为了取悦他人而表演，而是充满欢笑与想象的一种游戏。

二、创造性戏剧教育对于学前儿童发展的价值

创造性戏剧作为促进儿童全面发展的手段，对儿童的审美、想象与创造、社会适应性和情感等心理的健康发展有其特有的教育作用。美国学者艾林纳·蔡斯·约克对创造性戏剧带给儿童的发展意义进行了总结，具体包括创造性、敏感性、流畅性、灵活性、想象力、情绪稳定性、社会合作能力、道德态度、身体平衡协调能力以及交流能力。就其中的创造性而言，儿童在创造性戏剧活动中，要把自己完全放到某一个角色上，自由地表达自己内心深处的思想、感受，这样使得儿童自身的创造力得到了充分的发展。

微课视频

小班创意戏剧游戏：萝卜的故事

创造性戏剧在幼儿园就是一种寓教于乐的活动样式，虽然儿童的表演是稚嫩的，但在他们眼中，戏剧表演就是一种娱乐游戏，他们可以在游戏中展开想象的翅膀，自由尽情地宣泄情感、模拟装扮，在表演艺术的天空中自由自主地飞翔，获得情感、社会性、能力等多方面的和谐、自主的发展。

（一）带给儿童广泛而全面的审美体验

戏剧包含着许多富有美感的审美元素，如音乐、歌曲、舞蹈、视觉艺术、诗歌、充满韵律的童谣与故事等，戏剧表演的空间总是布置得很有艺术感，这些内容跨越了视觉艺术、听觉艺术的某一种体验，给儿童的生活带来广泛的审美体验。

案例 13-1

小花鸭的故事

以中班主题式戏剧教育活动"小花鸭的故事"为例,这样的系列戏剧活动能给儿童带来的广泛而全面的审美体验:

(1) 伴随《小小蛋儿把门开》的音乐,儿童利用语言、歌声、肢体等方式开展"小鸭出壳"的戏剧游戏。

(2) 伴随《母鸭带小鸭》的歌声,儿童想象故事线索,并创造性地开展"小鸭跟着母鸭出去玩"的戏剧活动。

(3) 借助于《迷路的小花鸭》的歌曲,儿童理解音乐所蕴含的情感,并开展"小花鸭找妈妈"戏剧的相关角色与情节的创作。

(4) 小花鸭的家到底在哪儿?为了把小花鸭送回"家",儿童开始建造"小花鸭的家",尝试设计小花鸭的家,并用各种材料为小花鸭搭盖房子,还帮助小花鸭把房子布置得很漂亮。

综合上述活动,开展完整的戏剧活动"小花鸭的故事"。

上述活动中,儿童既感受到音乐与语言之美,也尝试了用各种材料制作表演道具、搭建和布置"小花鸭的家"的艺术活动,儿童在愉悦的气氛中大胆地想象、表现与创造,获得了全面的审美体验。因此,在欧美国家以及我国台湾等地区,儿童艺术教育领域也称为美感领域,该领域由音乐、美术、戏剧等内容共同构成。戏剧教育给儿童的是一种美感的完整体验,能让儿童不断得到心灵的感动与愉悦的审美感受。

(二) 培养批判性思考和创意表达能力

西方儿童戏剧学者们强调,创造性戏剧重在培养儿童的批判性思考和创造性表达能力,即关注儿童在戏剧中面临各种矛盾、冲突、问题时的应变能力,以及运用戏剧语言创造性表达自己想法的能力。

案例 13-2

冬天里的小鸟

在一次"冬天里的小鸟"的创造性戏剧主题活动中,教师设计了这样一个情景:一只受伤的小鸟遇到了自私的树和友好的树,接着由儿童设想接下来发生的故事情节。装扮成受伤小鸟的儿童面对伤痛、寒冷、饥饿,创造性地想出各种办法寻找帮助,而面对受伤小鸟的大树(由教师装扮)也会有自己的想法。所有想法都让儿童们用肢体、语言、绘画等方式进行个性化的创意表达。

在戏剧教育活动中,儿童很容易把自己当作戏剧中的角色,观看或者表演一出戏就像经历角色身上所发生的一切,体验着角色的喜怒哀乐,获得许多做人的道理。创造性戏剧正是通过儿童在戏剧扮演中尝试各种解决办法,促使儿童在"看戏"与"演戏"中思考人与人、人与社会、人与自然的各种关系和问题,从而丰富了儿童的各种经验。因此,创造性戏剧的教育目的不在于创造戏剧作品本身,而是通过戏剧来培养儿童的批判性思考和创意表达能力。

(三) 宣泄消极情绪,培养热情、自信、开朗等积极心态

儿童是天生的演员、导演与剧作家,天性喜欢假装与幻想,这种假装与幻想是自发、快乐、自由的。在戏剧教育活动中,儿童就是在一定线索的启发下不断地假装、幻想,不断地"入戏"与"出戏",融入情节中体验

戏剧角色的喜怒哀乐,用身体动作表达自己的想法,这样的活动有助于释放各种压抑的情绪,以健康的方式宣泄消极情绪,让自己开怀大笑,带给儿童莫大的快乐。

戏剧可以培养儿童的热情及对生活积极的态度,而得到热情反馈的最好方法是拥有一个热情的生活态度。戏剧课程能够让教师保持高水平的精力与热情,并以此高质量的水准与儿童交流。戏剧教育的首要目标是通过一系列精心设计的戏剧课程给孩子们开朗自信的心态。戏剧课程着重于儿童的自我发展,目的并不是"造星",而是帮助所有儿童发掘他们创造性的潜力,挖掘孩子们对于戏剧的兴趣,把他们引入自我发展的课程。这些课程是为增加他们的自信心、交流技巧和创造力天赋而精心设计的。由于戏剧教育中没有"不许"和"不能",儿童在其中便只有成功而不会有失败的负面情绪,这种正面积极的教育方式,其效果是很神奇的。

案例 13-3

即兴戏剧

维也纳的莫利诺博士用戏剧来做儿童的心理疏导手段。他让儿童玩一种"即兴戏剧"的游戏,先确定一个故事,比如格林童话的"小红帽",让孩子们各自扮演一个角色,他们不必背台词,而是根据自己扮演的角色,揣摩角色的心理,自己创作对白;指导者可以随时为其做些提示或引导,并对孩子们的活动进行心理分析。莫利诺博士发现,对许多孩子来说,随着表演次数的增加,攻击性强的孩子会变得越来越平和,胆小紧张的孩子则变得越来越勇敢了,并使所有孩子们的消极情感得到释放和宣泄。

(四)锻炼口才,促进艺术兴趣与表现技能的协同发展

戏剧中蕴含着丰富的语言资源,这为儿童的语言表达提供了大量的机会。在戏剧教育中,儿童有效地进行交流与沟通、创造性地进行角色扮演,这些都让儿童置身于一种"想说、愿意说、有机会说"的环境中,有助于培养和发展儿童的语言能力,锻炼儿童的好口才。通过设定不同角色,儿童能够学会理解更为广阔的人类与社会状况,这能够帮助他们更有效地把自己的经验与想象的角色联系起来,并学习运用大量的语言进行对话和表达。

在戏剧表演中,孩子们喜欢模仿哪些角色?他们喜欢模仿滑稽的小矮人、美丽的白雪公主等自己喜欢的角色的神态、动作、声调、语气……并想出每种角色的服饰、动作、语言与喜欢的造型。在模仿与扮演过程中,孩子们提高了表演技能,促进了艺术学习的兴趣与表现技能有机结合而协同发展。

案例 13-4

"什么不像?"

有一次,戏剧活动《白雪公主和七个小矮人》结束后,个别幼儿凑过来说:"我觉得这样不像。""什么不像?""不像小矮人的家。""那小矮人的家应该是怎么样的?""小矮人的家应该在树林里。""那我们需要准备些什么?""森林里有树有草,还有小动物。""那我们下次来试试。"

从上述案例可以看出,孩子们对戏剧扮演的道具制作与场景创设又产生了需求,于是教师及时为他们提供所需的材料,孩子们就可以利用区域活动时间在小舞台中自发地制作道具。这种由孩子们自发的创作虽说不够精致,但这是孩子们自己的成果,他们表现得十分专注并自我陶醉,从中获得了极大的满足感、成功感与自豪感。

三、创造性戏剧教育的内容

学前儿童创造性戏剧教育是一种非正式的戏剧活动,是儿童在自然开放的氛围中,通过肢体律动、默剧、即兴对话等戏剧形式,运用"假装"的游戏本能,在教师带领下开展戏剧表达、戏剧创作和戏剧表演,从中获得游戏的满足和多种有益的成长经验。戏剧表达、戏剧创作和戏剧表演三个层面内容的发展体现了学前儿童戏剧从游戏向表演过渡的发展历程。

(一)戏剧表达

戏剧表达作为儿童创造性戏剧教育的基础层面,关注儿童用身体的视觉、听觉、触觉、嗅觉和味觉等各种感觉能力,在假想的情境中、以角色的身份表达自己的内心感受和想法。

1. 戏剧表达的方式

戏剧表达是一种艺术表达,与非戏剧的艺术表达(音乐的、美术的、舞蹈的、文学的表达等)相比,具有身体性、虚构性和角色性的特点。

戏剧表达主要包括身体表达、言语表达等方式。身体表达是指用肢体、表情动作表达内心情感与想法;言语表达是指用声音、语词以及相应的语气、语调表达内心情感与想法。由于学前儿童语言发展水平的局限,他们的戏剧表达更多为身体表达,包括了自然性身体表达和延伸性身体表达。前者围绕身体的肢体和表情本身;后者则体现了装扮、道具以及音乐对身体表达的辅助作用。

2. 戏剧表达的内容

学前儿童的戏剧表达可从感知、模仿、造型、控制、想象和情感六个方面展开。"感知"关注身体的视觉、听觉、触觉、嗅觉、味觉等多种感官在感受刺激后的外在表现能力;"模仿"是对人或物的各种特性及其细节的身体再现、复制能力;"造型"是用身体塑造静止形态的能力;"控制"是对身体运动的快慢、动静、轻重、高低、大小、远近等相对性的把握;"想象"是基于真实的信念而创造虚构的世界;"情感"是贯穿于所有戏剧表达中的喜怒哀乐等情绪感受。

案例 13-5

可爱的鼠宝宝

在一次小班幼儿创造性戏剧教育活动"可爱的鼠宝宝"中,老师扮演鼠妈妈,孩子们扮演鼠宝宝。鼠妈妈带着鼠宝宝去城堡玩,其中有一个以感官训练为主的戏剧表达游戏:

教师戴上鼠妈妈的头饰,说:"小老鼠们,妈妈今天带你们来到了一个很大很大的城堡。这个城堡里有很多好吃的东西,每种东西的味道都不一样。等一会儿,你们到处找找,看看会找到什么好吃的东西。这个东西是什么样子的?味道怎么样?我们可以怎么吃?你们先别说出来,用动作、表情告诉大家,让妈妈和其他的鼠宝宝猜猜看。"

孩子们在房间里找到了棒棒糖、甜圈饼干、酸梅、辣牛肉干、脆豆等物品(图片),然后"鼠妈妈"逐一让每个"鼠宝宝"用动作、表情来表达自己找到的东西,引导其他"鼠宝宝"观察并猜想。

微课视频
创意戏剧区域活动:小老鼠出行记

(二)戏剧创作

戏剧创作作为儿童学习的主要方式之一,是儿童生存状态的体现。儿童乐于装扮成他人、他物,在头脑中幻想他人、他物的动作、言语和情感,用身体像他人、他物一样地行动,感受周围世界的奇特和美妙,思考自己与周围世界的关系。这正是一种戏剧式的学习方式,将形象思维和抽象思维相结合,将感性与理性相结合,将感悟和创造相结合,将想象与行动结合。在戏剧创作中,儿童以即兴创作的方式思考与行动,心智不断得到提升。

戏剧创作还体现了思想与行动的对话。儿童作为戏剧创作的主体,在教师的引导下,不断产生新的想法,在虚构的情境中将自己内心的想法转变为可视、可闻的行动,以寻找解决问题的各种方案。儿童既是角色化的问题提出者,也是角色化的问题解决者。

1. 戏剧创作的要素

戏剧创作包括角色、情节和场景三个戏剧要素。

（1）角色是一个不同于自己的"他人",以"他人"的身份思考、行动和说话。学前儿童在戏剧创作中的角色数量较少,3—4岁阶段多为一个角色对多个同一角色;4—5岁阶段多为两个角色对多个同一角色,或不超过四个不同角色;5—6岁阶段基本不超过五六个角色。

（2）情节是由一系列事件所组成,具有从开端、发展、高潮到结局的几个发展阶段,体现了从背景、问题出现、冲突形成到最终问题解决的逻辑顺序。在戏剧创作的情节方面,随着儿童的年龄增长,情节由简单到复杂、由重复性到多样性。

（3）场景是事件发生的空间,交代角色所处的环境。学前阶段儿童的戏剧创作场景相对比较单一,空间转换不能太多。其中,3—4岁阶段最多出现两个空间的转换;4—6岁阶段可以出现两个以上空间的转换。

2. 戏剧创作的环节

（1）开端环节：对戏剧创作来源的探讨。儿童戏剧创作的欲望来自儿童自己的生活,一件物品、一次经历、一首歌曲、一幅画、一段故事、一种想法或心愿,都有可能引发儿童的戏剧创作。一般来说,年龄越小的儿童喜欢远离生活的幻想性题材,年龄越大的儿童选择的题材愈加广泛和丰富。戏剧创作的来源有的是儿童自己发现的,有的需要教师与儿童通过探讨进一步明确。前者出现于儿童自己的戏剧性游戏中,后者则是由有计划的戏剧教育活动来展开,正是本研究所关注的戏剧创作的开端环节。在开端环节,教师需善于发现儿童的戏剧创作的想法,鼓励儿童用肢体表达,确定戏剧创作的主题。

（2）角色描画：戏剧创作的基点。教师组织儿童一边扮演一边商量："这里有谁？他们是什么模样？喜欢做什么事情？最想得到（或需要）什么？"角色的形象、态度和动机得到描画,并以肢体律动的方式表现这些角色。

（3）架构冲突：戏剧创作的关键。教师组织儿童以角色的身份在扮演中,创作戏剧冲突的起因、发展、高潮和结局。对戏剧冲突的不同观点和建议,需要集体协商,形成相对一致的做法。教师既可"入戏",扮演其中的主要角色或次要角色,以高支配的方式引导儿童创作;也可"出戏",不扮演任何角色,以低支配的方式帮助儿童创作。前者更适合年龄小的儿童,或者有难度的戏剧创作,后者反之。

（4）丰富对话：戏剧创作的升华。在角色描画、冲突架构环节,角色的对话可能已经初步出现。以此为基础,在多次的扮演过程中,教师不断发现、丰富和归纳精彩、简洁、生动的角色语言,鼓励儿童之间相互模仿、学习,形成相对稳定的角色对话,丰富儿童戏剧创作的表现力。这一环节一般只能在年龄较大的儿童中展开。

通过上述戏剧创作的环节,儿童的戏剧创作一步步地丰满、生动起来,汇聚了儿童自己的智慧和表现。在思考中行动,在行动中思考。戏剧创作的魅力主要就体现在戏剧创作的过程中。

（三）戏剧表演

通过戏剧表达和戏剧创作这两部分的戏剧教育,儿童从自发的戏剧性游戏状态逐渐过渡到有意识的戏剧表达和自觉的戏剧创作上,体验着表达自我和思考世界的自由与愉悦。但是对儿童来说,仅仅沉浸于自己创造的戏剧世界是不够的,随着年龄的增长,他们越来越有"表演给他人看"的欲望,希望与

微课视频
大班创意影戏：
老鼠嫁女、
十二生肖（上）

微课视频
大班创意影戏：
老鼠嫁女、
十二生肖（下）

微课视频
区域创意皮影
游戏：老鼠嫁女

"观者"分享戏剧表演的快乐。当儿童有被观看、被欣赏的需求时，其所进行的创作活动才更具艺术性，也才能从游戏状态上升为真正意义上的艺术活动。可以这么说，戏剧表达与戏剧创作仍属于一种游戏，而戏剧表演才是真正的戏剧艺术活动。

考虑到学前儿童戏剧表演的能力及戏剧教育的重点，他们的"戏剧表演"是发生在教室中而不是剧场；他们是由教师指导的，而不是由导演组织的；同在一个班级中的演员与观众是熟悉、相互流动的，而不是陌生或相互分离的。因此，学前儿童"戏剧表演"可称为"前表演"或"准表演"。

学前儿童戏剧表演的样式（体裁）比较丰富，主要以木偶戏、音乐剧、哑剧、话剧为主，教师需根据各阶段儿童戏剧表演的能力与兴趣，选择适合的戏剧表演样式。

总之，戏剧表达、戏剧创作和戏剧表演这三个层次的儿童戏剧教育内容并不是彼此孤立的，而是相互依赖，共生共存的。其中，戏剧表达是基础，戏剧创作是从戏剧表达向戏剧表演发展的过渡环节，戏剧表演可由戏剧表达或戏剧创作发展而来。此外，戏剧表达、戏剧创作到戏剧表演这一线性维度，体现了儿童戏剧从游戏向表演的过渡。对于学前儿童而言，创造性戏剧教育更强调的是游戏性的戏剧表达与过程性的戏剧创作，而非结果性的戏剧表演。

四、戏剧教育中的儿童与教师

（一）儿童

在创造性戏剧教育过程中，儿童是真正的主人，自愿参与，自主选择角色，承担着演员、观众、导演、剧作家、舞台设计者、评论家等多种角色。

儿童戏剧教育的剧本可以是成人创作的文学作品，也可以是儿童生活中的事件或想法，但都是需要经过儿童的选择与改造而生成的。儿童通过对剧本的选择、修改以适应他们的经验与参与的需要，其目的主要是鼓励儿童积极思考问题，感受各种情感。这时的剧场成为教育的空间，儿童既是观众又是演员，同时还是导演，他们不受限制与约束可随时给演员提供建议，年龄愈小的儿童表演愈自然。这时的儿童就成为演员、观众、导演、剧作家、舞台设计者、评论家等多种角色。他们会在一个虚构的世界里探索和检验自己的想法、同他人的各种关系，借用戏剧的表现形式积极地表达自己内心的想法。从这样一个个有趣的活动中，儿童能够感受到世界，体验到快乐；并且在假装扮演中分享到别人的感受和认知，逐渐改变他们对周围事物的偏见。因此，儿童戏剧教育应充分关注到儿童的参与性、主动性、创造性，最大限度地吸引儿童的学习兴趣和探索欲望。

案例 13-6

白雪公主

5岁的丽丽最近特别喜欢和我玩"白雪公主"的游戏。每次都是丽丽来分配角色，她基本上都是扮演"白雪公主"，并让我扮演"小矮人"。丽丽自己穿上雪白的连衣裙，把头发散下，还要把亮晶晶的发夹戴在头顶上，把自己打扮成美丽高贵的白雪公主。丽丽找出一顶圣诞帽，戴在我头上，说："小矮人就要戴这样的帽子。"她很认真地和我一起构思情节，她说："白雪公主要去小矮人那儿，小矮人得赶紧过来欢迎。"我坐在椅子上，看到"白雪公主"进来，就说："欢迎欢迎！"丽丽马上纠正说："你要站起来欢迎，才显得有礼貌。"我站起来欢迎，她又指导说："你最好眼睛要看着我，小手要拍起来，欢迎以后可以邀请我和你合影。当然，如果你表现好，我还可以给你签名、跳舞。就这么玩吧！"我们就按照"公主"安排的情节演了起来。演着演着，丽丽又想出新花样，安排我扮演"坏皇后"，给她递上有毒的苹果和梳子,但是都被她识破了,她说:"我是聪明的白雪公主。"最后,丽丽安排"坏皇后"要被火烧死。我说:"没有火啊,怎么烧?"丽丽就从抽屉里找出一条红纱巾,铺在地上,让我躺在上面,就说:"坏心肠的皇后,终于被森林的火给烧死了。"

这是一个典型的戏剧性游戏,它显示出丰富的儿童自发性戏剧形态:丽丽不仅仅是演员,她还是剧作家,整个情节基本上都是她创作的;她还是导演,负责分配角色,维护表演规则;她也是道具师、化妆师,她寻找连衣裙、发夹、纱巾等做替代性道具,把自己打扮成"公主"的模样,把同伴打扮成"小矮人""坏皇后"等角色,她集演员、剧作家、导演、舞台美工于一身,身兼数职,乐在其中。

(二) 教师

在戏剧教育中,教师到底应该承担着什么角色,教师应该如何和孩子们一起梦想,又如何和孩子们一起梦想成功呢?儿童戏剧教育实践表明,教师要把戏剧活动引向深入,需要承担编剧、演员、观众、导演等多种角色,能根据儿童的实际需要来选择与编写合适的戏剧课程,会和孩子们一起创设表演的环境与氛围,和孩子们一起游戏、共同表演,成为一位有修养的观众,懂得欣赏孩子们的表演,善于观察孩子们的反应与表现,巧妙引导情节发展,并根据实际情况灵活调整。

美国纽约大学表演艺术研究院菲利普·泰勒(Philip Taylor)教授认为,一位优秀的儿童戏剧教师应是儿童戏剧表演的设计者、引导者与合作表演者,他们承担着教学艺术家(teaching artist)、逗笑多面手(joker)和演员教师(actor teacher)等多种角色。

(1) 教师要成为教学艺术家。首先,教师必须经常参加艺术活动并培养自己精湛的、富有感染力的艺术语言(包括身体语言与口头语言),注重通过艺术熏陶来培养儿童的审美情感,提升儿童的艺术素养。其次,教师必须善于研究自己的艺术实践,愿意与儿童合作,乐于提升儿童质疑的能力,善于捕捉儿童迷惑不清、思想挣扎的时刻,引导儿童展开积极的探索,与儿童探讨他们共同关心的问题,并敏锐地观察儿童在其中发生的变化与进步。

(2) 教师要成为逗笑多面手。首先,就像喜剧演员一样,教师需要与生俱来和训练有素的艺术天赋,能赋予戏剧文本以生命活力。其次,教师必须擅长讲述故事与表演,通过妙语与幽默去吸引、打动儿童,引导儿童积极参与其中,让儿童开心欢笑,让儿童尽情玩乐,从压抑情绪中解放出来,探索更为有价值的东西。

(3) 教师还要成为一名演员教师。即教师能像演员一样,具有生动的声音、多变的语调以及灵活而富有表现力的肢体,用自己的出色表演将喜悦带给幼小的儿童,强化儿童的感性认识,帮助儿童更全面地认识周围的世界与生活。如通过戏剧教育,教师可以帮助儿童关注并解决困扰他们生活的一些现实问题,如被强者欺凌、不守规则、不守承诺等问题。

案例 13-7

巨人的花园

在"巨人的花园"(见后)戏剧表演中,有这样的一段情节:孩子们趁巨人不在,偷偷溜进巨人的花园里玩。巨人回来后非常生气,就把他们赶走,还钉了一块"闲人免进"的牌子。可是孩子们非常喜欢到花园里玩,就去找巨人商量。后面是教师与孩子们的表演与对话实录:

教师:孩子们,我们讨论一下,巨人为什么不让我们进他的花园玩呢?我们可以和巨人谈谈。

(教师戴上巨人帽,马上变成一个巨人,与孩子们即兴对话)

孩子1:我们想到你的花园里玩。

巨人:你们说话太没有礼貌了,我不想和你们说话。

(此时,教师发现了儿童说话时不打招呼的礼貌问题,马上以角色的身份指出来)

孩子2:巨人,你好!我们想到你的花园里去玩,好吗?

(通过提醒,孩子们很快发现自己交流时的礼貌问题,马上就改正了)

巨人:不行,我不能允许你们进入到我的花园里。

孩子3:为什么呢?

巨人:你们声音太大了,吵得我很烦。

孩子4:那我们一定会很安静地玩,不会吵到你的。

(此时,教师观察到儿童礼貌问题解决了,马上转到纪律问题)

巨人:你们总是乱翻东西,把到处搞得乱七八糟的。

孩子5:巨人,你放心,我们一定会把你的花园整理得很整洁的。

(此时,教师观察到儿童纪律问题解决了,马上转到收拾秩序的问题)

巨人:我不相信你们,你们总是做不到你们的诺言。

(教师脱下巨人帽,马上变回教师,一边讲述故事,一边与孩子们即兴对话)

巨人找出各种理由拒绝孩子们,怎么也不答应让孩子们到他的花园里玩。

(教师故意制造冲突,让戏剧情节更加丰富,而不是马上就答应了)

教师:孩子们,看来这是巨人自己的问题,而不是我们的问题。我们需要做些什么,让巨人高兴起来呢?

孩子6:我们给巨人送个礼物,巨人高兴了就会让我们去他花园玩。

教师:行,那你们想送巨人什么礼物呢?把你们的礼物画在纸上,或是用动作表演出来,这样巨人才能看得懂。

……

在上述对话与表演中,教师始终在观察孩子们的反应,不断"制造"出新的问题冲突去挑战儿童,帮助孩子们自己发现与思考问题,并不断寻求新的解决办法,孩子们的语言理解、表达及社会能力在其中获得很大的发展。教师一会儿扮演"教师",一会儿扮演"巨人",不停地"出戏"与"入戏",吸引儿童进入到文本的故事情境中,身临其境地用戏剧表达的各种语言(如言语、身体、绘画等)进行表现与表达。所以,在戏剧教育中,教师的作用十分重要,其角色需要不断变化。

[思考与讨论]

1. 什么是戏剧?什么是创造性戏剧?在创造性戏剧活动中,儿童与教师分别承担什么样的角色?

2. 请结合教材、互联网及图书馆资料的收集,举例说明创造性戏剧教育对于学前儿童发展的作用。

3. 为了更好地开展戏剧教育活动,教师应如何提升自己成为教学艺术家、逗笑多面手和演员教师的素质。

[实践与训练]

参加一次幼儿园戏剧活动,分析该活动中儿童与教师的角色定位,以及儿童在其中戏剧表达、戏剧创作的情况,并在课堂和小组中交流、分享。

第二节 学前儿童创造性戏剧活动的实施

目前,创造性戏剧教育在幼儿园主要有主题式、渗透式、区域式三种组织形式。此外,一些幼儿园在开展创造性戏剧教育本土化研究的过程中,也开始尝试儿童戏剧工作坊的形式。近年来,戏剧工作坊也逐渐成为幼儿园实施创造性戏剧教育的组织形式之一。

一、主题式戏剧教育活动

主题式戏剧教育活动中的系列活动因主题而联系在一起,并使儿童的戏剧经验彼此产生联系,从而在戏剧表达、戏剧创作和戏剧表演三者之间建立起相互支持的通道。

(一)主题式戏剧教育活动的来源

一个故事、一首歌、一幅画、一件事、甚至一个想法都可以成为主题式戏剧教育活动的来源,但选择什么样的故事、歌曲、想法与事件却是很有艺术的,它必须具备一定的情节性、冲突性、拓展性、表演性等要求。下面以中班主题式戏剧活动"小鸭的故事"为例进行具体说明:

"小鸭的故事"这一戏剧主题活动来自歌曲《迷路的小花鸭》,选择该主题的理由是:第一,歌曲《迷路的小花鸭》有一定的情节,幼儿可以通过戏剧表演的方式表现这首歌曲。第二,该歌曲有一定的戏剧冲突——小鸭迷路后怎样才能找到妈妈?迷路是幼儿生活中可能会遇到的问题,幼儿通过戏剧活动可以积累一些解决问题的经验并将其迁移到生活中,适宜开展戏剧创作。第三,这首歌曲有一定的拓展性,其背后隐藏着一些问题,如:"小鸭是从哪儿来的?它为什么会迷路?如果不是被小朋友发现,小鸭会怎样?""谁会来帮助小鸭呢?"这些问题都为幼儿的戏剧创作提供了丰富的空间。第四,小鸭的散步、游泳、吃虫子的动作以及不同情感的语言表达恰恰非常适宜用来开展戏剧表达。第五,歌唱的形式便于转换为音乐剧表演,可以让幼儿进一步以"诗、乐、舞"的音乐剧样式进行表演。

(二)主题式戏剧教育活动的建构

主题式戏剧教育活动的建构是以儿童的戏剧经验为核心层层展开的,其建构过程主要有以下三个阶段:

1. 第一阶段:以戏剧表达为开端

每个戏剧主题都会有一定的角色,戏剧表达需要借助角色扮演,围绕角色的特征与生活来展开。幼儿可以从感知、模仿、造型、想象、控制、情感等方面去充分认识、理解、表现角色,这一阶段的学习是为了鼓励幼儿敢于表现、充分表现,为后一阶段的戏剧创作和戏剧表演奠定基础。

主题活动"小鸭的故事"就是让幼儿从扮演小鸭这一角色开始的,幼儿通过表现小鸭的姿态、动作、声音等特征,表达对小鸭的认识。这里的角色扮演不是简单的模仿,而是幼儿在教师的带领下、在问题的伴随下进行的自由体验与表达。如,小鸭是从哪儿来的、它是怎样走路的、会做些什么等。下面,以第一个活动"小小蛋儿把门开"为例,分析教师是如何引导幼儿进行戏剧表达的。

案例 13-8

小小蛋儿把门开

教师扮演鸭妈妈高高兴兴地出去玩,一边走一边生了好多鸭蛋。天黑了,她忙着捡鸭蛋,然后把鸭蛋放在翅膀下保暖。

此时,教师问了一个问题:"鸭蛋在哪里?"让幼儿有了扮演鸭蛋的愿望,他们一个个都蹲了下来,缩起身子。

"一天天过去了,鸭蛋会怎样呢?"在歌曲《小小蛋儿把门开》的伴奏下,戏剧表达活动进一步展开了。如,"小鸭在蛋壳里是怎么活动的?它是怎样打开蛋壳的?出来后的小鸭是什么样子的?它会做什么动作?"由于蛋壳里的小鸭活动范围很小,幼儿需要控制好动作幅度。"它是用嘴啄破壳的,还是用小爪子踢碎壳的,或者是用头顶破壳的?"幼儿随着音乐节奏自由想象,充分表现蛋壳里的小鸭、破壳而出的小鸭。

此外,小鸭和鸭妈妈的生活也是戏剧表达的重点,如在随后的"母鸭带小鸭"和"小鸭学跳水"的活动中,教师扮演母鸭,带着幼儿扮演的小鸭去散步、游泳,通过模仿、想象、造型进行戏剧表达。在这一阶段的活动中,幼儿提高了肢体表达能力和角色扮演能力。

2. 第二阶段:以戏剧创作为主干

戏剧创作围绕戏剧冲突展开,包括情节创作和场景创作。幼儿围绕教师设置的问题想象角色、情节、场景,并通过肢体、表情和语言进行表达。

在"小鸭的故事"这一主题活动中,教师设计与实施了如下系列活动。

案例 13-9

小鸭的故事

正当幼儿在愉快地表现小鸭散步的情景时,教师操作小鸭木偶演唱了歌曲《迷路的小花鸭》。"小鸭怎么了?迷路后的心情是怎样的?""迷路时小鸭的表情是怎么样的?会说些什么?"幼儿面对这些问题,一边扮演小鸭唱着歌曲,一边体会小鸭迷路后伤心、着急的情感。随后,根据"小鸭为什么会迷路""谁听见了哭声""热心的朋友找到小鸭后,它们说了些什么,做些什么"等问题,教师又设计了"小鸭迷路了""我想帮助它""小鸭找妈妈"等戏剧创作活动,注重角色、情节和角色对话的创编,促使幼儿相互启发并产生初步的合作行为,活动的戏剧性也更为突出。"小鸭盖房子"的活动则是幼儿对场景所进行的创作。幼儿刚开始把小鸭送回家时不知道站在哪里表演,也不知道该谁出场,该谁离场。于是,教师提出问题:"朋友们把小鸭送回了家,可是小鸭的家在哪里呀?是什么样子的呀?"经过讨论,大家决定一起盖房子。教师找来了纸箱,让幼儿共同讨论、设计房顶的造型和墙面的材料。幼儿根据自己的经验和教师一同制作了"砖墙","三角形"屋顶"。有了房子的场景,大家又提出要设置池塘、草地的场景。这些场景制作工作大多由幼儿在表演区域中完成,通过这一戏剧创作活动,幼儿进一步积累了布置场景方面的经验。

在戏剧创作阶段,幼儿还会生成许多活动,如在讨论小鸭迷路的各种原因时,可能由于"小鸭捉蜻蜓而迷路"的情节生成"小鸭捉蜻蜓"的活动,教师便引导幼儿用身体动作表现蜻蜓飞的动作及停留在花朵上的造型。同时,教师还可以调动幼儿的生活经验,使其迁移运用到捉蜻蜓的情节中:蜻蜓时而快飞,时而慢飞,时而停下;小鸭也时而快走,时而慢走,时而抓蜻蜓。在这个活动中,幼儿的身体控制能力得到了发展,同时加强了同伴间的合作。教师在此基础上启发幼儿创编小鸭和蜻蜓之间的对话,进一步丰富有关角色和情节的内容。

3. 第三阶段:以戏剧表演为结束

真正意义上的戏剧活动最终需要一个多次传递信息与想法、分享经验与感受的过程,这就是戏剧表演。有前面两个阶段作铺垫,戏剧表演自然成了幼儿的兴趣,他们通常会在表演区域中自由选择角色、自主创编情节。在戏剧表演中,教师要引导幼儿相互观看,相互评价,相互学习。其中有分工、有合作,还要准备场景、音乐,这对于幼儿来说有一定的挑战性,但是幼儿很希望得到大家的肯定。为解决这个问题,教师引导幼儿尝试了两种方法:一是节选片段表演,二是将表演活动放置在区域中。经过一系列戏剧表达和戏剧创作活动,幼儿的经验越来越丰富,表演的兴趣也越来越高涨,集体活动已经满足不了所有人的表演要求,因此,教师将戏剧表演活动延伸到了表演区域。教师为表演区投放了头饰、纱巾、栅栏、绳子、录音机、手偶等材料,以满足不同幼儿的表演需要。一些比较内向的幼儿往往不敢在集体面前表现自己,但又想参与这样的活动,因此,表演区域给了他们一个展现自我的舞台,他们在这里更多的是再现集体活动中的表演内容。那些活泼大方的幼儿则将表演区域当作他们创作的天地,他们将集体活动中获得的经验迁移到了区域活动中,利用教师提供的新材料展开了新的戏剧表演活动,如更换角色、增加木偶等。研究发现,幼儿此时的戏剧表演完全基于幼儿的已有经验,他们在不断的重复中丰富、完善自己的表演。当然,教师的适时指导仍然是需要的,教师需要认真观察、及时发现幼儿在表演中产生的问题并及时给予支持。

二、渗透式戏剧教育活动

渗透式戏剧教育活动是指为了更好地实现某一具体教学活动的目标,将戏剧作为一种教学手段或工具渗透到某一具体教学活动中,同时达成戏剧教育目标的一种儿童戏剧教育活动组织形式。

不论在何种课程模式中,我们都可以将戏剧作为一种教学手段或者工具渗透到某个具体教学活动中。这里的渗透,强调的是戏剧与其他领域学习的相互影响。可以这么说,渗透式戏剧教育活动具有两种类型的教育目标:一是一般教学目标,它与该活动所要探讨的问题或某一学科领域有关;另一个是戏剧的教学目标,它涉及戏剧表达、戏剧创作和戏剧表演的相关戏剧要素的学习。

在渗透式戏剧教育活动中,由于戏剧的渗透,使其所涉及的某一具体活动表现出更多的戏剧活动特点。应当注意的是,如果仅仅在某个活动环节运用了动作模仿,例如"学一学小花猫走路的样子",这还不是真正意义上的渗透式戏剧教育活动。

(一)渗透于音乐活动中

从戏剧艺术的视角来说,身体既是戏剧创作的材料,也是戏剧创作的手段,更是戏剧创作的结果;从幼儿园音乐教育的视角来看,音乐可以"创造"或"改造"某种心境与氛围,帮助儿童迅速进入到角色需要的情境中,而以身体动作为主的韵律活动本身就是幼儿园音乐活动的主要内容。所以,创造性戏剧与音乐教学的融合将使音乐活动更加美好、快乐和富有个性化的创意。

1. 从创造性戏剧入手开展音乐教育

教师可以选择情节性强、能够开展表演的歌曲,先将歌曲改编为"剧本",然后进行口述默剧,最后在口述默剧的基础上融入音乐,引导幼儿随乐表演。之前所举的根据《小小蛋儿把门开》《迷路的小花鸭》等歌曲改编的创造性戏剧活动就是很好的实例。在活动中,教师应多提出开放性的问题,激发幼儿积极思考,创造性地想出多种多样的方法,并要避免过度的示范讲解而限制幼儿的想象,同时,要给幼儿的思考与创造留出足够的时间、空间,不要追赶、催促幼儿。

2. 用创造性戏剧延伸音乐活动

首先,幼儿先学会演唱歌曲,然后,教师通过边讨论边表演的方式,引导幼儿在歌曲情境下创作新的"剧本"。如幼儿在学会演唱《小猫钓鱼》的歌曲后,教师设置了如下情境:

案例 13-10

小猫钓鱼

教师:春天天气真好,小猫跟着妈妈,高高兴兴地来到小河边钓鱼,它一心一意,钓上了一条大鱼。我们一起帮助小猫把大鱼运回家,好吗?

幼儿:好!

(在《小猫钓鱼》快乐的音乐旋律伴奏下,幼儿高高兴兴地抬着"鱼儿"走)

教师:小猫家很远,先来到一片草地,前面是谁?

幼儿:是大黑猫,一只贪吃的大黑猫。

教师:大黑猫看到鱼,很想吃掉它。它会怎么做呢?

幼儿1:它会说"小猫,我肚子饿了,能把鱼给我吃吗?"

幼儿2:它会用办法骗小猫,故意请小猫到它家玩,然后偷偷把鱼吃掉。

(音乐响起,教师编入新的歌词唱起来,引导"小猫"们进行表演,并机智地保护了"大鱼")

教师:小猫们抬着鱼,来到一座小山,山上有只狡猾的狐狸,狐狸也想吃鱼,它会怎么做?

……

就这样,教师和幼儿一起沉浸在想象中,以音乐的旋律为背景,不断地改编歌词,创作出新的"剧本"并随乐即兴表演,幼儿十分开心。

(二)渗透于美术活动中

创造性戏剧教育渗透于美术活动中,教师既可以将其应用于美术活动的导入环节,以激发幼儿美术创作的灵感;也可以应用于美术活动的展示环节,使得美术活动更加灵动。

1. 以创造性戏剧的方式导入美术活动

以创造性戏剧的方式导入美术活动,可以吸引幼儿的注意力,激发幼儿的想象,引发幼儿创作的灵感。下面是教师运用木偶"匹诺曹"导入到"快乐助人"的绘画活动中:

案例 13-11

匹诺曹

教师:今天,小木偶匹诺曹要来我们班级做客,你们看,它来了。大家跟它打个招呼吧!

(教师拿出木偶匹诺曹,做走路状)

幼儿:匹诺曹,你好!欢迎你到我们班级来。

教师:匹诺曹,你今天为什么到我们班级来啦?

(教师一边操作匹诺曹的木偶,一边模仿匹诺曹的声音说话:"小朋友们,我已经改正了说谎的坏毛病。仙女今天告诉我,只要我经常帮助别人,多做好事,我就可以变回真正的人,就可以见到我的爸爸啦。可是,我可以做哪些好事呢?小朋友,你们愿意帮助我吗?)

教师:小朋友,你们想想看,生活中有哪些人需要帮助呢?匹诺曹可以怎样帮助他们?

(幼儿自由讨论、交流)

教师:那我们把这些事情画下来,交给匹诺曹,好吗?

2. 用创造性戏剧表演的方式来展示美术作品

用创造性戏剧表演的方式来展示美术作品,可将安静的美术活动变得更加灵动,并增强幼儿之间的交流。如在幼儿完成"快乐助人"的绘画作品后,教师把幼儿的作品张贴展示时,请幼儿用动作把自己画面的内容介绍给"匹诺曹","匹诺曹"看完后,很高兴地用语言描述其动作与画面的内容,并表示马上就去做这些帮助别人的事情,最后终于变成真正的"人"了。

(三)渗透于文学活动中

语言既是文学的工具,也是戏剧表达、创作与表演的重要工具之一,创造性戏剧与幼儿园文学活动也是一对密不可分的"姐妹"。在幼儿园早期阅读活动中渗透戏剧教育,能使阅读活动接近于戏剧教育活动。

例如,在大班"母鸡萝丝去散步"的早期阅读活动中,教师设计了以下系列活动:

(1) 绘本欣赏:母鸡萝丝去散步。(以幼儿阅读绘本作为活动开端)

(2) 我喜欢谁。(扮演自己喜欢的角色)

(3) 我是母鸡/狐狸。(以角色身份体验角色情感)

(4) 狐狸遇到的倒霉事。(绘本创编与戏剧创作)

(5) 绘本表演:母鸡和狐狸。(戏剧表演)

随着戏剧成分的逐步增加,这些早期阅读活动逐步向戏剧活动发展,很多活动都有戏剧的成分。在第(4)和第(5)个活动中,由所有幼儿扮演的"狐狸",遇到了水沟、高墙、电击、蜜蜂蛰等各种倒霉事,和绘本中的狐狸一样,越来越生气,最后终于落荒而逃了。伴随着各种动作与表情,幼儿说出了绘本中没有的话语:"啊,我全身都湿了!""哼,被电击真是太可怕啦!"……幼儿在扮演过程中不仅重温了绘本内容,更重要的是体验了角色的情感变化,并进行了阅读中的再创作。这正是渗透于阅读活动的戏剧教育活动的真谛。

目前,我国大多数幼儿园没有开展专门的戏剧教育活动,不少教师对于戏剧教育有强烈的陌生感而难以接受,希望他们可以尝试从渗透式戏剧教育活动做起,逐步让戏剧为幼儿园课程和幼儿的学习生活增添活力。

三、区域式戏剧活动

区域式戏剧活动是指采用区域活动的组织与实施方式,在特定的、有表演材料的空间(或表演区)内,有少数幼儿在教师直接或间接的指导下,在扮演中自主地进行戏剧创作,体验戏剧扮演或戏剧表演的愉悦与成就感的一种儿童戏剧教育活动组织形式。

与主题式、渗透式戏剧教育活动相比,在区域式戏剧活动中,教师与幼儿、幼儿与幼儿之间互动的机会增多;教师更能充分与每个幼儿互动,彼此交流想法的机会增多;操作材料(道具和场景)由幼儿自主选择或制作,幼儿在与材料的互动中可以更加生动地扮演角色。

（一）分层次的区域戏剧小组

在区域式戏剧活动中，幼儿小组的形成一般是分层次的。起初由教师按照幼儿的能力分组，具有不同能力的幼儿在教师的帮助下逐步形成相互学习的团队，人人都有参与活动的机会。一般而言，小班和中班大多采用这一小组建立方式。随着幼儿戏剧创作兴趣的提高以及幼儿戏剧表演能力的增强，幼儿小组将完全由幼儿自主建立：选择是否参加、分配角色、协商装扮、讨论情节、合作扮演等，教师则彻底成为活动的协助者。一般大班幼儿会在某一系列区域活动的后期采用这一形式，他们很可能打破原来教师所建立的小组。

（二）区域戏剧活动的指导

区域式戏剧活动一般都以教师间接指导为主，教师通常是在各个区域进行巡回指导。在幼儿分区域进行戏剧活动时，教师的指导必不可少，否则幼儿往往会停留在角色分配或头饰、道具的装扮上，较难把戏剧活动进行下去。教师往往需要从直接指导逐步向间接指导过渡，依次以导演、角色、观众的身份与幼儿互动。

例如，在小班戏剧主题活动"小蝌蚪找妈妈"的后期，教师安排了区域式戏剧活动——手偶表演"小蝌蚪找妈妈"。一开始教师作为导演，不断提醒幼儿关注戏剧工作的每个环节，帮助他们解决问题，提供一些建议和示范，最后与幼儿讨论表演的优缺点。幼儿在教师指导下表演得比较完整，但是出现了依赖教师的问题。随后，教师扮演各种动物妈妈，与"小蝌蚪们"对话交流，启发幼儿思考在扮演小蝌蚪时心里该想什么，该说什么，该怎么说——大声地说还是小声地说，很快地说还是很慢地说，伤心的时候该怎么说，找到妈妈开心时该怎么说。孩子们被教师的表演感染了，更加热情地投入到小蝌蚪找妈妈的情景中。最后，当幼儿能较为生动、自然、完整地进行表演时，教师和其他幼儿一起作为观众，欣赏孩子们精彩的表演，给予掌声和评论，让幼儿更富有成就感。

区域式戏剧活动可以作为主题式戏剧教育活动或渗透式戏剧教育活动的延伸，完成它们所不能承担的任务。区域式戏剧活动作为一种延伸活动，其内容与主题或要渗透的领域应是连续的，以便幼儿有更广阔的自主创造的空间。

综上所述，主题式、渗透式和区域式三种戏剧教育活动作为幼儿园戏剧教育的组织形式，可以使戏剧从不同层面进入到幼儿园。主题式戏剧教育活动的戏剧艺术的专门性更强，对教师的戏剧教育理论与实践相关经验的要求更高；渗透式戏剧教育活动的适用性更广，可以渗透到各种模式的幼儿园课程中，并兼有一般教学目标和戏剧教学目标的达成；区域式戏剧活动的互动性、个性化更明显，在教师与幼儿充分的肢体与语言的对话交流中，每一个幼儿都能够深入到戏剧活动中，创造属于他们自己的戏剧作品。

四、戏剧工作坊

戏剧工作坊是指在专门的戏剧空间里，引导者带领参与者（数量不可太多）围绕特定主题，通过肢体、语言、声音等身体资源共同创作戏剧的角色、情节和情境，并在创作过程中反映自身的特有经验，发展想象力、创造力以及解决问题能力的一种儿童戏剧教育的组织形式。在戏剧工作坊里，引导者（教师）与参与者（幼儿）共同成为戏剧创作的主体。

（一）实施戏剧工作坊的四大要素

1. 参与者

戏剧工作坊的参与者可以是学前儿童，也可以是更大的孩子，甚至是成人，一般每次活动以10—15人为宜。参与者一般要有共同的需求或愿望，如对戏剧课程有着探究的需求，或是对某一社会现象特别感兴趣，或是在某方面有些心理阴影（如特别胆小、畏惧强者）等，这些参与者都是自愿参加工作坊的。

2. 引导者

戏剧工作坊的引导者一般是教师,但并非所有的教师都可以胜任这个角色,除了具备较强的组织能力外,引导者还需具备演员的素养,如生动的话语、多变的语调、灵活的肢体。就如前面美国纽约大学表演艺术研究院主任菲利普·泰勒(Philip Taylor)教授所认为的那样,一位优秀的儿童戏剧教师应努力成为教学艺术家、逗笑多面手和演员教师等多种角色,能灵活多样地引导参与者有效开展活动。

3. 戏剧冲突

每次儿童戏剧工作坊的内容基本上是从某个焦点引发的某种冲突,主要是人与人、人与环境的冲突,如弱小的孩子被人欺凌,或是想得到一个东西又无法得到,或是目前的环境污染问题等。这种冲突可以是教师事先预设,也可以是即兴创作的。这个焦点可以从某个故事或者绘本引发的,也可以选自儿童生活中的真实事件。

4. 空间

这里的空间既指物理意义上的空间,也包括心理意义上的氛围。戏剧工作坊一方面需要为参与者提供一定范围、具有安全边界的物理空间,里面放置着能够引发参与者想象的物品与材料,如角色帽(便于入戏)、地毯(控制活动范围)、变幻的灯光(制造神秘感)、黑暗的背景(保持戏剧张力)等;另一方面就是要营造开放、自由的心理氛围。

(二)戏剧工作坊的活动流程

1. 暖身(热身)活动

暖身活动,是以游戏调动儿童的感官和情绪,放松儿童的肢体,为活动作准备的。引导者可通过律动游戏、想象游戏进行热身,吸引儿童的注意力;也可通过观看视频、绘本、谈话等,以问答的方式调动儿童的已有经验,激发儿童对戏剧主题的思考。

拓展阅读
手指游戏

"鳄鱼吃猴子"是一个有趣的**手指律动游戏**,儿童需要边念儿歌边做相应的动作,还要兼顾左右手的配合,有一定的难度与挑战性,它能够很快集中他们的注意力,迅速进入游戏的状态,深受儿童的喜爱。

2. 角色塑造

角色塑造,主要是指儿童在特定材料刺激下,创造性地想象角色,在教师的鼓励下透过"假想"对角色静态的身份、外形以及动态的行动、语言或声音等进行塑造,并建立认同感,从而为情节创作奠定基础。

如"巨人的花园"一开始先通过出示巨人的画面、巨人戴的帽子等来激发儿童的想象:巨人长得是什么样子的?他怎样走路、说话?他是个怎样的人、喜欢和小朋友一起玩吗?教师再鼓励他们尝试用身体造型、装扮、语言模仿和道具使用等方式进行表达。

3. 情节创作与表演

情节创作与表演,主要是指儿童依据引导者提供的线索,以沟通交流的方式,与同伴共同讨论,想象并创作出一个较为完整的故事,包括戏剧中的场景、故事情节以及角色关系等要素,并根据所讨论的情节引导儿童进入到戏剧的角色与情节中(入戏),进行即兴表演。其中,所创作的故事情节尽量要有冲突,并要有冲突的产生及对解决冲突办法的思考;儿童的表演要根据自己创作的情节即兴展开,可采用个别表演或小组合作表演,教师对于每个(每组)儿童的表演都要予以关注与鼓励。

如"巨人的花园"就是教师依据绘本《自私的巨人》提供的线索,逐步引导儿童创作出巨人不在家时孩子们在花园里尽情玩乐的各种情节——巨人回家后不让孩子们进入花园玩,孩子们如何与巨人沟通——巨人拒绝孩子们的请求后,孩子们如何想办法进入花园里玩——巨人的花园里没有孩子玩后四季如冬的场景,以及巨人后面的心理变化等。整个情节比较曲折,中间有许多冲突,巨人的自私、无理与孩子们喜爱探索、游戏的天性构成了该故事情节的最大冲突，这也是最吸引孩子们的地方。情节创作到哪儿，教师就可引导儿童入戏，扮演巨人花园里的玩具、花园里尽情游乐的孩子等各种角色，即兴表演自己与同伴共同创作的情节。

需要指出的是，依据某个线索创作与表演的情节可以在一次戏剧工作坊时间完成，也可以通过多次工作坊完成。如果是多次建构的故事，就像章回小说或连续剧一样，每次都有引人入胜的情节与冲突，会吸引儿童自觉参与其中，不断创作与表演他们感兴趣的剧情。上述"巨人的花园"一般需要3次以上的工作坊才能完成。

4. 分享与交流

分享与交流，即活动之后的展示、反思与评价。可以在情节创作与表演过程中的一个片段结束后进行，也可在一次工作坊活动全部结束之后进行。当一个戏剧冲突解决之后，教师引导幼儿"出戏"，以自我的真实身份回顾并反思活动过程，分享自己的感受与体验。其中反思的内容包括对主题的反思、对创作（扮演）的反思、对角色（自己与他人）的反思等。

在"巨人的花园"中，几乎儿童的每次表演教师都进行展示与分享，而在一次工作坊结束后，教师才组织引导儿童进行反思。

案例 13-12

巨人的花园*

——改编自（英）王尔德原著，博仕达利绘画《自私的巨人》

一

城堡里有个巨人。

（教师的角色：故事的陈述者、幼儿想象与创意表现的引导者、欣赏者）

> 引导想象与创意表现之一：巨人长的是什么样子的？他怎样走路、说话？他是个怎样的人？喜欢和小朋友一起玩吗？请你们来表演一下巨人的样子。

（教师拿出巨人帽，告诉幼儿，这就是巨人的帽子，当老师戴上以后就变成巨人；如果老师脱下巨人帽，就会马上变回老师）

（教师戴上巨人帽，变成故事中的巨人并表演，让幼儿感受到巨人的高大、威严）

巨人有一个很大很大的花园。每天下午放学后，孩子们总喜欢到巨人的花园里去玩耍。

（教师的角色：故事的陈述者、幼儿想象与创意表现的引导者、欣赏者）

> 引导想象与创意表现之二：为什么孩子们喜欢到巨人的花园里去玩？巨人的花园很大很大，所有你能想到的好玩的东西里面都有。你想象一下里面有哪些好玩的东西？

> 引导想象与创意表现之三：你们在巨人的花园里面是怎么玩的？请孩子们单人或者几个合作，用动作表现出来，并用语言说出来或者用歌声唱出来。一组幼儿表演时，其余幼儿当观众，认真观看并猜猜看：这组孩子在玩什么？

这是一个很可爱的大花园，长满了绿茸茸的青草，美丽的鲜花随处可见，多得像天上的星星。

---

* 本案例由程英设计，参考自英国华威大学戏剧教育学科带头人乔·温斯顿（Joe Winston）教授在2014年6月南京师范大学组织召开的"儿童戏剧教育国际大会2014"中主持的戏剧工作坊。该内容适合在各种年龄阶段人群开展戏剧工作坊，并可根据参与者的反应随机调整内容、进程与结局。

草地上还长着十二棵果树,一到春天就开放出粉扑扑的花朵,秋天里则结下累累果实。栖息在树枝上的鸟儿唱着欢乐的曲子,每当这时,嬉戏中的孩子们会停下来侧耳聆听鸟儿的鸣唱,并相互高声喊着:"我们多么快乐啊!"

(教师的角色:故事的陈述者,幼儿想象与创意表现的引导者、欣赏者)

引导想象与创意表现之四:你想象一下在花园里玩乐的孩子们快乐的动作、样子,用动作表现出来,并用语言描述孩子们快乐的心情。

引导想象与创意表现之五:教师提供几首乐曲,幼儿选择其中最能表现他们心情的音乐,并通过歌声、随乐舞蹈等方式表现自己的心情。

二

一天,巨人回来了。原来他到自己的妖怪朋友科尼西家串门去了,在妖怪家里一住就是七年。现在他不喜欢住在妖怪朋友的家,便决定回自己的城堡。进了家门,他一眼就看见在花园中戏耍的孩子们。

(教师的角色:故事的陈述者)

"你们在这儿干什么?"他粗声粗气地吼叫起来,孩子们都跑掉了。

(教师戴上巨人帽,变成一个巨人,进入角色扮演中表现凶恶的巨人)

(然后,教师脱下巨人帽,又变成教师)

引导幼儿想象与创意表现之六:你可以用什么词来形容巨人这时候的样子,然后学巨人的样子来说这句话。教师给愿意说的孩子戴上巨人帽,让孩子装扮成巨人的样子来说话。

"这是我自己的私人花园",巨人说:"谁都清楚,我不准外人来这里玩。"于是,他沿着花园筑起一堵高高的围墙,还挂出一块告示:闲人莫入,违者重罚!

(教师戴上巨人帽,变成一个巨人,进入角色扮演中表现巨人,并拿出告示牌)

他的确是一个非常自私的巨人。

(教师脱下巨人帽,变成故事的陈述者)

从此,可怜的孩子们没有了玩耍的地方,他们只得来到马路上,但是街道上满是尘土和硬硬的石块,孩子们扫兴极了。放学后,他们仍常常在巨人花园高耸的围墙外徘徊,谈论着墙内花园中的美丽景色。"在里面我们多么快乐啊!"他们彼此诉说着。

(教师的角色:故事的陈述者,幼儿想象与创意表现的引导者、欣赏者)

引导幼儿想象与创意表现之七:孩子们,我们讨论一下,大家认为巨人为什么不让我们进他的花园玩?我们可以问一问巨人。

(教师戴上巨人帽,变成一个巨人,与孩子们即兴对话。本活动可以发展幼儿的语言表达能力)

巨人找出各种理由回答孩子们,怎么也不答应让孩子们到他的花园里玩。

(教师脱下巨人帽,变成故事的陈述者,以及幼儿想象与创意表现的引导者)

引导幼儿想象与创意表现之八:我们可以怎么做,才能让巨人答应让我们进入他的花园玩?孩子们自由分组讨论,然后用动作和语言表现自己的想法。

(教师戴上巨人帽,又变成一个巨人,与孩子们对话。尽可能地想办法拒绝孩子的要求,表现出巨人自私的形象)

孩子们太喜欢到巨人的花园去玩了，于是他们想出了各种办法爬进或钻进巨人的花园里玩，巨人发现了，非常生气，叫来世界上最高明的工匠，修筑城堡的围墙，不让孩子们进来。

（教师脱下巨人帽，又变成故事的陈述者，幼儿想象与创意表现的引导者、欣赏者）

让幼儿变成工匠，进行大胆地想象与创意表现之九：我要用什么材料、工具，要修建怎样的城墙才能让这群捣蛋的孩子们觉得很可怕，都进不来了？孩子们分组做出来，还可以配合声音、动态。

（教师戴上孩子帽，变成了一个孩子，与孩子们修建的一座座"可怕的城墙"搏斗，最后失败了）

三

一年过去了，春天又来了，整个乡村到处开放着小花，处处有小鸟在欢唱。然而，只有自私的巨人的花园却依旧是一片寒冬。由于看不见孩子们，小鸟便无心唱歌，树儿也忘了开花。有一朵花儿从草中探出头来，看见那块告示后，它对孩子们的遭遇深感同情，于是又把头缩回去，继续睡觉了。只有雪和霜对此乐不可支。"春天已忘记了这座花园"，他们叫喊着："这样我们可以一年四季住在这儿了。"雪用她那巨大的白色斗篷把草地盖得严严实实，霜也让所有的树木披上假装，随后他们还邀来北风和他们同住。北风应邀而至，穿一身毛皮大衣，他对着花园呼啸了整整一天，把烟囱管帽都给吹掉了。"这是个令人开心的地方"，他说："我们还得把冰雹叫来。"于是，冰雹来了，不停地敲打着城堡的房顶，房上的石瓦被砸得七零八落，然后又围着花园一圈接一圈地猛跑起来。他浑身上下灰蒙蒙的，呼出阵阵袭人的寒气。

（教师的角色：故事的陈述者、幼儿想象与创意表现的引导者、欣赏者）

引导幼儿想象与创意表现之十：请你用语言描述花园现在的样子，并尝试用动作表现。

"我真弄不懂春天为什么迟迟不来"，巨人坐在窗前望着外面冰天雪地的花园说："我不喜欢这么寒冷的花园，我盼望天气发生变化。"

（教师戴上巨人帽，又变成一个巨人，随乐表现出巨人的失望、寂寞）

（教师脱下巨人帽，引导孩子想象与描述：请用一个词来描写巨人这时候的心情）

然而春天再也没有出现，夏天也不见踪影。秋天把金色的硕果送给了千家万户的花园，却什么也没给巨人的花园。

（引导孩子想象与描述：为什么巨人的花园会变成这样？）

"他太自私了"，秋天说。就这样，巨人的花园里是终年的寒冬，只有北风、冰雹，还有霜和雪在园中的林间上蹿下跳。

一日清晨，巨人睁着双眼躺在床上，这时耳边传来阵阵美妙的音乐。音乐悦耳动听，他想一定是国王的乐师路经此地。原来窗外唱歌的不过是一只小红雀，只因巨人好长时间没听到鸟儿在花园中歌唱，此刻感到它妙不可言。这时，巨人头顶上的冰雹已不再狂舞，北风也停止了呼啸，缕缕芳香透过敞开的窗廊扑面而来。"我相信春天终于来到了！"巨人说着，从床上跳起来，朝窗外望去。

他看见了什么呢？

引导幼儿想象与创意表现之十一：请你想象巨人看见了什么，并用语言、动作描述出来。

他看见了一幕动人的景象：孩子们爬过墙上的小洞已进了花园，正坐在树枝上，每棵树上都坐着一个孩子。迎来了孩子们的树木欣喜若狂，并用鲜花把自己打扮一新，还挥动手臂轻轻抚摸孩子们的头。鸟儿们在树梢翩翩起舞，兴奋地欢唱着，花朵也纷纷从草地里伸出头来露着笑脸。这的确是一幅动人的画面。满园春色中只有一个角落仍笼罩在严冬之中,那是花园中最远的一个角落,一个小男孩正孤零零地站在那儿,因为他个头太小爬不上树,只能围着树转来转去,哭泣着不知所措。那棵可怜的树仍被霜雪裹得严严实实的,北风也对他肆意地咆哮着。"快爬上来呀,小孩子。"树儿说,并尽可能地垂下枝条,可是小孩还是太矮小了。

此情此景深深地感化了巨人的心。"我真是太自私了!"他说:"现在我明白为什么春天不肯到我这儿来了。我要把那可怜的孩子抱上树,然后再把围墙都推倒,让我的花园永远成为孩子们的游戏场所。"他真为自己过去的所做所为感到羞愧。

巨人轻轻地走下楼,悄悄地打开前门,走到花园里。但是孩子们一看到巨人,都吓得逃走了,花园再次回到了冬天里。唯有那个小男孩没有跑,因为他的眼里充满了泪水,没有看见走过来的巨人。巨人悄悄来到小孩的身后,双手轻轻托起孩子放在树枝上。树儿立即怒放出朵朵鲜花,鸟儿们也飞回枝头放声欢唱,小男孩伸出双臂搂着巨人的脖子,亲吻巨人的脸。其他孩子看见巨人不再那么凶恶,都纷纷跑了回来,春天也跟着孩子们来了。"孩子们,这是你们的花园了",巨人说。接着他提起一把大斧头,把围墙统统给砍倒了。中午12点,人们去赶集的时候,欣喜地看见巨人和孩子们一起在他们所见到的最美丽的花园中游戏玩耍。

他们玩了整整一天,夜幕降临后,孩子们向巨人道晚安。

引导幼儿想象与创意表现之十二:为什么巨人愿意和孩子们一起玩了?请你想象巨人和孩子们玩了哪些游戏,并用语言、动作描述出来。

以后,巨人和孩子们就成了好朋友了。巨人的花园越来越美丽了。

[思考与讨论]

主题式、渗透式、区域式的创造性戏剧教育活动有何异同?它们之间又是如何有机联系的?请举例分析。

[案例与分析]

以教材中提供的"巨人的花园"为例,分析该戏剧工作坊中儿童与教师的角色定位,以及教师组织戏剧工作坊的策略。

[实践与训练]

1. 以绘本《自私的巨人》为蓝本,尝试分组开展一次"巨人的花园"戏剧工作坊,并在课堂上相互交流自己的感受。

2. 尝试设计一些适合同学与幼儿开展的戏剧游戏,并以工作坊的方式进行组织。

3. 尝试以"小鸭的故事"为主题设计主题戏剧教育系列活动,并在幼儿园进行组织,反思该活动开展的情况,并在课堂中交流、分享。

拓展学习资源

学前儿童艺术教育的相关论文

1. 《"审美与快乐"式的音乐教育——关注儿童生命和谐发展的幼儿音乐教育探讨》
2. 《儿童的生活·儿童的发展·生活的艺术——第四届全国幼儿园音乐教育观摩研讨会综述》
3. 《从生命的视角观照教师的和谐成长——园本教研管理的理念与实践探索》
4. 《男性幼儿舞蹈兴趣缺失的原因及其动作表现特征探究》
5. 《幼儿教师对民间音乐教育的态度及其实施情况调查》
6. 《多元化音乐教学模式的探索》
7. 《让音乐成为幼儿表达与交流的工具——幼儿园对歌教学新探》
8. 《与艺术大师对话的幼儿音乐教育探析》
9. 《幼儿园民间音乐教育的困境与突围》
10. 《试论民间音乐教育中儿童"本能缪斯"的激发》
11. 《转识成智:师范院校教育专业课程教学改革的必然取向》
12. 《"理论——实践"循环互动式研究共同体的构建——以幼儿教师的专业成长为视角》
13. 《契合情境"即兴演奏"的高师教学法课程探讨》
14. 《对幼儿园音乐教育游戏化问题的检视与思考》
15. 《对〈3—6岁儿童学习与发展指南〉音乐教育部分的理解与思考》
16. 《从怎么看到怎么教——〈3—6岁儿童学习与发展指南〉背景下对音乐教育中示范、模仿与创造等问题的思考》
17. 《以幼儿为本,有效支持幼儿对音乐的审美体验与创意表现》
18. 《〈3—6岁儿童学习与发展指南〉背景下幼儿园音乐区的创设与指导》
19. 《审美体验 快乐表现 创意无限——〈3—6岁儿童学习与发展指南〉背景下幼儿园音乐教育的改革与创新探索》
20. 《契合幼儿生命灵性的创意戏剧游戏探索》
21. 《"真"游戏化的韵律活动设计与指导策略探讨》
22. 《童心本位的中华优秀文化传承——第五届海峡两岸学前教育论坛综述》
23. 《创意戏剧中丰富幼儿审美体验与创意表现的策略》
24. 《用音乐架起"中华文化"与"儿童心灵"间的桥梁》
25. 《游戏化微创意戏剧活动的设计与指导》
26. 《闽乐乡音润童心》
27. 《大班民间舞蹈"拍胸舞"案例诊断》
28. 《幼儿园民间音乐教育的困境与破解》
29. 《多元场域下儿童对中华优秀音乐的审美感知素养培育》
30. 《提升审美素养,萌发文化认同——根植于中华优秀传统文化的幼儿园音乐教育》

主要参考文献

1. 程英.审美与快乐——学前儿童音乐教育的理论与实践[M].福州：福建教育出版社,2008.
2. 程英.幼儿园音乐教育[M].福州：福建人民出版社,2013.
3. 许卓娅.给幼儿园教师的101条建议(音乐教育)[M].南京：南京师范大学出版社,2011.
4. 许卓娅,吴巍莹.幼儿园音乐教育与活动设计[M].长春：长春教育出版社,2013.
5. 黄瑾.学前儿童音乐教育与活动指导[M].上海：华东师范大学出版社,2015.
6. 格罗姆.儿童绘画心理学：儿童创造的图画世界[M].李甦,译.北京：中国轻工业出版社,2008.
7. 许卓娅.学前儿童音乐发展与教学研究[M].南京：江苏教育出版社,2012.
8. 王丹.幼儿音乐教育与活动指导[M].北京：高等教育出版社,2014.
9. 教育部基础教育司.《幼儿园教育指导纲要(试行)》解读[M].南京：江苏教育出版社,2002.
10. 李季湄、冯晓霞.《3—6岁儿童学习与发展指南》解读[M].北京：人民教育出版社,2013.
11. 林菁.福建省幼儿园教师教育用书——领域活动指导[M].福州：福建人民出版社,2017.
12. 孔起英.幼儿园美术领域教育精要——关键经验与活动指导[M].北京：教育科学出版社,2016.
13. 罗泽·弗莱克-班格尔特.孩子的画告诉我们什么：儿童画与儿童心理解读[M].程巍,许玉梅,译.北京：北京师范大学出版社,2010.
14. 王彩凤.学前儿童美术教育[M].上海：复旦大学出版社,2012.
15. 杨景芝.美术教育与人的发展：儿童美术教学法研究(修订版)[M].北京：人民美术出版社,2012.
16. 顾菁.在美国幼儿园上美术课[M].上海：华东师范大学出版社,2015.
17. 汝茵佳,周燕.幼儿园美术教育[M].北京：人民教育出版社,2015.
18. 张念芸.学前儿童美术教育(第4版)[M].北京：北京师范大学出版社,2020.
19. 楼必生,屠美如.学前儿童艺术综合教育研究[M].北京：北京师范大学出版社,1997.
20. 许卓娅.游戏、学习、工作、生活——创意戏剧课程[M].南京：江苏凤凰少年儿童出版社,2016.
21. 林玫君.儿童戏剧教育活动指导：童谣及故事的创意表现[M].上海：复旦大学出版社,2018.
22. 张金梅.幼儿园戏剧综合课程研究[M].南京：江苏教育出版社,2005.
23. 中共中央办公厅　国务院办公厅.关于全面加强和改进新时代学校美育工作的意见[EB/OL].(2020－10－15).[2021－05－01]http://www.gov.cn/zhengce/2020-10/15/content_5551609.htm.